GRUNDRECHTE

2017

Ralf Altevers
Rechtsanwalt und Repetitor

ALPMANN UND SCHMIDT Juristische Lehrgänge Verlagsges. mbH & Co. KG
48143 Münster, Alter Fischmarkt 8, 48001 Postfach 1169, Telefon (0251) 98109-0
AS-Online: www.alpmann-schmidt.de

Zitiervorschlag: Altevers, Grundrechte, Rn.

Altevers, Ralf
Grundrechte
17., neu bearbeitete Auflage 2017
ISBN: 978-3-86752-544-2

Verlag Alpmann und Schmidt Juristische Lehrgänge
Verlagsgesellschaft mbH & Co. KG, Münster

Die Vervielfältigung, insbesondere das Fotokopieren,
ist nicht gestattet (§§ 53, 54 UrhG) und strafbar (§ 106 UrhG).
Im Fall der Zuwiderhandlung wird Strafantrag gestellt.

Unterstützen Sie uns bei der Weiterentwicklung unserer Produkte.
Wir freuen uns über Anregungen, Wünsche, Lob oder Kritik an:
feedback@alpmann-schmidt.de.

INHALTSVERZEICHNIS

1. Teil: Grundrechte – Allgemeiner Teil 1

1. Abschnitt: Stellung und Funktion der Grundrechte 1
    A. Geschichte der Grundrechte 2
        I. Vorläufer des Grundgesetzes 2
            1. Paulskirchenverfassung, 1848/49 2
            2. Reichsverfassung, 1871 2
            3. Weimarer Reichsverfassung (WRV), 1919 2
            4. NS-Zeit 3
        II. Entstehung und Entwicklung des Grundgesetzes 3
            1. Herrenchiemseer Konvent und Parlamentarischer Rat 3
            2. Wiedervereinigung 4
    B. Standorte der Grundrechte 4
    C. Systematisierung der Grundrechte 6
    D. Konkurrenzen/Spezialität 7
    E. Grundrechtsbindung 8

2. Abschnitt: Technik der Grundrechtsprüfung (Freiheitsrechte) 9
    A. Schutzbereich 11
        I. Sachlicher Schutzbereich 11
            1. Leitbegriff 11
            2. Sachliche Schutzbereichsbegrenzung 11
        II. Persönlicher Schutzbereich 12
            1. Nasciturus/Verstorbene 12
            2. Ausländer 12
            3. Juristische Personen des Zivilrechts 13
                a) Begriff 13
                b) Sinn der Grundrechtsfähigkeit von juristischen Personen 13
                c) Wesensmäßige Anwendbarkeit 14
                d) Ausländische juristische Personen 14
            4. Juristische Personen des öffentlichen Rechts 15
    B. Eingriff 16
        I. Der klassische (enge) Eingriffsbegriff 16
        II. Der neue (weite) Eingriffsbegriff 17
    C. Verfassungsrechtliche Rechtfertigung 18
        I. Grundrechtsschranken 18
            1. Verfassungsunmittelbare Schranken 19
            2. Gesetzesvorbehalte 19
            3. Verfassungsimmanente Schranken 20
        II. Schranken-Schranken 20
            1. Eingriff durch Gesetz 20
            2. Eingriff aufgrund eines Gesetzes 22
                Fall 1: Eine „spontane" Versammlung 23

2. Teil: Grundrechte – Besonderer Teil 27

1. Abschnitt: Die Menschenwürde, Art. 1 Abs. 1 GG 27
    A. Schutzbereich und Eingriff 27
    B. Verfassungsrechtliche Rechtfertigung 28
        Fall 2: Das Existenzminimum 29
    C. Europarecht 32

I

2. Abschnitt: Die allgemeine Handlungsfreiheit, Art. 2 Abs. 1 GG 32
A. Schutzbereich 32
B. Eingriff 33
C. Verfassungsrechtliche Rechtfertigung 33
    Fall 3: Reiten im Walde 34

3. Abschnitt: Das allgemeine Persönlichkeitsrecht, Art. 2 Abs. 1 i.V.m. Art. 1 Abs. 1 GG 36
A. Eingriff in den Schutzbereich 36
    I. Die wichtigsten Fallgruppen des APR 37
        1. Das Recht auf informationelle Selbstbestimmung 37
        2. Das Recht der persönlichen Ehre 38
        3. Das Recht am eigenen Bild 38
        4. Weitere Fallgruppen 39
    II. Grundrechtsberechtigte 39
        1. Postmortales Persönlichkeitsrecht 39
        2. Juristische Personen 40
B. Verfassungsrechtliche Rechtfertigung 41
    I. Grundsatz 41
    II. Verhältnismäßigkeit, Sphärentheorie 41
    III. Recht auf informationelle Selbstbestimmung 42
    IV. Recht am eigenen Bild 42
    V. Recht auf Gewährleistung der Vertraulichkeit und Integrität informationstechnischer Systeme 43
    Fall 4: Gehsteigberatung 43

4. Abschnitt: Recht auf Leben und körperliche Unversehrtheit, Art. 2 Abs. 2 S. 1 GG 47
A. Schutzbereich betroffen 47
    I. Leben 47
    II. Körperliche Unversehrtheit 47
B. Eingriff 48
C. Verfassungsrechtliche Rechtfertigung 49
    I. Schranke 49
    II. Verfassungsgemäße Konkretisierung 49
D. Objektive Schutzpflichten 50
    I. Objektiver Gewährleistungsgehalt von Grundrechten 50
    II. Objektiver Gehalt des Rechts auf Leben/ körperliche Unversehrtheit 50
    Fall 5: Gesetzliche Maßnahmen zum Schutz vor AIDS 51
E. Europarecht 55

5. Abschnitt: Freiheit der Person, Art. 2 Abs. 2 S. 2 GG 55
A. Schutzbereich 55
B. Eingriff 56
C. Verfassungsrechtliche Rechtfertigung 57
    I. Schranke 57
        1. Freiheitsbeschränkung 57
        2. Besonderheiten der Freiheitsentziehung, Art. 104 Abs. 2–4 GG 57
    II. Verfassungsgemäße Konkretisierung 58
D. Europarecht 59

6. Abschnitt: Religions-, Glaubens- und Gewissensfreiheit, Art. 4 GG 59
A. Schutzbereich 59
I. Die Glaubens- und Bekenntnisfreiheit 59
1. Glaubensverwirklichungsfreiheit, Bekenntnisfreiheit 60
2. Religionsausübung 60
II. Die Gewissensfreiheit 60
III. Grundrechtsberechtigte 61
B. Eingriff 62
C. Verfassungsrechtliche Rechtfertigung 62
I. Schranken 62
II. Verfassungsgemäße Konkretisierung 63
Fall 6: Stiller Karfreitag 63
D. Europarecht 67

7. Abschnitt: Die (Kommunikations-)Grundrechte aus Art. 5 Abs. 1 GG 67
A. Die Meinungsäußerungsfreiheit, Art. 5 Abs. 1 S. 1 Fall 1 GG 68
I. Schutzbereich 68
II. Eingriff 70
III. Verfassungsrechtliche Rechtfertigung 70
1. Schranken 70
   a) Allgemeine Gesetze 70
   b) Die anderen Schranken des Art. 5 Abs. 1 GG 71
2. Verfassungsgemäße Konkretisierung 71
Fall 7: Wunsiedel 72
B. Die Informationsfreiheit, Art. 5 Abs. 1 S. 1 Fall 2 GG 75
I. Schutzbereich 75
II. Eingriff 76
III. Verfassungsrechtliche Rechtfertigung 76
C. Die Pressefreiheit, Art. 5 Abs. 1 S. 2 Fall 1 GG 76
I. Schutzbereich 77
1. Abwehrrecht 77
2. Leistungsrecht 77
3. Einrichtungsgarantie 77
   a) Meinungsmonopole 77
   b) Innere Pressefreiheit 78
   c) Subventionierung 78
II. Eingriff 79
III. Verfassungsrechtliche Rechtfertigung 79
Fall 8: Auskünfte vom BND 79
D. Die Rundfunk- und Filmfreiheit, Art. 5 Abs. 1 S. 2 GG 82
E. Europarecht 83

8. Abschnitt: Die Kunstfreiheit, Art. 5 Abs. 3 S. 1 Fall 1 GG 83
A. Schutzbereich 83
I. Sachlich 83
1. Formaler Kunstbegriff 84
2. Materieller Kunstbegriff 84
3. Offener Kunstbegriff 84
II. Umfang 85
B. Eingriff 85
C. Verfassungsrechtliche Rechtfertigung 85
I. Schranken 85

Inhalt

    II. Verfassungsgemäße Konkretisierung 86
        Fall 9: Esra 86
  D. Europarecht 90

9. Abschnitt: Wissenschaft, Forschung, Lehre, Art. 5 Abs. 3 S. 1 Fall 2 GG 91
  A. Schutzbereich 91
    I. Sachlicher Schutzbereich 91
    II. Grundrechtsträger 92
    III. Funktionen des Grundrechts 92
        1. Subjektives Abwehrrecht 92
        2. Objektive Gewährleistungen 92
  B. Eingriff 93
  C. Verfassungsrechtliche Rechtfertigung 93
  D. Europarecht 93

10. Abschnitt: Ehe und Familie, Art. 6 GG 93
  A. Schutzbereich 94
    I. Ehe 94
    II. Familie 95
  B. Eingriff 95
  C. Verfassungsrechtliche Rechtfertigung 96
    I. Schranken 96
    II. Verfassungsgemäße Konkretisierung 96
  D. Europarecht 96

11. Abschnitt: Schulwesen, Art. 7 GG 96
  A. Staatliche Schulaufsicht, Art. 7 Abs. 1 GG 96
  B. Teilnahme am Religionsunterricht, Art. 7 Abs. 2 GG 97
  C. Europarecht 97

12. Abschnitt: Versammlungsfreiheit, Art. 8 GG 97
  A. Schutzbereich 98
    I. Versammlung 98
        1. Anzahl der Teilnehmer 98
        2. Gemeinsamer Zweck 98
    II. Sachliche Schutzbereichsbeschränkungen 100
        1. Friedlich 100
        2. Ohne Waffen 100
    III. Persönlicher Schutzbereich 100
    IV. „Örtlicher" Schutzbereich 101
    V. „Zeitlicher" Schutzbereich 101
    VI. Unterschiede Art. 8 GG – Versammlungsgesetz 101
  B. Eingriff 102
  C. Verfassungsrechtliche Rechtfertigung 103
    I. Einschränkungsmöglichkeit 103
    II. Verfassungsgemäße Konkretisierung 103
        Fall 10: Fraport 104
  D. Europarecht 111

13. Abschnitt: Vereinigungs- und Koalitionsfreiheit, Art. 9 GG 111
  A. Vereinigungsfreiheit aus Art. 9 Abs. 1 GG 111
    I. Schutzbereich 111
        1. Sachlich 111
            Fall 11: Zwangsmitglied in der IHK 112

         2. Grundrechtsträger 116
      II. Eingriff 117
         1. Ausgestaltung der Vereinigungsfreiheit 117
         2. Eingriffe 117
      III. Verfassungsrechtliche Rechtfertigung 117
         1. Schranken 117
            a) Art. 9 Abs. 2 GG 117
            b) Verfassungsimmanente Schranken 119
         2. Schranken-Schranken 119
   B. Koalitionsfreiheit, Art. 9 Abs. 3 GG 119
      I. Schutzbereich 119
      II. Eingriff 120
      III. Verfassungsrechtliche Rechtfertigung 120
         1. Schranke 120
         2. Schranken-Schranken 120
   C. Europarecht 121

14. Abschnitt: Brief-/Post-/Fernmeldegeheimnis, Art. 10 GG 121
   A. Schutzbereich 121
   B. Eingriff 122
   C. Verfassungsrechtliche Rechtfertigung 123
      I. Schranken 123
         1. Gesetzesvorbehalt, Art. 10 Abs. 2 S. 1 GG 123
         2. Staatsschutzklausel 123
      II. Schranken-Schranken 123
         Fall 12: Online-Durchsuchung 124
   D. Europarecht 127

15. Abschnitt: Freizügigkeit, Art. 11 GG 128
   A. Schutzbereich 128
      I. Sachlich 128
      II. Grundrechtsträger 129
   B. Eingriff 129
   C. Verfassungsrechtliche Rechtfertigung 129
      I. Schranken 129
      II. Verfassungsgemäße Konkretisierung 130
         Fall 13: Platzverweis, Aufenthaltsverbot und Wohnungsverweisung 130
   D. Europarecht 133

16. Abschnitt: Berufsfreiheit, Art. 12 GG 134
   A. Schutzbereich 134
      I. Sachlich 134
      II. Grundrechtsträger 136
   B. Eingriff 136
      I. Berufsfreiheit 136
      II. Wettbewerbsfreiheit 137
   C. Verfassungsrechtliche Rechtfertigung 138
      I. Schranke 138
      II. Verfassungsgemäße Konkretisierung 139
         1. Die Drei-Stufen-Theorie 139
            Fall 14: Altersgrenze für Notare 141
         2. Berufsbildlehre 145
   D. Europarecht 146

17. Abschnitt: Wohnung, Art. 13 GG 146
- A. Schutzbereich 146
  - I. Sachlich 146
  - II. Persönlich 148
- B. Eingriff 148
- C. Verfassungsrechtliche Rechtfertigung 149
  - I. Schranken 149
    1. Durchsuchungen 149
    2. Lauschangriffe 149
       - Fall 15: Wohnraumüberwachung 150
    3. Sonstige Eingriffe 153
    4. Sonderfall: Nachschau in Betriebs- und Geschäftsräumen 154
  - II. Verfassungsgemäße Konkretisierung 155
    - Fall 16: Nachschau 155
- D. Europarecht 159

18. Abschnitt: Eigentum, Art. 14 GG 159
- A. Schutzbereich 159
  - I. Sachlich 159
    1. Privatrechtliche Positionen 160
    2. Öffentlich-rechtliche Positionen 160
    3. Abgrenzung zur Berufsfreiheit 161
  - II. Grundrechtsträger 161
- B. Eingriff 161
- C. Verfassungsrechtliche Rechtfertigung 164
  - I. Einschränkungsmöglichkeit 164
    1. ISB, Art. 14 Abs. 1 S. 2 GG 164
    2. Enteignung, Art. 14 Abs. 3 GG 164
  - II. Verfassungsgemäße Konkretisierung 165
    1. Inhalts- und Schrankenbestimmung, Art. 14 Abs. 1 S. 2, Abs. 2 GG 165
       - Fall 17: Das Pflichtexemplar 166
    2. Enteignung, Art. 14 Abs. 3 GG 169
- D. Europarecht 170

19. Abschnitt: Ausbürgerung und Auslieferung, Art. 16 GG 170
- Fall 18: Die erschlichene Einbürgerung 170

20. Abschnitt: Asylrecht, Art. 16 a GG 173

21. Abschnitt: Petitionsrecht, Art. 17 GG 174

22. Abschnitt: Die Gleichheitsrechte 175
- A. Technik der Prüfung eines Gleichheitssatzes 176
  - I. Feststellung der Ungleichbehandlung 176
    1. Vergleichspaar bilden 177
    2. Ungleichbehandlung feststellen 177
  - II. Sachliche (Verfassungsrechtliche) Rechtfertigung der Ungleichbehandlung 177
- B. Der allgemeine Gleichheitssatz 179
  - Fall 19: Ungleiche Steuern 181
- C. Die besonderen Gleichheitssätze 183
  - I. Gleichberechtigung von Mann und Frau, Art. 3 Abs. 2 S. 1 GG 184
    - Fall 20: Meistergründungsprämien 185
  - II. Differenzierungsverbote aus Art. 3 Abs. 3 S. 1 GG 187

  III. Art. 6 Abs. 1 und 5 GG 188
  IV. Art. 33 Abs. 1–3 GG 188
   1. Art. 33 Abs. 1 GG 188
   2. Art. 33 Abs. 2 GG 188
   3. Art. 33 Abs. 3 GG 189
  V. Allgemeinheit und Gleichheit der Wahl, Art. 38 Abs. 1 S. 1 GG 189
 D. Europarecht 190

23. Abschnitt: Die Justizgrundrechte 190
 A. Die Rechtsweggarantie, Art. 19 Abs. 4 GG 190
  I. Anwendungsvoraussetzungen des Art. 19 Abs. 4 GG 191
   1. Grundrechtsfähigkeit 191
   2. Akt öffentlicher Gewalt 191
   3. Mögliche Verletzung von eigenen Rechten 192
  II. Inhalt der Gewährleistung des Art. 19 Abs. 4 GG 193
   1. Rechtsweg 193
   2. Anspruch auf gerichtliche Überprüfung 193
    a) Grundsatz 193
    b) Ausnahmen 194
   3. Anspruch auf effektiven Rechtsschutz 195
 B. Der gesetzliche Richter, Art. 101 Abs. 1 S. 2 GG 195
 C. Die Prozessgrundrechte aus Art. 103 GG 197
  I. Der Anspruch auf rechtliches Gehör, Art. 103 Abs. 1 GG 197
  II. Das Rückwirkungsverbot und Bestimmtheitsgebot für Strafgesetze, Art. 103 Abs. 2 GG 197
  III. Das Verbot der Mehrfachbestrafung, Art. 103 Abs. 3 GG 198

3. Teil: Rechtsschutz beim Bundesverfassungsgericht 199

1. Abschnitt: Technik der Prüfung 199
 A. Zulässigkeit 199
  I. Zuständigkeit des Bundesverfassungsgerichts 199
  II. Beteiligtenfähigkeit 200
  III. Antragsgegenstand 200
  IV. Antragsbefugnis 200
  V. Form 201
  VI. Frist 201
 B. Begründetheit 201

2. Abschnitt: Die Verfassungsbeschwerde 201
 A. Die Zulässigkeit der Verfassungsbeschwerde 202
  I. Zuständigkeit des Bundesverfassungsgerichts 202
  II. Beschwerdefähigkeit (Beteiligtenfähigkeit), § 90 Abs. 1 BVerfGG 202
  III. Prozessfähigkeit/Postulationsfähigkeit 203
   1. Prozessfähigkeit 203
   2. Postulationsfähigkeit 204
  IV. Tauglicher Beschwerdegegenstand 204
   1. Akte der deutschen Staatsgewalt 204
   2. Rechtsakte der EU 204
  V. Beschwerdebefugnis 205
   1. Möglichkeit einer Grundrechtsverletzung 206
   2. Eigene, gegenwärtige und unmittelbare Betroffenheit 206
    a) Selbst betroffen 206

　　　　　　b) Gegenwärtig betroffen 207
　　　　　　c) Unmittelbar betroffen 208
　　　　3. Drittwirkung von Grundrechten 209
　　VI. Frist 210
　　VII. Rechtswegerschöpfung; Grundsatz der Subsidiarität 210
　　　　1. Erschöpfung des Rechtsweges 210
　　　　2. Grundsatz der Subsidiarität 211
　　VIII. Form 212
　　IX. Allgemeines Rechtsschutzbedürfnis 213
　　　　Fall 21: Edathy 213
　　　　Fall 22: Das Nichtraucherschutzgesetz 217
B. Begründetheit 219
　　I. Begründetheit einer Rechtssatzverfassungsbeschwerde 219
　　　　Fall 23: Das Therapieunterbringungsgesetz 220
　　II. Begründetheit der Urteilsverfassungsbeschwerde 226
　　　　Fall 24: Beleidigter Rechtsanwalt 227

3. Abschnitt: Die abstrakte Normenkontrolle 232
　Fall 25: Das Gentechnikgesetz 232

4. Abschnitt: Die konkrete Normenkontrolle 238
　Fall 26: Familienzuschlag für eingetragene Lebenspartner 238

5. Abschnitt: Andere Verfahren 243

4. Teil: Grundrechte im Verwaltungsrecht 244

Stichwortverzeichnis 249

LITERATURVERZEICHNIS

Berg	Staatsrecht, 6. Auflage 2011
Degenhart	Klausurenkurs im Staatsrecht II, 7. Auflage 2015
Dietel/Gintzel/Kniesel	Versammlungsgesetz, 17. Auflage 2016
Dreier	GG, 3. Auflage 2013
Epping	Grundrechte, 6. Auflage 2014
Gröpl /Windthorst /von Coelln	GG, 2. Auflage 2015
Gusy	Polizei- und Ordnungsrecht, 10. Auflage 2017
Hufen	Staatsrecht II, 5. Auflage 2016
Ipsen	Staatsrecht II, 19. Auflage 2016
Jarass/Pieroth	GG, 14. Auflage 2016
Kingreen/Poscher	Grundrechte, 32. Auflage 2016
Manssen	Staatsrecht II, 13. Auflage 2016
Maunz/Dürig	Grundgesetz, 78. Auflage 2016
Maurer	Staatsrecht I, 6. Auflage 2010
Michael/Morlok	Grundrechte, 5. Auflage 2015

Literatur

Sachs	GG, 7. Auflage 2014
Sachs	Verfassungsprozessrecht, 4. Auflage 2016
Schenke	Polizei- und Ordnungsrecht, 9. Auflage 2016
Schlaich/Korioth	Das Bundesverfassungsgericht, 10. Auflage 2015
von Mangoldt/Klein/Starck	GG, 6. Auflage 2010
von Münch/Kunig	GG, 6. Auflage 2012

1. Teil: Grundrechte – Allgemeiner Teil

Bei den **Grundrechte**n handelt es sich nicht um unverbindliche programmatische Aussagen, sondern um, wie es Art. 1 Abs. 3 GG ausdrückt, **„unmittelbar geltendes Recht"**, **welches alle Staatsorgane zu beachten haben**. Die Grundrechte bilden gemeinsam mit dem übrigen Verfassungsrecht die Spitze der Rechtsordnung, sind also insbesondere gegenüber den einfachen Gesetzen **höherrangiges Recht**. Letzteres lässt sich auch **Art. 1 Abs. 3 GG** entnehmen, wenn dort zum Ausdruck kommt, dass die Grundrechte **auch die Gesetzgebung binden**.

Die unmittelbare Geltung der Grundrechte zwischen dem Einzelnen und der öffentlichen Gewalt, insbesondere auch der Gesetzgebung, und die **Möglichkeit des Einzelnen, seine subjektiven Rechte aus den Grundrechten mit der Verfassungsbeschwerde geltend zu machen**, zeigen die überragende Bedeutung der Grundrechte für die Menschen. Während früher (vgl. dazu noch unten zur geschichtlichen Entwicklung) die Grundrechte lediglich Programmsätze ohne Bindungswirkung waren, sodass Grundrechte eine „leere Hülle" waren, kommt ihnen heute im Verhältnis Bürger – Staat eine überragend wichtige Bedeutung zu. Die Grundrechte stellen uns Bürgern die **höchsten Abwehrrechte gegen den Staat** zur Verfügung.

1. Abschnitt: Stellung und Funktion der Grundrechte

Während formal, nach der Überschrift über dem 1. Abschnitt des GG, lediglich die Art. 1–19 GG Grundrechte enthalten **(formeller Grundrechtsbegriff)**, sind Grundrechte auch alle Verfassungsnormen, die das Verhältnis des einzelnen Menschen zum Staat **in einer für beide Teile verbindlichen Weise** regeln **(materieller Grundrechtsbegriff)**. Zu den Grundrechten im materiellen Sinne gehören neben den Gewährleistungen der Art. 1–19 GG also auch die **grundrechtsgleichen Rechte** der Art. 20 Abs. 4, 33, 38, 101, 103 u. 104 GG. Diese sind **nach ihrer Struktur und Geschichte** den Grundrechten aus Art. 1–19 GG vergleichbar und können prozessual ebenso wie diese mit der Verfassungsbeschwerde geltend gemacht werden.[1] Sie enthalten ebenso wie die (formalen) Grundrechte **subjektive Abwehrrechte des Bürgers gegen den Staat**.

Hinweis: *Die grundrechtsgleichen Rechte sind in Art. 93 Abs. 1 Nr. 4 a GG aufgezählt.*

Beispiel: K betreibt ein Kino und wird zu einer sog. „Filmabgabe" nach dem Filmfördergesetz (FFG) herangezogen. Gegen die Abgabenbescheide klagt K verwaltungsgerichtlich und bleibt auch beim BVerwG erfolglos. Kann K eine Verfassungsbeschwerde zum Bundesverfassungsgericht erheben mit der Begründung, Art. 101 Abs. 1 S. 2 GG sei verletzt, da das Bundesverwaltungsgericht die Frage der Vereinbarkeit des FFG mit dem Beihilferecht der Europäischen Union (Art. 107 Abs. 3 AEUV) nicht dem EuGH zur Entscheidung vorgelegt habe?

Nach Art. 93 Abs. 1 Nr. 4 a GG kann jedermann die Verfassungsbeschwerde mit der Behauptung erheben, in seinen Grundrechten **oder** in seinen Rechten u.a. aus Art. 101 GG verletzt zu sein. Gemäß Art. 267 AEUV entscheidet der EuGH, der gesetzlicher Richter i.S.d. Art. 101 Abs. 1 S. 2 GG ist, im Wege des Vorabentscheidungsverfahrens über die Auslegung der Verträge. Nach Art. 267 Abs. 3 AEUV ist ein mitgliedsstaatliches Gericht, dessen Entscheidungen selbst nicht mehr mit Rechtsmitteln des innerstaatlichen Rechts angefochten werden können, verpflichtet, eine derartige Frage dem Gerichtshof vorzulegen. Daher wäre K in seinem grundrechtsgleichen Recht aus Art. 101 Abs. 1 S. 2 GG verletzt, wenn

---

[1] Sachs, GG, Vor Art. 1 Rn. 17; Kingreen/Poscher, Rn. 371.

1. Teil Grundrechte – Allgemeiner Teil

das BVerwG die Frage der Vereinbarkeit des FFG mit dem Beihilferecht der Europäischen Union (Art. 107 Abs. 3 AEUV) dem Gerichtshof zur Entscheidung vorlegen musste. Eine Verfassungsbeschwerde des K wäre damit zulässig.[2]

A. Geschichte der Grundrechte

4   Einige Aussagen des GG und Auslegungen der Grundrechte werden erst deutlich, wenn man sich kurz die historische Entwicklung des GG vor Augen führt. Auch in Klausuren werden Sie manchmal eine Auslegung des GG unter Beachtung der geschichtlichen Hintergründe vornehmen müssen.

Beispiel: So wird bis heute hinsichtlich der Frage eines materiellen Prüfungsrechts des Bundespräsidenten bei der Ausfertigung von Gesetzen argumentiert, dass der Bundespräsident im Unterschied zu dem Reichspräsidenten der Weimarer Zeit nur eine schwache Stellung inne hat, und daher dem Bundespräsidenten ein solch starkes Recht wie die materielle Überprüfung von Gesetzen nicht zustehen könne.

I. Vorläufer des Grundgesetzes

1. Paulskirchenverfassung, 1848/49

5   Ein Vorläufer des GG war die Paulskirchenverfassung von 1848/49, die nach der Märzrevolution 1848 in der Frankfurter Paulskirche erarbeitet und verabschiedet wurde. Darin war ein Bundesstaat mit dem preußischen König als Erbkaiser und einer gewählten Volksvertretung vorgesehen. Auch ein Grundrechtskatalog war in der Paulskirchenverfassung enthalten. Sie trat jedoch nie in Kraft, da sie vom preußischen König und anderen Einzelstaaten abgelehnt wurde.

2. Reichsverfassung, 1871

6   Ein weiterer Vorläufer des GG war die Reichsverfassung von 1871, die nach der Gründung des Deutschen Reiches in Kraft trat. Sie enthielt im Gegensatz zur Paulskirchenverfassung keinen Grundrechtskatalog. Der Deutsche Kaiser war Staatsoberhaupt, es existierte eine gewählte Volksvertretung, ein Parlament – der Reichstag. Dieser hatte zwar das Gesetzgebungsrecht, Gesetze bedurften aber stets der Zustimmung des Bundesrats, der sich aus Vertretern der 25 Bundesstaaten des Deutschen Reiches zusammensetzte. Der Reichskanzler, der die Regierungsgeschäfte führte, wurde allein vom Kaiser ernannt und konnte auch von ihm entlassen werden.

3. Weimarer Reichsverfassung (WRV), 1919

7   Die Weimarer Reichsverfassung (WRV) von 1919 wurde nach dem Ende des Kaiserreiches in Weimar erlassen. Sie enthielt einen Grundrechtsteil, es war aber unklar, inwieweit auch der Gesetzgeber an die Grundrechte gebunden ist.

Staatsoberhaupt war der Reichspräsident, der auf sieben Jahre direkt vom Volk gewählt wurde. Der Reichstag wurde ebenfalls vom Volk gewählt. Vom Vertrauen des Reichstags

---

[2] BVerfG, Urt. v. 28.01.2014 – 2 BvR 1561/12, RÜ 2014, 182.

abhängig war die Reichsregierung (Reichskanzler und Reichsminister). Der „Reichsrat" im Kaiserreich, der sich aus Vertretern von 18 deutschen Ländern zusammensetzte, hatte geringeren Einfluss auf die Gesetzgebung als sein Nachfolger Bundesrat.

Der Reichspräsident konnte auf der Grundlage des Art. 48 WRV Notverordnungen verfügen, die von der Reichsregierung beschlossen wurden. Somit konnte die Reichsregierung am Parlament „vorbeiregieren". Ab 1930 wurde davon intensiv Gebrauch gemacht und auf den Reichstag keine Rücksicht mehr genommen („Präsidialkabinette").

4. NS-Zeit

In der NS-Zeit wurde die Weimarer Reichsverfassung praktisch außer Kraft gesetzt. Die Reichsregierung wurde durch das Ermächtigungsgesetz vom 23. März 1933, das zunächst für vier Jahre galt und dann mehrfach bis 1945 verlängert wurde, ermächtigt, Gesetze ohne den Reichstag und den Reichsrat zu erlassen. Die Gewaltenteilung wurde dadurch vollends beseitigt. Wozu das führte, ist bekannt.

8

II. Entstehung und Entwicklung des Grundgesetzes

Nach dem Zusammenbruch des Deutschen Reiches im Mai 1945 wurden zunächst die Länder reorganisiert; die Länder existierten also vor dem Bund. In den Ländern der drei westlichen Besatzungszonen wurden die Ministerpräsidenten von den drei Militärgouverneuren dazu aufgefordert, eine verfassunggebende Nationalversammlung einzuberufen.

9

1. Herrenchiemseer Konvent und Parlamentarischer Rat

Nach Vorarbeiten durch das von den Ministerpräsidenten einberufene Herrenchiemseer Konvent im August 1948, das einen ersten Entwurf erarbeitete, trat in Bonn der Parlamentarische Rat zusammen, dessen Mitglieder von den Landtagen gewählt wurden. Der Parlamentarische Rat erstellte nach langen Diskussionen die endgültige Fassung des Grundgesetzes. Dieses wurde von den westdeutschen Landtagen angenommen.

10

Allein der Bayerische Landtag stimmte dagegen, da ihm die neue Staatsorganisation zu zentralistisch erschien. Gleichzeitig aber erklärte der Landtag, dass „die Rechtsverbindlichkeit dieses Grundgesetzes auch für Bayern anerkannt" wird.

Die Militärgouverneure genehmigten das Grundgesetz am 12. Mai 1949. Das Grundgesetz wurde am 23. Mai 1949 verkündet und trat am 24. Mai 1949 in Kraft (Art. 145 Abs. 2 GG). Die Bundesrepublik Deutschland als westdeutscher Teilstaat war gegründet.

Jedoch wurde das Grundgesetz als Provisorium begriffen, wollte man doch die deutsche Teilung nicht vertiefen. Deshalb wurde der Begriff „Verfassung" vermieden und der Begriff „Grundgesetz" gewählt. Die alte Fassung der Präambel (die im Zuge der Wiedervereinigung neugefasst wurde) sprach davon, dass das Grundgesetz beschlossen wurde, „um dem staatlichen Leben für eine Übergangszeit eine neue Ordnung zu geben".

11

2. Wiedervereinigung

12 Über den „Beitrittsartikel" (Art. 23 GG a.F.) wurde auch die Wiedervereinigung vorgenommen. Die Einzelheiten regelte der **Einigungsvertrag** vom 31.08.1990. Durch Art. 3 des Einigungsvertrags wurde, dem Auftrag des Art. 23 Abs. 1 S. 2 GG a.F. folgend, das GG für „die neuen Länder" und den Ostteil von Berlin am 03.10.1990 in Kraft gesetzt.

B. Standorte der Grundrechte

13 Neben den Grundrechten im GG enthalten auch andere Rechtsordnungen Grundrechte. Zu nennen sind hier insbesondere:

14 ■ die **Grundrechte in den Landesverfassungen**. Grundrechte in den Landesverfassungen behalten gemäß Art. 142 GG trotz Art. 31 GG, wonach Bundesrecht das Landesrecht bricht, ihre Gültigkeit. Die Grundrechte des Grundgesetzes und der Landesverfassungen schützen jedoch jeweils nur ein und dasselbe Grundrecht.[3] In der Fallbearbeitung sind landesrechtliche Grundrechte deshalb nicht gesondert zu prüfen, es sei denn, sie können ausnahmsweise für die Auslegung eines bundesrechtlichen Grundrechts herangezogen werden.[4] Die Länder können die grundgesetzlich gewährleisteten Freiheiten aber erweitern.[5] So ist z.B. in Art. 4 Abs. 2 LVerf NRW ein Grundrecht auf Datenschutz garantiert, das im Grundgesetz nicht (ausdrücklich) enthalten ist.

15 ■ die **Grundrechte nach der EU-Grundrechte-Charta**. In der GRCh ist die Gesamtheit der bürgerlichen, politischen, wirtschaftlichen und sozialen Rechte der europäischen Bürgerinnen und Bürger sowie aller im Hoheitsgebiet der Union lebenden Personen zusammengefasst. Die GRCh enthält sechs Kapitel über

- die Würde des Menschen,
- die Freiheiten,
- die Gleichheit,
- die Solidarität,
- die Bürgerrechte und die
- justiziellen Rechte.

16 Nach **Art. 51 Abs. 1 S. 1 GRCh** gilt die Charta (die rechtlich mit EUV und AEUV gleichrangig ist, vgl. Art. 6 Abs. 1 EUV) für die Mitgliedstaaten **ausschließlich bei der Durchführung** des Rechts der Union. Noch nicht genau geklärt ist, unter welchen Voraussetzungen die GRCh in den Mitgliedstaaten gilt. Während der EuGH die GRCh über die klassischen Vollzugs- und Umsetzungskonstellationen hinaus bereits dann für anwendbar hält, wenn eine Fallgestaltung vom Unionsrecht erfasst wird,[6] liegt nach dem Bundesverfassungsgericht eine Durchführung des Unionsrechts nur dann

---

[3] BVerfGE 22, 267, 271.
[4] Kingreen/Poscher, Rn. 73 ff.
[5] Manssen Staatsrecht II, Rn. 23.
[6] EuGH, Urt. v. 26.02.2013 – C-617/10.

vor, wenn die nationalen Vorschriften **„durch Unionsrecht determiniert"** (also festgelegt oder geregelt) sind.[7] Allerdings hat der EuGH später ebenfalls festgestellt, dass rein mittelbare Auswirkungen nicht ausreichen würden.[8]

Beispiel: Das Antiterrordateigesetz (ATDG) schafft für den Bereich der Bekämpfung des internationalen Terrorismus die Rechtsgrundlage für eine Verbunddatei von Polizeibehörden und Nachrichtendiensten von Bund und Ländern. Die Antiterrordatei soll Zugang zu Informationen ermöglichen, gibt also Auskunft darüber, bei welchen Behörden weitere Informationen erfragt werden können. Daneben enthält die Antiterrordatei aber auch sog. Klardaten, d.h., dass sie selbst eine Vielzahl personenbezogener Informationen zu den gespeicherten Personen enthält.

Das ATDG könnte gegen **Art. 8 GRCh** verstoßen. Danach hat jede Person das Recht auf Schutz der sie betreffenden personenbezogenen Daten. Dann müssten die Grundrechte der GRCh auf den Fall anwendbar sein. Nach **Art. 51 Abs. 1 S. 1 GRCh** gilt die Charta für die Mitgliedstaaten **ausschließlich bei der Durchführung des Rechts der Union**.

Die Einrichtung und Ausgestaltung der Antiterrordatei ist nicht durch Unionsrecht (Verordnung, Richtlinie) vorgegeben und geregelt **(determiniert)**. Insbesondere gibt es keine unionsrechtliche Bestimmung, die die Bundesrepublik Deutschland zur Einrichtung einer solchen Datei verpflichtet, sie daran hindert oder ihr diesbezüglich inhaltliche Vorgaben macht. Das ATDG verfolgt vielmehr **innerstaatlich** bestimmte Ziele, die das Funktionieren unionsrechtlich geordneter Rechtsbeziehungen nur mittelbar beeinflussen können, was für eine Prüfung am Maßstab unionsrechtlicher Grundrechtsverbürgungen nicht genügt.[9] Danach sind die Grundrechte der GRCh nicht anwendbar. Die Regelungen des ATDG sind (national) am **Recht auf informationelle Selbstbestimmung aus Art. 2 Abs. 1 i.V.m. Art. 1 Abs. 1 GG** zu messen.

- die Grundrechte (Menschenrechte) nach der **EMRK**. Die EMRK ist Bestandteil der deutschen Rechtsordnung, und zwar **im Rang eines einfachen Bundesgesetzes**.[10] Als einfaches Bundesgesetz (Art. 59 Abs. 2 S. 1 GG) bindet die EMRK nach Art. 20 Abs. 3 GG die vollziehende Gewalt und die Rspr., aber anders als die Grundrechte des GG (vgl. Art. 1 Abs. 3 GG) **nicht** auch die Gesetzgebung. Das Bundesverfassungsgericht hat in dem durch Art. 1 Abs. 2 GG besonders verbürgten Schutz eines Kernbestandes an internationalen Menschenrechten i.V.m. Art. 59 Abs. 2 S. 1 GG die verfassungsrechtliche Pflicht begründet gesehen, bei der Anwendung der deutschen Grundrechte die **EMRK als Auslegungshilfe** für die Bestimmung von Inhalt und Reichweite der Grundrechte heranzuziehen und darüber hinaus das einfache Recht EMRK-konform auszulegen.[11] Auf die Berücksichtigung der EMRK besteht auch ein subjektiv-rechtlicher Anspruch der Bürger, der prozessual durchsetzbar ist: „Das Bundesverfassungsgericht hält es für geboten, dass ein Beschwerdeführer gestützt auf das einschlägige Grundrecht mit der Verfassungsbeschwerde rügen können muss, dass ein staatliches Organ eine Konventionsbestimmung oder eine Entscheidung des EGMR missachtet oder nicht berücksichtigt hat."[12]

Beispiel: Der verbeamtete Lehrer L hat an Warnstreiks der Gewerkschaft „GEW" teilgenommen, obwohl er zu dieser Zeit unterrichten musste. Die zuständige Behörde erlässt daher gegen L eine Disziplinarverfügung mit einer Geldbuße von 500 € wegen des Fernbleibens vom Dienst. L meint, auch

---

7 BVerfG, Urt. v. 24.04.2013 – 1 BvR 1215/07, RÜ 2013, 386 (Antiterrordatei); Sachs, GG, Art. 93 Rn. 26 f.
8 EuGH NVwUZ 2014, 575.
9 BVerfG, Urt. v. 24.04.2013 – 1 BvR 1215/07, RÜ 2013, 386 (Rn. 90).
10 BVerwG, Urt. v. 27.02.2014 – 2 C 1.13.
11 BVerwG, Urt. v. 27.02.2014 – 2 C 1.13; BVerfGE 111, 307, 329; Sachs, GG, Art. 93 Rn. 29.
12 BVerfG NJW 2011, 1931.

1. Teil — Grundrechte – Allgemeiner Teil

ihm stünde ein Streikrecht zu. Dies habe der EGMR festgestellt, wonach Streikteilnahmen von verbeamteten Lehrern nicht als Dienstvergehen zu qualifizieren seien (Entscheidungen vom 12.11.2008, 34503/97 und vom 21.04.2009, 68959/01). Nach dieser Rspr. verstoße ein ausnahmsloses Streikverbot von Beamten gegen Art. 11 Abs. 2 EMRK.

Nach **Art. 9 Abs. 3 GG** ist jedermann das Recht gewährleistet, zur Wahrung und Förderung der Arbeits- und Wirtschaftsbedingungen Vereinigungen zu bilden (**Koalitionsfreiheit**). Das **Streikrecht** zählt dabei zu den von Art. 9 Abs. 3 GG geschützten Tätigkeiten. Eine Beschränkung der Koalitionsfreiheit ergibt sich für Beamte aber aus Art. 33 Abs. 5 GG, wonach das Recht des öffentlichen Dienstes unter Berücksichtigung der hergebrachten Grundsätze des Berufsbeamtentums zu regeln und fortzuentwickeln ist. Dazu gehört die Treuepflicht des Beamten und damit auch ein Streikverbot für Beamte.[13]

Daher verstieß die Teilnahme des L an den Warnstreiks gegen das Verbot aus Art. 33 Abs. 5 GG, war aber durch Art. 11 EMRK gedeckt. Wegen des Grundsatzes der Völkerrechtsfreundlichkeit des Grundgesetzes und weil die Bundesrepublik Deutschland völkervertragsrechtlich verpflichtet ist, der Konvention (in ihrer Auslegung durch den EGMR) innerstaatliche Geltung zu verschaffen, muss die Bundesrepublik Deutschland dafür Sorge tragen, dass die nationale Rechtsordnung möglichst mit den Vorgaben der EMRK in Einklang gebracht wird. Dies ist aber Aufgabe des Gesetzgebers. Dieser muss für die Beamten außerhalb der genuin hoheitlichen Verwaltung nach dem Grundsatz der praktischen Konkordanz einen Ausgleich der sich gegenseitig ausschließenden Rechtspositionen aus Art. 33 Abs. 5 GG und Art. 11 EMRK herbeiführen. Solange das nicht geschehen ist, besteht weiterhin das generelle Streikverbot auch für Lehrer aus Art. 33 Abs. 5 GG.[14]

20 *Klausurhinweis:* In Klausuren spielen die Grundrechte außerhalb des GG nur eine untergeordnete Rolle. Sie können aber insbesondere für die Auslegung und das Verständnis der Grundrechte von Bedeutung sein.

C. Systematisierung der Grundrechte

21 Eine Unterscheidung der Grundrechte ist für eine Klausur wichtig, da Grundrechte unterschiedlich geprüft werden. Auch hängt die Prüfreihenfolge von der Art der Grundrechte ab (Freiheitsrechte vor Gleichheitsrechten). Es werden insbesondere drei Arten von Grundrechten nach der Art des gewährleisteten Rechts unterschieden:

- **Freiheits(grund)rechte**,
- **Gleichheits(grund)rechte** und
- **Justizgrundrechte** (die auch Verfahrensrechte genannt werden).

22 Daneben sind die **grundrechtsgleichen Rechte** zu beachten. Diese enthalten – wie oben bereits erwähnt – subjektive Abwehrrechte des Bürgers gegen den Staat, sind aber formal nicht im Grundrechtekatalog der Art. 1–19 GG geregelt.

Hinweis: Auch grundrechtsgleiche Rechte sind entsprechend zu systematisieren. So enthält Art. 38 Abs. 1 S. 1 GG zwei Gleichheitsrechte (allgemein, gleich) und drei Freiheitsrechte (unmittelbar, frei, geheim). Aber Vorsicht: Obwohl Art. 38 GG in Art. 93 Abs. 1 Nr. 4a GG „pauschal" genannt ist, stellt Art. 38 Abs. 1 S. 2 (freies Mandat des Abgeordneten) kein grundrechtsgleiches Recht dar. Grundrechte sind Abwehrrechte des Bürgers gegen den Staat, nicht des Staates gegen den Staat (Konfusionsargument). Wenn ein Angeordneter aus seinem freien Mandat vorgeht, beruft er sich als Teil des Staates darauf nicht als „Bürger". In diesem Fall kann der Abgeordnete im Wege des Organstreitverfahrens gemäß Art. 93 Abs. 1 Nr. 1 GG eine Überprüfung durch das Bundesverfassungsgericht herbeiführen.

---

[13] BVerfGE 8, 1, 17.
[14] BVerwG, Urt. v. 27.02.2014 – 2 C 1.13 (Rn. 59 ff.).

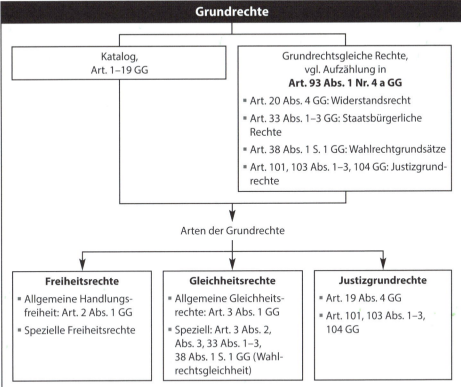

D. Konkurrenzen/Spezialität

Wird das Verhalten des Grundrechtsträgers von mehreren Grundrechten geschützt, stellt sich die Frage nach **Konkurrenzen** bzw. eines Spezialitätsverhältnisses. Dafür gelten folgende Grundsätze:

- **Allgemeine Spezialität**: Die **besonderen Freiheits- und Gleichheitsrechte** gehen der **allgemeinen Handlungsfreiheit** (Art. 2 Abs. 1 GG) und dem **allgemeinen Gleichheitssatz** (Art. 3 Abs. 1 GG) vor (lex specialis vor lex generalis).

  Beispiel: Art. 8 Abs. 1 GG (Versammlungsfreiheit) verdrängt Art. 2 Abs. 1 GG (allgemeine Handlungsfreiheit).

  Gegenbeispiel: Eine unfriedliche Versammlung fällt nicht in den Schutzbereich des Art. 8 Abs. 1 GG, sodass diese durch Art. 2 Abs. 1 GG „geschützt" wird.

- **Anwendungs-/Idealkonkurrenz**: Grundsätzlich sind die verschiedenen besonderen Freiheits-/Gleichheitsrechte nebeneinander anwendbar. Das bedeutet, dass der staatliche Eingriff an allen betroffenen Grundrechten zu messen ist.[15]

  Beispiel: Eine Wohnungsverweisung mit einem Rückkehrverbot zum Schutze vor häuslicher Gewalt nach dem PolG greift in die Schutzbereiche der Freizügigkeit (Art. 11 GG), der Wohnung (Art. 13 GG) und der Eigentumsgarantie (Art. 14 GG) ein. Daneben wird grds. auch ein Eingriff in Art. 6 GG (Ehe, Familie) gegeben sein. Alle Grundrechte werden nebeneinander geprüft. Lediglich Art. 2 Abs. 1 GG tritt im Wege der Subsidiarität dahinter zurück.

---

15 Kingreen/Poscher, Rn. 355, 364.

27 ■ **Einzelfallspezialität: Ausnahmsweise** kann ein geschütztes Verhalten im **Einzelfall** durch ein besonderes Freiheits-/Gleichheitsrecht so speziell und vorrangig geschützt sein, dass dann ein besonderes Grundrecht das andere besondere Grundrecht verdrängt.[16] In diesem Fall ist dann ausschließlich das **sachlich näherstehende** Grundrecht zu prüfen.

> **Beispiel:** Das gesetzliche Verbot, in Gaststätten zu rauchen, greift in den Schutzbereich der Berufsfreiheit (Art. 12 GG) der Gaststättenbetreiber ein. An der Eigentumsgarantie (Art. 14 Abs. 1 GG) ist das Rauchverbot dagegen nicht zu messen. Zwar berührt es auch das durch Art. 14 Abs. 1 GG geschützte Hausrecht, der **Schwerpunkt** des Eingriffs liegt jedoch nicht in der Begrenzung der Innehabung und Verwendung dieser Vermögensposition, sondern in der Beschränkung der individuellen Erwerbstätigkeit des Gastwirts. Der Schutz der Eigentumsgarantie tritt daher hinter der Berufsfreiheit zurück.[17]

> **Weiteres Beispiel:** Bei der sog. „engagierten Kunst", die eine bestimmte Meinung ausdrücken will (Satire, Karikatur), tritt die Meinungsäußerungsfreiheit (Art. 5 Abs. 1 S. 1 Fall 1 GG) hinter der Kunstfreiheit (Art. 5 Abs. 3 S. 1 GG) zurück.[18]

E. Grundrechtsbindung

28 Die Grundrechte binden gemäß **Art. 1 Abs. 3 GG** die Gesetzgebung, die vollziehende Gewalt und die Rspr. als unmittelbar geltendes Recht. Während die Grundrechtsbindung der beiden Staatsgewalten „Gesetzgebung" und „Rspr." (zur Frage der mittelbaren Drittwirkung s.u. Rn. 688) unproblematisch ist, stellen sich bei der **Grundrechtsbindung der vollziehenden Gewalt** verschiedene Fragen.

29 ■ Der **Begriff** der „vollziehenden Gewalt" i.S.d. Art. 1 Abs. 3 GG ist **umfassend** zu verstehen. Über die Verwaltung hinaus werden die Regierung, die Bundeswehr sowie Personen, die von der Verwaltung zur Erfüllung ihrer Aufgaben eingesetzt werden (**Beliehene**[19] und **Verwaltungshelfer**) erfasst.

30 ■ Auch die **Träger mittelbarer Staatsgewalt** (z.B. Gemeinden, Kreise, Hochschulen, öffentlich-rechtliche Rundfunkanstalten, berufsständische Kammern) sind „vollziehende Gewalt" i.S.d. Art. 1 Abs. 3 GG.

31 ■ Die Grundrechtsbindung der **Kirchen** als „vollziehende Gewalt" ist **differenziert zu behandeln**. Soweit die Maßnahmen ausschließlich den **innerkirchlichen Bereich** betreffen, ist eine Bindung an die Grundrechte über Art. 1 Abs. 3 GG abzulehnen. Dies gilt z.B. für die Ämterhoheit der Kirchen. Ohne grundrechtlichen Beschränkungen zu unterliegen, sind sie befugt, Ämter nach eigenen Auswahlkriterien zu vergeben, soweit sie die für alle geltenden Gesetze achten.

Wird jedoch **hoheitliche Gewalt** ausgeübt, z.B. im Kirchensteuerrecht oder im Bereich kirchlicher Ersatzschulen, ist von ihrer **Grundrechtsbindung** gemäß Art. 1 Abs. 3 GG auszugehen.

---

16 Michael/Morlok Grundrechte, Rn. 54.
17 BVerfG, Urt. v. 30.07.2008 – 1 BvR 3262/07, RÜ 2008, 587.
18 BVerfG, Beschl. v. 03.06.1987 – 1 BvR 313/85.
19 Kingreen/Poscher, Rn. 190.

- Schließlich ist die Grundrechtsbindung heute auch anerkannt in **Sonderrechtsverhältnissen** (z.B. bei Beamten, Schülern, Strafgefangenen).[20]

Die Zuordnung staatlicher Organisationsbereiche zur „vollziehenden Gewalt" ist von der Bestimmung der **Tätigkeiten** zu trennen, die zur Ausübung der vollziehenden Gewalt gehören. Unter diesem Gesichtspunkt ist fraglich, wieweit die Grundrechtsverpflichteten auch bei privatrechtlichem Tätigwerden **zur Erfüllung öffentlicher Aufgaben** (**Verwaltungsprivatrecht**) und bei **erwerbswirtschaftlicher Betätigung** bzw. **fiskalischem Handeln** (z.B. zur Bedarfsdeckung) an die Grundrechte gebunden sind.

Im Verwaltungsprivatrecht besteht unstreitig eine (unmittelbare) Grundrechtsbindung.[21] In den beiden anderen Tätigkeitsbereichen wird sie zwar von der zivilgerichtlichen Rspr. abgelehnt,[22] ansonsten aber heute generell bejaht. Die Grundrechtsbindung gilt unabhängig von den gewählten Handlungsformen und den Zwecken, zu denen die öffentliche Gewalt tätig wird, also selbst im fiskalischen Bereich.[23]

Auch bei **gemischtwirtschaftlichen Unternehmen** besteht zumindest dann eine Grundrechtsbindung, wenn der Staat eine **beherrschende Stellung** innehat (also z.B. mehr als 50% der Gesellschaftsanteile hält, vgl. dazu unten Fall 10).[24]

2. Abschnitt: Technik der Grundrechtsprüfung (Freiheitsrechte)

Im folgenden Abschnitt soll allgemein die Technik der Grundrechtsprüfung dargestellt werden. Dabei beziehen sich die Ausführungen zunächst auf die Prüfung der Freiheitsgrundrechte. Der Aufbau der Prüfung eines Gleichheitsrechts wird später speziell für die Gleichheitsrechte (s.u. Rn. 583) dargestellt.

Hinweis: Besondere Problemkreise hinsichtlich der einzelnen Prüfungspunkte werden später vorrangig an den Grundrechten dargestellt, bei denen die Probleme klassischerweise auftauchen. Hier geht es nur darum, einen Überblick über die einzelnen Prüfungspunkte zu gewinnen.

Die Prüfung der Verletzung eines Freiheitsgrundrechts läuft klassischerweise in drei Schritten ab:

- Definition des **Schutzbereichs**
- Feststellen, ob ein **Eingriff** in den Schutzbereich vorliegt
- Prüfung der **verfassungsrechtlichen Rechtfertigung** des Eingriffs

Hinweis: Diese Drei-Schritt-Prüfung entspricht der wohl h.M. Jeder Korrektor wird diese Art des Aufbaus anerkennen. Zumindest ergänzend sollte man aber wissen, dass sich dahinter nur zwei Wertungsstufen verbergen. Die Tatbestandsebene (Eingriff in den Schutzbereich) und die Rechtfertigungsebene, die sich im Übrigen auch noch unterteilen lässt (Schranken und Schranken-Schranken).

Jedenfalls erfolgt die Prüfung der Verletzung von Grundrechten im „Schutzbereichs-Eingriffs-Denken".

---

20 Vgl. BVerfGE 33, 1.
21 Maunz/Dürig, GG, Art. 1 Rn. 95; Kingreen/Poscher, Rn. 194.
22 BGHZ 154, 146, 150.
23 BVerfG, Beschl. v. 19.07.2016 – 2 BvR 470/08, RÜ 2016, 726, 727; BVerwG, Beschl. v. 10.11.2016 – 4 B 27.16.
24 BVerfG NJW 2011, 1201, RÜ 2011, 243; Jarass/Pieroth GG, Art. 1 Rn. 40; BeckOK GG, Art. 1 Rn. 71.

1. Teil — Grundrechte – Allgemeiner Teil

36 Auf der **Tatbestandsebene** geht es um die Definition von „Tabuzonen", in denen die Ausübung jeglicher Staatsgewalt gegenüber dem Bürger an sich verboten ist (Schutzbereichsdefinitionen), und um die Feststellung, ob dies doch geschehen ist (Eingriff).

Auf der **Rechtfertigungsebene** wirken sodann zwei gegenläufige Kräfte. Dem Grundrechtsgebrauch kann der Staat nämlich einerseits gewisse Schranken ziehen, andererseits sind auch der Beschränkungsmöglichkeit wiederum bestimmte Grenzen gesetzt (sog. Schranken-Schranken).

Ist die Prüfung eines Freiheitsgrundrechts in der Klausur problematisch, so wird es im Sachverhalt etwa um folgende Konstellation gehen: Der Staat trifft irgendeine Maßnahme gegenüber dem Bürger (Beispiele: Erlass eines Gesetzes, eines Verwaltungsakts, eines Gerichtsurteils). Die Frage, ob dabei (Freiheits-)Grundrechte des Bürgers verletzt werden, wird dann mit Hilfe des folgenden Schemas beantwortet.

37

Aufbauschema zu Freiheitsgrundrechten

I. Schutzbereich betroffen
  1. Leitbegriff (z.B. Art. 8 Abs. 1 GG – Versammlung)
  2. Sachliche Schutzbereichsbegrenzungen (friedlich)
  3. Persönliche Schutzbereichsbegrenzung (Deutsche)

II. Eingriff
  1. im klassischen Sinne
  2. im neueren, weiteren Sinne

III. Verfassungsrechtliche Rechtfertigung
  1. Einschränkungsmöglichkeiten (Schranke)
     a) Verfassungsunmittelbare Schranken
     b) Gesetzesvorbehalt
        aa) einfacher
        bb) qualifizierter
     c) Verfassungsimmanente Schranken
        aa) Grundrechte Dritter
        bb) Andere Werte von Verfassungsrang
  2. Ist der Eingriff eine verfassungsgemäße Konkretisierung der Einschränkungsmöglichkeit? (Schranken-Schranken)
     z.B.
     a) Grundsatz der Verhältnismäßigkeit
     b) Bestimmtheit
     c) Zitiergebot, Art. 19 Abs. 1 S. 2 GG

A. Schutzbereich

Die Tätigkeit, die der Bürger ausübt, muss in den Schutzbereich eines Grundrechts fallen. Man unterscheidet den **sachlichen** und den **persönlichen** Schutzbereich.

I. Sachlicher Schutzbereich

1. Leitbegriff

Zur Bestimmung des sachlichen Schutzbereichs müssen Sie den Text des in Betracht kommenden Grundrechts genau lesen und den Lebensbereich, in dem das Grundrecht wirkt, insbesondere aus den **Leitbegriffen** (z.B. „Beruf" bei Art. 12 GG) ermitteln. Das Bundesverfassungsgericht hat hier einiges an Vorarbeit geleistet, was Sie sich nutzbar machen können und letztlich müssen. Es gilt in der Klausur, diesen Leitbegriff zu definieren und dann auf den Sachverhalt bezogen zu subsumieren, ob das staatliche Handeln den so definierten Schutzbereich betrifft oder nicht.

Beispiel: A ist Taschendieb und wird strafrechtlich sanktioniert. Er meint, dies greife in den Schutzbereich des Art. 12 Abs. 1 GG ein, da er sich dadurch seinen Lebensunterhalt bestreite, um nicht „dem Staat auf der Tasche zu liegen". Beruf i.S.d. Art. 12 GG ist jede auf Dauer angelegte Tätigkeit, die der Schaffung und Erhaltung der Lebensgrundlage dient. Zwar ist bis heute umstritten, ob die Tätigkeit erlaubt sein muss oder nur sog. „schlechthin gemeinschädliche" Tätigkeiten aus dem Schutzbereich der Berufsfreiheit herausfallen. Die Tätigkeit als Taschendieb ist nach der Definition aber jedenfalls nicht geschützt.

In der Regel ist **auch die „negative Freiheit"** geschützt, also nicht nur z.B. die Berufsausübung bei Art. 12 Abs. 1 GG, sondern auch die Freiheit, einen bestimmten Beruf nicht zu ergreifen und nicht auszuüben.

Eine besondere Rolle spielt das „Auffanggrundrecht" des Art. 2 Abs. 1 GG, das nach h.M. die allgemeine Handlungsfreiheit gewährleistet und damit prinzipiell alle Betätigungen und Lebensbereiche erfasst, die nicht einem speziellen Freiheitsgrundrecht unterfallen. Sie müssen hier immer zunächst prüfen, ob ein spezielles Freiheitsgrundrecht einschlägig ist, bevor Sie Art. 2 Abs. 1 GG anwenden, denn auf derselben Normebene gilt der Grundsatz: „Das speziellere Gesetz verdrängt das allgemeinere".

2. Sachliche Schutzbereichsbegrenzung

Einige Grundrechte enthalten eine sachliche Begrenzung des Schutzbereichs. So schützt Art. 8 Abs. 1 GG zwar das Recht, sich zu versammeln, begrenzt dieses Recht aber von vornherein auf solche Versammlungen, die **friedlich und ohne Waffen** durchgeführt werden. Auch hier gilt es in der Klausur natürlich, die Definition zu kennen. Allerdings kann man häufig auf „Hilfsmittel" zugreifen.

Unter den Begriff „Waffen" fallen jedenfalls die Gegenstände, die § 1 Abs. 2, 4 WaffG i.V.m. Anlage 1 und 2 zum WaffG als Waffen definiert (Pistole, Hieb- und Stichwaffen). Daneben können Sie aber auch Kenntnisse aus anderen Rechtsbereichen übertragen. So sind auch Baseballschläger Waffen, wenn sie zum Zwecke des Einsatzes mitgeführt werden („gefährliches Werkzeug", vgl. § 224 Abs. 1 Nr. 2 StGB).[25]

---

[25] Kingreen/Poscher, Rn. 778.

II. Persönlicher Schutzbereich

44 Hier geht es um die Frage, ob der Betreffende überhaupt Träger des geltend gemachten Grundrechts sein kann, die sog. **Grundrechtsfähigkeit**.

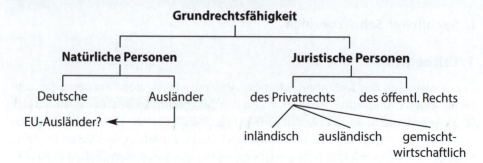

45 Die Grundrechtsfähigkeit ist bei jedem Deutschen grundsätzlich gegeben und von daher in der Klausur allenfalls kurz zu erwähnen.

Folgende Besonderheiten können aber zur Prüfung anstehen:

1. Nasciturus/Verstorbene

46 Grundsätzlich ist der Mensch von der Geburt bis zu seinem Tode Träger der Grundrechte. Zu beachten ist, dass in Bezug auf Art. 1 Abs. 1 GG (Menschenwürde) und Art. 2 Abs. 2 S. 1 GG (Leben und körperliche Unversehrtheit) auch „schon" der Nasciturus (die Leibesfrucht)[26] und in Bezug auf Art. 1 Abs. 1 GG auch **postmortaler Würdeschutz**[27] in Betracht kommen (vgl. dazu unten Rn. 144).

2. Ausländer

47 Manche Grundrechte sind nur „Deutschen- oder Bürgerrechte" (gemeint ist Deutscher i.S.d. Art. 116 Abs. 1 GG), vgl. z.B. Art. 8, 11, 12 Abs. 1 GG. Ausländer können sich hierauf nicht berufen. Für sie gelten nur die „Jedermannrechte" wie etwa Art. 2 Abs. 1, 2 Abs. 2, 5 Abs. 1 S. 1 GG.

Beispiel: Ist ein Amerikaner hinsichtlich seiner Berufsausübung ohne jeden Grundrechtsschutz in Deutschland, weil Art. 12 Abs. 1 GG ein Deutschengrundrecht ist? Nein! Art. 2 Abs. 1 GG schützt nach h.M. die allgemeine Handlungsfreiheit und ist somit als Auffanggrundrecht einschlägig. Anders als im Art. 12 GG heißt es: „Jedermann …"! Auch ein Amerikaner kann sich also zumindest auf Art. 2 Abs. 1 GG berufen.

48 Inwieweit sich nicht-deutsche **EU-Bürger** unter Berufung auf gemeinschaftsrechtliche Diskriminierungsverbote (Art. 18 AEUV bzw. besondere **Diskriminierungsverbote**) auch auf Deutschengrundrechte berufen können, ist noch nicht abschließend geklärt. Zum Teil werden EU-Ausländer auch als Träger der Deutschenrechte angesehen, teilweise wird die Auffassung vertreten, dass die Gleichstellung des EU-Ausländers in Bezug auf Deutschenrechte über Art. 2 Abs. 1 GG zu erfolgen habe, der durch Übertragung

---

26 BVerfGE 39, 1 (Fristenlösungsurteil); Sachs, GG, Art. 1 Rn. 60; Jarass/Pieroth, GG, Art. 1 Rn. 8.
27 BVerfGE 30, 173 (Mephisto-Beschluss); Sachs, GG, Art. 1 Rn. 61; Jarass/Pieroth, GG, Art. 1 Rn. 10.

der Rechtfertigung aus dem Deutschenrecht EU-Bürgern gegenüber dann einen gleichwertigen Schutz gewähren soll.

Klausurhinweis: *In der Klausur sollten Sie auf die gemeinschaftsrechtlichen Diskriminierungsverbote hinweisen und sich dann für eine der beiden Lösungsmöglichkeiten entscheiden.*

3. Juristische Personen des Zivilrechts

Die Grundrechtsfähigkeit juristischer Personen ist durch Art. 19 Abs. 3 GG bestimmt. Danach kommt es entscheidend darauf an, ob das jeweilige Grundrecht „seinem Wesen nach" auf die juristische Person anwendbar ist. Die Anwendbarkeit ist bei vielen Grundrechten ohne Weiteres anzunehmen (z.B. Eigentum, Art. 14 GG). Bei anderen Grundrechten, wie beispielsweise Art. 2 Abs. 2 S. 1 GG (Leben und körperliche Unversehrtheit), ist die Anwendbarkeit auf juristische Personen dagegen offensichtlich ausgeschlossen.

a) Begriff

Der verfassungsrechtliche Begriff der „juristischen Person" ist untechnisch zu verstehen und daher weiter als der zivilrechtliche Begriff. Eine GmbH oder eine AG ist als zivilrechtliche juristische Person wie natürliche Personen befähigt, als Träger von Rechten und Pflichten am Rechtsverkehr teilzunehmen und damit grundsätzlich Grundrechtsträgerin, soweit das Grundrecht dem Wesen nach anwendbar ist. Unter den verfassungsrechtlichen Begriff der „juristischen Person" fallen aber alle Personenmehrheiten, soweit sie Zuordnungssubjekte der Rechtsordnung sind.[28]

Beispiele: auch nicht eingetragene und damit nichtrechtsfähige Vereine (insbesondere Parteien)[29]; auch eine OHG[30] oder KG, die im Zivilrecht nur als teilrechtsfähig gelten.

b) Sinn der Grundrechtsfähigkeit von juristischen Personen

Art. 19 Abs. 3 GG wird oft falsch verstanden. Auch wenn Art. 19 Abs. 3 GG auf den ersten Blick offenbar juristischen Personen Grundrechtsschutz angedeihen lassen will, trügt dieser Eindruck. Grundrechte werden vom Bundesverfassungsgericht stets streng individualistisch verstanden. Eine korporative Wahrnehmung der Grundrechte erfüllt danach keinen Selbstzweck. Geschützt sind juristische Personen nur, **weil und soweit** ihre Bildung und Betätigung Ausdruck der freien Entfaltung der hinter ihnen stehenden natürlichen Personen ist.

Unternehmen, bei denen das Eigenkapital soweit in öffentlicher Hand liegt, dass die öffentliche Hand über eine **beherrschende Einflussnahme** verfügt, kommen als Grundrechtsträger daher beispielsweise nicht in Betracht.

Hinweis: *Etwas anderes gilt aber dann, wenn das Eigenkapital in der Hand eines **Mitgliedsstaates der EU** liegt. Da Art. 54 Abs. 2 AEUV ausdrücklich auch öffentlich-rechtlich organisierte Unternehmen in den Anwendungsbereich der **Niederlassungsfreiheit** (Art. 49 AEUV) einbezieht, ist Art. 19 Abs. 3 GG **europarechts-***

---

28 Sachs, GG, Art. 19 Rn. 57 ff.; Jarass/Pieroth, GG, Art. 19 Rn. 20; Michael/Morlok, Rn. 453.
29 BVerfGE 6, 273.
30 BVerfGE 10, 89; Manssen, Rn. 70.

freundlich und unionsrechtskonform auszulegen. Daher ist eine erwerbswirtschaftlich tätige juristische Person des Privatrechts, die von einem Mitgliedsstaat der EU beherrscht wird, grundrechtsfähig.[31]

c) Wesensmäßige Anwendbarkeit

53 Nach **Art. 19 Abs. 3 GG** gelten die Grundrechte für juristische Personen nur, soweit sie ihrem Wesen nach auf diese anwendbar sind. Während das Bundesverfassungsgericht früher davon ausging, dass Grundrechte nur dann auf juristische Personen dem Wesen nach anwendbar sind, wenn das Grundrecht ein **personales Substrat** erkennen lasse, wird heute überwiegend davon ausgegangen, dass eine **grundrechtstypische Gefährdungslage** bestehen müsse. Teilweise werden beide Methoden auch nebeneinander angewendet.[32]

54 ■ Ein **personales Substrat** ist erkennbar, wenn der Durchgriff auf die hinter der juristischen Person stehenden Menschen eine Einbeziehung der juristischen Person in den Schutzbereich des Grundrechtes als sinnvoll und erforderlich erscheinen lässt.[33]

Beispiel: Ein Bürgermeister bezeichnet einen im Ort ansässigen Verein (100 Mitglieder) als „Verein von Holocaustleugnern". Hier ist erkennbar, dass der Bürgermeister ausdrücken möchte, dass die einzelnen Mitglieder den Holocaust leugnen, also in das APR aller Vereinsmitglieder eingreift. Es ist aber sinnvoll, das Grundrecht nicht nur jedem Vereinsmitglied, sondern dem Verein als solchem zuzugestehen.

55 ■ Eine **grundrechtstypische Gefährdungslage** setzt voraus, dass sich die juristische Person in einer vergleichbaren grundrechtsfähigen Position befindet wie eine natürliche Person, also **in vergleichbarer Weise** in ihren Aufgaben und Funktionen durch die staatliche Gewalt beeinträchtigt werden kann.[34]

Beispiel: Eine GmbH ist Eigentümerin eines Grundstücks. Da sich die GmbH weigert, das Grundstück für den Bau einer Autobahn an den Staat zu veräußern, soll die GmbH enteignet werden. Hier kann die juristische Person in vergleichbarer und grundrechtstypischer Weise in ihrem Eigentumsrecht beeinträchtigt werden, sodass Art. 14 GG dem Wesen nach auch auf die GmbH anwendbar ist.

d) Ausländische juristische Personen

56 Nach dem klaren **Wortlaut des Art. 19 Abs. 3 GG** gelten die Grundrechte **nur für inländische** juristische Personen, sodass sich ausländische juristische Personen von vornherein nicht auf die Grundrechte berufen können.

aa) Sitztheorie

57 Die Abgrenzung zwischen einer inländischen und einer ausländischen juristischen Person wird vom Bundesverfassungsgericht nach der sogenannten **Sitztheorie** vorgenommen. Befindet sich der **Sitz der Hauptverwaltung** in Deutschland, so handelt es sich um eine inländische juristische Person, befindet sich dieser außerhalb Deutschlands, dann handelt es sich um eine ausländische juristische Person.

---

31 BVerfG, Urt. v. 06.12.2016 – 1 BvR 2821/11, RÜ 2017, 114.
32 BVerfG, Urt. v. 06.12.2016 – 1 BvR 2821/11, RÜ 2017, 114.
33 BVerfGE 21, 362; BVerfGE 68, 193.
34 BVerfG, Beschl. v. 08.07.1982 – 2 BvR 1187/80.

Technik der Grundrechtsprüfung (Freiheitsrechte) — 2. Abschnitt

Klausurhinweis: Die „Sitztheorie" ist nach der Rspr. des EuGH zwar europarechtswidrig, wird aber vom BVerfG in st.Rspr. weiter angewandt.[35] Daher sollte auch in einer Grundrechte-Klausur von der Sitztheorie ausgegangen werden.

bb) Juristische Personen aus der EU

Eine Besonderheit besteht hinsichtlich der juristischen Personen mit Sitz in einem Mitgliedsstaat der EU. Diese sind zwar „ausländisch" i.S.d. Art. 19 Abs. 3 GG. **Sie sind aber gleichwohl Träger von Grundrechten des Grundgesetzes**. Dies ist in der Rspr. des Bundesverfassungsgerichts inzwischen geklärt. Die Erstreckung der Grundrechtsberechtigung auf juristische Personen aus Mitgliedstaaten der Europäischen Union stellt danach eine aufgrund des **Anwendungsvorrangs der Grundfreiheiten im Binnenmarkt** (Art. 26 Abs. 2 AEUV) und des **allgemeinen Diskriminierungsverbots** wegen der Staatsangehörigkeit (Art. 18 AEUV) vertraglich veranlasste Anwendungserweiterung des deutschen Grundrechtsschutzes dar.[36]

Die Anwendbarkeit der deutschen Grundrechte auf juristische Personen aus der EU setzt dabei voraus,

- dass die betroffenen juristischen Personen **im Anwendungsbereich des Unionsrechts tätig werden** und

- dass ein **hinreichender Inlandsbezug** gegeben ist, wobei dafür aber bereits ausreichend ist, dass die juristische Person in Deutschland tätig wird.

Klausurhinweis: Das Bundesverfassungsgericht hat diese Grundsätze teilweise wieder hinterfragt. Während **grundsätzlich** zwar festgestellt wurde, dass aufgrund des Anwendungsvorrangs der Grundfreiheiten (Art. 26 Abs. 2 AEUV) und des allgemeinen Diskriminierungsverbots aus Gründen der Staatsangehörigkeit (Art. 18 AEUV) **die deutschen Grundrechte auch für juristische Personen aus anderen Mitgliedstaaten der Europäischen Union gelten**, hat das Gericht die Frage aufgeworfen, ob sich die EU-juristische Person dann auf das Deutschenrecht des Art. 12 Abs. 1 GG oder auf die allgemeine Handlungsfreiheit (Art. 2 Abs. 1 GG) berufen könne.[37]

Für **Klausuren** sollten daher **zwei Ebenen** unterschieden werden. Zunächst sind die Grundrechte über Art. 19 Abs. 3 GG grundsätzlich anwendbar. In einem zweiten Schritt sollten Sie sich (wie bei natürlichen Personen aus der EU, s.o.) unter Hinweis auf die Diskriminierungsverbote für die Anwendbarkeit des Deutschenrechts oder der allgemeinen Handlungsfreiheit entscheiden.

4. Juristische Personen des öffentlichen Rechts

Öffentlich-rechtliche juristische Personen, also Körperschaften, Anstalten und Stiftungen des öffentlichen Rechts, kommen nach dem zuvor Gesagten natürlich gerade nicht

---

[35] BVerfG NJW 2008, 670 f.; Jarass/Pieroth, GG, Art. 19 Rn. 22.
[36] BVerfG, Beschl. v. 19.07.2011 – 1 BvR 1916/09, RÜ 2011, 723, 726 f.; BVerfG, Beschl. v. 04.11.2015 – 2 BvR 282/13 (Rn. 9); BVerwG, Urt. v. 06.05.2015 – 6 C 11.14 (Rn. 14); Jarass/Pieroth, GG, Art. 19 Rn. 23.
[37] BVerfG, Beschl. v. 04.11.2015 – 2 BvR 282/13.

als Grundrechtsträger in Betracht. Da die Grundrechte in erster Linie Abwehrrechte gegen den Staat darstellen, also der Staat der Verpflichtete der Grundrechte ist, kann der Staat nicht gleichzeitig Berechtigter der Grundrechte sein **(Konfusionsargument)**.[38] Dies gilt auch dann, wenn die juristische Person des öffentlichen Rechts eine dem Bürger vergleichbare Position inne hat, also z.B. eine Gemeinde mit ihrem Eigentum keine öffentliche Aufgabe erfüllt.[39]

60 Davon gibt es aber Ausnahmen, und zwar immer dann, wenn die juristische Person des öffentlichen Rechts „unmittelbar dem geschützten Lebensbereich zuzuordnen ist":

- öffentlich-rechtliche Rundfunkanstalten sind im Hinblick auf Art. 5 Abs. 1 S. 2 GG (Rundfunkfreiheit) Grundrechtsträger,
- Universitäten (Körperschaften des öffentlichen Rechts) sind Träger des Grundrechts der wissenschaftlichen Forschung und Lehre aus Art. 5 Abs. 3 GG und
- die Religionsgesellschaften des öffentlichen Rechts (Art. 140 GG i.V.m. Art. 137 Abs. 5 WRV) sind (zumindest) Träger des Art. 4 GG.[40]

B. Eingriff

61 Wird durch eine staatliche Maßnahme der Schutzbereich eines Grundrechts betroffen, so muss des Weiteren geprüft werden, ob dadurch in diesen Schutzbereich eingegriffen wurde. Dabei werden zwei unterschiedliche Eingriffsbegriffe unterschieden, und zwar

- der **klassische** Eingriffsbegriff und
- der **neue, weite** Eingriffsbegriff.

I. Der klassische (enge) Eingriffsbegriff

62 Wenn der Staat sich imperativ durch Rechtsakte (also Gesetze, Verwaltungsakte oder Gerichtsurteile) an den Bürger wendet und einen bestimmten, durch das Grundrecht geschützten Lebensbereich durch Verbote, Sanktionen etc. zielgerichtet („final") und unmittelbar verkürzt, so liegt unproblematisch ein Eingriff in den Schutzbereich vor. Man spricht insoweit vom klassischen engen Eingriffsbegriff, da früher nur solche Eingriffe als Eingriff in den Schutzbereich eines Grundrechts begriffen wurden.

Ein Eingriff im klassischen Sinne ist jede

- **finale**,
- **unmittelbare**,
- **imperative** Beeinträchtigung des Schutzbereiches
- durch einen staatlichen **Rechtsakt**.[41]

---

[38] BVerfG, Beschl. v. 06.10.2016 – 1 BvR 292/16; BVerfG, Urt. v. 06.12.2016 – 1 BvR 2821/11, RÜ 2017,114; Sachs, GG, Art. 19 Rn. 90.
[39] BVerfGE 61, 82 („Sasbach").
[40] Kingreen/Poscher, Rn. 176 ff., 587.
[41] Jarass/Pieroth, GG, Vorb. vor Art. 1 Rn. 27.

Beispiel: Durch das Nichtraucherschutzgesetz wird das Rauchen in Gebäuden der Bundesbehörden verboten. Hier greift der Staat durch das Gesetz (= Rechtsakt) zielgerichtet (also final) in die Handlungsfreiheit der Raucher aus Art. 2 Abs. 1 GG ein. Das gesetzliche Verbot muss auch nicht mehr weiter umgesetzt werden, z.B. durch einen Akt des Behördenleiters, sodass das Gesetz auch unmittelbar in die Handlungsfreiheit eingreift.

II. Der neue (weite) Eingriffsbegriff

Es stellte sich schnell heraus, dass dieser klassische Eingriffsbegriff zu eng gefasst war. So führte die Einschränkung des Eingriffsbegriffs dazu, dass **Realakte** nicht als Eingriffe in die Grundrechte gewertet wurden. Dies führte verstärkt auch dazu, dass versucht wurde, in Realhandlungen konkludent Verwaltungsakte hineinzulesen, damit auch diese an den Grundrechten gemessen werden konnten.

Beispiel: Bis heute ist umstritten, ob in die Anwendung von Zwangsmitteln konkludent eine Duldungspflicht hineinzulesen ist.

Daher wurde in Rspr. und Lit. der Eingriffsbegriff immer mehr erweitert. Nach dem heutigen weiten Verständnis kann **auch** auf andere Weise in Grundrechte eingegriffen werden. Danach kann auch durch **Realakte** (= schlichtes hoheitliches Handeln) und durch eine **faktisch-mittelbare** Grundrechtsbeeinträchtigung in Grundrechte eingegriffen werden.[42]

Ein Eingriff ist jede Verkürzung des Schutzbereichs eines Grundrechts **durch** den Staat. Wesentlich ist für die Feststellung eines Eingriffs die **Zurechenbarkeit** einer Grundrechtsverkürzung zum Staat. Die Zurechenbarkeit ist gegeben, wenn

- die Grundrechtsbeeinträchtigung **„ohne selbstständige Zwischenursache** erfolgt" (eine Polizeikugel trifft nicht den Verbrecher, sondern aus Versehen einen Unbeteiligten)

- eine **Finalität im engeren Sinne** gegeben ist, also eine Grundrechtsbeeinträchtigung gerade beabsichtigt ist (Lauschangriff auf eine Wohnung);

- eine **Finalität im weiteren Sinne** gegeben ist, also die Grundrechtsbeeinträchtigung eine objektiv vorhersehbare, typische Nebenfolge des staatlichen Handelns ist (Warnerklärungen eines Ministers vor schädlichen Lebensmitteln eines bestimmten Herstellers beeinträchtigen auch den Vertrieb anderer, eigentlich unschädlicher Produkte dieses Herstellers) oder

- eine **besonders intensive Beeinträchtigung** vorliegt, d.h., die Folgen des staatlichen Handelns sind so schwerwiegend, dass sie einem Eingriff im klassischen Sinne gleich stehen (staatliche Förderung bestimmter Produzenten führt zu einem Verdrängungs- bzw. Auszehrungswettbewerb, sodass andere Anbieter z.B. in die Gefahr einer Insolvenz geraten).

---

[42] Jarass/Pieroth, GG, Vorb. vor Art. 1 Rn. 28; Sachs, GG, Vor Art. 1 Rn. 83.

1. Teil — Grundrechte – Allgemeiner Teil

65

C. Verfassungsrechtliche Rechtfertigung

66 Eingriffe in den Schutzbereich von Grundrechten können verfassungsrechtlich gerechtfertigt sein. Grundrechte gelten nicht schrankenlos. Bei der Beschränkung muss aber auch der Staat gewisse Grenzen beachten, die sog. „Schranken-Schranken" (also die Einschränkungen der Einschränkungsmöglichkeiten).

Das bedeutet, dass ein Eingriff des Staates in den vom Grundrecht geschützten Lebensbereich natürlich dann das Grundrecht verletzt, wenn der Staat mangels Einschränkungsmöglichkeit (Schranke) gar nicht in das Grundrecht eingreifen dürfte. Aber selbst wenn der Staat eine Einschränkungsmöglichkeit hat, darf er diese Möglichkeit nicht dazu nutzen, dass das Grundrecht völlig wertlos wird. Der Staat muss selbst wiederum beschränkt werden (Schranken-Schranken).

Beispiel: Art. 8 Abs. 1 GG schützt die Versammlungsfreiheit. Dieses Recht darf gemäß Art. 8 Abs. 2 GG für Versammlungen unter freiem Himmel durch oder aufgrund eines Gesetzes beschränkt werden (Schranke). Der Staat könnte nunmehr überlegen, ein neues Versammlungsgesetz zu erlassen, in dem geregelt ist, dass Versammlungen unter freiem Himmel verboten sind, und dass derjenige, der dagegen verstößt, mit einer Freiheitsstrafe nicht unter fünf Jahren bestraft wird.

Eine solche Einschränkung der Versammlungsfreiheit, die zunächst über Art. 8 Abs. 2 GG möglich wäre, würde aber das Versammlungsrecht völlig aushöhlen. Niemand würde für eine Versammlung eine Freiheitsstrafe nicht unter fünf Jahren riskieren, sodass das Grundrecht sinnentleert würde. Also muss der Staat selbst wiederum beschränkt werden.

I. Grundrechtsschranken

67 In einer Klausur wird zunächst die Schrankensystematik des konkreten Grundrechts ermittelt, erst anschließend erfolgt die Prüfung, ob nach den Voraussetzungen der gefundenen Beschränkungsmöglichkeit der Eingriff auch verfassungsrechtlich gerechtfertigt ist (dazu sogleich unter II.).

Technik der Grundrechtsprüfung (Freiheitsrechte) — 2. Abschnitt

1. Verfassungsunmittelbare Schranken

Als verfassungsunmittelbare Schranken werden diejenigen Regelungen im Grundrecht bezeichnet, die eine Einschränkungsmöglichkeit für den Staat vorsehen, ohne dass der Gesetzgeber selbst tätig werden muss. Anders ausgedrückt enthält das Grundrecht selbst bereits die **„Ermächtigungsgrundlage"** für die Einschränkung. Es gibt nur zwei verfassungsunmittelbare Schranken im GG.

- Nach **Art. 13 Abs. 7 Hs. 1 GG** dürfen Eingriffe im Übrigen nur zur Abwehr einer Lebensgefahr für einzelne Personen vorgenommen werden. Danach könnte die Polizei zur Abwehr einer solchen Gefahr eine Privatwohnung betreten und wäre bereits aus Art. 13 Abs. 7 Hs. 1 GG dazu ermächtigt.

- Nach **Art. 9 Abs. 2 GG** sind Vereinigungen, deren Zwecke den Strafgesetzen zuwider laufen, verboten. Daher wäre auch ohne die konkrete Ermächtigungsgrundlage in § 3 VereinsG ein Verbot mit der Ermächtigung in Art. 9 Abs. 2 GG möglich.

2. Gesetzesvorbehalte

Andere Grundrechte können durch oder aufgrund eines Gesetzes eingeschränkt werden (sog. Gesetzesvorbehalte). Gesetzesvorbehalte sind die bedeutendsten Schranken. Der Gesetzgeber hat hier die Möglichkeit zur Einschränkung des Grundrechts eingeräumt bekommen. Dabei ist zwischen einfachen und qualifizierten Gesetzesvorbehalten zu unterscheiden.

Bei **einfachen Gesetzesvorbehalten** werden an das Gesetz selbst keine besonderen Anforderungen gestellt. Das GG formuliert den Vorbehalt so, dass die Einschränkung „durch Gesetz oder aufgrund Gesetzes" erfolgen kann. Damit ist jedes Gesetz in der Lage, das Grundrecht einzuschränken, soweit es den Vorbehalt verfassungsgemäß konkretisiert.

Beispiel: Art. 8 Abs. 2 GG (Versammlungen unter freiem Himmel können durch Gesetz oder aufgrund Gesetzes beschränkt werden).

Bei **qualifizierten Gesetzesvorbehalten** werden an das Gesetz selbst besondere, über die Beachtung der Schranken-Schranken hinausgehende Anforderungen gestellt.

Beispiele: Art. 11 Abs. 2 GG (der an die Einschränkung der Freizügigkeit im Bundesgebiet strenge Anforderungen stellt), Art. 5 Abs. 2 Fall 1 GG („allgemeines Gesetz", das die Rechte aus Art. 5 Abs. 1 GG einschränken kann). Einzelheiten dazu finden Sie bei den einzelnen Grundrechten.

3. Verfassungsimmanente Schranken

73 Schließlich können Grundrechte durch kollidierendes Verfassungsrecht (verfassungsimmanente Schranken) eingeschränkt werden.[43] Wichtig ist das vor allem für an sich vorbehaltlos gewährte Grundrechte, bei denen sich also aus dem Wortlaut keine Schranke ergibt, vgl. z.B. Art. 5 Abs. 3 GG (Kunst- und Wissenschaftsfreiheit). Zum Schutz der Grundrechte Dritter oder zum Schutz anderer Verfassungsgüter (verfassungsimmanente Schranken) ist ein Eingriff möglich.

Beispiel: A möchte – künstlerisch wertvoll – Wilhelm Tell nachspielen. Er bindet B an einen Baum, setzt ihm einen Apfel auf seinen Kopf und schießt mit einer Armbrust Pfeile. Als der Polizeibeamte P dies untersagen will meint A, „Kunst sei frei, und zwar uneinschränkbar". Hier könnte der Polizeibeamte die Kunstfreiheit des A zum Schutze des Lebens des B (Art. 2 Abs. 2 S. 1 GG) einschränken.

74 *Hinweis: Nach dem Grundsatz vom Vorbehalt des Gesetzes (Wesentlichkeitstheorie) müssen auch verfassungsimmanente Schranken vom Gesetzgeber umgesetzt werden. D.h., dass auch Einschränkungen eines Grundrechts durch verfassungsimmanente Schranken nur „durch oder aufgrund eines Gesetzes" erfolgen dürfen.*[44]

II. Schranken-Schranken

75 Auf der Ebene der „Schranken-Schranken" stellt sich die Frage, ob der Eingriff von den Eingriffsmöglichkeiten gedeckt ist. Ist dies der Fall, so ist der Eingriff verfassungsrechtlich gerechtfertigt. Ist dies nicht der Fall, so ist das Grundrecht verletzt.

*Diese Ebene der Prüfung wird (fälschlicherweise) oft lediglich als „Schranken-Schranken"-Prüfung bezeichnet. Die Überschrift Schranken-Schranken macht aber gar nicht deutlich, was auf dieser Ebene tatsächlich zu prüfen ist. Eigentlich wird auf dieser Ebene geprüft, ob der Eingriff in das Grundrecht **eine verfassungsgemäße Konkretisierung** der Einschränkungsmöglichkeit darstellt.*

Beispiel: Wenn Sie ein Lehrbuch aufschlagen, wird unter dem Begriff „Schranken-Schranken" die formelle Verfassungsmäßigkeit eines Gesetzes (richtigerweise) nicht als Schranken-Schranke dargestellt. Stellen wir uns vor, wir überprüfen die Frage, ob das Versammlungsgesetz Art. 8 GG verletzt. Das Versammlungsgesetz greift in den Schutzbereich des Art. 8 GG ein. Jetzt prüfen wir, ob dieser Eingriff verfassungsrechtlich gerechtfertigt ist. Eine Einschränkungsmöglichkeit besteht (Art. 8 Abs. 2 GG „durch Gesetz"). Wäre aber der Eingriff in Art. 8 GG verfassungsrechtlich durch ein Gesetz zu rechtfertigen, welches formell verfassungswidrig ist? Bestimmt nicht! Aus diesem Grunde muss geprüft werden, ob der Eingriff in das Grundrecht eine verfassungsgemäße Konkretisierung der Einschränkungsmöglichkeit darstellt, und zu dieser Prüfung gehört auch die formelle Verfassungsmäßigkeit des Gesetzes.

1. Eingriff durch Gesetz

76 Wird unmittelbar durch ein Gesetz in das Grundrecht eingegriffen, dann ist auf dieser Ebene zu prüfen, ob das Gesetz in verfassungsgemäßer Weise die Schranke konkretisiert. Der Obersatz lautet dann z.B.: Fraglich ist, ob der Eingriff durch § x eine verfassungsgemäße Konkretisierung der Schranke darstellt. Dies ist der Fall, wenn das Gesetz formell und materiell verfassungsgemäß ist.

---

[43] Jarass/Pieroth, GG, Vorb. vor Art. 1 Rn. 48 ff.; vMünch/Kunig, GG, Vorb. Art. 1–19 Rn. 41.
[44] Vgl. zuletzt BVerfG, Beschl. v. 27.01.2015 – 1 BvR 471/10, RÜ 2015, 319 (Kopftuch).

Verfassungsmäßigkeit des Gesetzes

A. Formelle Verfassungsmäßigkeit

   I. Zuständigkeit des Gesetzgebers

   II. (Bei Anlass) ordnungsgemäßes Gesetzgebungsverfahren

B. Materielle Verfassungsmäßigkeit

   I. (Bei Anlass) Vorschriften außerhalb des Grundrechtskatalogs:

      1. Hält sich Rechtsverordnung/Satzung im Rahmen der Verordnungs-/Satzungsermächtigung?

      2. Verstoß gegen Rückwirkungsverbot?

   II. Besondere (grundrechtsspezifische) Anforderungen

- Erfüllt Gesetz Parlamentsvorbehalt?
- Erfüllt Gesetz die Anforderungen des qualifizierten Gesetzesvorbehalts?

   III. Allgemeine Anforderungen (Schranken-Schranken)

      1. Verbot des Einzelfallgesetzes; Art. 19 Abs. 1 S. 1 GG

      2. Zitiergebot; Art. 19 Abs. 1 S. 2 GG

      3. Verhältnismäßigkeit

         oder

         Wesensgehaltsgarantie, Art. 19 Abs. 2 GG

      4. Bestimmtheit

Bei der **formellen Verfassungsmäßigkeit** prüfen Sie im Wesentlichen staatsorganisationsrechtliche Fragen, also die Zuständigkeit des Bundesgesetzgebers (Art. 70 ff. GG) oder ein ordnungsgemäßes Gesetzgebungsverfahren (Art. 76 ff. GG). Ist das Gesetz formell verfassungswidrig, so stellt dies allein schon eine Verletzung des Grundrechts dar. In der **materiellen Verfassungsmäßigkeit** prüfen Sie bei Veranlassung zunächst Vorschriften außerhalb des Grundrechtekatalogs (z.B. Art. 80 Abs. 1 GG). Dann folgt die grundrechtsspezifische Prüfung der besonderen und der allgemeinen Schrankenanforderungen:

- Werden besondere Schrankenanforderungen an die Schranke gestellt? (z.B. beim qualifizierten Gesetzesvorbehalt die Beachtung der dort aufgestellten Anforderungen, vgl. etwa Art. 5 Abs. 2 GG).

- Ist dies beachtet worden, so muss der Gesetzgeber vor allem die allgemeinen (nicht nur bei dem konkreten Grundrecht geltenden) Schrankenanforderungen beachten.

Hinweis: Üblicherweise werden nur diese allgemeinen Anforderungen „Schranken-Schranken" genannt, obwohl der Begriff eigentlich auf alle Beschränkungen passt, die für den Gesetzgeber gelten, wenn er dem

1. Teil   Grundrechte – Allgemeiner Teil

Grundrechtsgebrauch Schranken zieht. Gelegentlich finden sich daher – sachlich durchaus richtig – insbesondere auch die besonderen Schrankenanforderungen unter dem Begriff „Schranken-Schranken" wieder.

79 Folgende allgemeine Schrankenanforderungen (Schranken-Schranken) muss der Gesetzgeber beachten:

- Den **Grundsatz der Verhältnismäßigkeit**, der eine besondere Ausprägung des Rechtsstaatsprinzips darstellt. Der Grundsatz der Verhältnismäßigkeit ist die bedeutsamste Schranken-Schranke.
- Der **Bestimmtheitsgrundsatz**.
- Das Verbot einschränkender **Einzelfallgesetze** gemäß Art. 19 Abs. 1 S. 1 GG.
- Das **Zitiergebot** gemäß Art. 19 Abs. 1 S. 2 GG, das verlangt, dass grundsätzlich das Gesetz das Grundrecht nennen muss, das eingeschränkt wird.
- Die **Wesensgehaltsgarantie** des Art. 19 Abs. 2 GG, aufgrund derer kein Grundrecht in seinem Wesensgehalt eingeschränkt werden darf.

Art. 19 Abs. 1 S. 1 und Art. 19 Abs. 2 GG bedürfen in der Klausur in der Regel keiner Erwähnung, wenn der Sachverhalt nicht ausnahmsweise Anlass dazu bietet.

Art. 19 Abs. 1 S. 2 GG (Zitiergebot) wird, da es den Gesetzgeber im Wesentlichen nur unnötig bei der Gesetzgebung behindert, vom Bundesverfassungsgericht ausgesprochen restriktiv angewendet. Es gilt nur noch für zielgerichtete Grundrechtseingriffe und nur noch für die Einschränkungsvorbehalte in Art. 2 Abs. 2 S. 3, 6 Abs. 3, 8 Abs. 2, 10 Abs. 2, 11 Abs. 2, 13 Abs. 2, Abs. 3, 16 Abs. 1 S. 2 GG.

2. Eingriff aufgrund eines Gesetzes

80 Wird nicht unmittelbar durch das Gesetz, sondern erst durch einen Einzelakt (z.B. einen Verwaltungsakt) eingegriffen, ist die Ebene der „Schranken-Schranken" **zweistufig** zu prüfen. Der Obersatz lautet dann z.B.: „Fraglich ist, ob der Eingriff durch den Verwaltungsakt, der auf § x beruht, eine verfassungsgemäße Konkretisierung der Einschränkungsmöglichkeit darstellt."

81
- In einem ersten Schritt ist, da für alle wesentlichen (belastenden) Maßnahmen des Staates eine wirksame Ermächtigungsgrundlage gegeben sein muss, die gesetzliche Grundlage auf die Verfassungsmäßigkeit hin zu überprüfen. Diese Prüfung erfolgt wie zuvor dargestellt. Dabei wird in Klausuren häufig vorgegeben, dass von der Verfassungsmäßigkeit des einschränkenden Gesetzes auszugehen ist, sodass lediglich ein kurzer Hinweis darauf erforderlich ist.

82
- In einem zweiten Schritt ist dann die Verfassungsmäßigkeit des Einzelakts zu untersuchen. Schwierigkeiten bereitet Studenten immer wieder die Frage, was an dieser Stelle zu prüfen ist. Nach dem Grundsatz der Gesetzmäßigkeit der Verwaltung (Vorbehalt und Vorrang des Gesetzes, Art. 20 Abs. 3 GG) würde jeder Einzelakt, der nicht auf einer wirksamen Ermächtigungsgrundlage beruht oder der gegen das einfache Gesetz verstößt, automatisch auch gegen Art. 20 Abs. 3 GG verstoßen und daher verfassungswidrig sein. Daher prüfen Sie hier die (formelle und materielle) Rechtmäßigkeit des Einzelakts.

Hinweis: Besonderheiten hinsichtlich der Prüfung ergeben sich im Rahmen einer Urteilsverfassungsbeschwerde („Das BVerfG ist keine Superrevisionsinstanz"), die an der Stelle dargestellt werden.

Technik der Grundrechtsprüfung (Freiheitsrechte) — 2. Abschnitt

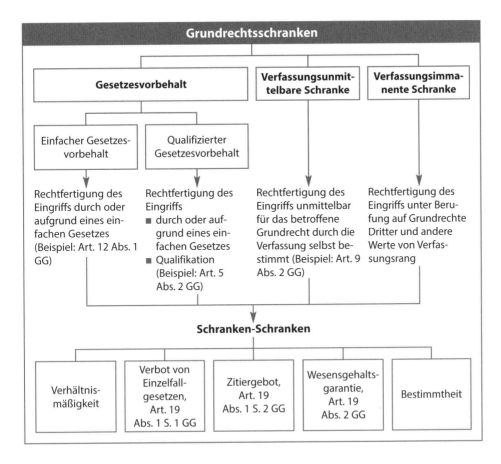

Fall 1: Eine „spontane" Versammlung

Viele Studenten in M sind empört. Nachdem in mehreren Städten Versammlungen „gegen die Islamisierung des Abendlandes" durchgeführt wurden, soll in der folgenden Woche auch in M eine entsprechende Versammlung durchgeführt werden. Student S, der bereits mehrfach Demonstrationen an der Uni organisiert hat, ist damit nicht einverstanden. Daher hat er zusammen mit 20 weiteren Studenten den eingetragenen Verein „Aktionsbündnis gegen Islamfeindlichkeit" gegründet.

Als S am Morgen des 20.11. erfährt, dass bereits an diesem Tag in der Innenstadt von M eine entsprechende Aktion geplant ist, will er eine friedliche Gegendemonstration durchführen, die er allerdings nicht bei der zuständigen Behörde anmeldet. Als sich dann ca. 150 Studenten in der Innenstadt treffen, wird die Veranstaltung schon nach ein paar Minuten von der zuständigen Behörde formell ordnungsgemäß unter Hinweis auf § 15 Abs. 3 VersG aufgelöst. Zur Begründung weist die Behörde darauf hin, die Studenten würden zwar erkennbar friedlich demonstrieren. S habe aber die Anmeldefrist des § 14 VersG nicht eingehalten. S fühlt sich durch die Auflösung der Versammlung in seinem Grundrecht aus Art. 8 GG verletzt. Zu Recht?

Hinweis: *Das VersG ist formell verfassungsgemäß.*

85 I. Es müsste zunächst der **Schutzbereich** der Versammlungsfreiheit aus Art. 8 Abs. 1 GG **betroffen** sein. Danach haben alle Deutschen das Recht, sich ohne Anmeldung oder Erlaubnis friedlich und ohne Waffen zu versammeln. Eine **Versammlung** ist eine Zusammenkunft mehrerer Personen an einem Ort zur Verfolgung eines gemeinsamen Zwecks. Dieser Zweck muss in der gemeinsamen Meinungsbildung und -äußerung bestehen.[45] Die Zusammenkunft der 150 Studenten stellt eine solche Versammlung dar. Der Schutzbereich des Art. 8 GG ist betroffen.

*Die umstrittenen Fragen, wie viele Personen eine Versammlung bilden können und ob die Meinungsäußerung öffentliche Angelegenheiten betreffen muss, ist hier unproblematisch und sollte in einer Klausur daher nicht erörtert werden. Ebenfalls unproblematisch ist, dass die **sachliche Schutzbereichsbegrenzung** „friedlich und ohne Waffen" sowie der **persönliche Schutzbereich** („Deutsche") der Einordnung als Versammlung hier nicht entgegen steht.*

86 II. Die Auflösung der Versammlung durch die zuständige Behörde müsste in den Schutzbereich **eingreifen**. Durch die Auflösung der Versammlung verkürzt die Behörde final und unmittelbar durch einen imperativ wirkenden Verwaltungsakt den Schutzbereich, sodass bereits nach dem engen, klassischen Verständnis ein Eingriff gegeben ist.

87 III. Dieser Eingriff könnte **verfassungsrechtlich gerechtfertigt** sein. Dann müsste eine Einschränkungsmöglichkeit bestehen und die Einschränkungsmöglichkeit müsste in verfassungsgemäßer Weise konkretisiert worden sein.

88 1. Für Versammlungen unter freiem Himmel enthält Art. 8 Abs. 2 GG eine **Schranke**. Danach können solche Versammlungen **durch oder aufgrund eines Gesetzes** beschränkt werden. Die Behörde schränkt die Versammlungsfreiheit des S durch den Verwaltungsakt „Auflösung der Versammlung" aufgrund der §§ 14, 15 Abs. 3 VersG ein. Eine Einschränkungsmöglichkeit ist danach gegeben.

89 2. Fraglich ist, ob die Versammlungsauflösung, beruhend auf §§ 14, 15 Abs. 3 VersG, eine **verfassungsgemäße Konkretisierung** der Schranke darstellt.

a) Dann müssten zunächst die §§ 14, 15 Abs. 3 VersG verfassungsgemäß sein. Das VersG, das **formell verfassungsgemäß** ist, ist **materiell** verfassungsgemäß, wenn es **verhältnismäßig** ist.

*Andere Fragen der materiellen Verfassungsmäßigkeit stellen sich nach dem Sachverhalt nicht. Eventuell könnte in einer Klausur noch die Umsetzung des **Zitiergebots** (Art. 19 Abs. 1 S. 2 GG) in § 20 VersG erwähnt werden.*

---

45 BVerfG, Beschl. v. 10.12.2010 – 1 BvR 1402/06, RÜ 2011, 183.

> **Aufbauschema: Verhältnismäßigkeit**
> - Legitimer Zweck
> - Geeignetheit
> - Erforderlichkeit
> - Angemessenheit (= Verhältnismäßigkeit im engeren Sinne)

aa) Dazu müsste der Gesetzgeber mit den §§ 14 und 15 Abs. 3 VersG einen **legitimen Zweck** verfolgen.[46] Die Anmeldepflicht gilt nur für Versammlungen unter freiem Himmel. Solche Versammlungen erfordern wegen ihrer Außenwirkungen besondere Vorkehrungen. Die mit der Anmeldung verbundenen Angaben sollen den Behörden die notwendigen Informationen vermitteln, damit sie sich ein Bild darüber machen können, was einerseits zum möglichst störungsfreien Verlauf der Veranstaltung an Verkehrsregelungen und sonstigen Maßnahmen veranlasst werden muss und was andererseits im Interesse Dritter sowie im Gemeinschaftsinteresse erforderlich ist und wie beides aufeinander abgestimmt werden kann.[47] Durch die Anmeldung und die Möglichkeit der Auflösung sollen demnach Gefahren abgewehrt werden. Geschützt wird dadurch auch die Versammlung selbst. Dies stellt einen legitimen Zweck dar.

bb) Daneben muss das Gesetz **geeignet** sein. §§ 14 und 15 Abs. 3 VersG sind geeignet, wenn durch sie der Zweck zumindest gefördert wird.[48] Die Anmeldung ermöglicht der Versammlungsbehörde eine Überprüfung im Vorfeld einer Versammlung und die entsprechenden Reaktionen. Damit fördern sie zumindest die Gefahrenabwehr und sind geeignet.

cc) Ein Mittel ist **erforderlich**, wenn es kein weniger belastendes Mittel gibt, welches den Erfolg mit gleicher Sicherheit herbeiführen würde.[49] Mit der Pflicht zur Anmeldung wird der Polizei die Möglichkeit gegeben, sich auf die zu erwartende Gefahrensituation einzustellen und die notwendigen Vorkehrungen zu treffen. Würde die Polizei erst nach Beginn einer Versammlung erfahren, dass eine solche durchgeführt wird, entstünde eine zeitliche Sicherheitslücke. Insofern ist ein gleich wirksames und milderes Mittel nicht ersichtlich. Die §§ 14 und 15 Abs. 3 VersG sind mithin auch erforderlich.

dd) Des Weiteren müsste das Mittel auch **angemessen** sein. D.h., dass die Nachteile des Grundrechtsträgers nicht außer Verhältnis zu den bezweckten Vorteilen stehen dürfen.[50] Dabei ist die hohe Bedeutung des Art. 8 GG als **„demokratie-konstituierendes Grundrecht"** zu berücksichtigen.

---

[46] Manssen, Rn. 180 ff.
[47] BVerfGE 69, 315 (Brokdorf).
[48] Jarass/Pieroth, GG, Art. 20 Rn. 118.
[49] Kingreen/Poscher, Rn. 303 ff.
[50] Jarass/Pieroth, GG, Art. 20 Rn. 120 f.

S hat erst am Morgen des 20.11. von der Versammlung der Demonstranten „gegen die Islamisierung des Abendlandes" erfahren. Ein Einhalten der Anmeldepflicht aus § 14 VersG, insbesondere der Frist von 48 Stunden, war dem S daher gar nicht möglich. Würde man in einer solchen Situation einer sog. **„Eilversammlung"** auf die Einhaltung der Frist beharren, wären kurzfristige oder spontane Demonstrationen nicht denkbar. Dies wäre mit der hohen Bedeutung des Art. 8 GG in einer Demokratie nicht vereinbar.

Diese Unvereinbarkeit lässt sich jedoch durch eine **verfassungskonforme Auslegung** beheben. Gemäß Art. 8 Abs. 1 GG ist eine Versammlung anmeldefrei. Daher ist § 14 VersG so auszulegen, dass die Anmeldepflicht bei Spontanversammlungen völlig entfällt und bei Eilversammlungen entsprechend zu kürzen ist. Angesichts dieser Möglichkeit der verfassungskonformen Auslegung sind die §§ 14, 15 Abs. 3 VersG demzufolge angemessen und verhältnismäßig. Damit sind sie **auch materiell verfassungsgemäß**.

95 b) Daneben müsste auch die Anwendung der gesetzlichen Vorschriften im Einzelfall eine verfassungsgemäße Konkretisierung der Schranke darstellen. Die zuständige Behörde hat formell ordnungsgemäß die Versammlung der Studenten aufgelöst. Die Auflösung müsste aber auch materiell rechtmäßig sein.

96 aa) Gemäß § 15 Abs. 3 VersG kann die zuständige Behörde eine nicht angemeldete Versammlung auflösen. S hat die Versammlung der Studenten nicht angemeldet, sodass die tatbestandlichen Voraussetzungen der Auflösung einer Versammlung vorliegen.

97 bb) Bei der Anwendung des § 15 Abs. 3 VersG hat die Behörde aber wiederum und **im Einzelfall** den **Grundsatz der Verhältnismäßigkeit** zu beachten. Wegen der großen Tragweite der Versammlungsfreiheit reicht, wie oben bereits näher erläutert, allein ein Verstoß gegen das formelle Anmeldeerfordernis nicht für eine Auflösung der Versammlung aus. Vielmehr hat die Behörde bei friedlich verlaufenden Demonstrationen stets versammlungsfreundlich zu verfahren. Erforderlich für eine Auflösung ist, dass von der Versammlung **unmittelbare Gefahren** für die öffentliche Sicherheit ausgehen. Die Teilnehmer haben aber lediglich friedlich demonstriert, sodass eine Auflösung **unverhältnismäßig** und damit materiell verfassungswidrig ist.

S ist somit in seinem Grundrecht aus Art. 8 Abs. 1 GG verletzt.

2. Teil: Grundrechte – Besonderer Teil

Im Folgenden werden zunächst die einzelnen Freiheitsrechte dargestellt. Dabei soll sich, soweit möglich, die Darstellung an dem klassischen dreistufigen Prüfungsaufbau in Klausuren orientieren, damit Sie die Problemstellungen „an der richtigen Stelle" verorten können. Zunächst lesen Sie bitte das Grundrecht, bevor Sie sich die Darstellung in diesem Skript anschauen!

98

Nach den Freiheitsrechten werden die Gleichheitsrechte (unten Rn. 583), dann die Justizgrundrechte (unten Rn. 627) dargestellt.

1. Abschnitt: Die Menschenwürde, Art. 1 Abs. 1 GG

Durch die Garantie der Menschenwürde als **unantastbarer**, vor aller staatlichen Gewalt zu schützender Wert hat der Grundgesetzgeber in Art. 1 Abs. 1 GG eine für das gesamte Grundrechts- und Staatsverhältnis elementare Grundentscheidung getroffen. Kerngehalt der Aussage des Art. 1 Abs. 1 GG ist die Normierung der Menschenwürde als Mittelpunkt des Wertesystems der Verfassung. Daraus folgt, dass Art. 1 Abs. 1 GG die anderen Bestimmungen des Grundgesetzes durchdringt. Viele Grundrechte sind Ausfluss des Schutzes der Menschenwürde und daher immer **im Lichte** dieses tragenden Verfassungsprinzips zu interpretieren.[51]

99

A. Schutzbereich und Eingriff

Eine genaue Bestimmung des Schutzbereichs des Art. 1 Abs. 1 GG bereitet Probleme. Definitionen bzw. Definitionsversuche werden immer von religiös-weltanschaulichen, philosophischen oder historischen Prägungen beeinflusst sein. Zudem wandelt sich das Verständnis durch kulturelle oder politische Veränderungen in der Gesellschaft.

100

Der Begriff der Menschenwürde ist vom Bundesverfassungsgericht in früheren Entscheidungen nach der sog. **Objektformel** beurteilt worden. Danach widerspricht es der Würde des Menschen, wenn er zum bloßen Objekt staatlichen Handelns gemacht wird.[52] In neuerer Zeit hat das Bundesverfassungsgericht die Auslegung des Begriffs „Menschenwürde" allein anhand der Objektformel aufgegeben und mehr auf die Umstände des Einzelfalles und auf bestimmte Fallgruppen abgestellt. Danach ist Voraussetzung für eine Würdeverletzung, dass der Betroffene einer Behandlung ausgesetzt wird, die seine Subjektqualität prinzipiell in Frage stellt, oder dass in der Behandlung im konkreten Fall eine willkürliche Missachtung der Würde des Menschen liegt.[53] Die Behandlung des Menschen durch die öffentliche Hand, die das Gesetz vollzieht, muss also, wenn sie die Menschenwürde berühren soll, Ausdruck der Verachtung des Wertes, der dem Menschen kraft seines Personseins zukommt, also eine in diesem Sinne verächtliche Behandlung sein.

Es haben sich **beispielhaft** folgende Fallgruppen gebildet, in denen typischerweise die Menschenwürde verletzt ist:[54]

101

---

51 BVerfGE 35, 202 (Lebach-Entscheidung).
52 BVerfGE 5, 85; 6, 32 (Elfes); vMünch/Kunig, GG, Art. 1 Rn. 22.
53 BVerfGE 30, 1; Hufen § 10 Rn. 31.
54 Sachs, GG, Art. 1 Rn. 19 ff.

- die **Verhinderung elementarer Rechtsgleichheit**, z.B. durch rassische Diskriminierung,

- die **Verletzung der körperlichen Identität und Integrität**, z.B. durch Folterung oder bei schwerer Krankheit eines Angeklagten im Strafverfahren,

- die **Verletzung der geistig-seelischen Integrität**, z.B. durch den Gebrauch von Wahrheitsserum oder Hypnose durch staatliche Organe,

- die **fehlende Grundabsicherung des Lebens**, z.B. durch die Besteuerung des Existenzminimums.

B. Verfassungsrechtliche Rechtfertigung

102 **Jeder Eingriff** in die Menschenwürde (= Antastung) stellt nach h.M. eine Verletzung des Art. 1 Abs. 1 GG dar.[55] Art. 1 Abs. 1 GG steht nicht unter Gesetzesvorbehalt. Da die Würde des Menschen den obersten Wert in der freiheitlichen Demokratie darstellt, sodass andere Verfassungswerte oder die Grundrechte Dritter keinerlei Eingriff rechtfertigen können, kommt auch eine Rechtfertigung durch kollidierendes Verfassungsrecht **(verfassungsimmanente Schranken)** nicht in Betracht. Dabei ist allerdings zu beachten, dass nicht jede unerhebliche Belästigung der Menschenwürde durch Art. 1 Abs. 1 GG geschützt werden soll. Vielmehr soll das Grundrecht auf Menschenwürde nur vor schweren Beeinträchtigungen durch die Staatsgewalt schützen.

103 Allerdings wird die Frage, ob das Grundrecht auf Menschenwürde abwägungsresistent ist in neuerer Zeit zunehmend kontrovers diskutiert, insbesondere aufgrund des Falles Jakob Metzler[56] sowie aufgrund des Urteils des Bundesverfassungsgerichts zum finalen Rettungsabschuss gemäß § 14 Abs. 3 LuftsicherheitsG.[57] In der letztgenannten Entscheidung stellte das Bundesverfassungsgericht klar: „Ausgehend von der Vorstellung des Grundgesetzgebers, dass es zum Wesen des Menschen gehört, in Freiheit sich selbst zu bestimmen und sich frei zu entfalten, und dass der Einzelne verlangen kann, in der Gemeinschaft grundsätzlich als gleichberechtigtes Glied mit Eigenwert anerkannt zu werden, schließt es die Verpflichtung zur Achtung und zum Schutz der Menschenwürde vielmehr generell aus, den Menschen zum bloßen Objekt des Staates zu machen. Schlechthin verboten ist damit jede Behandlung des Menschen durch die öffentliche Gewalt, die dessen Subjektqualität, seinen Status als Rechtssubjekt, grundsätzlich in Frage stellt, indem sie die Achtung des Wertes vermissen lässt, der jedem Menschen um seiner selbst willen, kraft seines Personseins, zukommt. **Wann eine solche Behandlung vorliegt, ist im Einzelfall mit Blick auf die spezifische Situation zu konkretisieren, in der es zum Konfliktfall kommen kann.**[58]

---

55 Jarass/Pieroth, GG, Art. 1 Rn. 16; Sachs, GG, Art. 1 Rn. 11; Linke JuS 2016, 888, 891 f.
56 Hufen § 10 Rn. 63 m.w.N.
57 BVerfG, Urt. v. 15.02.2006 – 1 BvR 357/05.
58 BVerfG, Urt. v. 15.02.2006 – 1 BvR 357/05, Rn. 121.

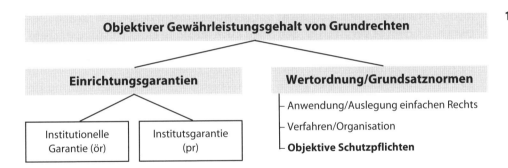

104

Neben der subjektiven Gewährleistung begründet Art. 1 Abs. 1 GG auch eine **Schutzpflicht des Staates (Objektive Schutzpflicht)**. So bestimmt Art. 1 Abs. 1 S. 2 GG, dass es die Verpflichtung aller staatlichen Gewalt ist, die Würde des Menschen nicht nur zu achten, sondern auch zu schützen. In einer Klausur ist die Konstellation, dass Art. 1 GG nicht als subjektives Abwehrrecht, sondern als objektive Schutzpflicht zu prüfen ist, eher zu erwarten. Dazu der nachfolgende Fall.

105

Fall 2: Das Existenzminimum

Durch das Vierte Gesetz für moderne Dienstleistungen am Arbeitsmarkt (sog. „Hartz IV-Gesetz") wurden zum 01.01.2005 die Sozialhilfe und die Arbeitslosenhilfe im neu geschaffenen SGB II zusammengeführt. Danach erhalten erwerbsfähige Hilfebedürftige Arbeitslosengeld II und die mit ihnen in einer Bedarfsgemeinschaft lebenden, nicht erwerbsfähigen Angehörigen ein Sozialgeld. Die Leistungen setzen sich im Wesentlichen aus pauschalierten Regelleistungen zusammen (§§ 20, 28 SGB II), die den Lebensunterhalt sowie die Kosten der Unterkunft und Heizkosten abdecken. Zum Zeitpunkt des Inkrafttretens legte das SGB II als Regelleistung für Alleinstehende 345 € (seit 01.01.2015: 399 €) fest. Die übrigen Mitglieder der Bedarfsgemeinschaft erhalten prozentuale Anteile davon (Ehegatte/Partner 90%, Kinder bis sechs Jahre 60%, Kinder von 6–14 Jahren 70%, ab 15 Jahren 80%).

Die Bemessung der Regelsätze erfolgte nach einem Statistikmodell, wonach die in einer Einkommens- und Verbraucherstichprobe erfassten Ausgaben der vom Nettoeinkommen her untersten 20% der Einpersonenhaushalte (sog. unterstes Quintil) berücksichtigt wurden. Zu einem bestimmten prozentualen Anteil ging dieser Verbrauch in die Bemessung des Eckregelsatzes für Alleinstehende ein. Abschläge erfolgten z.B. im Bereich Bildung (keine Berücksichtigung), im Bereich Bekleidung (Herausnahme von Maßkleidung, Pelzen usw.) oder im Bereich Verkehr (Kraftfahrzeuge, Sportboote). Werden durch die Vorschriften des SGB II Grundrechte verletzt?

106

Die Vorschriften des SGB II könnten den **Anspruch auf Gewährleistung eines menschenwürdigen Existenzminimums** aus Art. 1 Abs. 1 GG i.V.m. dem Sozialstaatsprinzip aus Art. 20 Abs. 1 GG verletzen.

107

I. Das Grundrecht auf Gewährleistung eines menschenwürdigen Existenzminimums könnte sich aus Art. 1 Abs. 1 GG i.V.m. Art. 20 Abs. 1 GG ergeben. Nach Art. 1 Abs. 1 GG ist die Würde des Menschen unantastbar. Dabei ist das Grundrecht auf Würde des

108

Menschen aus Art. 1 Abs. 1 GG **nicht nur als Abwehrrecht** gegen den Staat zu verstehen, sondern **es verpflichtet den Staat auch im Sinne eines Leistungsrechtes, die Menschenwürde positiv zu schützen, Art. 1 Abs. 1 S. 2 GG.** Der Staat muss danach denjenigen, denen die materiellen Mittel zur Erhaltung eines menschenwürdigen Existenzminimums fehlen, eine entsprechende materielle Unterstützung gewähren.[59]

Art. 1 Abs. 1 GG begründet diesen Anspruch. Das Sozialstaatsgebot des Art. 20 Abs. 1 GG wiederum erteilt dem Gesetzgeber den Auftrag, **jedem ein menschenwürdiges Existenzminimum** zu sichern, wobei dem Gesetzgeber ein Gestaltungsspielraum bei den unausweichlichen Wertungen zukommt, die mit der Bestimmung der Höhe des Existenzminimums verbunden sind.[60]

109 II. Die Konkretisierung des verfassungsrechtlichen Leistungsanspruches obliegt dem Gesetzgeber, der die existenznotwendigen Aufwendungen realitätsgerecht bemessen muss. **Dabei steht dem Gesetzgeber ein Gestaltungsspielraum** zu, der durch das Bundesverfassungsgericht **nicht voll überprüfbar** ist.[61] Das Bundesverfassungsgericht prüft, ob der Gesetzgeber das Ziel, ein menschenwürdiges Dasein zu sichern, in einer Art. 1 Abs. 1 GG i.V.m. Art. 20 Abs. 1 GG gerecht werdenden Weise erfasst und umschrieben hat, ob er im Rahmen seines Gestaltungsspielraums ein zur Bemessung des Existenzminimums im Grundsatz taugliches Berechnungsverfahren gewählt hat, ob er die erforderlichen Tatsachen im Wesentlichen vollständig und zutreffend ermittelt und schließlich, ob er sich in allen Berechnungsschritten mit einem nachvollziehbaren Zahlenwerk innerhalb dieses gewählten Verfahrens und dessen Strukturprinzipien im Rahmen des Vertretbaren bewegt hat.[62]

110 III. Fraglich ist demnach, ob der Gesetzgeber durch die Regelungen des SGB II (insbesondere der §§ 20, 28) nach den vorgenannten Grundsätzen die verfassungsrechtlichen Vorgaben zur Sicherung eines menschenwürdigen Existenzminimums konkretisiert hat.

§ 20 SGB II: Regelleistung zur Sicherung des Lebensunterhalts

(1) Die Regelleistung zur Sicherung des Lebensunterhalts umfasst insbesondere Ernährung, Kleidung, Körperpflege, Hausrat, Haushaltsenergie ohne die auf die Heizung entfallenden Anteile, Bedarfe des täglichen Lebens sowie in vertretbarem Umfang auch Beziehungen zur Umwelt und eine Teilnahme am kulturellen Leben.

111 1. Die Regelleistungen des SGB II dienen gemäß § 20 Abs. 1 SGB II zur Sicherung der physischen (Ernährung, Kleidung usw.) wie auch der sozialen Seite (Teilnahme am kulturellen Leben etc.) des Existenzminimums. Damit ist das **Ziel** der Sicherung des Existenzminimums zutreffend definiert. Auch kann die Höhe der Regelleistung von 345 € nicht als evident unzureichend angesehen werden.

2. Das als **Berechnungsverfahren** gewählte Statistikmodell ist eine **vertretbare** und damit verfassungsrechtlich zulässige Methode zur realitätsnahen Bestim-

---

59 vMünch/Kunig, GG, Art. 1 Rn. 30; Linke JuS 2016, 888, 892.
60 BVerfG, Urt. v. 09.02.2010 – 1 BvL 1/09, RÜ 2010, 250; Kingreen/Poscher, Rn. 384, 388.
61 Jarass/Pieroth, GG, Art. 1 Rn. 23.
62 BVerfG, Urt. v. 09.02.2010 – 1 BvL 1/09, RÜ 2010, 250.

mung des Existenzminimums. Die Einkommens- und Verbraucherstichprobe liefert dabei eine realitätsnahe Ermittlungsgrundlage. Auch der Umstand, dass vom Nettoeinkommen des untersten Quintils in bestimmten Bereichen Abschläge gemacht wurden, ist nicht zu beanstanden, da diese Abschläge sachlich gerechtfertigt sind (z.B. für Pelze oder Sportboote).

3. Fraglich ist aber, ob auch die Tatsachengrundlage für die Berechnung der Regelleistung verfassungskonform ermittelt wurde. Der Gesetzgeber ist ohne sachliche Rechtfertigung von den Strukturprinzipien des Modells abgewichen. Er hat prozentuale Abschläge z.B. für Pelze und Sportboote vorgenommen, ohne ermittelt zu haben, ob das maßgebliche unterste Quintil überhaupt solche Ausgaben tätigt. Es spricht vieles dafür, dass zu den Ausgaben der vom Nettoeinkommen her untersten 20% der Einpersonenhaushalte weder Pelze noch Sportboote gehören. Demzufolge wurde die dem Statistikmodell zu Grunde liegende Tatsachengrundlage nicht schlüssig ermittelt, sondern lediglich „ins Blaue hinein" geschätzt. Zudem ist nicht erkennbar, warum Ausgaben für Bildung bei der Ermittlung des Bedarfs vollkommen unberücksichtigt geblieben sind. 112

Diese Mängel bei der Ermittlung der Regelleistung eines Alleinstehenden setzen sich, da die Beträge der anderen Mitglieder der Bedarfsgemeinschaft prozentual davon bestimmt werden, bei diesen fort.

4. Daneben könnte die Berechnung hinsichtlich der Kinder nicht verfassungsgemäß sein. Die Vorschrift, dass das Sozialgeld für Kinder bis zur Vollendung des 14. Lebensjahres 60% der Regelleistung für einen alleinstehenden Erwachsenen beträgt, berücksichtigt durch die pauschale prozentuale Bemessung nicht den spezifischen Bedarf eines Kindes. Insbesondere bleiben die notwendigen Aufwendungen für Schulbücher, Schulhefte oder Taschenrechner vollkommen unberücksichtigt. Ohne Deckung dieser Kosten droht den Kindern der Ausschluss von Lebenschancen. 113

Zwar ist die Gewährung einer Regelleistung als Festbetrag grundsätzlich zulässig. Ein pauschaler Regelleistungsbetrag kann jedoch nach seiner Konzeption nur den durchschnittlichen Bedarf decken. Ein in Sonderfällen auftretender Bedarf nicht erfasster Art oder atypischen Umfangs wird von der Statistik nicht aussagekräftig ausgewiesen. Deshalb bedarf es neben den in §§ 20 ff. SGB II vorgegebenen Leistungen noch eines zusätzlichen Anspruchs auf Leistungen bei unabweisbarem, laufendem, nicht nur einmaligem und besonderem Bedarf zur Deckung des menschenwürdigen Existenzminimums. Der Gesetzgeber muss wegen dieser Lücke in der Deckung des lebensnotwendigen Existenzminimums eine Härtefallregelung vorgeben, damit ein menschenwürdiges Existenzminimum i.S.d. Art. 1 Abs. 1 GG i.V.m. dem Sozialstaatsprinzip gewährleistet ist.

IV. Aus den vorgenannten Gründen verletzen die Regelungen über die Höhe der Regelleistung nach dem SGB II das Grundrecht auf Gewährleistung eines menschenwürdigen Existenzminimums aus Art. 1 Abs. 1 GG i.V.m. dem Sozialstaatsprinzip aus Art. 20 Abs. 1 GG. 114

C. Europarecht

115 Der Schutz der Menschenwürde ist generell in **Art. 1 GRCh** gewährleistet. Einzelne Ausformungen des Würdeschutzes finden sich auch in Art. 4, 5 GRCh (Verbot der Folter und Sklaverei) sowie in Art. 3 und 4 **EMRK**.

2. Abschnitt: Die allgemeine Handlungsfreiheit, Art. 2 Abs. 1 GG

116 Art. 2 Abs. 1 GG enthält einerseits die **allgemeine Handlungsfreiheit**, und andererseits unter Rückgriff auf Art. 1 Abs. 1 GG das zu einem eigenständigen Grundrecht verselbstständigte **allgemeine Persönlichkeitsrecht** (dazu unten Teil C.).

117

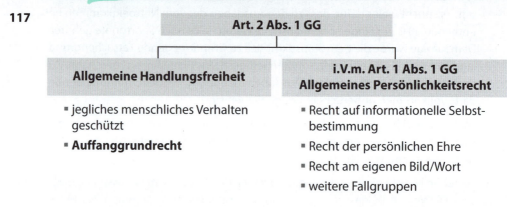

A. Schutzbereich

118 Art. 2 Abs. 1 GG schützt, anders als die anderen Freiheitsrechte, nicht einen speziellen Lebensbereich, sondern **„jegliches menschliches Verhalten"**.[63] Häufig wird der Schutzbereich so definiert, dass „jeder Tun und Lassen kann, was er will." Insofern wird Art. 2 Abs. 1 GG auch als **Auffanggrundrecht** verstanden, das alle Betätigungen schützt, die nicht unter die anderen Freiheitsrechte fallen.[64]

119 **Beispiel:**

- Während Art. 2 Abs. 2 S. 2 GG den Kernbereich der körperlichen Bewegungsfreiheit schützt (Freiheitsentzug) und Art. 11 GG (Freizügigkeit) das Recht gewährleistet, in der Bundesrepublik Deutschland seinen Wohnsitz und Aufenthalt zu nehmen, wäre die **Ausreise** aus der Bundesrepublik Deutschland davon nicht erfasst. Wird die Ausreise verhindert (Passentzug), so schützt Art. 2 Abs. 1 GG diesen nicht speziell geregelten Bereich.

- Art. 8 Abs. 1 GG schützt das Recht für Deutsche, sich zu versammeln. Ausländer können sich daher nicht auf Art. 8 GG berufen, sind aber über Art. 2 Abs. 1 GG geschützt.

Klausurhinweis: Dies hat für Klausuren die Konsequenz, dass Art. 2 Abs. 1 GG erst geprüft werden darf, wenn kein anderes, spezielles Freiheitsrecht einschlägig ist. Es gilt der Grundsatz, dass das speziellere das allgemeine Grundrecht verdrängt.

---

[63] St.Rspr. seit BVerfGE 6, 32 (Elfes-Urteil).
[64] vMünch/Kunig, GG, Art. 2 Rn. 12.

B. Eingriff

120 Das Bundesverfassungsgericht und die h.M. fassen den Schutzbereich des Art. 2 Abs. 1 GG extrem weit. Wendet man hier nun – wie bei anderen Grundrechten – auch noch den neuen, weiten Eingriffsbegriff an, sodass auch mittelbare und faktische Beschränkungen des Schutzbereichs einen Eingriff darstellen, so besteht die Gefahr, dass die Verfassungsbeschwerden überhand nehmen. Zudem könnte der Staat praktisch nicht mehr handeln, ohne in die allgemeine Handlungsfreiheit einzugreifen.

Beispiel: Die Gemeinde G weist ein schönes Waldgebiet, das von Spaziergängern gerne aufgesucht wird, als Bauland aus, mit der Folge, dass alsbald ein Wohngebiet daraus wird. Hieraus könnte man einen mittelbaren Eingriff in die allgemeine Handlungsfreiheit der Spaziergänger ableiten. Da in einer Vielzahl von Fällen „mittelbare Eingriffe in die allgemeine Handlungsfreiheit" konstruierbar sind, könnte sich bei deren Annahme das Bundesverfassungsgericht vor Verfassungsbeschwerden nicht mehr retten.

121 Deshalb sollte hier – im Gegensatz zu den speziellen Freiheitsrechten – **nur ein eingeschränkter Eingriffsbegriff** angewandt werden.[65] Nur eine finale, unmittelbar an den Bürger adressierte Belastung durch eine staatliche Maßnahme stellt einen Eingriff dar, also z.B. das Verbot der Taubenfütterung auf öffentlichen Plätzen, die Gurtpflicht im Auto oder das Verbot der Ausreise aus der Bundesrepublik Deutschland.

Hinweis: Teilweise werden auch mittelbare Eingriffe als ausreichend angesehen, wenn sie von einem ausreichenden Gewicht sind. Das gilt aber nur hinsichtlich spezieller Ausformungen der Handlungsfreiheit. So liegt ein Eingriff in die **Wettbewerbsfreiheit** vor, wenn die staatliche Maßnahme (Subvention etc.) zu einem Auszehrungs- oder Verdrängungswettbewerb am Markt führt. Da nach h.M. die Wettbewerbsfreiheit aber nicht von Art. 2 Abs. 1 GG, sondern von der Berufsfreiheit (Art. 12 GG, s. dort) erfasst wird, widerspricht dies nicht dem engen Verständnis des Eingriffsbegriffs bei Art. 2 Abs. 1 GG.

C. Verfassungsrechtliche Rechtfertigung

122 Beschränkt wird die allgemeine Handlungsfreiheit durch die sog. **Schrankentrias**, die Rechte anderer, das Sittengesetz und die verfassungsmäßige Ordnung (Art. 2 Abs. 1 GG). Durch die **Rechte anderer** werden sowohl private als auch subjektive öffentliche Rechte Dritter geschützt, allerdings nicht jegliches Interesse des Dritten, sondern nur die rechtlich gesicherten schutzwürdigen Interessen. Mit dem Begriff **„Sittengesetz"** sind die allgemein anerkannten Moral- und Wertvorstellungen gemeint.

Nach ganz h.M. beinhaltet die **„verfassungsmäßige Ordnung"** alle formell und materiell verfassungsmäßigen Normen, also auch Satzungen oder sogar Gewohnheitsrecht sowie die darauf gestützten Einzelmaßnahmen.[66] Aus diesem Grunde wird teilweise davon gesprochen, die allgemeine Handlungsfreiheit stehe unter einem „Rechtsvorbehalt".

Klausurhinweis: In der Klausur ist die Schranke der verfassungsmäßigen Ordnung zu prüfen wie ein einfacher Gesetzesvorbehalt!

---

[65] Kingreen/Poscher, Rn. 421 ff.
[66] BVerfGE 6, 32 (Elfes-Urteil).

2. Teil Grundrechte – Besonderer Teil

123 **Fall 3: Reiten im Walde**

An einem sonnigen Sommertag reitet R quer durch den Wald in der im Bundesland L gelegenen Gemeinde G. Dort wird er von der aufgebrachten Naturschützerin N angehalten und energisch darauf hingewiesen, dass das Reiten im Walde nur auf den gekennzeichneten Reitwegen erlaubt sei. Diese Regelung sei zur Vermeidung fortschreitender Zerstörungen des Waldes und zur Schonung des Wildes, aber auch zum Schutz der Waldbesucher, die sich von Pferden bedroht fühlen, getroffen worden. R erkundigt sich und stößt bei seinen Nachforschungen auf folgende Vorschriften:

§ 14 BWaldG lautet:

(1) Das Betreten des Waldes zum Zwecke der Erholung ist gestattet. ...

(2) Die Länder regeln die Einzelheiten. Sie können das Betreten des Waldes aus wichtigem Grund, insbesondere des Forstschutzes, der Wald- und Wildbewirtschaftung, zum Schutz der Waldbesucher oder zur Vermeidung erheblicher Schäden oder zur Wahrung anderer schutzwürdiger Interessen des Waldbesitzers, einschränken ...

§ 50 WaldG des Landes L lautet:

(1) Das Reiten im Wald ist nur auf dafür ausgewiesenen und gekennzeichneten Wegen gestattet. ...

R ist der Ansicht, dass § 50 LWaldG nicht verfassungsgemäß, insbesondere mit dem Grundrecht auf die freie Entfaltung seiner Persönlichkeit als Reiter nicht vereinbar sei. Dass er wie jeder andere im Wald Erholung suche, sei legitim. Auch könne er sich zu Pferde nur noch eingeschränkt im Bundesgebiet bewegen. Distanz- und Wanderritte seien praktisch ausgeschlossen, da die Nutzung von Landes- oder Bundesstraßen aus Gründen der Verkehrssicherheit nicht zumutbar sei. Ist R durch § 50 LWaldG tatsächlich in seinen Grundrechten verletzt?

Hinweis: Das LWaldG ist formell verfassungsgemäß.

124 I. § 50 LWaldG greift nicht in den Schutzbereich spezieller Freiheitsrechte ein.

125 II. Durch § 50 LWaldG könnte aber die allgemeine Handlungsfreiheit aus Art. 2 Abs. 1 GG verletzt sein.

1. Dann müsste zunächst der **Schutzbereich** des Art. 2 Abs. 1 GG **betroffen** sein. Nach der h.M. umfasst Art. 2 I GG die allgemeine Handlungsfreiheit im umfassenden Sinne. Geschützt ist damit nicht nur ein begrenzter Bereich der Persönlichkeitsentfaltung, sondern jede Form menschlichen Handelns ohne Rücksicht darauf, welches Gewicht der Betätigung für die Persönlichkeitsentfaltung zukommt.[67] Damit erfasst der Schutzbereich des Art. 2 Abs. 1 GG auch Reiten als Betätigungsform menschlichen Handelns in der durch das Gesetz reglementierten Form. Der Schutzbereich des Art. 2 Abs. 1 GG ist betroffen.

126 2. § 50 LWaldG müsste in den Schutzbereich **eingreifen**. Wegen der weiten Fassung des Schutzbereichs stellt zwar nicht jede Verkürzung des Schutzbereichs durch

---

[67] BVerfGE 80, 137.

den Staat einen Eingriff in den Schutzbereich des Art. 2 Abs. 1 GG dar, wohl aber final unmittelbare Beschränkungen des Freiheitsbereichs. Gemäß § 50 Abs. 1 LWaldG ist das Reiten im Wald nur auf dafür ausgewiesenen und gekennzeichneten Wegen gestattet. Der Staat reglementiert das Reiten damit zielgerichtet. Eine weitere Umsetzung, z.B. durch den Erlass eines Verwaltungsaktes, ist nicht mehr notwendig, sodass § 50 LWaldG die Handlungsfreiheit der Betroffenen durch das Gesetz auch unmittelbar verkürzt. Ein Eingriff ist gegeben.

3. Dieser Eingriff könnte **verfassungsrechtlich gerechtfertigt** sein. **127**

   a) Dann müsste eine **Einschränkungsmöglichkeit** (Schranke) bestehen. Da der Schutzbereich sehr weit ausgelegt ist, führt das dazu, dass auch der Gesetzesvorbehalt sehr weit gefasst ist. Die allgemeine Handlungsfreiheit ist begrenzt durch die **verfassungsmäßige Ordnung.** Darunter versteht man die allgemeine Rechtsordnung, die die materiellen und formellen Normen der Verfassung zu beachten hat. Darin sind dann die Rechte anderer und die Sittengesetze enthalten. Somit beschränkt sich die Schrankentrias des Art. 2 Abs. 1 GG auf die verfassungsmäßige Ordnung. Als Teil der verfassungsmäßigen Ordnung kann jedes Gesetz Schranke des Art. 2 Abs. 1 GG sein, also auch das hier vorliegende LWaldG.

   b) Fraglich ist, ob der Eingriff durch § 50 LWaldG eine **verfassungsgemäße Konkretisierung** der Schranke darstellt. Dann müsste § 50 LWaldG formell und materiell mit der Verfassung übereinstimmen. Von der formellen Verfassungsmäßigkeit des LWaldG ist nach der Anmerkung auszugehen. **128**

   Hinsichtlich der materiellen Verfassungsmäßigkeit ist lediglich die **Verhältnismäßigkeit** der Regelung fraglich. **129**

   aa) § 50 LWaldG müsste zunächst einen **legitimen Zweck** verfolgen. Das Ziel des Gesetzes ist die Verhinderung von Umweltzerstörungen in Wald durch unkontrolliertes Reiten. Darüber hinaus dient die Trennung des „Erholungsverkehrs" im Walde dadurch, dass die Reiter einerseits und andere Erholungsuchende andererseits auf getrennte Wege verwiesen werden, dazu, Gefahren und gegenseitige Beeinträchtigungen zu vermeiden. Diese Ziele sind verfassungsrechtlich legitim.

   bb) Die Beschränkung des Reitens auf ausgewiesene Wege müsste **geeignet** sein. Eine Maßnahme ist bereits dann geeignet, wenn sie die Zweckerreichung zumindest fördert. Durch das Verweisen der Reiter auf die speziell ausgewiesenen Reitwege kann es nicht zu Schäden im Unterholz und anderen Beeinträchtigungen im Wald kommen. Zudem besteht durch diese speziellen Wege kein Kontakt mehr zu anderen Erholungsuchenden, sodass auch diese Gefahren vermieden, zumindest aber verringert werden. Die Maßnahme ist auch geeignet. **130**

   cc) Die Maßnahmen müssten **erforderlich** sein. Es ist kein milderes Mittel zur Erreichung der Ziele vorhanden, sodass die Maßnahme auch erforderlich ist. **131**

132 dd) Die Regelung des § 50 LWaldG müsste **angemessen** sein. Hier stehen sich verschiedene Interessen gegenüber. Dem Interesse der Reiter steht das Interesse aller an Schutz und Erhaltung der Natur und die Interessen anderer Erholungssuchender, die sich ebenfalls auf Art. 2 Abs. 1 GG berufen können, gegenüber. Somit ist ein Ausgleich der Interessen aller Beteiligten zu finden. In Anbetracht der Schäden, die Pferde anrichten können, ist ein Verweis auf spezielle Wege nicht unangemessen. Dass Reiter auf diese speziellen Wege verwiesen werden und nicht den Wanderern und Radfahrern eine Beschränkung auferlegt wird, kann mit der geringen Zahl der Reiter begründet werden. Dabei ist auch zu berücksichtigen, dass die Interessen der Allgemeinheit (Natur-/Wildschutz) und der anderen Waldnutzer (Eigentümer, Erholungssuchende) durch die Regelung umfassend geschützt werden können, während die Einschränkung für die Reiter nicht umfassend das Reiten im Wald verhindert, sondern lediglich einschränkt. Danach ist die Regelung auch angemessen und verhältnismäßig.

§ 50 LWaldG ist formell und materiell verfassungsgemäß und greift damit in verfassungsrechtlich gerechtfertigter Weise in die allgemeine Handlungsfreiheit der Reiter aus Art. 2 Abs. 1 GG ein. Art. 2 Abs. 1 GG ist nicht verletzt.

R ist nicht in seinen Grundrechten verletzt.

---

3. Abschnitt: Das allgemeine Persönlichkeitsrecht, Art. 2 Abs. 1 i.V.m. Art. 1 Abs. 1 GG

133 Das allgemeine Persönlichkeitsrecht (APR) ist im GG nicht ausdrücklich geregelt. Überwiegend wird davon ausgegangen, dass das allgemeine Persönlichkeitsrecht seine Grundlage in Art. 2 Abs. 1 GG findet und dass für die Auslegung die Menschenwürde aus Art. 1 Abs. 1 GG heranzuziehen ist. Daher wird üblicherweise von dem allgemeinen Persönlichkeitsrecht aus Art. 2 Abs. 1 i.V.m. Art. 1 Abs. 1 GG gesprochen.

A. Eingriff in den Schutzbereich

134 Das APR hat die **Aufgabe**, die engere persönliche Lebenssphäre und die Erhaltung ihrer Grundbedingungen zu gewährleisten, die sich durch die traditionellen Freiheitsgarantien nicht abschließend erfassen lassen. Diese Notwendigkeit besteht im Hinblick auf moderne Entwicklungen und die mit ihnen verbundenen neuen Gefährdungen für den Schutz der menschlichen Persönlichkeit.[68] Das APR umfasst in seiner Grundfunktion als **subjektives Abwehrrecht** insbesondere den „Kernbereich privater Lebensgestaltung".[69]

Neben der Funktion als Abwehrrecht ist gerade beim APR die **Schutzfunktion** besonders bedeutend. Dabei steht weniger das Leistungsrecht, als vielmehr das APR in seiner Funktion als mittelbar drittwirkendes Grundrecht im Rahmen von (zivilgerichtlichen) Entscheidungen im

---

[68] BVerfGE 54, 148, 153; 117, 202.
[69] BVerfGE 101, 361, 380.

3. Abschnitt
Das allgemeine Persönlichkeitsrecht, Art. 2 Abs. 1 i.V.m. Art. 1 Abs. 1 GG

Vordergrund. Zu dieser Funktion vgl. das Beispiel „Caroline von Hannover (unten Rn. 154) sowie Fall 9 (Rn. 291 Kunstfreiheit contra APR).

135 Beim APR handelt es sich um ein sog. **Rahmenrecht**. Das bedeutet, dass es nicht etwa das „Grundrecht des allgemeinen Persönlichkeitsrechts" gibt, sondern dass Art. 2 Abs. 1 i.V.m. Art. 1 Abs. 1 GG den Rahmen für die einzelnen Grundrechte des APR bieten. Daher wird das APR auch in **Fallgruppen** näher ausgestaltet.[70] Es ist auch in Klausuren, sofern eine Verletzung des APR in Betracht kommt, der Schutzbereich durch die **jeweils konkrete Ausformung** im Fall zu bestimmen und zu konkretisieren.

Zudem besteht bei Rahmenrechten die Besonderheit, dass in der Prüfung nicht zwischen Schutzbereich und Eingriff unterschieden wird, sondern entweder ein Eingriff in den Schutzbereich gegeben ist oder nicht.

Wichtige **Fallgruppen** des APR sind insbesondere:

I. Die wichtigsten Fallgruppen des APR

1. Das Recht auf informationelle Selbstbestimmung

136 Ein Teil des allgemeinen Persönlichkeitsrechts ist das **Recht auf informationelle Selbstbestimmung**. Danach hat jedermann das Recht, grundsätzlich selbst zu entscheiden, wann und in welchem Umfang persönliche Tatsachen und Sachverhalte offenbart, also erhoben, gespeichert, verwendet oder weitergegeben werden (Datenschutz).[71] Dies wird insbesondere damit begründet, dass der einzelne Mensch gehemmt wird, wenn er nicht weiß, was sein Umfeld über ihn weiß. Daher muss dem Einzelnen das Recht zustehen, grundsätzlich selbst zu entscheiden, welche Daten von ihm preisgegeben werden. Geschützt werden lediglich **persönliche** bzw. **personenbezogene Daten**, wobei es aber nicht darauf ankommt, ob die Daten sensibel sind oder nicht.[72]

137 Beispiele:

- **automatisierte Kennzeichenerfassung**, aber Eingriff in den Schutzbereich erst dann, wenn das Kennzeichen im Speicher festgehalten wird[73]
- **Pflicht** eines Anbieters von Telekommunikationsdiensten zur **Datenerhebung und -speicherung** und **Auskunft** (§§ 111 ff. TKG)[74]
- **Dauerobservation** nach Entlassung aus der Sicherungsverwahrung[75]
- nach **§ 5 IFG** darf der Zugang zu personenbezogenen Daten nur mit Einwilligung des Berechtigten oder nach besonderer Abwägung gewährt werden

138 Eine **Konkurrenz** kann insbesondere zu **Art. 10 und 13 GG** bestehen. Soweit die personenbezogenen Daten durch eine Brief-, Post- oder Fernmeldeüberwachung gewonnen

---

70 vMünch/Kunig, GG, Art. 2 Rn. 31.
71 BVerfGE 65, 1 (Volkszählungsurteil).
72 BVerfG, Beschl. v. 24.01.2012 – 1 BvR 1299/05; Jarass/Pieroth, GG, Art. 2, Rn. 43.
73 BVerfG, Urt. v. 11.03.2008 – 1 BvR 2074/05, RÜ 2008, 254; BayVGH, Urt. v. 17.12.2012 – 10 BV 09/2641; Cornils Jura 2010, 443.
74 BVerfG, Beschl. v. 24.01.2012 – 1 BvR 1299/05.
75 OVG Saarland, Beschl. v. 16.12.2010 – 3 B 284/10.

wurden, ist Art. 10 GG vorrangig und das APR tritt zurück.[76] Da Art. 10 GG aber nur den Übermittlungs**vorgang** schützt, bleibt das APR bei der reinen Zuordnung von Telekommunikationsnummern erhalten.[77] Das Grundrecht der Unverletzlichkeit der Wohnung aus Art. 13 GG ist vorrangig, soweit es um die Erhebung und Verarbeitung personenbezogener Daten des Wohnungsinhabers geht.[78] Dies gilt nicht, wenn im Rahmen einer Wohnungsdurchsuchung ein Datenträger sichergestellt oder beschlagnahmt wird.[79]

2. Das Recht der persönlichen Ehre

139 Das Recht des Einzelnen, sich gegen herabsetzende, verfälschende oder entstellende Darstellungen in der Öffentlichkeit zur Wehr setzen zu können, wird insbesondere durch das Recht der persönlichen Ehre gewährleistet.[80] Gerade im Verhältnis zur Meinungsäußerungsfreiheit (Art. 5 Abs. 1 S. 1 GG) und zur Kunstfreiheit (Art. 5 Abs. 3 S. 1 GG) kann das Recht der persönlichen Ehre eine Einschränkungsmöglichkeit bieten (Zu dieser Funktion vgl. Fall 9 Rn. 291 Kunstfreiheit contra APR – Esra?).

3. Das Recht am eigenen Bild

140 Das Recht am eigenen Bild bedeutet insbesondere den Schutz des Einzelnen vor Bildveröffentlichungen aus seinem Intimbereich, dessen er sich auch nicht durch z.B. nacktes Auftreten in der Öffentlichkeit begibt,[81] und den Schutz des Verfügungsrechts über öffentliche Darstellungen der eigenen Person.[82] Der Schutz ist nicht auf den häuslichen Bereich beschränkt, sondern gilt auch für andere, insbesondere erkennbar abgeschiedene Orte.[83]

141 **Beispiel:** Caroline von Hannover (ehemals v. Monaco) geht gegen Verlage vor, die Bilder von einem Besuch in einem Straßencafe zeigen. Die Verlage berufen sich darauf, dass Caroline von Hannover im Interesse der Öffentlichkeit stehe und die Bilder zudem nicht aus dem privaten Bereich stammten. Der BGH weist die Klage der Caroline von Hannover ab.

Das Recht am eigenen Bild gewährleistet dem Einzelnen Einfluss- und Entscheidungsmöglichkeiten, soweit es um die Anfertigung und Verwendung von Bildaufzeichnungen seiner Person durch andere geht. Das Schutzbedürfnis ergibt sich vor allem aus der Möglichkeit, das auf eine bestimmte Situation bezogene Erscheinungsbild eines Menschen von dieser Situation zu lösen und das Abbild jederzeit unter für den Betroffenen nicht überschaubaren Voraussetzungen vor Dritten zu reproduzieren.[84] Insofern kommt es für einen Eingriff in den Schutzbereich des Rechts am eigenen Bild nicht darauf an, dass die Bilder in der Öffentlichkeit aufgenommen wurden. Die verfassungsrechtliche Rechtfertigung des Eingriffs hängt dann insbesondere davon ab, inwiefern die Veröffentlichung des Bildes einen Beitrag zum öffentlichen Diskurs leistet[85] und die Art und Weise, wie das Bild erlangt wurde, die Privatheit der Situation oder das Bloßstellen der Privatsphäre.[86] (Vgl. dazu noch unten Rn. 153)

---

76 BVerfG, Urt. v. 02.03.2010 – 1 BvR 256/08, RÜ 2010, 243 (Vorratsdatenspeicherung).
77 BVerfG, Beschl. v. 24.01.2012 – 1 BvR 1299/05; Jarass/Pieroth, GG, Art. 2, Rn. 38, Art. 10, Rn. 2.
78 BVerfG, Urt. v. 03.03.2004 – 1 BvR 2378/98 u.a. (Großer Lauschangriff).
79 BVerfG, Urt. v. 02.03.2006 – 2 BvR 2099/04.
80 BVerfG, Beschl. v. 13.06.2007 – 1 BvR 1783/05 (Esra).
81 BVerfGE 34, 238, 246; E 54, 148, 154; OLG Oldenburg NJW 1989, 400, 401.
82 BVerfGE 35, 202, 220.
83 BVerfG NJW 2000, 1021; NJW 2006, 2836.
84 BVerfG, Beschl. v. 26.02.2008 – 1 BvR 1602/07 (Caroline III).
85 EGMR NJW 2004, 2647 (2649).
86 BVerfG, Beschl. v. 26.02.2008 – 1 BvR 1602/07 (Caroline III).

4. Weitere Fallgruppen

Neben diesen Fallgruppen sind noch viele weitere Ausprägungen des APR entwickelt worden. Dazu zählt u.a. das Recht auf **Gewährleistung der Vertraulichkeit und Integrität informationstechnischer Systeme** (sog. „Online-Grundrecht"),[87] das Recht am eigenen Wort,[88] das Recht auf **sexuelle Selbstbestimmung**[89] oder das Recht auf **Klärung der leiblichen Abstammung**.[90]

142

II. Grundrechtsberechtigte

Nach Art. 2 Abs. 1 GG hat **„jeder"** das Recht auf die freie Entfaltung seiner Persönlichkeit, sodass der Schutz des APR aus Art. 2 Abs. 1 i.V.m. Art. 1 Abs. 1 GG für jede natürliche Person gilt.

143

1. Postmortales Persönlichkeitsrecht

Grundsätzlich gelten die Grundrechte (natürlich) nur von der Geburt bis zum Tode. Das APR enthält jedoch eine Komponente, die über den Tod hinausreicht. Insofern wird die Grundrechtsfähigkeit erweitert.

144

Nach dem **Mephisto-Beschluss** des Bundesverfassungsgerichts[91] ist es mit dem verfassungsverbürgten Verbot der Unverletzlichkeit der Menschenwürde unvereinbar, wenn der Mensch, dem Würde kraft seines Personseins zukommt, in diesem allgemeinen Achtungsanspruch auch nach seinem Tode herabgewürdigt oder erniedrigt werden dürfte. Dementsprechend endet die in Art. 1 Abs. 1 GG aller staatlichen Gewalt auferlegte Verpflichtung, dem Einzelnen Schutz gegen Angriffe auf seine Menschenwürde zu gewähren, nicht mit dem Tode (sog. **„postmortales Persönlichkeitsrecht"**), sondern erst nach Ablauf eines angemessenen Zeitraums (vgl. z.B. § 22 S. 2 KUG, wonach eine Veröffentlichung bis zum Ablauf von zehn Jahren der Einwilligung bedarf).

Aber Vorsicht: Das Schlagwort „postmortales Persönlichkeitsrecht" wird oft falsch verstanden. Nicht alle Ausprägungen des APR wirken postmortal, sondern **nur** der **Würdeanteil** aus Art. 1 Abs. 1 GG. Natürlich wirkt z.B. das Recht der sexuellen Selbstbestimmung nicht postmortal.

145

Beispiel: Die „Münz-GmbH" stellte im Jahre 1994 eine Medaille her und vertrieb diese. Auf der Münze war ein Bild des 1992 verstorbenen ehemaligen Bundeskanzlers Willy Brandt abgebildet. Umrundet wurde das Konterfei durch die Aufschrift „In Memoriam Willy Brandt". Auf der Rückseite fanden sich stilisierte Abbildungen des Bundesadlers sowie einer Friedenstaube und die Angaben „Bundeskanzler" sowie „Friedensnobelpreisträger". Die Witwe des Verstorbenen nahm die „Münz-GmbH" zivilgerichtlich darauf in Anspruch, den Vertrieb der Münze mit dem Bild des Verstorbenen zu unterlassen.

Nach dem „Mephisto-Beschluss" des Bundesverfassungsgerichts ist es mit der Unverletzlichkeit der Menschenwürde unvereinbar, wenn der Mensch, „dem Würde kraft seines Personseins zukommt", in diesem Achtungsanspruch auch nach seinem Tod herabgewürdigt werden dürfte. Der Art. 1 Abs. 1 GG wirkt daher noch über den Tod hinaus. Die Darstellung des verstorbenen Willy Brandt auf der Medaille

---

[87] BVerfG, Urt. v. 27.02.2008 – 1 BvR 370/07, RÜ 2008, 249 (Online-Durchsuchung).
[88] BVerfG, Beschl. v. 09.10.2002 – 1 BvR 1611/96 u.a.
[89] BVerfG, Beschl. v. 26.02.2008 – 2 BvR 392/07.
[90] BVerfG, Urt. v. 13.02.2007 – 1 BvR 421/05; Spilker JuS 2016, 988.
[91] BVerfGE 30, 173, 174.

würdigt die Person Willy Brandt aber nicht herab. Zu denken wäre an eine Verletzung des allgemeinen Persönlichkeitsrechts aus Art. 2 Abs. 1 i.V.m. Art. 1 Abs. 1 GG. Ein Grundrechtsschutz des Verstorbenen aus Art. 2 Abs. 1 GG scheidet nach dem Bundesverfassungsgericht jedoch aus, da Träger dieses Grundrechts nur die lebende Person ist.[92] Damit ist auch ein Fortwirken des allgemeinen Persönlichkeitsrechts abzulehnen.

2. Juristische Personen

146 Juristische Personen (des Zivilrechts) können sich gemäß Art. 19 Abs. 3 GG auf die Grundrechte berufen, soweit sie **ihrem Wesen nach** anwendbar sind (s.o. Rn. 49 ff). Beim APR besteht die Besonderheit, dass die Grundrechtsfähigkeit juristischer Personen immer **nach der konkreten Ausformung des APR** zu beurteilen ist.

Nach der Herleitung des APR unter Rückgriff auf die Würde des **Menschen** (Art. 1 GG) passt das APR eigentlich nicht zu den juristischen Personen. Daher sind jedenfalls die Ausformungen des APR, die vom menschlichen Individuum nicht zu trennen sind, nicht auf juristische Personen anwendbar (z.B. das Recht der sexuellen Selbstbestimmung, das Recht auf Klärung der leiblichen Abstammung). Andere Ausprägungen des APR sind dagegen auch auf juristische Personen anwendbar. So hängt das **Recht am gesprochenen Wort** nicht von einem besonderen personalen Kommunikationsinhalt ab. Es soll gesichert sein, dass sich die Beteiligten in der Kommunikation eigenbestimmt und situationsangemessen verhalten können. Insofern ist auch eine juristische Person, die durch natürliche Personen kommuniziert, einer grundrechtstypischen Gefährdungslage ausgesetzt.[93] Ähnlich verhält es sich mit dem **Recht auf informationelle Selbstbestimmung**. Die Interessen- und Gefährdungslage ist hinsichtlich des Schutzes von Daten zwischen natürlicher und juristischer Person vergleichbar. Ebenso wie bei einer natürlichen Person besteht auch bei der juristischen Person ein Interesse daran, grundsätzlich selbst zu entscheiden, wann und in welchem Umfang Tatsachen und Sachverhalte offenbart, also erhoben, gespeichert, verwendet oder weitergegeben werden (Datenschutz).[94]

147 **Problematisch** ist bis heute, ob auch das **Recht der persönlichen Ehre** auf juristische Personen des Zivilrechts anwendbar ist. Der soziale Geltungsanspruch ist auf zwischen**menschliche** Beziehungen angelegt. Diese Ausprägung des APR greift vorrangig auf den Würdegehalt aus Art. 1 Abs. 1 GG zurück. Insoweit kann einer juristischen Person keine **„persönliche Ehre"** zustehen. Andererseits hat auch eine juristische Person ein eigenes Interesse an einem Schutz ihres **„guten Rufs"**. Dieses Interesse an einem Schutz des guten Rufs ist wesensmäßig vergleichbar mit dem sozialen Geltungsanspruch, den eine natürliche Person im Rahmen zwischenmenschlicher Beziehungen hat. Daher lässt sich der Schutz des sozialen Geltungsanspruchs auch auf eine juristische Person anwenden.[95]

---

92 BVerfG, Beschl. v. 25.08.2000 – 1 BvR 2707/95.
93 BVerfG, Beschl. v. 09.10.2002 –1 BvR 1611/96 u.a.
94 BVerfG, Beschl. v. 13.06.2007 – 1 BvR 1550/03 u.a. (Abfrage von Kontostammdaten); OVG NRW, Urt. v. 12.12.2016 – 13 A 939/15, RÜ 2017, 250.
95 Maunz/Dürig, GG, Art. 2, Rn. 224 m.w.N.; Detterbeck, Öffentliches Recht, Rn. 331.

B. Verfassungsrechtliche Rechtfertigung

Da das APR sehr unterschiedliche Grundrechte enthält, bestimmen sich auch die Schranken und die daraus resultierende Rechtfertigung von Eingriffen nicht pauschal für das APR, sondern sind vielmehr je nach Grundrecht zu untersuchen.

148

I. Grundsatz

Es gilt zwar grundsätzlich der einfache Gesetzesvorbehalt des Art. 2 Abs. 1 GG. Wegen der Verbindung zur uneinschränkbaren Menschenwürde (Art. 1 Abs. 1 GG) wird jedoch angenommen, dass dieser grundsätzlich in der Form eines **Parlamentsvorbehalts** besteht.[96] Daneben gelten natürlich die **verfassungsimmanenten Schranken**, also Grundrechte Dritter und andere Werte mit Verfassungsrang.

149

II. Verhältnismäßigkeit, Sphärentheorie

Eingriffe in das APR müssen, damit sie gerechtfertigt sein können, **verhältnismäßig** sein. Der Einzelne genießt aber einen unterschiedlichen Schutz seiner Persönlichkeit abhängig davon, ob er sich selbst in der Öffentlichkeit oder aber in seinem privaten, vielleicht sogar intimen Bereich bewegt. Als spezielle Ausprägung und zur Strukturierung des Grundsatzes der Verhältnismäßigkeit hat das Bundesverfassungsgericht daher die **Sphärentheorie** entwickelt.[97] Danach wird der menschliche Lebensbereich in drei verschiedene Bereiche unterteilt:

150

- die **Intimsphäre**, die den innersten, unantastbaren Bereich der Persönlichkeit betrifft und jeglichem Eingriff durch die Staatsgewalt entzogen ist;[98]

    Beispiele: Nach BVerfG dürfen keine Lauschangriffe auf die Wohnung als „unantastbarer Kernbereich privater Lebensgestaltung" durchgeführt werden;[99] die Unterbringung eines vollständig unbekleideten Strafgefangenen in einem videoüberwachten Haftraum greift in die Intimsphäre ein und verletzt das Persönlichkeitsrecht, wenn keine konkreten Anhaltspunkte für einen drohenden Suizid des Strafgefangenen gegeben sind.[100]

- die **Privatsphäre**, die den engeren persönlichen Lebensbereich insbesondere in der Familie betrifft. Eingriffe sind nur rechtmäßig, wenn sie im überwiegenden Interesse der Allgemeinheit unter strikter Einhaltung des Grundsatzes der Verhältnismäßigkeit erfolgen;

- die **Individual- oder Sozialsphäre**, die das Ansehen des Einzelnen im Bekanntenkreis und in der Öffentlichkeit erfasst. Da in diesem Bereich von vornherein Bezüge nach außen bestehen, sind verhältnismäßige Eingriffe rechtmäßig.

151

Hinweis: Während die unterschiedlichen Sphären früher scharf gegeneinander abgegrenzt wurden, findet heute ein **fließender Übergang** von einer Sphäre zur nächsten statt, sodass die Abgrenzung nicht trennscharf erfolgt.[101]

---

96 BVerfG, Beschl. v. 11.08.2009 – 2 BvR 941/08 (verdachtsunabhängige Videokontrolle); BVerfGE 65, 1 (Volkszählung); vMünch/Kunig, GG, Art. 2 Rn. 42.
97 Maunz/Dürig, GG, Art. 2 Rn. 158 ff.
98 BVerfG, Beschl. v. 14.09.1989 – 2 BvR 1062/87.
99 BVerfG NJW 2004, 999.
100 BVerfG, Beschl. v. 18.03.2015 – 2 BvR 1111/13, NJW 2015, 2100.
101 BVerfG, Beschl. v. 13.06.2007 – 1 BvR 1783/05, NJW 2008, 39 (Esra).

III. Recht auf informationelle Selbstbestimmung

152 Das Recht auf informationelle Selbstbestimmung unterfällt zunächst auch dem normalen Gesetzesvorbehalt. Da der Betroffene hinsichtlich seiner Daten aber nicht in allen Lebensbereichen in gleicher Weise schutzwürdig ist, hat die vom Bundesverfassungsgericht entwickelte **Sphärentheorie** im Rahmen der Verhältnismäßigkeitsprüfung hier eine besondere Bedeutung.

IV. Recht am eigenen Bild

153 Eine besondere praktische Bedeutung und Klausurrelevanz hat das APR, und hier insbesondere das Recht am eigenen Bild, in seiner Funktion **als mittelbar drittwirkendes Grundrecht** hinsichtlich der Meinungsäußerungs-, Presse- und Kunstfreiheit. Gegenläufig können Darstellungen einer Person durch künstlerische Betätigungen oder im Rahmen von Presseveröffentlichungen den Eingriff in das Recht am eigenen Bild rechtfertigen. So normiert z.B. § 23 KUG, dass Bildnisse aus dem Bereich der Zeitgeschichte auch ohne Einwilligung des Berechtigten veröffentlicht werden dürfen, soweit nicht berechtigte Interessen des Abgebildeten verletzt werden.

154 **Beispiel:** Caroline von Hannover (ehemals v. Monaco) wehrt sich gegen die Veröffentlichung von Fotos in Zeitschriften der B-GmbH. Unter anderem wurden Urlaubsfotos der C mit ihren beiden minderjährigen Kindern während eines Urlaubes an einem eigens abgesperrten Strandabschnitt gezeigt. Die zivilgerichtliche Unterlassungsklage der C gegen die B-GmbH war letztinstanzlich erfolglos. Während C der Meinung ist, auch sie habe zumindest in ihrer privaten Umgebung das Recht, „in Ruhe gelassen zu werden", vor allem, wenn ihre Kinder anwesend sind, führte der BGH als letztinstanzliches Gericht aus, sie sei eine Person der Zeitgeschichte und müsse solche Einschränkungen hinnehmen. Ist C durch das letztinstanzliche Urteil in ihrem Allgemeinen Persönlichkeitsrecht verletzt?

Durch die Veröffentlichung der Urlaubsfotos der C mit ihren Kindern ohne Einwilligung der C wird das Recht der C am eigenen Bild berührt. Das letztinstanzliche Urteil beschränkt dieses Recht der C und stellt damit einen Eingriff in den Schutzbereich des Art. 2 Abs. 1 i.V.m. Art. 1 Abs. 1 GG dar. Das APR ist über Parlamentsgesetze einschränkbar. Das Urteil wird auf § 23 KUG gestützt. Das KUG stellt als Parlamentsgesetz eine zulässige Schranke des APR dar. Fraglich ist, ob der Eingriff durch das letztinstanzliche Urteil, welches auf § 23 KUG beruht, eine verfassungsgemäße Konkretisierung der Einschränkungsmöglichkeit darstellt. § 23 KUG als Grundlage für das Urteil ist verfassungsgemäß. Danach dürfen Bilder von Personen der Zeitgeschichte auch ohne Einwilligung veröffentlicht werden, wenn nicht ein berechtigtes Interesse entgegensteht. Die Prinzessin C steht als Person des öffentlichen Lebens unabhängig von einem konkreten Anlass im Blickpunkt der Öffentlichkeit und ist daher eine Person der Zeitgeschichte. Insofern gilt es, das „berechtigte Interesse" der C an einer Unterbindung der Veröffentlichung sowie das in § 23 KUG zum Ausdruck kommende Informationsinteresse der Allgemeinheit und die Pressefreiheit der B-GmbH aus Art. 19 Abs. 3, 5 Abs. 1 S. 2 GG gegeneinander abzuwägen. Das APR entwickelt insbesondere wegen seiner Bezüge zur Menschenwürde eine hohe Schutzwirkung. Dabei ist vorliegend zu berücksichtigen, dass nicht nur das Recht am eigenen Bild, sondern auch die Privatsphäre der C geschützt werden soll. Zwar müssen Personen der Zeitgeschichte weitergehende Angriffe auf ihre Persönlichkeitsrechte hinnehmen als andere. Die Bilder stammen aber von einem eigens für C abgesperrten Strandabschnitt, wodurch deutlich wird, dass sich die C hier mit ihrer Familie „unbeobachtet" von der Öffentlichkeit bewegen wollte. In die Abwägung ist des Weiteren der familiäre Bezug zu den minderjährigen Kindern einzustellen. Der Schutzgehalt des APR von Eltern wird durch Art. 6 Abs. 1 und 2 GG verstärkt, soweit es um die Veröffentlichung von Abbildungen geht, die die spezifisch elterliche Hinwendung zu den Kindern zum Gegenstand haben. So verstärkt Art. 6 Abs. 1, 2 GG noch die starke Geltung des APR im konkreten Fall. Demgegenüber ist das Interesse der Allgemeinheit an Informationen zu sehen. Die Veröffentlichung auch von Bildberichten über gesellschaftlich hochgestellte Persönlichkeiten dient der Meinungsbildung. Insoweit muss C selbst Einschränkungen ihrer Privatsphäre hinnehmen, soweit noch eine ernsthafte und sachbezogene Information der Öffentlichkeit gegeben ist und nicht lediglich die Neugier befriedigt wird. Durch die Verstärkung des Grundrechtsschutzes über Art. 6 GG wegen der ebenfalls abgebildeten Kinder kann dies so aber nicht mehr gelten. Diese stehen nicht ebenfalls und im gleichen Umfang als Personen der Zeitgeschichte im Blickpunkt der Öffentlichkeit, sodass im vorliegenden Fall die Abwägung zugunsten des APR ausgeht. Dementsprechend überwiegt das APR der C. Der Veröffentlichung der Bilder steht ein berechtigtes Interesse der C gegenüber. Der Eingriff durch das Urteil erfolgte nicht in verfassungsgemäßer Weise; der Eingriff ist verfassungsrechtlich nicht gerechtfertigt. C ist in ihrem Allgemeinen Persönlichkeitsrecht aus Art. 2 Abs. 1 i.V.m. Art. 1 Abs. 1 GG verletzt.

V. Recht auf Gewährleistung der Vertraulichkeit und Integrität informationstechnischer Systeme

Die Online-Durchsuchung ermöglicht es der Behörde, auf den gesamten Datenbestand des Betroffenen zuzugreifen. Dabei werden der Behörde detaillierte Informationen zugänglich, mit denen ein genaues Persönlichkeitsabbild des Betroffenen hergestellt werden kann. Auch intimste Daten werden der Behörde zugänglich gemacht. Dabei ist erschwerend zu berücksichtigen, dass eine heimliche Infiltration vorliegt, gegen die sich der Betroffene nicht zur Wehr setzen kann. Insofern handelt es sich um einen **besonders schwerwiegenden Eingriff**. Ein solch schwerwiegender Eingriff kann nur **angemessen** sein, wenn dadurch ein **überragend wichtiges Rechtsgut** geschützt werden soll. Dazu zählen neben Leib, Leben und Freiheit einer Person solche Güter der Allgemeinheit, deren Bedrohung die Existenz des Staates oder die Grundlagen der Existenz des Menschen betrifft. Zudem müssen tatsächliche Anhaltspunkte für das Vorliegen einer **konkreten Gefahr** gegeben sein. Eine bloße Vermutung der Behörde reicht für einen solch gravierenden Eingriff nicht aus. Letztlich ist bei heimlichen, schwerwiegenden Eingriffen in die Grundrechte der Bürger eine **vorbeugende Kontrolle durch eine unabhängige Instanz** geboten. D.h., dass vor Durchführung der Maßnahme ein unabhängiger Richter über die Zulässigkeit der Maßnahme zu entscheiden hat.[102]

155

156

> **Fall 4: Gehsteigberatung**
>
> Der S e.V., ein gemeinnütziger Verein, hat sich zum Ziel gesetzt, gegen Schwangerschaftsabbrüche vorzugehen. Nach der Vereinssatzung soll dazu insbesondere der Kontakt zu Schwangeren gesucht werden, die sich in einer Konfliktsituation befinden, um diese von einem möglichen Schwangerschaftsabbruch abzuhalten. Zu diesem Zweck wenden sich jeweils zwei Mitglieder des S e.V. auf der Straße an Passanten, um mit diesen über Abtreibungen zu diskutieren. Insbesondere sprechen Mitglieder des Vereins Frauen auf dem Gehweg vor entsprechenden Beratungsstellen zur Schwangerschaftskonfliktberatung an, um die Frauen davon zu überzeugen, eine Abtreibung zu unterlassen („Gehsteigberatung"). Dabei werden die sich möglicherweise in einem Schwangerschaftskonflikt befindenden Frauen im Rahmen der Gehsteigberatung etwa mit Sätzen wie „Bitte, Mama, lass dein Kind leben" angesprochen. Zudem werden diesen Schwangeren Flyer des Vereins überreicht, in denen sich Bilder von Föten, Teilen von Föten, von Ungeborenen oder Teilen von Ungeborenen befinden.

---

[102] BVerfG, Urt. v. 27.02.2008 – 1 BvR 370/07, RÜ 2008, 249 (Online-Durchsuchung).

2. Teil Grundrechte – Besonderer Teil

> Nachdem wiederholt Passantinnen auf dem Gehweg in der A-Straße vor der Schwangerschaftskonfliktberatungsstelle „Pro Familia" angesprochen wurden, erlässt die zuständige Behörde formell ordnungsgemäß an den S e.V. eine Untersagungsverfügung, mit der ihm und den von ihm beauftragten Personen untersagt wird, „im Bereich der gesamten A-Straße Personen auf eine Schwangerschaftskonfliktsituation anzusprechen oder ihnen unaufgefordert Broschüren, Bilder oder Gegenstände zu diesem Thema zu zeigen oder zu überreichen, d. h. sog. Gehsteigberatungen durchzuführen."
>
> Der S e.V. hält die Untersagungsverfügung für rechtswidrig. Er fühlt sich in Art. 5 Abs. 1 GG und Art. 4 Abs. 1 GG verletzt. Die Tätigkeit des Vereins greife lediglich in die weniger schützenswerte Sozialsphäre der angesprochenen Frauen ein, sodass die Grundrechte des S e.V. höher zu gewichten seien. Ist die Untersagungsverfügung rechtmäßig?

Die Untersagungsverfügung ist rechtmäßig, wenn eine Ermächtigungsgrundlage besteht und deren Voraussetzungen erfüllt sind.

157 I. Es müsste zunächst eine **Ermächtigungsgrundlage** für die Untersagungsverfügung bestehen.

1. Als Ermächtigungsgrundlage kommt die straßenrechtliche Befugnisnorm zum **Einschreiten bei unerlaubter Sondernutzung** nach Landesrecht in Betracht (vergleichbar dem § 8 Abs. 7 a BFStrG). Sondernutzung ist der Gebrauch der Straße über den Gemeingebrauch hinaus (§ 8 Abs. 1 FStrG). Gemeingebrauch ist die Benutzung der Straße im Rahmen der Widmung zum Verkehr (§ 7 Abs. 1 FStrG). Dabei wird im Lichte der Grundrechte der Art. 4 und 5 GG ein **kommunikativer Aspekt des Gemeingebrauchs** anerkannt.[103] So wird z.B. das Verteilen von Flugblättern mit meinungsäußernden oder religiösen Inhalten als Gemeingebrauch qualifiziert. Dasselbe gilt für das Ansprechen von Passanten zu kommunikativen Zwecken. Mangels Sondernutzung scheiden die straßenrechtlichen Vorschriften daher aus.

2. Eine polizeiliche Standardmaßnahme liegt ebenfalls nicht vor, sodass die **polizei- und ordnungsrechtliche Generalklausel**[104] die Ermächtigungsgrundlage für die Untersagungsverfügung ist.

II. Die Untersagungsverfügung ist **formell rechtmäßig**.

III. Die Verfügung müsste auch **materiell rechtmäß** sein.

158 1. **Tatbestandliche Voraussetzung** der Ermächtigungsgrundlage ist, dass eine konkrete **Gefahr für die öffentliche Sicherheit** oder Ordnung gegeben ist. Die Schutzgüter der öffentlichen Sicherheit umfassen auch die Rechte und Rechtsgüter des Einzelnen. Darunter fällt auch das **allgemeine Persönlichkeitsrecht** einer Person aus **Art. 2 Abs. 1 i.V.m. Art. 1 Abs. 1 GG**.

---

[103] S.u. 4. Teil, Beispiel 1.
[104] Zum Landesrecht vgl. Art. 11 Abs. 1 PAG Bay, §§ 1 Abs. 1, 3 PolG BW, § 17 Abs. 1 ASOG Bln, § 10 Abs. 1 BbgPolG, § 13 Abs. 1 OBG Bbg, §§ 10 Abs. 1 S. 1 Brem PolG, § 11 HSOG, § 13 SOG MV, § 8 Abs. 1 PolG NRW, § 14 Abs. 1 OBG NRW, § 9 Abs. 1 POG RP, § 8 Abs. 1 SPolG, § 3 Abs. 1 SächsPolG, § 174 LVwG SH, § 12 Abs. 1 PAG Thür, § 5 Abs. 1 OBG Thür.

Das allgemeine Persönlichkeitsrecht, Art. 2 Abs. 1 i.V.m. Art. 1 Abs. 1 GG — 3. Abschnitt

Dieses Recht könnte durch die Gehsteigberatung verletzt sein.

a) Dann müsste zunächst ein **Eingriff in den Schutzbereich** des allgemeinen Persönlichkeitsrechts vorliegen. Das in Art. 1 Abs. 1 GG i. V. m. Art. 2 Abs. 1 GG verankerte allgemeine Persönlichkeitsrecht dient dem Schutz der engeren persönlichen Lebenssphäre und der Erhaltung ihrer Grundbedingungen, die sich durch die traditionellen konkreten Freiheitsgarantien nicht abschließend erfassen lassen. Im Sinne eines Schutzes vor Indiskretion hat hiernach jedermann grundsätzlich das Recht, ungestört zu bleiben. Dem Einzelnen wird ein Innenbereich freier Persönlichkeitsentfaltung garantiert, in den er sich frei von jeder staatlichen Kontrolle und sonstigen Beeinträchtigung zurückziehen kann.[105]

159

Die Ansprache durch unbekannte Dritte auf der Straße auf eine bestehende Schwangerschaft oder gar auf eine Schwangerschaftskonfliktsituation berührt die Passantinnen in diesem Rückzugsraum. Gerade in der Frühphase der Schwangerschaft befinden sich viele Frauen in einer besonderen seelischen Lage, in der es auch zu schweren Konfliktsituationen kommen kann. **Diesen Schwangerschaftskonflikt erlebt die Frau als höchstpersönlichen Konflikt**, der sich nicht nur nach objektiven Kriterien, sondern auch nach den physischen und psychischen Befindlichkeiten und Eigenschaften der jeweiligen Frau bestimmt. Gerade in dieser Konfliktsituation hat die schwangere Frau ein Recht darauf, von fremden Personen, die sie auf der Straße darauf ansprechen, in Ruhe gelassen zu werden.[106]

160

Der S e.V. greift durch die Gehsteigberatung in das Recht der schwangeren Passantinnen ein, „in Ruhe gelassen zu werden". Erschwerend kommt hinzu, dass grundsätzlich zwei Mitglieder des Vereins die Gehsteigberatung durchführen. Dadurch werden Schwangere zusätzlich unter Druck gesetzt. Ein Eingriff in den Schutzbereich des allgemeinen Persönlichkeitsrechts liegt danach vor.

b) Dieser Eingriff könnte jedoch **verfassungsrechtlich gerechtfertigt** sein. Eine solche Rechtfertigung könnte sich **aus den kollidierenden Grundrechten des S e.V.** ergeben (verfassungsimmanente Schranken), insbesondere aus der Meinungsäußerungsfreiheit (Art. 5 Abs. 1 S. 1 GG) sowie aus der Glaubens- und Bekenntnisfreiheit (Art. 4 GG). Dabei ist aber zu berücksichtigen, dass eine Rechtfertigung umso schwerer fällt, je intensiver und gravierender in den Kernbereich des Persönlichkeitsrechts eingegriffen wird.

161

aa) Nach der sog. **„Sphärentheorie"** werden Eingriffe in die Sozial-, die Privat- und die Intimsphäre unterschieden.[107] Der **Privatsphäre** wird der **engere persönliche Lebensbereich** zugeordnet, zu dem auch die Schwangerschaft gehört. Der Schutz der Privatsphäre ist umso intensiver,

162

---

105 VGH Mannheim, Beschl. v. 10.06.2011 – 1 S 915/11, RÜ 2011, 523.
106 VGH Mannheim, Beschl. v. 10.06.2011 – 1 S 915/11, RÜ 2011, 523.
107 Kingreen/Poscher, Rn. 413.

je näher der Sachbereich der Intimsphäre steht. Gerade das erste Drittel der Schwangerschaft, in dem sich die überwiegende Mehrzahl der Rat suchenden Frauen befinden dürfte, weist eine große Nähe zur Intimsphäre auf, sodass für die Frage der Eingriffsrechtfertigung auch dann ein sehr hohes Schutzniveau für das allgemeine Persönlichkeitsrecht zugrunde zu legen ist, wenn man die Schwangerschaft nicht pauschal der Intimsphäre der Frau zuordnet.[108]

163 bb) Eingriffe in die Privatsphäre sind nur **gerechtfertigt**, wenn im Rahmen einer **Güterabwägung** die entgegenstehenden Rechte (ausnahmsweise) das Persönlichkeitsrecht überwiegen. Fraglich ist daher, ob die Meinungs- und Glaubensfreiheit des S e.V. den Eingriff in die Privatsphäre der Schwangeren rechtfertigen kann.

(1) Bei der Abwägung muss **zugunsten der Meinungsfreiheit** berücksichtigt werden, dass der S e.V. mit dem Thema der Schwangerschaftsabbrüche einen Gegenstand von besonderem öffentlichen Interesse angesprochen hat, was das Gewicht des in die Abwägung einzustellenden Äußerungsinteresses vergrößert. **Allerdings** schützt Art. 5 Abs. 1 GG auch bei Themen von besonderem öffentlichen Interesse keine Tätigkeiten, mit denen Anderen eine bestimmte Meinung aufgedrängt werden soll. Die schwangeren Frauen haben keine Möglichkeit, sich der Gehsteigberatung zu entziehen. Durch den gewählten Standort unmittelbar vor der Beratungsstelle können sich die Frauen einer (ungewollten) Ansprache nicht entziehen. Ihnen wird daher eine Meinung „aufgedrängt". Erschwerend kommt hinzu, dass die Darstellung in den Flyern (Bilder von Föten, Teilen von Föten, von Ungeborenen oder Teilen von Ungeborenen) gerade für Schwangere in einer Konfliktsituation eine erhebliche zusätzliche Belastung darstellen dürfte.

Die Meinungsfreiheit des S e.V. aus Art. 5 Abs. 1 GG ist daher nicht in der Lage, den Eingriff in die Privatsphäre der Schwangeren zu rechtfertigen.

164 (2) Die **Glaubens- und Bekenntnisfreiheit** aus Art. 4 GG ist die Freiheit, religiöse und weltanschauliche Überzeugungen kundzutun. Sie ist eine grundrechtlich verselbstständigte, besonders privilegierte Form der Meinungsäußerungsfreiheit. Nach dem oben Gesagten muss die Glaubens- und Bekenntnisfreiheit daher ebenso wie die Meinungsäußerungsfreiheit im Rahmen der Abwägung der widerstreitenden verfassungsrechtlich geschützten Interessen hinter dem allgemeinen Persönlichkeitsrecht der schwangeren Frauen zurücktreten.[109]

Daher überwiegt das allgemeine Persönlichkeitsrecht der Schwangeren die Rechte des S e.V., sodass der Eingriff verfassungsrechtlich nicht gerechtfertigt ist. **Die Gehsteigberatung verletzt die betroffenen Passantinnen in ihrem**

---

[108] VGH Mannheim, Beschl. v. 10.06.2011 – 1 S 915/11, RÜ 2011, 523.
[109] VGH Mannheim, Beschl. v. 10.06.2011 – 1 S 915/11, RÜ 2011, 523.

Recht aus **Art. 2 Abs. 1 i.V.m. Art. 1 Abs. 1 GG**. Eine konkrete Gefahr für die öffentliche Sicherheit ist gegeben.

Der Tatbestand der polizei- und ordnungsrechtlichen Generalklausel ist erfüllt.

2. Der Verein ist als **Verhaltensstörer** richtiger Adressat der Verfügung.

3. **Ermessensfehler** sind nicht ersichtlich. Insbesondere sind zum Schutze der betroffenen Passantinnen keine gleich wirksamen, weniger belastenden Maßnahmen möglich. Angesichts der bereits im Rahmen der Abwägung der widerstreitenden Grundrechte erfolgten Abwägung, bleibt für weitergehende Erwägungen im Rahmen der Angemessenheitsprüfung kein Raum mehr.

Nach alledem ist die **Untersagungsverfügung rechtmäßig**.

---

4. Abschnitt: Recht auf Leben und körperliche Unversehrtheit, Art. 2 Abs. 2 S. 1 GG

Das Recht auf Leben und körperliche Unversehrtheit aus Art. 2 Abs. 2 S. 1 GG stellt einerseits ein **subjektives Abwehrrecht** gegen staatliche Angriffe dar. Daneben begründet Art. 2 Abs. 2 S. 1 GG auch eine **staatliche Schutzpflicht**, also die Pflicht des Staates, den Menschen vor Angriffen Dritter zu bewahren.[110]

A. Schutzbereich betroffen

I. Leben

„Leben" bedeutet körperliches Dasein. Es beginnt **spätestens** 14 Tage nach der Empfängnis (Einnistung in der Gebärmutter – Nidation)[111] und endet mit Erlöschen der Hirnströme (sog. Hirntod).[112]

Art. 2 Abs. 2 S. 1 GG erfasst nach h.M. nicht das Recht auf Selbsttötung bzw. das Recht darauf, dass nicht entgegen dem eigenen Willen eine lebensverlängernde Behandlung aufgenommen oder fortgesetzt wird, da das **Rechtsgut „Leben" nicht disponibel** ist.[113]

II. Körperliche Unversehrtheit

„Körperliche Unversehrtheit" meint die Gesundheit im **biologisch-physiologischen Sinn sowie im geistig-seelischen Bereich**. Art. 2 Abs. 2 S. 1 GG enthält allgemein einen Schutz vor der Zufügung von Schmerzen, einer Gesundheitsbeschädigung, aber auch

---

110 Erstmals BVerfG, Urt. v. 25.02.1975 – 1 BvF 1/74 (Schwangerschaftsabbruch I).
111 BVerfG, Urt. v. 25.02.1975 – 1 BvF 1/74 u.a. (Schwangerschaftsabbruch I) und Urt. v. 28.05.1993 – 2 BvF 2/90 u.a. (Schwangerschaftsabbruch II).
112 BVerfG, Urt. v. 25.02.1975 – 1 BvF 1/74 u.a. (Schwangerschaftsabbruch I).
113 vMünch/Kunig, GG, Art. 2 Rn. 50; Hufen § 13 Rn. 5; Höfling JuS 2000, 111.

einer üblen und unangemessenen Behandlung von nicht unbeträchtlichem Gewicht. Dazu zählt der Schutz vor psychischem Terror, seelischen Folterungen und entsprechenden Verhörmethoden.[114] Letzteres folgt aus dem Zusammenhang des Art. 2 Abs. 2 S. 1 GG mit der Garantie der Menschenwürde aus Art. 1 Abs. 1 GG.

Aus diesem Grunde hat z.B. das Bundesverfassungsgericht im Fall „Magnus Gäfgen" die Anwendung der Folter im strafprozessualen Vorverfahren als Angriff auf die Würde des Menschen gewertet, denn die Anwendung von Folter macht die Vernehmungsperson zum bloßen Objekt der Verbrechensbekämpfung unter Verletzung ihres verfassungsrechtlich geschützten sozialen Wert- und Achtungsanspruchs und zerstört grundlegende Voraussetzungen der individuellen und sozialen Existenz des Menschen.[115]

B. Eingriff

169 Neben **Tötungshandlungen** stellt bereits eine **lebensgefährdende Maßnahme** einen Eingriff in den Schutzbereich des Rechts auf **Leben** dar. So besitzt die Pflicht zum Einsatz des Lebens in öffentlich-rechtlichen Dienstverhältnissen wie der Bundeswehr, Feuerwehr oder dem Katastrophenschutz bereits Eingriffscharakter.[116] Daneben reicht es für einen Eingriff aus, wenn zwar ein Dritter unmittelbar in das Leben eingreift, dies aber dem Staat selbst zurechenbar ist.

Beispiel: Die **Auslieferung** oder **Ausweisung** eines Ausländers in einen Staat, in dem dem Betroffenen die Todesstrafe droht.[117]

170 Eingriffe in die **körperliche Unversehrtheit** sind nicht nur dann gegeben, wenn die körperliche Integrität verletzt wird oder Schmerzen zugefügt werden. Auch mittelbar hervorgerufene Beeinträchtigungen werden erfasst, so z.B. das Verbot, Cannabis als Therapiemethode zur nicht unwesentlichen Minderung von Leiden zu nutzen.[118]

Eine **geringe Intensität** schließt den Eingriff nicht aus. Allerdings sind **Bagatellbeeinträchtigungen** nicht als Eingriff zu werten.

Beispiel: Nach dem sog. „Haar- und Barterlass" der Bundeswehr müssen männliche Soldaten die Haare so tragen, dass das Haar am Kopf anliegt bzw. die Ohren und Augen nicht bedeckt werden. Bei aufrechter Kopfhaltung dürfen Uniform- und Hemdkragen nicht berührt werden.

Nach BVerwG kann eine üble und unangemessene Behandlung i.S.d. Art. 2 Abs. 2 S. 1 GG in der befohlenen Kürze der Kopfhaare nur liegen, wenn dies zur **Entstellung** oder **Verunstaltung** führt. Der Haar- und Barterlass, der modische Frisuren ausdrücklich erlaubt und individuell gewünschte Gestaltungen erlaubt, hat keine derartigen Folgen.[119]

171 **Keinen Eingriff** stellt dagegen die ärztliche Heilbehandlung dar, wenn sie von der frei, auf der Grundlage der gebotenen ärztlichen Aufklärung, erteilten **Einwilligung** gedeckt ist.[120]

---

114 Kingreen/Poscher, Rn. 439.
115 BVerfG, Beschl. v. 14.12.2004 – 2 BvR 1249/04, NJW 2005, 656.
116 Jarass/Pieroth, GG, Art. 2 Rn. 89; Sachs, BayVBl. 1983, 460, 489; Augsberg JuS 2011, 28, 32.
117 Jarass/Pieroth, GG, Art. 2, Rn. 86; Art. 102, Rn. 3.
118 BVerwG, Urt. v. 19.05.2005 – 3 C 17.04.
119 BVerwG, Beschl. v. 17.12.2013 – 1 WRB 2.12, RÜ 2014, 320.
120 BVerfG, Beschl. v. 23.03.2011 – 2 BvR 882/09; Maunz/Dürig, GG, Art. 2 Rn. 69.

C. Verfassungsrechtliche Rechtfertigung

I. Schranke

Gemäß Art. 2 Abs. 2 S. 3 GG kann in diese Rechte **nur aufgrund** eines Gesetzes eingegriffen werden. Der Wortlaut der Vorschrift legt die Annahme nahe, dass Art. 2 Abs. 2 S. 1 GG auch durch Rechtsverordnung oder Satzung eingeschränkt werden kann. **Systematik und Entstehungsgeschichte** sprechen jedoch gegen eine solche Auslegung. Dies folgt daraus, dass die durch Art. 2 Abs. 2 S. 2 GG geschützte „Freiheit der Person" gemäß Art. 104 Abs. 1 GG nur durch förmliches Gesetz eingeschränkt werden kann. Wenn aber die in demselben Grundrechtsbündel genannte Freiheit der Person nur aufgrund eines förmlichen Gesetzes eingeschränkt werden kann, so kann für den Lebens- und Gesundheitsschutz nichts anderes gelten („Erst-Recht-Schluss"). Jedenfalls ergibt sich aus der Wesentlichkeitstheorie ein **Parlamentsvorbehalt**.[121]

172

II. Verfassungsgemäße Konkretisierung

Ein Parlamentsgesetz, welches einen Eingriff in das Recht auf Leben und körperliche Unversehrtheit rechtfertigen soll, muss (wie bei anderen Grundrechtseingriffen auch) formell und materiell verfassungsgemäß sein. Daneben muss natürlich auch ein auf dem Gesetz beruhender Einzelakt verfassungsgemäß sein. Bei Eingriffen in das Leben ist im Rahmen der **Verhältnismäßigkeit** die besondere Bedeutung des Lebens für die anderen Grundrechte, auch die Menschenwürde zu beachten sowie der Umstand, dass Eingriffe irreversibel sind.

173

Im Rahmen der „Schranken-Schranken" bestehen einige **Besonderheiten**:

- Nach Art. 102 GG ist die **Todesstrafe** abgeschafft. Fraglich und umstritten ist, ob Art. 102 GG durch Verfassungsänderung aufgehoben und dann die Todesstrafe durch einfaches Gesetz (z.B. Ergänzung des StGB) wieder eingeführt werden könnte. Dafür spricht zwar, dass Art. 102 GG nicht der **Ewigkeitsgarantie** des Art. 79 Abs. 3 unterfällt, dagegen jedoch, dass die Verhängung und Vollstreckung der Todesstrafe den Menschen zum bloßen Objekt staatlichen Handelns machte, sodass Art. 1 Abs. 1 GG angetastet wäre, der der Ewigkeitsgarantie unterfällt.[122] Als Folge von Art. 102 GG verbietet § 8 IRG (Gesetz über die Internationale Rechtshilfe in Strafsachen) die Auslieferung eines Ausländers wegen einer Straftat, die in dem um Auslieferung ersuchenden Staat mit der Todesstrafe bedroht ist.[123]

174

- Nach Art. 104 Abs. 1 S. 2 GG dürfen **festgehaltene Personen** weder seelisch noch körperlich misshandelt werden. Der Begriff „Misshandlung" wird überwiegend weit ausgelegt und nicht nur im Sinne einer menschenunwürdigen Behandlung.

175

- Der **finale Rettungsschuss**, den mittlerweile die meisten Polizeigesetze der Länder vorsehen, ist dann zulässig, wenn eine ausreichend **bestimmte Ermächtigungsgrundlage** vorhanden ist (die Generalklauseln des Polizeirechts reichen nicht) und

176

---

121 BVerfG, Urt. v. 15.02.2006 – 1 BvR 357/05 (LuftSiG); Kingreen/Poscher, Rn. 443.
122 Kingreen/Poscher, Rn. 447; Jarass/Pieroth, GG, Art. 102 Rn. 1.
123 Vgl. dazu BVerfGE 60, 354; Sachs, GG, Art. 102 Rn. 3; Epping, Rn. 115 Fn. 35 f.

der Todesschuss die einzige Möglichkeit ist, eine konkrete und gegenwärtige Gefahr für das Leben von Geiseln abzuwenden.[124]

177 ■ Die vorsätzliche Tötung **unschuldiger Menschen** in einem entführten Verkehrsflugzeug ist **unzulässig**. Dagegen wäre es verhältnismäßig und mit Art. 2 Abs. 2 S. 1 GG zu vereinbaren, wenn sich die unmittelbare Einwirkung mit Waffengewalt gegen ein unbemanntes Luftfahrzeug oder ausschließlich gegen Personen richtet, die das Luftfahrzeug als Tatwaffe gegen das Leben von Menschen auf der Erde einsetzen wollen.[125]

D. Objektive Schutzpflichten

I. Objektiver Gewährleistungsgehalt von Grundrechten

178 Nach heutigem Verständnis sind die Grundrechte über ihre subjektiven Gewährleistungen hinaus objektive Prinzipien, die als verfassungsrechtliche Grundentscheidungen für alle Bereiche des Rechts gelten und Richtlinien für Gesetzgebung, Verwaltung und Rspr. geben.[126] Daraus werden verschiedene objektive Gewährleistungsgehalte der Grundrechte entwickelt:[127]

179

II. Objektiver Gehalt des Rechts auf Leben/ körperliche Unversehrtheit

180 Wie bereits erwähnt, stellt auch das Recht auf Leben und körperliche Unversehrtheit aus Art. 2 Abs. 2 S. 1 GG nicht nur ein **subjektives Abwehrrecht** gegen staatliche Angriffe dar, sondern begründet **auch eine staatliche Schutzpflicht**, also die Pflicht des Staates, den Menschen vor Angriffen Dritter zu bewahren.[128] Problematisch ist die Anerkennung einer **objektiven Schutzpflicht des Staates** insbesondere deshalb, weil dem Staat regelmäßig verschiedene Möglichkeiten eröffnet sind, den Einzelnen in seinen Grundrechten, z.B. durch Erlass eines Gesetzes, zu schützen. **Dem Gesetzgeber ist da-**

---

124 Epping, Rn. 114; v. Münch/Kunig, GG, Art. 2 Rn. 85.
125 BVerfG, Urt. v. 15.02.2006 – 1 BvR 357/05, RÜ 2006, 207 (Luftsicherheitsgesetz).
126 Gostomczyk JuS 2004, 949: „Grundrechte als objektiv-rechtliche Ordnungsidee"; di Fabio JZ 2004, 1: „Grundrechte als Werteordnung".
127 Die Darstellung erfolgt anhand der Grundrechte, die sich durch bestimmte objektive Gewährleistungsgehalte auszeichnen.
128 Erstmals BVerfG, Urt. v. 25.02.1975 – 1 BvF 1/74 (Schwangerschaftsabbruch I); vMünch/Kunig, GG, Art. 2 Rn. 54; Hufen § 13 Rn. 18.

her ein weiter Gestaltungs-, Wertungs- und Einschätzungsspielraum eröffnet. Die Grenze des Spielraums wird durch das sog. **Untermaßverbot** bestimmt.

Das Bundesverfassungsgericht hat diese Funktion von Grundrechten wohl erstmalig im (ersten) Fristenlösungsurteil näher begründet: 181

„Die Pflicht des Staates, jedes menschliche Leben zu schützen, lässt sich deshalb bereits **unmittelbar aus Art. 2 Abs. 2 S. 1 GG** ableiten. Sie ergibt sich darüber hinaus auch aus der ausdrücklichen Vorschrift des Art. 1 Abs. 1 S. 2 Hs. 2 GG. ... Die Schutzpflicht des Staates ist umfassend. Sie verbietet nicht nur – selbstverständlich – unmittelbare staatliche Eingriffe in das sich entwickelnde Leben, sondern gebietet dem Staat auch, sich schützend und fördernd vor dieses Leben zu stellen, d.h. vor allem, es auch vor rechtswidrigen Eingriffen von Seiten anderer zu bewahren. An diesem Gebot haben sich die einzelnen Bereiche der Rechtsordnung, je nach ihrer besonderen Aufgabenstellung, auszurichten. Die Schutzverpflichtung des Staates muss umso ernster genommen werden, je höher der Rang des infrage stehenden Rechtsgutes innerhalb der Wertordnung des GG anzusetzen ist. ... Wie der Staat seine Verpflichtung zu einem effektiven Schutz des sich entwickelnden Lebens erfüllt, ist in erster Linie vom Gesetzgeber zu entscheiden. Er befindet darüber, welche Schutzmaßnahmen er für zweckdienlich und geboten hält, um einen wirksamen Lebensschutz zu gewährleisten. ... **Im äußersten Falle, wenn nämlich der von der Verfassung gebotene Schutz auf keine andere Weise zu erreichen ist, kann der Gesetzgeber verpflichtet sein, zum Schutze des sich entwickelnden Lebens das Mittel des Strafrechts einzusetzen.** ..." (sog. Untermaßverbot).

Fall 5: Gesetzliche Maßnahmen zum Schutz vor AIDS 182

B ist als Bluterkranker in besonderer Weise auf einwandfreie Blutkonserven angewiesen. Obwohl seit Mitte 1985 im Bereich des Blutspendewesens regelmäßig Kontrollen auf entsprechende Antikörper durchgeführt werden und neue Herstellungsverfahren für Gerinnungsfaktorenkonzentrate die Zerstörung eventuell vorhandener HIV-Viren bewirken, hat B Angst vor einer AIDS-Infektion.

B meint, die bisher getroffenen staatlichen Abwehrmaßnahmen (z.B. Bereitstellung von 135 Mio. € für die Aufklärung durch die Bundesregierung, Maßnahmen nach dem IfSG) seien völlig unzureichend, der Gesetzes- und Verordnungsgeber habe eine Meldepflicht sowie die Durchführung von Reihenuntersuchungen der Gesamtbevölkerung umgehend gesetzlich anzuordnen. Als B schließlich den Äußerungen führender Politiker entnehmen muss, dass Streit über den Sinn einer Reihenuntersuchungs- und Meldepflicht besteht, erhebt er mit ordnungsgemäßem Antrag Verfassungsbeschwerde gegen das legislative Unterlassen unter Hinweis auf sein Grundrecht auf körperliche Unversehrtheit.

Hat die Verfassungsbeschwerde Aussicht auf Erfolg?

A. Die **Zulässigkeit** der VB richtet sich nach Art. 93 Abs. 1 Nr. 4 a GG, §§ 13 Nr. 8 a und 90 ff. BVerfGG. 183

  I. Das Bundesverfassungsgericht ist gemäß Art. 93 Abs. 1 Nr. 4 a GG, § 13 Nr. 8 a BVerfGG **zuständig** für die Entscheidung über Verfassungsbeschwerden.

II. Dann müsste B **beschwerdefähig** sein. B ist als natürliche Person „jedermann" im Sinne des § 90 Abs. 1 BVerfGG und damit beschwerdefähig.

III. Die Verfassungsbeschwerde muss sich gegen einen tauglichen **Beschwerdegegenstand** richten, § 90 Abs. 1 BVerfGG. Der mit der Verfassungsbeschwerde angegriffene **Akt öffentlicher Gewalt** liegt hier in einer **Unterlassung** des Gesetzgebers. Gemäß §§ 92, 95 BVerfGG kann sich eine Verfassungsbeschwerde auch gegen Unterlassungen der öffentlichen Gewalt richten. Daher richtet sich B gegen einen zulässigen Beschwerdegegenstand.

184 IV. B ist gemäß § 90 Abs. 1 BVerfGG **beschwerdebefugt**, wenn eine Verletzung seiner Grundrechte nicht offensichtlich ausgeschlossen ist. In Betracht kommt eine Verletzung des B in seinen Grundrechten aus Art. 2 Abs. 2 S. 1 GG auf Leben und körperliche Unversehrtheit.

1. Für jedermann besteht aufgrund der gegebenen Infektionsrisiken mit dem HI-Virus eine Gefahr für die körperliche Unversehrtheit und – angesichts des nach dem gegenwärtigen medizinischen Stand zu befürchtenden tödlichen Ausgangs der Krankheit – für das Leben. Bei B wird das Risiko durch seine Bluterkrankheit intensiviert, da durch die Verabreichung fremden Blutes die Möglichkeit einer Infektion wahrscheinlicher wird. Die Gefährdung des B ist daher soweit konkretisiert, dass eine Verletzung des Art. 2 Abs. 2 S. 1 GG möglich ist.

185 2. B verlangt allerdings nicht ein Unterlassen des Staates, sondern ein positives Tun. Eine Beschwerdebefugnis lässt sich daher nur dann bejahen, wenn B aus den genannten Grundrechten einen **Anspruch auf Tätigwerden** des Gesetzgebers zum Schutz seiner Grundrechte herleiten kann und der Gesetzgeber seiner Verpflichtung nicht nachgekommen ist.

a) Fraglich ist zunächst, ob sich aus Freiheitsrechten überhaupt Ansprüche herleiten lassen. Insbesondere im Anwendungsbereich des Art. 2 Abs. 2 GG ist anerkannt, dass der Staat auch die Pflicht hat, sich fördernd und schützend vor ein Grundrecht zu stellen.[129] Die Gesamtheit der Grundrechte stelle eine **objektive Werteordnung** dar, aus der sich auch ein subjektiv-rechtlicher Anspruch des einzelnen Grundrechtsträgers ergeben könne. Folglich ist ein Anspruch des B nicht von vornherein ausgeschlossen („generelle Handlungspflicht").

b) Eine Verfassungsbeschwerde gegen fortdauerndes gesetzgeberisches Unterlassen ist aber **ausnahmsweise nur dann zulässig**, wenn sich der Beschwerdeführer auf einen ausdrücklichen Auftrag des Gesetzgebers berufen kann, der Inhalt und Umfang der Gesetzgebungspflicht im Wesentlichen bestimmt. Anders als aus Art. 6 Abs. 5 GG lässt sich aus Art. 2 Abs. 2 GG **kein ausdrücklicher Auftrag** entnehmen. Eine (konkrete) Handlungspflicht könnte deshalb nur durch Verfassungsinterpretation aus den in den Grundrechten verkörperten Grundentscheidungen herzuleiten sein.

---

[129] BVerfGE 115, 320, 346; Jarass/Pieroth, GG, Vorb. vor Art. 1, Rn. 8; Art. 2, Rn. 91.

Die Beschwerdebefugnis ließe sich mit der Begründung bejahen, dass eine Handlungspflicht aus Art. 2 Abs. 2 GG zumindest **generell** bestehen kann. Nach dem Vortrag des B scheint es nicht von vornherein offensichtlich ausgeschlossen zu sein, dass der Gesetzgeber weitere Maßnahmen neben der Aufklärung und den Maßnahmen nach dem IfSG hätte ergreifen müssen. Damit kommt eine Verletzung des B in seinen Grundrechten aus Art. 2 Abs. 2 S. 1 GG auf Leben und körperliche Unversehrtheit in Betracht.

Klausurhinweis: An dieser Stelle wäre in einer Klausur auch eine andere Lösung vertretbar. Bei restriktiver Anwendung der Möglichkeitstheorie wären weitere Voraussetzungen zu prüfen. So hält sich das Bundesverfassungsgericht erst dann für eingriffsbefugt, wenn die staatlichen Organe **gänzlich untätig** geblieben sind oder bisher getroffene Maßnahmen **evident unzureichend** waren. Hat der Gesetzgeber eine Regelung getroffen, die nach Ansicht des Beschwerdeführers verfassungswidrig ist, weil sie beispielsweise nur bestimmte Personenkreise begünstigt, so ist die Verfassungsbeschwerde allein gegen diese gesetzliche Vorschrift zulässig.[130]

Im vorliegenden Fall hat das Bundesverfassungsgericht unter Zugrundelegung dieses Maßstabes die Zulässigkeit der Verfassungsbeschwerde offen gelassen.[131]

3. B müsste auch **selbst**, **gegenwärtig** und **unmittelbar** betroffen sein.

   a) B ist als Bluterkranker in besonderer Weise auf einwandfreie Blutkonserven angewiesen und daher unter Umständen eher von Infektionskrankheiten betroffen als gesunde Menschen. Er macht damit eine eigene grundrechtlich geschützte Position geltend und ist **selbst** betroffen.

   b) B müsste auch **gegenwärtig** betroffen sein. Dies ist der Fall, wenn der Beschwerdeführer schon jetzt von dem Akt der öffentlichen Gewalt betroffen wird. Die Untätigkeit des Gesetzgebers wirkt sich für B zumindest insoweit bereits aktuell aus, dass für ihn aufgrund der aus seiner Sicht völlig unzureichenden Maßnahmen des Gesetzgebers ein besonderes Infektionsrisiko besteht. Damit ist B auch gegenwärtig betroffen.

   c) Letztlich müsste B auch **unmittelbar** betroffen sein. Dies setzt voraus, dass der angegriffene Akt selbst, und nicht erst ein weiterer Vollzugsakt in das Grundrecht des Beschwerdeführers eingreift.

B meint, dass nur eine Meldepflicht sowie die Durchführung von Reihenuntersuchungen der Gesamtbevölkerung ausreichende staatliche Abwehrmaßnahmen zum Schutze seiner körperlichen Unversehrtheit darstellen würden. Das könnte bedeuten, dass nicht schon das Unterlassen einer entsprechenden gesetzlichen Regelung, sondern erst das Unterlassen einer behördlich angeordneten Meldepflicht/Reihenuntersuchung B in seinen Rechten verletzt. Dabei ist jedoch zu berücksichtigen, dass solche behördlichen Anordnungen als belastende Maßnahmen nach dem Grundsatz vom **Vorbehalt des Gesetzes** eine **gesetzliche Ermächtigungsgrundlage** voraussetzen. Solange keine gesetzliche Ermächtigungsgrundlage geschaf-

---

130 BVerfG, Beschl. v. 14.12.2008 – 2 BvR 1209/08 u.a.
131 BVerfG NJW 1987, 2287.

fen wird, kann und darf eine Behörde entsprechende Maßnahmen gar nicht anordnen.

Daher wird B bereits durch das Unterlassen einer gesetzlichen Regelung unmittelbar betroffen.

B ist somit auch beschwerdebefugt.

188 V. Die grundsätzlich erforderliche **Rechtswegerschöpfung bzw. die Subsidiarität der Verfassungsbeschwerde** (§ 90 Abs. 1 BVerfGG) steht der Verfassungsbeschwerde hier nicht entgegen, da B fachgerichtlichen Rechtsschutz gegen gesetzgeberisches Unterlassen nicht erreichen kann.[132] Die Verfassungsbeschwerde ist **form- und fristgerecht** erhoben, §§ 23 Abs. 1, 92, 93 Abs. 3 BVerfGG. Verfassungsbeschwerden gegen Unterlassungen der öffentlichen Gewalt sind zulässig, solange die behauptete Unterlassung andauert.[133]

Ergebnis zu A: Damit ist die Verfassungsbeschwerde zulässig.

189 B. Die Verfassungsbeschwerde ist **begründet**, wenn durch legislatives Unterlassen (tatsächlich) das Grundrecht des B aus Art. 2 Abs. 2 S. 1 GG verletzt ist (§ 95 Abs. 1 BVerfGG).

190 I. Es müsste zunächst ein **Eingriff in den Schutzbereich** von Art. 2 Abs. 2 S. 1 GG durch Unterlassen gegeben sein. Dies ist der Fall, wenn die Voraussetzungen für einen **Grundrechtsanspruch auf schützendes Tätigwerden** erfüllt sind.[134]

    1. Für das Grundrecht des B aus Art. 2 Abs. 2 S. 1 GG droht eine Gefahr, die von ihm selbst nicht beseitigt werden kann.

    2. Eine (generelle) Schutzpflicht des Staates kann sich aus Art. 2 Abs. 2 S. 1 GG ergeben und ist insoweit anerkannt.[135]

191 II. Eingriffe in Grundrechte durch Unterlassen sind nur dann rechtmäßig bzw. verfassungsrechtlich gerechtfertigt, wenn **zugunsten des Hoheitsträgers Anspruchsschranken** eingreifen. Die Legislative trifft nur dann eine konkrete Handlungspflicht zum Schutz eines Grundrechtes, wenn ihr eine **evidente Pflichtverletzung** vorzuwerfen ist.

Gerade die auch in der Wissenschaft geführten Diskussionen über den richtigen Weg der AIDS-Bekämpfung zeigt aber, dass auch nach der Beurteilung der tatsächlichen Verhältnisse, der konkreten Zielstellung und ihrer Priorität sowie der Bewertung der Eignung, Effizienz und Angemessenheit der denkbaren Mittel und Wege **verschiedene Lösungen möglich sind**. Die Entscheidung über diese Maßnahmen, die häufig Kompromisse erfordert, **gehört nach dem Grundsatz der Gewaltenteilung und dem demokratischen Prinzip in die Verantwortung des durch Wahlen legitimierten Gesetzgebers**. Unter Zugrundelegung dieses

---

[132] Maunz/Schmidt-Bleibtreu/Klein/Bethge BVerfGG, § 90 Rn. 226.
[133] Maunz/Schmidt-Bleibtreu/Klein/Bethge BVerfGG, § 90 Rn. 225.
[134] Kingreen/Poscher, Rn. 454 ff.
[135] BVerfGE 115, 320, 346; Dreier, GG, Art. 2 Rn. 78; Jarass/Pieroth, GG, Art. 2 Rn. 91.

Prüfungsmaßstabes ist nicht erkennbar, dass der Gesetzgeber oder die Bundesregierung etwaige aus den Grundrechten zu entnehmende Schutzgebote verletzt hätten, wenn sie nach dem Stand der Diskussion vorrangig die Aufklärung der Bevölkerung über die Möglichkeit betreiben wollen, die Ansteckung mit AIDS zu vermeiden. Auch dem Gesetzgeber fällt keine Untätigkeit zur Last. Nach dem Infektionsschutzgesetz (IfSG) sind eine Reihe von Maßnahmen, wie etwa die Untersuchung AIDS-verdächtiger Personen möglich, sodass von einer **evidenten Pflichtverletzung** nicht auszugehen ist.[136]

Damit ist der Eingriff in den Schutzbereich von Art. 2 Abs. 2 S. 1 GG durch legislatives Unterlassen (wie im Regelfall) rechtmäßig.

Ergebnis: Die Verfassungsbeschwerde des B ist (jedenfalls) unbegründet und damit erfolglos.

E. Europarecht

Das Leben und die körperliche Unversehrtheit sind auch in **Art. 2, 3 GRCh** sowie in **Art. 2 EMRK** geschützt. 192

5. Abschnitt: Freiheit der Person, Art. 2 Abs. 2 S. 2 GG

Die Freiheit der Person wird durch Art. 2 Abs. 2 S. 2 GG und durch Art. 104 GG geschützt. Während Art. 2 Abs. 2 S. 2 GG vor allem den Umfang des Rechts regelt, normiert Art. 104 Abs. 1 S. 1 GG vorrangig verfahrensrechtliche Voraussetzungen einer Freiheitsbeschränkung. 193

A. Schutzbereich

Entgegen dem weiten Wortlaut wird lediglich die **körperliche** Bewegungsfreiheit, die **Fortbewegungsfreiheit** geschützt.[137] 194

- Unterschiedlich wird dabei die Frage beurteilt, ob Art. 2 Abs. 2 S. 2 GG auch die **Hinbewegungsfreiheit** zu einem bestimmten Ort schützt. Nach der sog. **weiten Auslegung** des Schutzbereichs ist auch die Hinbewegungsfreiheit zu einem bestimmten Ort hin geschützt (beeinträchtigt z.B. bei einem Platzverweis, einem Aufenthaltsverbot, einer Wohnungsverweisung).[138] Nach der **engen Auslegung** wird dagegen die Bewegungsfreiheit zu einem bestimmten Ort hin nicht erfasst.[139] Für die engere Auslegung spricht zwar, dass die Freiheit, einen bestimmten Ort aufzusuchen, bereits durch die Freizügigkeit gemäß Art. 11 GG geschützt wird. Für eine weite Auslegung 195

---

136 BVerfG NJW 1987, 2287.
137 Kingreen/Poscher, Rn. 463.
138 vMünch/Kunig, GG, Art. 2 Rn. 74; Michael/Morlok, Rn. 176; Manssen, Rn. 276; wohl auch BVerfG NJW 2002, 3161: „Eine Freiheitsbeschränkung liegt vor, wenn eine Person daran gehindert wird, einen Ort aufzusuchen oder sich dort aufzuhalten."
139 Ipsen, Rn. 265; Epping, Rn. 768.

des Schutzbereichs des Art. 2 Abs. 2 S. 2 GG spricht aber, dass die Schutzbereiche generell weit zu verstehen sind, um Schutzlücken zu vermeiden. Eingeschränkt wird das Recht der Hinbewegungsfreiheit jedoch insoweit, dass der Ort oder Raum im Rahmen der allgemeinen Rechtsordnung (tatsächlich und rechtlich) zugänglich ist.[140] Daher schützt Art. 2 Abs. 2 S. 2 GG nicht das Recht, sich „unbegrenzt überall aufzuhalten und überall hinbewegen zu dürfen."[141]

196 ■ Ebenfalls nicht eindeutig wird die Frage beantwortet, ob Art. 2 Abs. 2 S. 2 GG auch die **negative Freiheit** schützt, also das Recht, bestimmte Orte nicht aufsuchen zu müssen. Dies kann z.B. durch eine Vorladung (nach dem PolG oder nach der StPO) betroffen sein. Während teilweise lediglich eine Betroffenheit der allgemeinen Handlungsfreiheit (Art. 2 Abs. 1 GG) angenommen wird,[142] wird überwiegend differenziert.[143] Die Pflicht, **bis** zu einem bestimmten Zeitpunkt an einem bestimmten Ort zu erscheinen, betrifft nur die allgemeine Handlungsfreiheit, da der Betroffenen selbst entscheiden kann, wann genau er dort erscheint. Bezieht sich diese Pflicht aber auf einen konkreten Zeitpunkt und droht die sofortige Anwendung unmittelbaren Zwangs zur Durchsetzung der Pflicht, dann ist Art. 2 Abs. 2 S. 2 GG betroffen.

B. Eingriff

197 Wegen der unterschiedlichen Intensität eines Eingriffs wird zwischen einer **Freiheitsbeschränkung** und einer **Freiheitsentziehung** unterschieden. Dies wird vor allem hinsichtlich der Rechtfertigung von Eingriffen wichtig, da nach Art. 104 Abs. 2 GG über eine Freiheitsentziehung nur der Richter entscheiden darf (s.u. III.).

198 ■ Unter einer **Freiheitsentziehung** ist die Unterbringung einer Person gegen ihren Willen oder im willenlosen Zustand in einem Gefängnis, einem Haftraum, einer abgeschlossenen Verwahranstalt oder einer anderen geschlossenen Anstalt zu verstehen. Entscheidend ist, dass der Zweck des Zugriffs eine Freiheitsentziehung von gewisser Dauer ist.[144] Dabei orientiert sich die h.M. an dem Wortlaut des § 2 Abs. 1 des Gesetzes über das gerichtliche Verfahren bei Freiheitsentziehungen (FreiHEntzG). Kennzeichnend für die Freiheitsentziehung ist, dass die körperliche Bewegungsfreiheit „nach jeder Richtung hin" aufgehoben wird.[145]

199 ■ Eine **Freiheitsbeschränkung** ist gegeben bei Eingriffen, die die körperliche Bewegungsfreiheit nur kurzfristig aufheben und nicht Freiheitsentziehungen sind (z.B. die Mitnahme zur Blutentnahme). Kennzeichnend für die Freiheitsbeschränkung ist, dass die körperliche Bewegungsfreiheit nur **kurzfristig** aufgehoben wird.[146]

---

140 BVerfG, Urt. v. 14.05.1996 – 2 BvR 1516/93 (Flughafenverfahren).
141 BVerfG, Beschl. v. 10.04.1997 – 2 BvL 45/92; Beschl. v. 15.05.2002 – 2 BvR 2292/00.
142 Ipsen, Rn. 265 f.
143 Michael/Morlok, Rn. 176; Kingreen/Poscher, Rn. 465.
144 BVerfG, Beschl. v. 21.05.2004 – 2 BvR 715/04.
145 BVerfG, Beschl. v. 15.05.2002 – 2 BvR 2292/00; Jarass/Pieroth, GG, Art. 104, Rn. 11.
146 Jarass/Pieroth, GG, Art. 2, Rn. 114.

C. Verfassungsrechtliche Rechtfertigung

I. Schranke

Der in Art. 2 Abs. 2 S. 3 GG enthaltene allgemeine Gesetzesvorbehalt wird durch Art. 104 GG ergänzt, der selbst Grundrechtscharakter hat. Für die Schrankensystematik ist wiederum zwischen Freiheitsbeschränkung und -entziehung zu unterscheiden. **200**

1. Freiheitsbeschränkung

Art. 104 Abs. 1 S. 1 GG gilt für alle Arten von Beschränkungen der Freiheit einer Person. Gemäß **Art. 104 Abs. 1 S. 1 Hs. 1 GG** sind Freiheitsbeschränkung und Freiheitsentziehung **nur aufgrund eines förmlichen Gesetzes** möglich, d.h. durch eine Norm, die in dem von der Verfassung vorgesehenen Verfahren durch die gesetzgebende Körperschaft zustande gekommen ist. Hier handelt es sich um einen der seltenen unstreitigen Fälle eines **Parlamentsvorbehalts**. Daraus folgt neben einem **Analogieverbot**,[147] dass alle Fälle, in denen eine Freiheitsbeschränkung zulässig sein soll, hinreichend klar im Gesetz zu bestimmen sind **(Bestimmtheitsgrundsatz)**.[148] **201**

Daneben ist jede Freiheitsbeschränkung nur unter Beachtung bestimmter **im Gesetz bestimmter Formen** zulässig (Art. 104 Abs. 1 S. 1 Hs. 2 GG). „Form" ist in diesem Sinne weit zu verstehen. Dazu zählen Zuständigkeiten, Antragserfordernisse, die Einhaltung von Fristen und insbesondere die Anhörungspflicht.[149] Durch diese Grundgesetzvorschrift wird die Pflicht, die sich aus dem jeweiligen Gesetz ergebenden Formvorschriften zu beachten, zum Verfassungsgebot erhoben, was zur Folge hat, dass Verstöße gegen einfach-rechtliche Zuständigkeits-, Form- und Verfahrensvorschriften über Freiheitsbeschränkung und Freiheitsentziehung (z.B. §§ 41 f. BPolG) regelmäßig ein Verstoß gegen Art. 104 Abs. 1 S. 1 Hs. 2 GG sowie gegen Art. 2 Abs. 2 S. 2 GG darstellen.[150] **202**

2. Besonderheiten der Freiheitsentziehung, Art. 104 Abs. 2–4 GG

Für eine **Freiheitsentziehung** sind **zusätzliche formale Anforderungen** geregelt, sodass für Freiheitsentziehungen ein **qualifizierter Gesetzesvorbehalt** besteht. **203**

- Gemäß Art. 104 Abs. 2 S. 1 GG entscheidet über die (erstmalige) Anordnung und die Fortdauer einer Freiheitsentziehung der Richter **(Richtervorbehalt)**. Dafür müssen die Gerichte organisatorisch gewährleisten, dass Richter auch erreichbar sind.[151] Ausnahmen vom Richtervorbehalt regeln Art. 104 Abs. 2 S. 2 und 3 und Abs. 3 GG.

- Daneben verlangt Art. 104 Abs. 4 GG, dass unverzüglich ein Angehöriger oder eine Vertrauensperson zu **benachrichtigen** ist.

---

[147] BVerfG, Urt. v. 05.02.2004 – 2 BvR 2029/01; Jarass/Pieroth, GG, Art. 104, Rn. 3.
[148] BGH NJW 2010, 1539 unter Hinweis auf BVerfG NJW 2004, 739.
[149] Jarass/Pieroth, GG, Art. 104, Rn. 5.
[150] BVerfG NJW 2002, 3161; NJW 2006, 1787; NJW 2006, 427; NJW 2007, 3560; NVwZ 2011, 1254.
[151] BVerfG, Beschl. v. 15.05.2002 – 2 BvR 2292/00.

II. Verfassungsgemäße Konkretisierung

204 Für die verfassungsgemäße Konkretisierung der Schranken gelten zunächst die normalen Grundsätze. Es ist aber insbesondere darauf zu achten, dass

- Art. 104 Abs. 1 S. 2 GG ein besonderes materielles **Misshandlungsverbot** enthält. Danach dürfen festgehaltene Personen weder seelisch noch körperlich misshandelt werden. Vorrangig gelten hier aber die speziellen Freiheitsrechte (z.B. Art. 2 Abs. 2 S. 1 GG, das allgemeine Persönlichkeitsrecht);
- der **Grundsatz der Verhältnismäßigkeit** eine besondere Bedeutung erlangt.

205
- Dies gilt insbesondere für eine **lebenslange Freiheitsstrafe** wegen der Bezüge zur Menschenwürde (Art. 1 Abs. 1 GG). Die konkrete und grundsätzlich auch realisierbare Chance des Verurteilten auf Wiedererlangung der Freiheit ist durch eine strikte Beachtung des Verhältnismäßigkeitsgrundsatzes bei der Entscheidung über die Aussetzung der lebenslangen Freiheitsstrafe sicherzustellen.[152]

206
- Hinsichtlich der Anordnung einer **Untersuchungshaft** sind im Rahmen der Verhältnismäßigkeit die **Unschuldsvermutung** und das **Beschleunigungsgebot** besonders zu beachten.[153]

207
- Besonders strenge Anforderungen gelten für die **Sicherungsverwahrung**.[154] Präventive Eingriffe in das Freiheitsgrundrecht, die nicht dem Schuldausgleich dienen, sind nur zulässig, wenn der Schutz hochwertiger Rechtsgüter dies unter strikter Beachtung des Verhältnismäßigkeitsgrundsatzes erfordert. Dem Freiheitsanspruch des Untergebrachten ist das Sicherungsbedürfnis der Allgemeinheit entgegenzuhalten und beide sind im Einzelfall abzuwägen. Dabei ist auch zu berücksichtigen, dass sowohl das GG als auch Art. 7 Abs. 1 EMRK verlangen, dass ein deutlicher Abstand des Freiheitsentzugs durch die Sicherungsverwahrung vom Strafvollzug bestehen muss (sog. **Abstandsgebot**).[155] Gleiches gilt für eine Unterbringung nach dem Therapieunterbringungsgesetz (ThUG).[156]

208

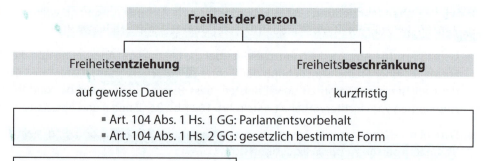

---

[152] BVerfG, Beschl. v. 08.11.2006 – 2 BvR 578/02 u.a.
[153] BVerfG, Beschl. v. 13.09.2001 – 2 BvR 1316/01; BerlVerfGH, NJW 1994, 436 (Mielke).
[154] vMünch/Kunig, GG, Art. 2 Rn. 78.
[155] BVerfG, Urt. v. 04.05.2011 – 2 BvR 2365/09, RÜ 2011, 383.
[156] BVerfG, Beschl. v. 11.07.2013 – 2 BvR 2302/11, RÜ 2013, 649.

D. Europarecht

Art. 6 GRCh sowie (sehr detailliert) **Art. 5 EMRK** schützen die Freiheit der Person.

209

6. Abschnitt: Religions-, Glaubens- und Gewissensfreiheit, Art. 4 GG

Nach seinem Wortlaut schützt Art. 4 Abs. 1 GG die **Glaubensfreiheit** und die Freiheit des **religiösen** und **weltanschaulichen Bekenntnisses**. Art. 4 Abs. 2 GG schützt die Freiheit der Religions**ausübung**. Da die Glaubensfreiheit nicht nur die innere Freiheit zu glauben oder nicht zu glauben erfasst, sondern auch die Freiheit, seinen Glauben zu bekennen und zu verbreiten, stellt die Freiheit der Religionsausübung nur eine besondere Form des Bekennens des Glaubens dar.

210

Aus diesem Grunde werden **Art. 4 Abs. 1 und 2 GG als einheitliches Grundrecht der Glaubens- und Bekenntnisfreiheit** gelesen.

Daneben wird durch Art. 4 Abs. 1 GG die **Gewissensfreiheit** gewährleistet.

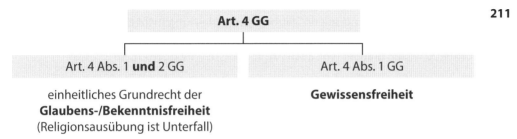

211

A. Schutzbereich

I. Die Glaubens- und Bekenntnisfreiheit

Der Schutzbereich von Art. 4 Abs. 1, 2 GG erfasst die Freiheit, einen Glauben oder eine Weltanschauung zu **bilden**, zu **haben**, zu **äußern** und entsprechend zu **handeln**[157] oder kürzer: jedes glaubens- oder weltanschaulich motivierte Denken, Reden oder Handeln.

212

Geschichtlich versteht sich die Glaubensfreiheit zunächst als Religionsfreiheit, weil sie in der WRV als Art. 135 systematisch Bestandteil der Vorschriften über „Religion und Religionsgesellschaften" (Art. 135–141 WRV) war. Daraus zu folgern, dass die Glaubensfreiheit i.S.d. Art. 4 Abs. 1 GG nur einen religiösen Glauben im Sinne eines Glaubens an eine überweltliche Gestaltung erfasse, wird den heutigen Bedürfnissen einer echten Glaubensfreiheit aber nicht gerecht. Ihrem Sinn nach soll die grundgesetzliche Glaubensfreiheit dem Einzelnen einen freien Rechtsraum für seine Überzeugungen durch staatliche Neutralität gewähren. Diese Neutralität kann aber nicht nur **positiv**, d.h. hinsichtlich des „Habens" einer Religion, verstanden werden, sondern muss auch **negativ**, also für areligiöse und selbst religionsfeindliche Anschauungen, gelten. Für diese Interpretation spricht auch, dass Art. 4 Abs. 1 GG die Freiheit des religiösen und weltanschaulichen Be-

---

157 BVerfG DVBl. 2007, 1865, 1867.

kenntnisses schützt, was nur dann einen Sinn ergibt, wenn auch nichtreligiöse Überzeugungen geschützt sind.

Im Ergebnis bedeutet dies, dass die Freiheit des Glaubens religiöse und weltanschauliche Überzeugungen schützt (vgl. auch Art. 137 Abs. 7 WRV).[158]

1. Glaubensverwirklichungsfreiheit, Bekenntnisfreiheit

213 Art. 4 Abs. 1 GG gewährleistet unter dem Gesichtspunkt der Glaubensfreiheit auch das Recht, entsprechend seiner inneren Überzeugung nach außen zu handeln (allgemeine Glaubensverwirklichungsfreiheit), mithin also **sein gesamtes Verhalten und Leben an den Grundsätzen dieses Glaubens auszurichten.**[159] Die so interpretierte äußere Glaubensfreiheit ist weitgehend mit der Bekenntnisfreiheit identisch, denn unter den Begriff des Bekenntnisses fällt jede Kundgabe der religiösen oder weltanschaulichen Überzeugung, sie stellt damit einen Teil der allgemeinen Glaubensverwirklichungsfreiheit dar.

214 Ebenso umfassend wird die **negative** Glaubensverwirklichungsfreiheit gewährleistet, d.h. etwas entsprechend seiner Glaubensgewährleistung nicht zu tun. Diese findet ihren Ausdruck beispielsweise darin, dass niemand einen Eid mit religiöser Beteuerungsformel zu leisten braucht (vgl. auch Art. 136 Abs. 6 WRV oder Art. 56 S. 2 GG).

Hinweis: Allerdings gewährt die negative Glaubensfreiheit kein Recht darauf, „von Bekundungen, kultischen Handlungen und religiösen Symbolen eines fremden Glaubens verschont zu bleiben".[160] Also kann ein Atheist nicht geltend machen, er möchte nicht, dass die Kirchenglocken geläutet werden, weil er sich dadurch in seiner negativen Glaubensfreiheit verletzt fühle.

2. Religionsausübung

215 Art. 4 Abs. 2 GG schützt die ungestörte Religions**ausübung**. Die Religionsausübungsfreiheit gewährleistet **als Unterfall der allgemeinen Glaubens(verwirklichungs-)freiheit** jede spezifische Äußerung religiösen oder weltanschaulichen Lebens. Dazu gehören kultische Handlungen, Veranstaltungen und religiöse Gebräuche, wie z.B. Gottesdienste, Gebete, empfangene Sakramente, Prozession, Zeigen von Kirchenfahnen oder das Glockengeläut. Hierzu zählt auch, dass einem Seelsorger ein Zeugnisverweigerungsrecht zustehen kann, wenn er Tatsachen im Rahmen einer Beichte erfahren hat.[161] Daneben werden auch religiös motivierte Versammlungen, die religiöse Erziehung sowie andere Äußerungen des religiösen und weltanschaulichen Lebens geschützt.

II. Die Gewissensfreiheit

216 Das Bundesverfassungsgericht hat den Begriff der **„Gewissensentscheidung"** definiert als „jede ernstliche, an den Kategorien von Gut und Böse orientierte Entscheidung, die der Einzelne in einer bestimmten Lage als für sich bindend und unbedingt verpflichtend innerlich erfährt, sodass er gegen sie nicht ohne Gewissensnot handeln könne."[162] We-

---

158 Schon BVerfGE 12, 1.
159 BVerwG, Urt. v. 11.09.2013 – 6 C 25.12 (Burkini); BVerfGE 41, 29, 49.
160 Traub NJW 2015, 1338, 1339.
161 BVerfG, Beschl. v. 25.01.2007 – 2 BvR 26/07.
162 BVerfGE 12, 45.

sentliches Merkmal der Definition ist, dass der Betroffene seine Entscheidung **als unbedingt verpflichtend** ansieht.

Die Gewissensfreiheit schützt neben dem sog. **„forum internum"**, also dem inneren Prozess der Gewissensbildung und -entscheidung, nach heute h.M. auch das Recht, die Gewissensentscheidung zu verwirklichen, das sog. **„forum externum"**. Es wäre mit dem Grundrechtsverständnis des Grundgesetzgebers nicht zu vereinbaren, wenn ein Grundrecht ausschließlich einen inneren Vorgang garantiere, ohne diesen auch in seinem Verhalten in der Gesellschaft und gegenüber dem Staat „ausleben" zu können. Deshalb sei der Schutz der Gewissensfreiheit unvollständig und praktisch bedeutungslos, wenn er auf das forum internum beschränkt werde. Aber auch unter systematischen Gesichtspunkten spreche mehr dafür, auch die Gewissensbetätigung in den Schutzbereich der Gewissensfreiheit miteinzubeziehen. Wenn die Glaubensfreiheit das Recht zur Glaubensverwirklichung gäbe, müsste dies auch für die Gewissensverwirklichung gelten. Glaubensfreiheit und Gewissensfreiheit liegen nämlich zumindest nahe beieinander. Eine unterschiedliche Auslegung der Freiheitsgewährleistungen würde eine Abgrenzung zwischen den Begriffen Glauben und Gewissen erforderlich machen, obwohl dies in vielen Fällen praktisch nicht möglich ist.[163]

217

Beispiel: Eine Befehlsverweigerung eines Soldaten kann u.U. nicht disziplinarrechtlich geahndet werden, da sich aus dem GG und dem Soldatengesetz rechtliche Grenzen des Gehorsams ergeben. Ein Soldat braucht einen ihm erteilten Befehl jedenfalls dann als unzumutbar nicht zu befolgen, wenn er sich insoweit auf den Schutz des Grundrechts der Freiheit des Gewissens (Art. 4 Abs. 1 GG) berufen kann.[164]

III. Grundrechtsberechtigte

Träger des Grundrechts aus Art. 4 Abs. 1, 2 GG ist nicht nur die einzelne natürliche Person, sondern auch die **Religionsgemeinschaft**.[165] Dies gilt auch dann, wenn es sich um eine **Körperschaft des öffentlichen Rechts** handelt (Art. 140 GG i.V.m. Art. 137 Abs. 5 WRV).

218

Art. 4 Abs. 1 und 2 GG enthält ein umfassend zu verstehendes einheitliches Grundrecht. Dieses beinhaltet notwendigerweise neben der Freiheit des Einzelnen zum privaten und öffentlichen Bekenntnis seiner Religion oder Weltanschauung auch die Freiheit, sich mit anderen aus gemeinsamem Glauben oder gemeinsamer weltanschaulicher Überzeugung zusammenzuschließen. Die durch den Zusammenschluss gebildete Vereinigung genießt das Recht zu religiöser oder weltanschaulicher Betätigung, zur Verkündigung des Glaubens, zur Verbreitung der Weltanschauung sowie zur Pflege und Förderung des jeweiligen Bekenntnisses.[166] Dieser Schutz steht nicht nur Kirchen, Religions- und Weltanschauungsgemeinschaften zu, sondern auch von diesen selbstständigen oder unselbstständigen Vereinigungen, wenn und soweit sich diese die Pflege des religiösen oder weltanschaulichen Lebens ihrer Mitglieder zum Ziel gesetzt haben.[167] Voraussetzung dafür ist aber, dass der Zweck der Vereinigung gerade auf die Er-

---

163 BVerfG, Beschl. v. 11.08.1999 – 1 BvR 2181/98; Beschl. v. 30.06.1988 – 2 BvR 701/86; BVerwG, Urt. v. 21.06.2005 – 2 WD 12.04; Michael/Morlok, Rn. 191.
164 BVerwG, Urt. v. 21.06.2005 – 2 WD 12.04.
165 BVerfG, Beschl. v. 26.06.2002 – 1 BvR 670/91 (Osho I); Barczak Jura 2015, 463, 469 f.; Manssen, Rn. 310.
166 BVerfG, Beschl. v. 22.10.2014 – 2 BvR 661/12, RÜ 2015, 36.
167 VGH München, Urt. v. 22.07.2011 – 9 BV 09.2892.

reichung eines solchen Zieles gerichtet ist und eine hinreichende institutionelle Verbindung zu einer Religionsgemeinschaft besteht.[168]

B. Eingriff

219 Für die Eingriffe gelten zunächst die normalen Grundsätze. Eingriffe sind denkbar als staatliche Beeinträchtigungen des glaubens- und weltanschaulich motivierten **Denkens**, des **Redens** und des **Handelns**, z.B. dadurch, dass

- der Staat schulrechtliche Normen erlässt, die durch die Vorgabe bestimmter Lehrpläne **„indoktrinierend"** die Bildung religiöser Überzeugungen beeinflusst,[169]
- jemand entgegen Art. 140 GG, Art. 136 Abs. 3 WRV dazu gezwungen wird, seine Religionszugehörigkeit zu offenbaren,
- jemand dazu verpflichtet wird, entgegen seinen – als verbindlich empfundenen Glaubenspositionen – etwas zu unterlassen (z.B. Kopftuchverbot für muslimische Lehrerinnen, Verkäuferinnen oder Schöffen),[170]
- das **sakrale** Läuten der Kirchenglocken verboten wird[171] oder
- der Staat vor bestimmten religiösen Sekten warnt. Dabei ist nach der Rspr. des Bundesverfassungsgerichts danach zu unterscheiden, ob lediglich eine **sachliche Information** erfolgt **(kein Eingriff)**, oder aber eine parteiergreifende, verfälschende und **diffamierende Informationen** erfolgen **(Eingriff)**.[172]

C. Verfassungsrechtliche Rechtfertigung

I. Schranken

220 Inwieweit Art. 4 Abs. 1, 2 GG einschränkbar ist, ist umstritten. Teilweise wird angenommen, dass sich aus Art. 140 GG, Art. 136 Abs. 1 WRV ein einfacher Gesetzesvorbehalt ergibt.[173] Nach h.M. gelten dagegen **ausschließlich die verfassungsimmanenten Schranken**, also Grundrechte Dritter oder andere Werte von Verfassungsrang.[174]

221 Gegen eine Wertung von Art. 136 Abs. 1 WRV als generellem Gesetzesvorbehalt für Art. 4 Abs. 1, Abs. 2 GG spricht zunächst die **normative Auslegung**. Art. 136 WRV sollte nach den Erfahrungen des Kulturkampfes unter Bismarck die Religionsfreiheit nicht beschränken, sondern gerade stärken und erklärte aus diesem Grunde die religiöse Ausrichtung bezüglich der staatsbürgerlichen Rechte und Pflichten zum unzulässigen Differenzierungskriterium. Für die h.M. spricht dabei insbesondere auch eine **historische Auslegung**. Der Vorläufer des Art. 4 GG, nämlich Art. 135 WRV enthielt einen Gesetzes-

---

168 BVerfG, Beschl. v. 22.10.2014 – 2 BvR 661/12, RÜ 2015, 36.
169 Kingreen/Poscher, Rn. 593.
170 BVerfG, Beschl. v. 27.01.2015 – 1 BvR 471/10, RÜ 2015, 319; Urt. v. 24.09.2003 – 2 BvR 1436/02; BVerwG, Urt. v. 26.06.2008 – 2 C 22.07; VGH BW, Urt. v. 14.03.2008 – 4 S 516/07, RÜ 2009, 39; Bader NJW 2007, 2964; Groh JuS 2007, 538.
171 BVerwG, Urt. v. 07.10.1983 – 7 C 44.81; Urt. v. 30.04.1992 – 7 C 25.91; VGH BW, Urt. v. 03.04.2012 – 1 S 241/11.
172 BVerfG, Beschl. v. 26.06.2002 – 1 BvR 670/91 (Osho I); BVerfG, Beschl. v. 16.08.2002 – 1 BvR 1241/97.
173 Ipsen, Rn. 385; Jarass/Pieroth, GG, Art. 4, Rn. 31 f. m.w.N.; Epping, Rn. 319.
174 BVerfGE 33, 23, 31; NJW 2009, 3149 f.; BVerwG NJW 2002, 3344 (Kopftuch); BayVGH, Beschl. v. 22.04.2014 – 7 CS 13.1842; Sachs, GG, Art. 4, Rn. 121 f. m.w.N.; Reimers/Thurn JuS 2008 – 424, 427; Michael/Morlok, Rn. 184; Degenhart, Klausurenkurs im Staatsrecht II, Rn. 793; Hufen, § 22 Rn. 27; Manssen, Rn. 305; Barczak Jura 2015, 463, 474 f.

vorbehalt. Ursprünglich war daher geplant, auch Art. 4 GG unter einen Gesetzesvorbehalt zu stellen. Davon hat man jedoch ausdrücklich Abstand genommen. Schließlich spricht gegen eine generelle Anwendung von Art. 136 Abs. 1 WRV auf Art. 4 Abs. 1, Abs. 2 GG auch die **systematische Auslegung**. Art. 4 Abs. 1, Abs. 2 GG schützt neben der Religions- auch die Gewissensfreiheit, während Art. 136 Abs. 1 WRV nur die Religionsfreiheit erfasst. Dies hätte die sachlich kaum zu rechtfertigende Konsequenz, dass die Gewissensfreiheit in Art. 4 Abs. 1 GG stärker geschützt würde als die übrigen Freiheiten des Art. 4 Abs. 1, Abs. 2 GG.

Demnach gelten für die Glaubens- und Religionsfreiheit aus Art. 4 Abs. 1, Abs. 2 GG lediglich die **verfassungsimmanenten Schranken**.

II. Verfassungsgemäße Konkretisierung

Für die Prüfung der verfassungsgemäßen Konkretisierung der Einschränkungsmöglichkeiten (Schranken-Schranken) gelten die normalen Grundsätze. 222

Zu beachten ist dabei insbesondere, dass eine verfassungsimmanente Schranke immer **nur durch eine hinreichend bestimmte gesetzliche Grundlage konkretisiert** werden kann.[175] Dies bedeutet in einer Falllösung, dass an dieser Stelle nicht einfach eine Abwägung der widerstreitenden Grundrechte (Praktische Konkordanz) vorzunehmen ist, sondern vielmehr zunächst die gesetzliche Ermächtigungsgrundlage gefunden werden muss, die (natürlich) selbst verfassungsgemäß sein muss (vgl. dazu unten Fall 6).

Merke: Jede verfassungsimmanente Schranke wird vom Gesetzgeber aufgegriffen und durch die Gesetze konkretisiert.

Fall 6: Stiller Karfreitag 223

K, eine als Weltanschauungsgemeinschaft anerkannte Körperschaft des öffentlichen Rechts, die die Interessen von Konfessionslosen vertritt, fordert eine strikte Trennung von Kirche und Staat und verfolgt das Ziel, die Privilegien der Kirchen abzubauen. Am Karfreitag 2016 will K schon zum sechsten Mal in einem Theater unter dem Motto „Heidenspaß statt Höllenqual" eine „Atheistische Filmnacht mit Pralinenbuffet und Heidenspaß-Party" veranstalten.

Im Programmheft wurde folgender Veranstaltungsablauf angekündigt: Im ersten Veranstaltungsteil („Atheistische Filmnacht") sollten im Rahmen eines „Freigeister-Kinos" unter dem Motto „Dadn Sie eventuell mit mir vögeln?" die Filme „Chocolat" (17.00 Uhr) und „Wer früher stirbt, ist länger tot" (20.00 Uhr) vorgeführt werden. Für 19.30 Uhr war die Eröffnung des „bereits legendären Karfreitags-Schokoladenbuffet" geplant. Im zweiten Veranstaltungsteil („Heidenspaß-Party") sollte ab 22.30 Uhr ein „Freigeister-Tanz" mit der Rockband „Heilig" stattfinden. Die Party wurde noch mit dem Text beworben: „Mit Live-Musik feiern wir fröhlich an einem Tag, an dem allen Bürger/Innen dieser Republik das öffentliche Tanzen aus christlichen Gründen untersagt ist!"

---

175 BVerfGE 83, 130, 142; BVerfG, Urt. v. 24.09.2003 – 2 BvR 1436/02.

> Die „Heidenspaß-Party" wurde von der zuständigen Behörde untersagt, weil nach §§ 3, 5 des Feiertagsgesetzes des Landes (FTG) am Karfreitag in Räumen mit Schankbetrieb musikalische Darbietungen jeder Art ohne Befreiungsmöglichkeit verboten sind. K meint, die Untersagung verletze sie in ihrem Grundrecht aus Art. 4 Abs. 1 und 2 GG. Sie ist der Ansicht, der gesetzliche Schutz des Karfreitags als stiller Tag sei verfassungswidrig. Jedenfalls seien die Regelungen unverhältnismäßig, soweit sie ausnahmslos auch für Veranstaltungen von Weltanschauungsgemeinschaften sowie für Versammlungen in geschlossenen Räumen gelten. Zudem verweist K darauf, dass die „Heidenspaß-Party" von außen gar nicht zu bemerken gewesen sei. Verletzt die Untersagung die K in Art. 4 Abs. 1, 2 GG?

224 Die Untersagung der „Heidenspaß-Party" verletzt K in ihrem Grundrecht aus Art. 4 Abs. 1, 2 GG, wenn ein nicht gerechtfertigter Eingriff in den Schutzbereich des Grundrechts gegeben ist.

I. Dann müsste zunächst der **Schutzbereich** des Grundrechts **betroffen** sein. Art. 4 Abs. 1 GG schützt die **Glaubens- und Gewissensfreiheit** sowie die **Freiheit des religiösen und weltanschaulichen Bekenntnisses**. Nach Art. 4 Abs. 2 GG wird die **ungestörte Religionsausübung** gewährleistet, die auch die Weltanschauungen mit erfasst.[176] Die Glaubensfreiheit erfasst nicht nur die innere Freiheit, zu glauben oder nicht zu glauben, sondern auch die Freiheit, seinen Glauben zu bekennen. Insofern bilden **Art. 4 Abs. 1 und 2 GG ein einheitliches Grundrecht der Glaubens-, Religions- und Weltanschauungsfreiheit**.

225 Der sachliche Schutzbereich des Art. 4 Abs. 1 und 2 GG ist demnach betroffen, wenn die Durchführung der „Heidenspaß-Party" als Ausübung der Weltanschauungsfreiheit zu beurteilen ist. Welche Handlungen im Einzelfall Ausdruck einer konkreten Weltanschauung sind, bestimmt sich im Wesentlichen nach der Eigendefinition und dem **Selbstverständnis der jeweiligen Weltanschauungsgemeinschaft**. Denn Teil der grundrechtlichen Gewährleistung ist gerade, dass eine staatliche Bestimmung weltanschaulicher Fragen unterbleibt, wobei der Staat überprüfen darf, ob sich das Verhalten tatsächlich nach geistigem Gehalt und äußerer Erscheinung in plausibler Weise dem Schutzbereich des Art. 4 GG zuordnen lässt, also tatsächlich eine als weltanschaulich anzusehende Motivation hat.[177]

1. Ausgangspunkt ist die zugrundeliegende **Weltanschauung der K**, die nicht an Gottheiten, heiligen Schriften oder Religionsstiftern ausgerichtet ist, sondern auf den Prinzipien der Aufklärung und des weltlichen Humanismus sowie einer atheistischen Anschauung beruht. Ebenso wie Religionsgemeinschaften ist auch anderen Anschauungen zuzugestehen, dass sie auf der Grundlage der von ihnen vertretenen sinnstiftenden Prinzipien in die Öffentlichkeit wirken und das öffentliche Leben vom Standpunkt ihrer Weltanschauung aus zu begleiten und zu bewerten.[178] Das aktive Bekenntnis einer atheistischen Weltanschauung erfordert

---
176 Jarass/Pieroth GG, Art. 4 Rn. 10.
177 BVerfG, Beschl. v. 27.10.2016 – 1 BvR 458/10, RÜ 2017, 39, 41.
178 BVerfG, Beschl. v. 27.10.2016 – 1 BvR 458/10, RÜ 2017, 39, 41.

auch eine Abgrenzung von theistischen Anschauungen, wozu auch eine Abgrenzung von den Feiertagen der Religionsgemeinschaften gehören kann. Der Wunsch, am Karfreitag zu tanzen, kann daher ein Element der aktiven Betätigung des weltanschaulichen Bekenntnisses der K sein.

2. Daraus allein folgt jedoch nicht, dass auch die hier **konkret** streitige „Heidenspaß-Party" weltanschaulich geprägt war. Für deren Einordnung ist vielmehr auf das konkret angekündigte **Erscheinungsbild** und den **Inhalt** abzustellen. Anders als der erste Teil der Veranstaltung, der zweifelsfrei weltanschaulich geprägt war, hat die „Heidenspaß-Party" jedenfalls einen deutlich mitprägenden **Vergnügungscharakter**. Andererseits sprechen auch gewichtige Umstände für eine weltanschauliche Ausrichtung der Veranstaltung, wie etwa das **gewählte Motto** „Heidenspaß statt Höllenqual" und die **Bezeichnung als „Freigeister- Tanz"** mit der Rockband „**Heilig**". Zudem stellte sich die Veranstaltung auf der Grundlage ihrer Ankündigungen als durchaus **provokative Gegenveranstaltung** zum christlich verwurzelten, stillen Karfreitag dar und wurde von K auch **gezielt** als solche verstanden, beworben und geplant. Schließlich ist zu berücksichtigen, dass es nicht um die Durchführung der „Heidenspaß- Party" als Einzelveranstaltung, sondern als zweiten **Teil einer Gesamtveranstaltung** ging. Bei der Beurteilung darf deshalb der **thematische Zusammenhang** mit dem ersten Veranstaltungsteil nicht ausgeblendet werden, der zweifelsfrei weltanschaulich geprägt war.

226

Die geplante Durchführung der „Heidenspaß-Party" ist daher weltanschaulich geprägt und fällt damit in den Schutzbereich der Weltanschauungsfreiheit.

II. Die Untersagung der Veranstaltung **greift** auch in den Schutzbereich **ein**.

III. Der Eingriff in den Schutzbereich des Art. 4 Abs. 1, 2 GG könnte **verfassungsrechtlich gerechtfertigt** sein.

1. Dann müsste zunächst eine **Einschränkungsmöglichkeit** bestehen. Nach dem Wortlaut des Art. 4 Abs. 1 und 2 GG ist die Weltanschauungsfreiheit **vorbehaltlos** gewährleistet. Das bedeutet jedoch nicht, dass das Grundrecht schrankenlos gewährleistet ist. Auch vorbehaltlos gewährleistete Grundrechte stehen unter den **verfassungsimmanenten Schranken**, können also zum Schutz **kollidierenden Verfassungsrechts** eingeschränkt werden. Als kollidierendes Verfassungsrecht, welches die Weltanschauungsfreiheit der K einschränken kann, kommen hier die Regelungen zum **Sonn- und Feiertagsschutz** aus Art. 140 GG i.V.m. Art. 139 WRV in Betracht.

227

2. Fraglich ist, ob die Untersagung der „Heidenspaß-Party", welche auf §§ 3, 5 FTG beruht, eine **verfassungsgemäße Konkretisierung** der Einschränkungsmöglichkeit darstellt.

a) Dann müssten zunächst die §§ 3, 5 FTG **verfassungsgemäß** sein. Nach dem **Grundsatz vom Vorbehalt des Gesetzes** (Wesentlichkeitstheorie) müssen auch verfassungsimmanente Schranken **vom Gesetzgeber** umgesetzt werden. D.h., dass auch Einschränkungen eines Grundrechts durch verfassungsimmanente Schranken **nur durch oder aufgrund eines (wirksamen) Geset-**

228

zes erfolgen dürfen.[179] Fraglich ist hier allein, ob die §§ 3, 5 FTG als Grundlage der Untersagung gegen **Grundrechte** verstoßen.

Klausurhinweis: In einer Klausur könnte an dieser Stelle eine vollständige Prüfung der formellen und materiellen Verfassungsmäßigkeit verlangt werden. Aus Darstellungsgründen werden im Folgenden die Grundrechte parallel geprüft, während in einer Klausur die Grundrechte einzeln geprüft werden sollten.

aa) Die §§ 3, 5 FTG könnten in die Schutzbereiche verschiedener Grundrechte **eingreifen**. Die Anerkennung des Karfreitag als „stiller Tag", an dem öffentliche Unterhaltungsveranstaltungen und musikalische Darbietungen in Räumen mit Schankbetrieb verboten sind, greift sowohl in die Berufsfreiheit (Art. 12 GG) als auch in die allgemeine Handlungsfreiheit (Art. 2 Abs. 1 GG) ein. Daneben kann, wie in diesem Fall ersichtlich, auch ein Eingriff in die Weltanschauungsfreiheit gegeben sein. Damit greifen die Regelungen des FTG zum Schutze des Karfreitags in verschiedene Grundrechte ein.

bb) Diese Eingriffe könnten **verfassungsrechtlich gerechtfertigt** sein. Während die Berufs- und Handlungsfreiheit unter Gesetzesvorbehalt stehen, ist die Weltanschauungsfreiheit nur durch verfassungsimmanente Schranken beschränkbar. Diese müssen aber wiederum durch den Gesetzgeber umgesetzt werden, sodass eine **Einschränkungsmöglichkeit** besteht.

Es müssten aber die **Grenzen der Einschränkungsmöglichkeiten** beachtet worden sein. Die Anerkennung des Karfreitags als gesetzlicher Feiertag sowie seine Ausgestaltung als Tag mit einem besonderen Stilleschutz sind **dem Grunde nach** durch die verfassungsrechtliche Regelung zum **Sonn- und Feiertagsschutz in Art. 140 GG i.V.m. Art. 139 WRV** gerechtfertigt. Gesetzliche Unterlassungspflichten, aufgrund derer ein äußerer Charakter des Tages sichergestellt werden soll, sind daher grundsätzlich zulässig. Allerdings sind die Eingriffe nur gerechtfertigt, wenn sie auch **verhältnismäßig**, insbesondere angemessen sind.

229

Dem Ruheschutz an Sonn- und Feiertagen kommt **besonderes Gewicht** zu, weil er den Gesetzgebern durch die Verfassung selbst in Art. 140 GG i.V.m. Art. 139 WRV auferlegt ist. **Demgegenüber** sind die belastenden Wirkungen von nur **begrenztem Gewicht**. Einerseits betrifft der Feiertagsschutz nur wenige Tage im Jahr. Andererseits verbleiben zahlreiche Möglichkeiten, den Karfreitag anders, auch nicht-religiös zu begehen.[180] Der Karfreitagsschutz kann aber in (schon jetzt absehbaren) Ausnahmefällen auch zu Beschränkungen der Weltanschauungsfreiheit (Art. 4 Abs. 1 und 2 GG) führen. Die Durchführung solcher Veranstaltungen stellt den grundsätzlichen Ruhe- und Stilleschutz am Karfreitag nicht gleichermaßen in Frage wie reine Unterhaltungsveranstaltungen. Zudem trifft der

---

179 BVerfG, Beschl. v. 27.01.2015 – 1 BvR 471/19, RÜ 2015, 319.
180 BVerfG, Beschl. v. 27.10.2016 – 1 BvR 458/10, RÜ 2017, 39, 45.

Karfreitagsschutz dann nicht allein auf ein schlichtes wirtschaftliches Erwerbsinteresse oder allein auf ein Vergnügungs- und Erholungsinteresse, sondern auf **Grundrechte von besonderen Gewicht**. In diesem Fall kann sich der besondere Schutz der stillen Tage gegenüber dem betroffenen Grundrecht nur nach Maßgabe einer **Abwägung im Einzelfall** durchsetzen, sodass der Gesetzgeber einen **Ausnahmetatbestand** vorsehen muss, der es ermöglicht, Befreiungen von den Unterlassungspflichten der §§ 3, 5 FTG zu erteilen. **Ohne eine solche Befreiungsvorschrift ist die Regelung unangemessen und nicht mit Art. 4 Abs. 1 und 2 GG vereinbar.**[181]

Ohne Ausnahmemöglichkeit sind die §§ 3, 5 FTG damit verfassungswidrig und unwirksam.

b) Die konkrete Untersagung, die auf den verfassungswidrigen Vorschriften beruht, konnte demzufolge ohne eine Abwägung im Einzelfall darüber, ob der K eine Befreiung erteilt werden musste, **nicht in gerechtfertigter Weise** in das Grundrecht eingreifen.

K wird durch die Untersagung der „Heidenspaß-Party" in ihrem Grundrecht aus Art. 4 Abs. 1, 2 GG verletzt.

D. Europarecht

Ähnlich dem Art. 4 GG schützen **Art. 10 GRCh** sowie **Art. 9 EMRK** die „Gedanken-, Gewissens- und Religionsfreiheit". Dazu zählt auch die Bekenntnisfreiheit. Anders als Art. 4 GG ist der Schutz der europäischen Regelungen aber **nicht vorbehaltlos**, sondern diese sind speziellen Schrankenregelungen unterworfen (Art. 10 Abs. 2 GRCh, Art. 9 Abs. 2 EMRK).

230

7. Abschnitt: Die (Kommunikations-)Grundrechte aus Art. 5 Abs. 1 GG

231

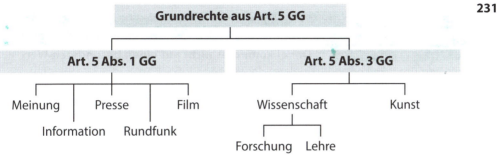

---

[181] BVerfG, Beschl. v. 27.10.2016 – 1 BvR 458/10, RÜ 2017, 39, 45.

232 Innerhalb des Art. 5 GG ist vor allem zwischen den Gewährleistungen des Art. 5 Abs. 1 GG und denen des Art. 5 Abs. 3 GG (zur Kunstfreiheit unten H.) zu differenzieren:

Zunächst finden sich in Art. 5 Abs. 1 GG Gewährleistungen, die mit dem Oberbegriff **„Kommunikation"** überschrieben werden können. Diese Grundrechte können gemäß Art. 5 Abs. 2 GG eingeschränkt werden. Der Schutzbereich des Art. 5 Abs. 1 GG umfasst folgende Teilbereiche:

- Die Freiheit, seine **Meinung** zu äußern und zu verbreiten, also die Meinungsfreiheit, Art. 5 Abs. 1 S. 1 Fall 1 GG. Da in einer Demokratie die Willensbildung vom Volk zum Staat stattfindet, werden Art. 5 GG und Art. 8 GG (kollektive Meinungsäußerung, dazu unten L.) vom Bundesverfassungsgericht als **demokratie-konstituierende Grundrechte** bezeichnet.[182]

- Die Freiheit, sich aus allgemein zugänglichen Quellen ungehindert zu unterrichten, gemäß Art. 5 Abs. 1 S. 1 Fall 2 GG **(Informationsfreiheit)**.

- Die **Pressefreiheit**, Art. 5 Abs. 1 S. 2 Fall 1 GG. „Presse" in diesem Sinn meint alle zur Verbreitung bestimmten Druckerzeugnisse, also nicht nur Zeitungen, Zeitschriften etc., sondern auch einmalig erscheinende Druckerzeugnisse, wie Bücher, Flugblätter etc.

- Die **Rundfunkfreiheit** gemäß Art. 5 Abs. 1 S. 2 Fall 2 GG.

- Die **Filmfreiheit** gemäß Art. 5 Abs. 1 S. 2 Fall 3 GG.

A. Die Meinungsäußerungsfreiheit, Art. 5 Abs. 1 S. 1 Fall 1 GG

I. Schutzbereich

233 Im Rahmen des Art. 5 Abs. 1 S. 1 Fall 1 GG wird das Recht geschützt, seine **Meinung** in Wort, Schrift und Bild frei zu äußern und zu verbreiten. Für den persönlichen Schutzbereich gelten keine Besonderheiten. Die Meinungsfreiheit ist ein **Menschenrecht**, auf das sich auch Ausländer berufen können.

Der Schutzbereich ist durch den Leitbegriff der Meinung bestimmt. Der Begriff der Meinung wird von der h.M. weit verstanden und wie folgt definiert:

Meinungsäußerungen sind **Werturteile** jeder Art, also Stellungnahmen und Beurteilungen, die darauf gerichtet sind, im Rahmen einer geistigen Auseinandersetzung eine Überzeugung zu bilden.[183] **Dabei kommt es nicht auf einen besonderen Wert**, auf die Vernünftigkeit oder „Richtigkeit" des Werturteils an.[184]

234 **Beispiel:** B trägt eine Jacke mit einem Anstecker, auf dem „FCK CPS" (für Fuck Cops) steht. Als eine Polizeistreife den B auffordert, den Anstecker abzunehmen, weist der Polizeibeamte P den B darauf hin, dieser Spruch sei nicht mehr von der Meinungsfreiheit gedeckt. Zu Recht?

---

[182] BVerfGE 7, 198 (Lüth).
[183] BVerfGE 93, 266 (Soldaten sind Mörder).
[184] BVerfGE 61, 1 (Wahlkampf).

Das Tragen des Ansteckers mit der Aufschrift „FCK CPS" fällt in den Schutzbereich des Art. 5 Abs. 1 S. 1 GG. Meinungen enthalten ein Urteil über Sachverhalte, Ideen oder Personen. Sie genießen den Schutz des Grundrechts, ohne dass es darauf ankommt, ob die Äußerung begründet oder grundlos, emotional oder rational ist, als wertvoll oder wertlos, gefährlich oder harmlos eingeschätzt wird. Der Aufdruck „FCK CPS" ist nicht von vornherein offensichtlich inhaltslos, sondern bringt eine allgemeine Ablehnung der Polizei und ein Abgrenzungsbedürfnis gegenüber der staatlichen Ordnungsmacht zum Ausdruck. Es handelt sich um eine Meinungsäußerung im Sinne des Art. 5 Abs. 1 GG.[185]

Tatsachenbehauptungen fallen nach dem Wortlaut eigentlich nicht unter den geschützten Bereich. Inwieweit Tatsachenbehauptungen aber trotzdem am Schutz der Meinungsfreiheit teilnehmen, ist bis heute nicht vollständig geklärt. Das Bundesverfassungsgericht stellt darauf ab, ob die Tatsachenmitteilung eine notwendige Voraussetzung für eine Meinungsbildung ist.[186] Der Grund dafür ist, dass Werturteile – isoliert ausgesprochen – meist wenig Sinn machen und deshalb in der Regel mit Tatsachenbehauptung „unterfüttert" werden müssen. Diese „Unterfütterungen" müssen dann aber des Werturteils wegen auch am Schutz der Meinungsfreiheit teilhaben.[187] Dies kann z.B. dadurch bedingt sein, dass schon die Auswahl bestimmter Tatsachenmitteilungen eine Meinung ausdrückt[188] oder die Tatsachenbehauptung „meinungsbezogen" ist.[189] Erst dort, wo die Tatsachenmitteilung nichts mehr zur Meinungsbildung beitragen kann, also bei **erwiesen oder bewusst unwahren Tatsachenbehauptungen**, entfällt der Schutz des Art. 5 Abs. 1 S. 1 GG.[190]

235

Wichtig ist daher in einer Klausur die Abgrenzung zwischen Werturteil und Tatsachenbehauptung. Der entscheidende Unterschied zwischen beiden Begriffen ist folgender:

Tatsachenbehauptungen können **wahr oder falsch** sein, sie sind also einem Wahrheits**beweis** zugänglich. Werturteile können nicht in diese Kategorien eingeteilt werden.

236

Beispiel: Ehemann M und seine Frau F schauen Fußball. Eine Tatsachenbehauptung liegt vor, wenn M der F (wahrheitsgemäß oder nicht) erklärt, dass Deutschland bisher vier Mal Weltmeister geworden ist. F sagt daraufhin zu M: „Ich hasse Fußball." In diesem Fall kann man nicht von einer wahren oder unwahren Aussage sprechen. Es liegt demzufolge ein Werturteil vor und daher auch unproblematisch eine Meinungsäußerung.

Geschützt wird auch die **negative** Freiheit, also das Recht, sich nicht zu äußern und eine Meinung nicht zu verbreiten.

237

Beispiel: Im Zusammenhang mit der negativen Meinungsfreiheit stellt sich die Frage, ob Zigarettenhersteller Warnhinweise auf Zigarettenpackungen drucken müssen (wie etwa: Die EG-Gesundheitsminister warnen: „Rauchen verursacht Krebs" und dergleichen). Unterstellt, dass es sich hier um ein Werturteil handelt, scheint es nahe liegend, zu vermuten, dass die negative Meinungsfreiheit berührt ist.

Es wird aber bei den Warnhinweisen deutlich gemacht, dass es sich um eine Meinung der EG-Gesundheitsminister handelt und nicht um eine Meinung der Zigarettenhersteller. Deshalb ist deren negative Meinungsfreiheit – und damit der Schutzbereich des Art. 5 Abs. 1 S. 1 Fall 1 GG – nicht betroffen. (In Betracht kommt aber die Beeinträchtigung des Schutzbereichs des Art. 12 Abs. 1 GG).[191]

---

185 BVerfG, Beschl. v. 26.02.2015 – 1 BvR 1036/14 (Rn. 11).
186 BVerfG, Beschl. v. 13.02.1996 – 1 BvR 262/91; BVerfGE 61, 1 (Wahlkampf).
187 BVerfG, Beschl. v. 29.06.2016 – 1 BvR 2732/15 u.a., RÜ 2016, 650, JuS 2017, 86.
188 vMünch/Kunig, GG, Art. 5 Rn. 9.
189 BVerfG, Beschl. v. 06.12.2002 – 1 BvR 802/00.
190 BVerfG NJW 1993, 916; 1994, 1779 (Auschwitzlüge); BVerfGE 7, 198 (Lüth); Manssen, Rn. 345.
191 BVerfG, Beschl. v. 22.01.1997 – 2 BvR 1915/91 (Tabakwarnhinweise).

238 Die Meinungskundgabe kann **durch Wort, Schrift und Bild** erfolgen, wobei dies nur eine **beispielhafte** Aufzählung darstellt. Insbesondere werden auch Meinungsäußerungen im **Internet** geschützt.[192]

II. Eingriff

Ein Eingriff in den Schutzbereich des Art. 5 Abs. 1 S. 1 Fall 1 GG ist dann zu bejahen, wenn die Freiheit der Meinungsäußerung oder Meinungsverbreitung in irgendeiner Weise verhindert oder erschwert wird. Insofern gelten die allgemeinen Grundsätze zum Eingriffsbegriff.

III. Verfassungsrechtliche Rechtfertigung

1. Schranken

239 Die Meinungsfreiheit findet ihre Schranken gemäß Art. 5 Abs. 2 GG in den Vorschriften der **allgemeinen Gesetze**, den gesetzlichen Bestimmungen zum **Schutze der Jugend** und dem Recht der **persönlichen Ehre**. Es handelt sich um einen **qualifizierten Gesetzesvorbehalt**. Daneben gelten auch die **verfassungsimmanenten Schranken**. Dies erlangt insbesondere dann Bedeutung, wenn das einschränkende Gesetz kein „allgemeines" ist (vgl. dazu auch unten Fall 7).

a) Allgemeine Gesetze

240 Allgemeine Gesetze sind solche, die nicht eine Meinung als solche verbieten oder sich gegen eine Meinungsäußerung als solche richten (sog. **Sonderrecht**), sondern die ein anderes Rechtsgut ohne Rücksicht auf eine bestimmte Meinung schützen wollen.[193] Darunter sind Gesetze zu verstehen, die dem Schutz eines schlechthin ohne Rücksicht auf eine bestimmte Meinung zu schützenden Rechtsguts dienen.[194] Dieses Rechtsgut muss in der Rechtsordnung allgemein und damit unabhängig davon geschützt sein, ob es durch Meinungsäußerungen oder auf andere Weise verletzt werden kann.[195]

241 Dabei besteht allerdings eine **Wechselwirkung** zwischen dem allgemeinen Gesetz, welches die Meinungsfreiheit beschränkt, und dem Art. 5 Abs. 1 GG.[196] Die allgemeinen Gesetze erfahren ihrerseits wieder eine Begrenzung aus der Bedeutung des Art. 5 GG als demokratiekonstituierendes Grundrecht, welches Grundlage der freiheitlich-demokratischen Staatsordnung ist. Inwieweit diese Frage schon bei der Schranke oder aber erst im Rahmen der Verhältnismäßigkeit geprüft wird, ist umstritten. Während teilweise bereits im Rahmen der Schranke eine konkrete Abwägung verlangt wird (sog. materielle Theorie, Abwägungslehre), wird teilweise nur im Rahmen der „Schranken-Schranken" die Abwägung durchgeführt (sog. formelle Theorie, Sonderrechtslehre). Das Bundesverfassungsgericht kombiniert beide Prüfungen und vermischt diese. In der Sache nimmt das Bundesverfassungsgericht damit die Prüfung der Verhältnismäßigkeit i.e.S. vorweg.

---

[192] Sachs, GG, Art. 5 Rn. 28; Jarass/Pieroth, GG, Art. 5 Rn. 13 m.w.N.; Ipsen, Rn. 419.
[193] BVerfGE 7, 198 (Lüth); BVerfG, Beschl. v. 04.11.2009 – 1 BvR 2150/08, RÜ 2010, 42 (Wunsiedel).
[194] Manssen, Rn. 388; Hufen § 25 Rn. 19.
[195] BVerfG, Beschl. v. 04.11.2009 – 1 BvR 2150/08, RÜ 2010, 42 (Wunsiedel).
[196] Ipsen, Rn. 487 ff.; Manssen, Rn. 395.

In einer Klausur sollten Sie diese Verortung der Verhältnismäßigkeitsprüfung nicht mitmachen. In der Lit. und in Klausurdarstellungen wird überwiegend der Begriff „allgemeines Gesetz" nur an der Sonderrechtslehre festgemacht. Die Güterabwägungslehre geht wie selbstverständlich in der Prüfung der Verhältnismäßigkeit i.e.S. auf, also erst später bei der Überprüfung der verfassungsgemäßen Konkretisierung der Schranke (Schranken-Schranken). Die Erwägungen zur Wechselwirkungslehre finden hier zwanglos im Rahmen der veranlassten Abwägung Platz. Durchbrechungen der Prüfungssystematik sind nicht erforderlich und können im Übrigen zu Unstimmigkeiten in der Klausur führen.

b) Die anderen Schranken des Art. 5 Abs. 1 GG

242 Neben der Schranke der allgemeinen Gesetze finden die Gewährleistungen des Art. 5 Abs. 1 GG gemäß Art. 5 Abs. 2 GG zwei andere Schranken. Auch bei diesen Einschränkungsmöglichkeiten ist die besondere Bedeutung der Meinungsfreiheit im Rahmen der Güterabwägung zu beachten.

Zunächst können die Gewährleistungen des Art. 5 Abs. 1 GG durch die gesetzlichen Bestimmungen zum **Schutze der Jugend** eingeschränkt werden. Hierunter fallen z.B. die Bestimmungen im Jugendschutzgesetz (JuSchG), das unter anderem die Verbreitung jugendgefährdender Schriften (und anderer Medieninhalte) beschränkt. Jugendgefährdende Schriften sind vor allem unsittliche, verrohend wirkende, zu Gewalttätigkeit, Verbrechen oder Rassenhass anreizende sowie den Krieg verherrlichende Schriften.

Schließlich finden die Gewährleistungen des Art. 5 Abs. 1 GG ihre Schranke auch im **Recht der persönlichen Ehre**, vgl. Art. 5 Abs. 2 GG. Vor allem in den §§ 185 ff. StGB, aber auch über § 823 BGB ist der Ehrschutz geregelt und geschützt.[197]

2. Verfassungsgemäße Konkretisierung

243 Hinsichtlich der verfassungsgemäßen Konkretisierung der Schranken gelten zunächst die normalen Grundsätze. Insbesondere muss das einschränkende Gesetz formell und materiell verfassungsgemäß sein. Dabei ist, wie oben bereits erwähnt, im Rahmen der Verhältnismäßigkeit insbesondere die **Wechselwirkungslehre** zu beachten. Notwendig für eine Rechtfertigung eines Eingriffs in die Meinungsäußerungsfreiheit ist, dass „**hinreichend** gewichtige Gemeinwohlbelange" oder schutzwürdige Rechte und Interessen Dritter die Einschränkung erfordern.[198]

244 Neben den allgemeinen Schranken-Schranken kennt Art. 5 Abs. 1 S. 3 GG das **Zensurverbot**. Erfasst werden von dem Zensurverbot allerdings nur die sog. **Vorzensuren**, also ein Verfahren, vor dessen Abschluss das Werk/die Meinung nicht veröffentlicht werden darf.[199] Nicht unter das Zensurverbot fällt eine sog. **Nachzensur**, soweit sich diese an die Schranken des Art. 5 Abs. 2 GG hält.

---

197 Ipsen, Rn. 484.
198 BVerfG, Beschl. v. 11.03.2003 – 1 BvR 426/02 (Benetton-Schockwerbung).
199 Jarass/Pieroth, GG, Art. 5 Rn. 77.

245 **Fall 7: Wunsiedel**

B meldete für den 20.08. aus Anlass des Todestages (17.08.) des ehemaligen „Führer-Stellvertreters" Rudolf Heß in Wunsiedel, wo Heß begraben liegt, eine öffentliche Versammlung unter freiem Himmel mit dem Thema „Gedenken an Rudolf Heß" an. Das zuständige Landratsamt verbot unter Anordnung der sofortigen Vollziehung die Veranstaltung gemäß § 15 Abs. 1 VersG. Zur Begründung wurde im Wesentlichen darauf hingewiesen, dass im Fall der Durchführung der Veranstaltung die konkrete Gefahr der Verwirklichung von Straftaten i.S.d. § 130 Abs. 4 StGB bestehe. Wer Heß, einen führenden Repräsentanten des NS-Staates, im Zusammenhang mit seinem Todestag und seiner Begräbnisstätte ehren wolle, billige die nationalsozialistische Gewalt- und Willkürherrschaft. In der öffentlichen Identifikation mit der nationalsozialistischen Rassenideologie liege ein Angriff auf die Menschenwürde der getöteten und überlebenden Opfer, wodurch der öffentliche Friede gestört werde.

B meint, ein Versammlungsverbot könne nicht auf § 130 Abs. 4 StGB gestützt werden. Diese Vorschrift sei verfassungswidrig wegen Verletzung des Art. 5 Abs. 1 S. 1 GG. § 130 Abs. 4 StGB sei kein allgemeines Gesetz i.S.v. Art. 5 Abs. 2 GG, da er sich gegen eine bestimmte politische Richtung wende. Es sei nicht verständlich, warum nur die Opfer der nationalsozialistischen Gewalt- und Willkürherrschaft strafrechtlich geschützt seien. Trifft die Auffassung des B zu?

Hinweis: § 130 Abs. 4 StGB ist formell verfassungsgemäß.

246 I. Es müsste zunächst der **Schutzbereich** der Meinungsfreiheit aus Art. 5 Abs. 1 S. 1 Fall 1 GG betroffen sein. Art. 5 Abs. 1 S. 1 GG gewährleistet jedermann das Recht, seine Meinung frei zu äußern und zu verbreiten. **Meinungen** sind durch die subjektive Beziehung des Einzelnen zum Inhalt seiner Aussage geprägt. Für sie ist das Element der Stellungnahme und des Dafürhaltens kennzeichnend. Insofern lassen sie sich auch nicht als wahr oder unwahr erweisen. Sie genießen den Schutz des Grundrechts, ohne dass es darauf ankommt, ob die Äußerung begründet oder grundlos, emotional oder rational ist, als wertvoll oder wertlos, gefährlich oder harmlos eingeschätzt wird.[200] Dementsprechend fällt auch die Verbreitung nationalsozialistischen Gedankenguts in den Schutzbereich des Art. 5 Abs. 1 GG.

247 II. § 130 Abs. 4 StGB müsste in den Schutzbereich **eingreifen**. Nach § 130 Abs. 4 StGB wird bestraft, wer öffentlich oder in einer Versammlung den öffentlichen Frieden in einer die Würde der Opfer verletzenden Weise dadurch stört, dass er die nationalsozialistische Gewalt- und Willkürherrschaft billigt, verherrlicht oder rechtfertigt. Indem § 130 Abs. 4 StGB an die Billigung, Verherrlichung und Rechtfertigung der nationalsozialistischen Gewalt- und Willkürherrschaft anknüpft und damit eine Meinung sanktioniert, greift die Vorschrift in den Schutzbereich der Meinungsfreiheit ein.

III. Dieser Eingriff könnte **verfassungsrechtlich gerechtfertigt** sein.

248 1. Dann müsste zunächst eine **Einschränkungsmöglichkeit** bestehen.

---

200 BVerfG, Beschl. v. 04.11.2009 – 1 BvR 2150/08, RÜ 2010, 42 (Wunsiedel).

Die (Kommunikations-)Grundrechte aus Art. 5 Abs. 1 GG **7. Abschnitt**

a) Nach Art. 5 Abs. 2 Mod. 1 GG findet die Meinungsfreiheit ihre Grenze in den Vorschriften der **allgemeinen Gesetze**. Darunter sind Gesetze zu verstehen, die nicht eine Meinung als solche verbieten, die sich nicht gegen die Äußerung der Meinung als solche richten, sondern dem Schutz eines schlechthin ohne Rücksicht auf eine bestimmte Meinung zu schützenden Rechtsguts dienen. Dieses Rechtsgut muss in der Rechtsordnung allgemein und damit unabhängig davon geschützt sein, ob es durch Meinungsäußerungen oder auf andere Weise verletzt werden kann. Ob § 130 Abs. 4 StGB in diesem Sinne ein allgemeines Gesetz ist, ist **umstritten**.

aa) Teilweise wird die Norm als allgemeines Gesetz qualifiziert.[201] Dies wird damit begründet, dass der von der Vorschrift geschützte „öffentliche Friede" in der Rechtsordnung nicht nur vor Meinungsäußerungen bewahrt wird, sondern auch vor anderen Angriffshandlungen (vgl. z.B. §§ 126 und 166 StGB). Ebenso schütze Art. 1 Abs. 1 GG die Menschenwürde als obersten Verfassungswert vor Eingriffen jeglicher Art. Wegen dieses umfassenden Rechtsgüterschutzes sei § 130 Abs. 4 StGB ein allgemeines Gesetz i.S.d. Art. 5 Abs. 2 GG, obwohl die Vorschrift gegen bestimmte Meinungsinhalte ziele.

bb) Andere verweisen darauf, dass „allgemeine" Gesetze nicht auf den konkreten Inhalt einer Meinungsäußerung abstellen dürften. § 130 Abs. 4 StGB richte sich gegen die Verbreitung eines konkreten Werturteils und damit gegen die geistige Wirkung von Meinungsäußerungen und sei daher kein allgemeines Gesetz i.S.d. Art. 5 Abs. 2 GG.[202]

cc) Auch wenn eine Norm ein allgemein anerkanntes Rechtsgut schützt, ergibt sich daraus allein nicht deren Allgemeinheit. Entscheidend ist, dass das fragliche Rechtsgut **„schlechthin"**, also **ohne Rücksicht auf eine bestimmte Meinung** geschützt wird. An der Allgemeinheit eines Gesetzes fehlt es deshalb, wenn eine inhaltsbezogene Meinungsbeschränkung sich von vornherein nur gegen bestimmte Meinungsinhalte richtet. Zwar dient § 130 Abs. 4 StGB dem öffentlichen Frieden und damit dem Schutz eines Rechtsguts, das auch sonst in der Rechtsordnung vielfältig geschützt wird. Jedoch gestaltet § 130 Abs. 4 StGB diesen Schutz nicht in inhaltsoffener, allgemeiner Art aus, sondern bezogen allein auf Meinungsäußerungen, die eine bestimmte Haltung zum Nationalsozialismus ausdrücken. Die Vorschrift dient damit nicht dem Schutz von Gewaltopfern allgemein und stellt bewusst nicht auf die Billigung, Verherrlichung und Rechtfertigung der Gewalt- und Willkürherrschaft totalitärer Regime insgesamt ab, sondern ist auf Äußerungen allein in Bezug auf den Nationalsozialismus begrenzt. **Damit ist § 130 Abs. 4 StGB kein allgemeines Gesetz, sondern Sonderrecht** zur Abwehr von speziell solchen Rechtsgutverletzungen, die sich aus der Äußerung einer bestimmten Meinung, nämlich der Gut-

249

---

[201] BVerwG, Urt. v. 25.06.2008 – 6 C 21.07, RÜ 2008, 664.
[202] Enders/Lange JZ 2008, 1092 (1094) m.w.N.

heißung der nationalsozialistischen Gewalt- und Willkürherrschaft, ergeben.²⁰³

250 b) Die Vorschrift könnte jedoch eine Konkretisierung des **Rechts der persönlichen Ehre** gemäß Art. 5 Abs. 2 Mod. 3 GG – hier bezogen auf die Würde der Opfer – darstellen. Nach Auffassung des Bundesverfassungsgerichts²⁰⁴ erstreckt sich das Erfordernis der Allgemeinheit meinungsbeschränkender Gesetze aber auch auf Bestimmungen des Ehrschutzes, sodass § 130 Abs. 4 StGB auch nicht von Art. 5 Abs. 2 Fall 3 GG gedeckt ist.

251 c) § 130 Abs. 4 StGB könnte Ausdruck der **verfassungsimmanenten Schranken** des Art. 5 GG sein. Grundsätzlich sind auch bei Grundrechten mit Gesetzesvorbehalt Schranken anzuerkennen, die sich aus anderen Verfassungsrechtsgütern oder kollidierenden Grundrechten Dritter ergeben können. Dies gilt auch für Art. 5 Abs. 1 GG.²⁰⁵ Angesichts des sich allgemeinen Kategorien entziehenden Unrechts und des Schreckens, die die nationalsozialistische Herrschaft über Europa und weite Teile der Welt gebracht hat, und der als Gegenentwurf hierzu verstandenen Entstehung der Bundesrepublik Deutschland **ist Art. 5 Abs. 1 und 2 GG** für Bestimmungen, die der propagandistischen Gutheißung des nationalsozialistischen Regimes in den Jahren zwischen 1933 und 1945 Grenzen setzen, **eine Ausnahme vom Verbot des Sonderrechts für meinungsbezogene Gesetze immanent**. Die Befürwortung dieser Herrschaft ist in Deutschland ein Angriff auf die Identität des Gemeinwesens nach innen mit friedensbedrohendem Potential. Dieser geschichtlich begründeten Sonderkonstellation durch besondere Vorschriften Rechnung zu tragen, will Art. 5 Abs. 2 GG nicht ausschließen.²⁰⁶

Damit stellt § 130 Abs. 4 StGB eine Umsetzung der verfassungsimmanenten Schranken des Art. 5 GG dar.

252 2. § 130 Abs. 4 StGB müsste die Einschränkungsmöglichkeit auch in **verfassungsgemäßer Weise konkretisieren**. Dabei ist von der formellen Verfassungsmäßigkeit auszugehen. § 130 Abs. 4 StGB müsste auch materiell verfassungsgemäß sein.

Als die Meinungsfreiheit einschränkende Vorschrift muss § 130 Abs. 4 StGB seinerseits **im Lichte der Bedeutung des Grundrechts des Art. 5 Abs. 1 GG** ausgelegt werden (**Wechselwirkungsgedanke**). Auch solche Bestimmungen müssen dem **Verhältnismäßigkeitsgrundsatz** entsprechen und hierbei strikt an einem veräußerlichten Rechtsgüterschutz, nicht aber einer inhaltlichen Bewertung der betroffenen Meinung orientiert sein. Fraglich ist daher, ob § 130 Abs. 4 StGB verhältnismäßig ist.

253 a) Dann müsste die Vorschrift zunächst einen **legitimen Zweck** verfolgen. Als legitimer Zweck kommt grundsätzlich jedes öffentliche Interesse in Betracht,

---

203 BVerfG, Beschl. v. 04.11.2009 – 1 BvR 2150/08, RÜ 2010, 42 (Wunsiedel).
204 BVerfG, Beschl. v. 04.11.2009 – 1 BvR 2150/08, RÜ 2010, 42 (Wunsiedel).
205 Jarass/Pieroth, GG, Art. 5 Rn. 79 f; Manssen, Rn. 391.
206 BVerfG, Beschl. v. 04.11.2009 – 1 BvR 2150/08, RÜ 2010, 42 (Wunsiedel); Michael(/Morlok, Rn. 654; Lepsius Jura 2010, 527, 530; a.A. wohl Kingreen/Poscher, Rn. 667.

das verfassungsrechtlich nicht ausgeschlossen ist. § 130 Abs. 4 StGB dient dem Schutz des „öffentlichen Friedens". Nicht legitim ist allerdings eine Aufhebung des in dem jeweiligen Grundrecht enthaltenen Freiheitsprinzips als solchem. Meinungsbeschränkungen in Bezug auf den Inhalt von Äußerungen sind deshalb nur dann legitim, wenn sie sich nicht an der inhaltlichen Bewertung der Meinung orientieren, sondern wenn die Meinungsäußerung Rechtsgüter Einzelner oder Schutzgüter der Allgemeinheit erkennbar gefährden kann. Ziel ist hier der Schutz vor Äußerungen, die ihrem Inhalt nach erkennbar auf rechtsgutgefährdende Handlungen hin angelegt sind, das heißt den Übergang zu Aggression oder Rechtsbruch markieren.[207] Insofern verfolgt § 130 Abs. 4 StGB einen legitimen Zweck.

b) Die Norm ist auch **geeignet** und **erforderlich**. Insbesondere ist kein gleich wirksames weniger belastendes Mittel erkennbar, um den Schutz des öffentlichen Friedens zu gewährleisten.

254

c) Letztlich müsste die Vorschrift auch **angemessen** sein. Eine Norm ist angemessen, wenn der Nachteil nicht erkennbar außer Verhältnis zu dem erstrebten Erfolg steht. Im Rahmen der Wechselwirkung müsste daher ein angemessener Ausgleich zwischen der Meinungsäußerungsfreiheit einerseits, und dem Schutz des öffentlichen Friedens andererseits bestehen. § 130 Abs. 4 StGB verbietet weder generell eine zustimmende Bewertung von Maßnahmen des nationalsozialistischen Regimes, noch eine positive Anknüpfung an Tage, Orte oder Formen, denen ein an diese Zeit erinnernder Sinngehalt mit gewichtiger Symbolkraft zukommt. Die Strafandrohung ist auf die Gutheißung allein der historisch real gewordenen Gewalt- und Willkürherrschaft unter dem Nationalsozialismus begrenzt, für die Deutschland eine fortwirkende, besondere, geschichtlich begründete Verantwortung trägt. Damit ist § 130 Abs. 4 StGB im Lichte der Bedeutung des Art. 5 Abs. 1 GG auch eine angemessene Regelung und verhältnismäßig.

255

§ 130 Abs. 4 StGB ist daher auch als nichtallgemeines Gesetz ausnahmsweise mit Art. 5 Abs. 1 GG vereinbar.[208] Die Auffassung des B, dass § 130 Abs. 4 StGB wegen Verletzung des Art. 5 Abs. 1 S. 1 Fall 1 GG verfassungswidrig ist, trifft nicht zu.

B. Die Informationsfreiheit, Art. 5 Abs. 1 S. 1 Fall 2 GG

I. Schutzbereich

Art. 5 Abs. 1 S. 1 Hs. 2 GG gewährleistet jedermann das Recht, sich aus allgemein zugänglichen Quellen ungehindert zu unterrichten. Für die Persönlichkeitsentfaltung des Einzelnen und die Aufrechterhaltung der demokratischen Ordnung ist die Informations-

256

---

207 BVerfG, Beschl. v. 04.11.2009 – 1 BvR 2150/08, RÜ 2010, 42 (Wunsiedel).
208 Hufen JuS 2010, 558; Volkmann NJW 2010, 417.

freiheit ebenso wichtig wie die Freiheit der freien Meinungsäußerung und der Medienberichterstattung.

Der Schutzbereich der Informationsfreiheit ist jedoch sachlich eingegrenzt. Geschützt sind lediglich Informationen, die aus **allgemein zugänglichen Quellen** stammen. Allgemein zugänglich ist eine Informationsquelle, wenn sie **geeignet und bestimmt ist, der Allgemeinheit, also einem individuell nicht bestimmbaren Personenkreis, Informationen zu verschaffen**.[209] Dazu zählen neben Büchern und Zeitungen die Massenkommunikationsmittel wie Rundfunk und Fernsehen, aber auch das Internet.[210] Geschützt wird nicht nur die Entgegennahme der Information, sondern auch die Informationsverschaffung. Gleichgültig ist, ob es sich um inländische oder ausländische Informationsquellen handelt. Soweit der Empfang von Rundfunkprogrammen von technischen Anlagen abhängt, erstreckt sich der Schutz der Informationsfreiheit auch auf die Anschaffung und Nutzung solcher Anlagen **(Parabolantenne)**.[211]

257 **Nicht allgemein zugänglich** ist z.B. der behördliche Bereich, sodass sich unmittelbar aus Art. 5 Abs. 1 S. 1 Hs. 2 GG kein Recht auf Akteneinsicht oder Auskunftserteilung ergibt.[212] Ein solches besteht nur kraft einfachen Rechts, z.B. gemäß § 29 VwVfG, § 4 UIG oder § 1 Abs. 1 IFG.

II. Eingriff

258 Ein Eingriff in die Informationsfreiheit liegt dann vor, wenn der Informationsvorgang **unmöglich** gemacht oder **wesentlich erschwert** wird. Dies gilt auch für Werbeverbote (z.B. Alkohol, Tabak) in den Medien. Auch eine nur zeitliche Einschränkung ist eine wesentliche Erschwerung des Informationszugangs, sodass ein Eingriff in Art. 5 Abs. 1 S. 1 Hs. 2 GG vorliegt. Keine wesentliche Erschwerung des Informationsvorgangs liegt z.B. in der Erhebung einer Gebühr für die Benutzung von Bibliotheken oder für Rundfunk oder Fernsehen, solange der bisherige Umfang einer allgemeinen Zugänglichkeit nicht erheblich eingeschränkt wird.[213]

III. Verfassungsrechtliche Rechtfertigung

259 Zur verfassungsrechtlichen Rechtfertigung gilt das zur Meinungsäußerung ausgeführte (s.o. Rn. 239 ff.).

C. Die Pressefreiheit, Art. 5 Abs. 1 S. 2 Fall 1 GG

260 Die Existenz einer **freien Presse** ist ein besonders wichtiger Faktor der Meinungsbildung in der Demokratie, insbesondere der Bildung einer öffentlichen Meinung. Sie ist gleichzeitig ein wichtiges Ausdrucksmittel öffentlicher Meinung, vor allem der öffentlichen Kritik, und trägt damit zur Kontrolle staatlichen Handelns bei.

---

209 BVerfG, Urt. v. 24.01.2001 – 1 BvR 2623/95; Jarass/Pieroth, GG, Art. 5 Rn. 23.
210 Jarass/Pieroth, GG, Art. 5 Rn. 23.
211 BVerfG, Beschl. v. 31.03.2013 – 1 BvR 1314/11, RÜ 2013, 446.
212 BVerfG, Beschl. v. 30.01.1986 – 1 BvR 1352/85; Jarass/Pieroth, GG, Art. 5 Rn. 24 m.w.N.
213 BVerwG, Urt. v. 27.10.2010 – 6 C 12.09 (Rundfunkgebühren).

I. Schutzbereich

Der Begriff **„Presse"** ist weit auszulegen. Er umfasst nicht nur die Erzeugnisse der Buchdruckerpresse (z.B. Zeitungen, Zeitschriften, Bücher), sondern alle zur Verbreitung geeigneten und bestimmten Vervielfältigungen, (z.B. Flugblätter, Handzettel, Aufkleber, Plakate, Fotokopien) sowie alle Informationsträger, die nicht unter den Film- und Rundfunkbegriff fallen (z.B. Ton- und Videobänder, CD, DVD).[214]

261

1. Abwehrrecht

Als subjektives Abwehrrecht schützt die Pressefreiheit die Wahrnehmung aller wesensmäßig mit der Pressearbeit im Zusammenhang stehenden Tätigkeiten, **von der Verschaffung der Information bis zur Verbreitung der Nachricht und der Meinung** unter Einbeziehung der presseinternen Hilfstätigkeiten.[215] Insbesondere wird geschützt das Recht, **Art** und **Ausrichtung**, **Inhalt** und **Form** einschließlich der Bebilderung frei zu bestimmen.[216] Daneben erstreckt sich der Schutz der Pressefreiheit auf die **Informationsquelle**, also z.B. die Informanten.[217]

262

2. Leistungsrecht

Für die Presse ergibt sich das **Recht auf Verschaffung von Informationen** unmittelbar aus dem Grundrecht der Pressefreiheit, nicht aus der in Art. 5 Abs. 1 S. 1 GG gewährleisteten Informationsfreiheit. Inwieweit daraus ein Anspruch auf Versorgung mit Information gegenüber staatlichen Stellen hergeleitet werden kann, ist umstritten (vgl. dazu noch unten, Fall 8, Rn. 270).[218]

263

Die Landespressegesetze verpflichten die Behörden jedenfalls, den Vertretern der Presse die der Erfüllung ihrer öffentlichen Aufgaben dienenden Auskünfte zu erteilen (z.B. § 4 PresseG NRW; § 4 Hamb PresseG).

3. Einrichtungsgarantie

Die Pressefreiheit gewährt nicht nur subjektive Rechte für die in der Presse tätigen Personen. Geschützt ist auch die **Einrichtung der Presse** selbst.[219]

264

a) Meinungsmonopole

Der Staat hat auch die Verpflichtung, die **Institution Presse** funktionsfähig zu erhalten. Die Pressefreiheit ist aufgrund des Fortfalls freier Konkurrenz infolge der zunehmenden wirtschaftlichen Monopolisierung der Gefahr einer auch publizistischen Monopolisie-

265

---

214 Epping, Rn. 229.
215 BVerfG, Beschl. v. 12.04.2007 – 1 BvR 78/02.
216 BVerfG, Beschl. v. 26.04.2001 – 1 BvR 758/97 u.a. (Prinz v. Hannover).
217 BVerfG, Urt. v. 05.08.1966 – 1 BvR 586/62 (Spiegel-Durchsuchung); BVerfG, Urt. v. 27.02.2007 – 1 BvR 538/06, RÜ 2007, 306 (Cicero).
218 Ablehnend z.B. Jarass/Pieroth, GG, Art. 5 Rn. 41 m.w.N.; befürwortend z.B. BVerwG, Urt. v. 20.02.2013 – 6 A 2.12, RÜ 2013, 450.
219 BVerfGE 20, 162, 175; Kunig Jura 1995, 589, 594 f. m.w.N.; Holznagel NWVBl. 2007, 198, 200 m.w.N. in Fn. 15 (Gratiszeitung).

rung ausgesetzt. Eine Machtkonzentration im Bereich der Presse würde deren Funktion beeinträchtigen, denn die Pressefreiheit setzt eine Meinungsvielfalt innerhalb der Presse voraus. Nach Auffassung des Bundesverfassungsgerichts ist hier eine Pflicht des Staates anzuerkennen, Gefahren abzuwehren, die einem freien Pressewesen aus der Bildung von **Meinungsmonopolen** erwachsen.[220]

b) Innere Pressefreiheit

266 Weiterhin ungeklärt ist die Frage, ob die Gewährleistung von Pressefreiheit Auswirkungen auf die innere Struktur der Presseunternehmen haben muss (sog. **„innere Pressefreiheit"**). Es geht darum, ob und inwieweit Journalisten, Redakteure und Verleger **im Verhältnis zueinander** die publizistische Richtung ihrer Zeitung mitbestimmen sollen. Die innere Pressefreiheit wäre ein Mittel, der Machtkonzentration als Folge wirtschaftlicher Monopolbildung im Bereich der Presse durch Meinungsvielfalt innerhalb einer Zeitung zu begegnen.

In der Lit. wird die Problematik kontrovers diskutiert.[221] Fraglich ist bereits, wer von den genannten Personen überhaupt Träger des Grundrechts der Pressefreiheit ist. Nimmt man an, dass außer dem Verleger auch Redakteur und Journalist diesbezüglich Grundrechtsträger sind, so stellt sich die Frage nach dem Verhältnis dieser Grundrechtspositionen zueinander. Es handelt sich um ein Problem der Grundrechtskollision, bei dessen Lösung die Kompetenzverteilung innerhalb des Presseunternehmens herangezogen werden kann. Daher ist wohl davon auszugehen, dass zwar die Pressefreiheit **nicht unmittelbar** im Verhältnis Verleger und Redakteur gilt, aber innerhalb der „Grundsatzkompetenz" des Verlegers dem Redakteur eine gewisse Selbstständigkeit eingeräumt werden muss.

c) Subventionierung

267 Vor dem Hintergrund der Gewährleistung einer freien Presse ist auch die Frage nach der Zulässigkeit der Subventionierung von Presseunternehmen zu sehen. Die Subventionierung einzelner – mittlerer oder kleiner – Presseunternehmen greift in die Wettbewerbsverhältnisse auf dem Zeitungsmarkt ein. **Aufgrund dieser Grundrechtsrelevanz bedarf die Finanzhilfe wegen des Gesetzesvorbehalts einer gesetzlichen Grundlage**, welche die Vergabevoraussetzungen und -modalitäten genau festlegt.[222] Anders als bei anderen Subventionen ist daher ein Haushaltsansatz im Haushaltsgesetz und eine Regelung in Subventionsrichtlinien nicht ausreichend.

In jedem Fall dürfen staatliche Förderungen bestimmte Meinungen oder Tendenzen weder begünstigen noch benachteiligen. Art. 5 Abs. 1 S. 2 GG begründet im Subventionsbereich für den Staat vielmehr eine **inhaltliche Neutralitätspflicht**, die jede Differenzierung nach Meinungsinhalten verbietet. Dem entspricht aufseiten des Trägers der Pressefreiheit ein subjektives Abwehrrecht gegen die mit staatlichen Förderungsmaß-

---

220 BVerfGE 20, 162, 175.
221 Vgl. Jarass/Pieroth, GG, Art. 5 Rn. 94 m.w.N.
222 BVerfGE 80, 124, 131; VG Berlin, NJW 1996, 410.

nahmen möglicherweise verbundenen inhaltslenkenden Wirkungen sowie ein Anspruch auf Gleichbehandlung im publizistischen Wettbewerb.[223]

II. Eingriff

Zu den Eingriffen zählen alle Beeinträchtigungen der technischen, organisatorischen und institutionellen Voraussetzungen, die Presseunternehmen sich für die Erfüllung ihrer Aufgaben geschaffen haben bzw. alle Beeinträchtigungen des Pressebetriebs sowie Sanktionen, die an Inhalt und Gestaltung des Presseerzeugnisses anknüpfen.[224]

Beispiele: Erwähnung eines Presseverlages im Verfassungsschutzbericht;[225] Durchsuchung von Redaktionsräumen.[226]

268

III. Verfassungsrechtliche Rechtfertigung

Zur verfassungsrechtlichen Rechtfertigung gilt das oben zur Meinungsäußerung dargestellte (Rn. 239 ff.).

269

Bei der **Abwägung** der Pressefreiheit mit gegenläufigen Rechtspositionen ist insbesondere zu beachten:

- Generell nicht gerechtfertigt sind von vornherein unwahre Tatsachen, wie z.B. erfundenes Interview, gefälschtes Foto.[227]

- Bei nicht bewiesenen Tatsachenbehauptungen ist von Bedeutung, wie sorgfältig das Presseorgan recherchiert hat.[228]

- Grenze der Berichterstattung ist regelmäßig die Familien- und Intimsphäre.[229]

- In der Abwägung mit dem Persönlichkeitsrecht Betroffener ist zu beachten, ob die Person, über die berichtet wird, selbst in der Öffentlichkeit steht (z.B. Staatsanwalt, Pflichtverteidiger im Strafprozess).[230]

Fall 8: Auskünfte vom BND

270

K ist Chefreporter der B-Zeitung. Er begehrt vom Bundesministerium des Innern (BMI) Auskunft darüber, wie viele ehemalige Mitarbeiter des Bundesnachrichtendienstes (BND) eine nationalsozialistische Vergangenheit gehabt haben. Zur Begründung verweist K darauf, die Debatte über vorbelastete BND-Mitarbeiter habe bereits in den 1950er Jahren begonnen und dauere an. Sie sei wichtig, um geschehenes Unrecht aufzuarbeiten und den Opfern Genugtuung zu verschaffen. Sie sei auch wichtig, um künftigem Unrecht vorzubeugen. Die Presse sei in diesem Zusammenhang

---

223 BVerfGE 80, 124 (133 f.).
224 BVerfGE 30, 336 (347); NJW 2005, 2912 f.
225 BVerfG, NJW 2005, 2912 f.
226 BVerfG, Urt. v. 27.02.2007 – 1 BvR 538/06, RÜ 2007, 306 (Cicero).
227 Hufen § 27 Rn. 22; Manssen, Rn. 352.
228 BVerfG DVBl. 2009, 1166 (Presseschau); Michael/Morlok, Rn. 220.
229 BVerfG, Beschl. v. 10.11.1998 – 1 BvR 1531/96.
230 BVerwG, Urt. v. 01.10.2014 – 6 C 35.13, RÜ 2014, 816.

> ein wichtiger Katalysator. Als Journalist habe er die Funktion als „public watchdog". Das BMI verweist darauf, dass es als Bundesbehörde nicht nach dem LPresseG zur Auskunft verpflichtet sei. Im Übrigen könnten die von K begehrten Informationen nur mit unverhältnismäßigem Aufwand ermittelt werden. Eine etwaige Mitgliedschaft in Organisationen des NS-Regimes sei nicht zentral erfasst worden; deshalb stehe kein zentraler Aktenbestand zur Verfügung. Zur Darstellung eines Personalprofils des BND müsse eine Gesamtschau der im Archiv vorhandenen Akten erfolgen, die zum Teil noch gar nicht erschlossen seien; die begehrten Informationen lägen zurzeit nur fragmentarisch vor. K macht demgegenüber geltend, dass sich sein Auskunfts- und Informationsanspruch aus § 4 LPresseG, ansonsten aus § 1 IFG oder unmittelbar aus Art. 5 Abs. 1 S. 2 GG ergebe. Zu Recht?
>
> **§ 4 LPresseG lautet:** Die Behörden sind verpflichtet, den Vertretern der Presse die der Erfüllung ihrer öffentlichen Aufgabe dienenden Auskünfte zu erteilen.

271 I. Der geltend gemachte Informationsanspruch könnte sich **aus § 4 LPresseG** ergeben. Danach sind Behörden verpflichtet, den Vertretern der Presse, die der Erfüllung ihrer öffentlichen Aufgabe dienenden Auskünfte zu erteilen.

    1. Beim BMI handelte es sich einerseits um einen Teil der Bundesregierung als Verfassungsorgan (Art. 65 GG), es ist andererseits als **oberste Bundesbehörde** zugleich Teil der (Ministerial-)Verwaltung und damit Behörde.

272   2. Fraglich ist jedoch, ob **Bundesbehörden** über das **Landes**-PresseG verpflichtet sein können. Dies ist eine Frage der **Gesetzgebungskompetenzen**. Auch die Bundesbehörden sind nach **Art. 20 Abs. 3 GG** an Recht und Gesetz gebunden, und damit auch an Landesgesetze. Soweit die Länder das Gesetzgebungsrecht haben, können sie demnach auch Bundesbehörden verpflichten. Die Bindung an ein Gesetz, d.h. die Verpflichtung, sich dem Gesetz entsprechend zu verhalten und das Gesetz zu beachten, hat nichts mit der Kompetenz zum Vollzug des Gesetzes i.S.d. Art. 83 ff. GG zu tun.

    a) Die Gesetzgebungskompetenz **für das Presserecht** liegt grundsätzlich bei den **Ländern** (Art. 70 Abs. 1 GG). Daher könnten Auskunftsansprüche der Presse, auch gegen Bundesbehörden, dieser Landesgesetzgebungskompetenz unterfallen. Dies wäre insbesondere dann der Fall, wenn sich ein entsprechender presserechtlicher Auskunftsanspruch **nicht nur auf bestimmte Themen** bezöge, sondern „voraussetzungslos, sachblind und sachkompetenzneutral" bestünde. Dann wäre die Gesetzgebungskompetenz der Länder für Auskunftsansprüche der Presse in einem allumfassenden Sinne, also auch gegenüber Bundesbehörden gegeben.[231] Für eine solche Auslegung könnte auch der Umstand sprechen, dass im Zuge der Föderalismusreform im Jahre 2006 das Presserecht bewusst in die **ausschließliche Kompetenz der Länder** übertragen wurde.[232]

---

[231] In diesem Sinne Cornils DÖV 2013, 657, 660; Kloepfer JZ 2013, 892, 893.
[232] OVG NRW, Urt. v. 18.12.2013 – 5 A 413/11.

b) Für Auskunftsansprüche gegenüber Bundesbehörden könnte jedoch auch **eine vorrangige Bundeskompetenz** bestehen. Dem Bund steht die **ausschließliche Kompetenz** für die Gesetzgebung in auswärtigen Angelegenheiten sowie in Angelegenheiten der Verteidigung zu (Art. 73 Abs. 1 Nr. 1 GG). Zu dieser Materie gehört auch der gesetzliche Auftrag an den Bundesnachrichtendienst zur Gewinnung von Erkenntnissen über das Ausland mit außen- und sicherheitspolitischer Relevanz. Die Kompetenz zur Regelung der Sachmaterie „Bundesnachrichtendienst" könnte **als Annex**[233] auch die Befugnis einschließen, Voraussetzungen und Grenzen zu regeln, unter denen der Öffentlichkeit einschließlich der Presse Informationen zu erteilen sind oder erteilt werden dürfen.[234] Dem kann nicht entgegengehalten werden, dass das Presserecht eine Landesgesetzgebungskompetenz betrifft. Die Begründung einer Annexkompetenz setzt gerade voraus, dass eine Erstreckung auf eine Sachmaterie stattfindet, die eigentlich in der Kompetenz der Länder steht.[235] Vielmehr ist der **enge funktionale Zusammenhang** zwischen der Sachmaterie „auswärtige Angelegenheiten, Verteidigung" und den Gefahren, die von Auskünften in diesen (teilweise geheimhaltungsbedürftigen) Bereichen ausgehen könne, zu beachten. Die Entscheidung, wie weit die Auskunftsansprüche der Presse gehen können und wie ein Ausgleich zwischen Transparenz und Vertraulichkeitsinteressen geschaffen wird, muss daher **dem für die Sachmaterie zuständigen Gesetzgeber vorbehalten** bleiben.[236]

Auskunftsansprüche gegen den BND unterfallen daher der **ausschließlichen Annexkompetenz des Bundes**. § 4 LPresseG ist verfassungskonform dahin auszulegen, dass der BND nicht zu den von der Vorschrift verpflichteten „Behörden" zählt. § 4 LPresseG scheidet damit als Anspruchsgrundlage aus.

II. Nach **§ 1 IFG des Bundes** hat jeder, und damit auch die Presse, gegenüber den Behörden des Bundes einen Anspruch auf Zugang zu amtlichen Informationen. **Amtliche Information** ist jede amtlichen Zwecken dienende Aufzeichnung, unabhängig von der Art ihrer Speicherung (§ 2 Nr. 1 IFG). K begehrt indes **keine vorhandene Information**, sondern eine Auswertung der vorhandenen Akten. § 1 IFG scheidet daher als Anspruchsgrundlage ebenfalls aus.

III. Fehlen einfach-gesetzliche Anspruchsgrundlagen, so kann sich der Anspruch ausnahmsweise **unmittelbar aus Grundrechten**, hier dem Grundrecht der **Pressefreiheit nach Art. 5 Abs. 1 S. 2 GG** ergeben.

1. Art. 5 Abs. 1 S. 2 GG gewährleistet **nicht nur ein Abwehrrecht** gegen staatliche Eingriffe, sondern garantiert darüber hinaus in seinem objektivrechtlichen Gehalt die **institutionelle Eigenständigkeit der Presse**. Der Gesetzgeber hat daher die Pflicht, der Presse eine **funktionsgemäße Betätigung** zu ermöglichen. Dazu zählt auch die Schaffung von behördlichen Auskunftspflichten, die es der Presse

---

[233] Zu den ungeschriebenen Gesetzgebungskompetenzen, insbesondere der Annexkompetenz vgl. AS-Skript Staatsorganisationsrecht (2017), Rn. 391 ff.
[234] BVerwG, Urt. v. 20.02.2013 – 6 A 2.12, RÜ 2013, 450; BVerwG, Urt. v. 25.03.2015 – 6 C 12.14, RÜ 2015, 529.
[235] BVerwG, Urt. v. 25.03.2015 – 6 C 12.14, RÜ 2015, 529.
[236] BVerwG, Urt. v. 20.02.2013 – 6 A 2.12, RÜ 2013, 450; BVerwG, Urt. v. 25.03.2015 – 6 C 12.14, RÜ 2015, 529.

erleichtern oder in Einzelfällen sogar überhaupt erst ermöglichen, ihre Kontroll- und Vermittlungsfunktionen zu erfüllen, die in der repräsentativen Demokratie unerlässlich sind.[237]

275 2. Bleibt der Gesetzgeber untätig, muss **unmittelbar auf das Grundrecht** aus Art. 5 Abs. 1 S. 2 GG als Rechtsgrundlage für pressespezifische Auskunftspflichten zurückgegriffen werden. Zwar sind Ansprüche, unmittelbar aus den Grundrechten hergeleitet, die Ausnahme. Aber ohne einen solchen Rückgriff liefe die Pressefreiheit in ihrem objektivrechtlichen Gewährleistungsgehalt leer.

Inwieweit presserechtliche Auskunftsansprüche bestehen, regelt grundsätzlich der Gesetzgeber. Diesem steht eine **Einschätzungs- und Ausgestaltungsprärogative** hinsichtlich der Frage zu, wie weitgehend der Presse Auskunftsansprüche eingeräumt werden. Aus der Pressefreiheit ergibt sich daher, genau wie aus der Informations- und Rundfunkfreiheit,[238] kein Anspruch auf Informationsbeschaffung.[239] Dementsprechend ist ein verfassungsunmittelbarer Auskunftsanspruch auf das Niveau eines **„Minimalstandards"** zu begrenzen, den auch der Gesetzgeber nicht unterschreiten dürfte. Der Umfang des durch Art. 5 Abs. 1 S. 2 GG gewährleisteten Informationszugangs beschränkt sich damit auf bei der Behörde tatsächlich vorhandene Informationen.

Die von K gestellten Fragen nach etwaigen Mitgliedschaften in Organisationen des NS-Regimes betreffen keine beim BMI bereits vorhandenen Informationen. Diese sind nicht zentral erfasst worden, sodass kein zentraler Aktenbestand zur Verfügung steht, in dem solche Zahlen ablesbar sind. Die von K begehrten Auskünfte betreffen demnach keine beim BMI vorhandenen Informationen, sodass auch Art. 5 Abs. 1 S. 2 GG als Anspruchsgrundlage ausscheidet. K hat keinen Auskunfts- und Informationsanspruch.

D. Die Rundfunk- und Filmfreiheit, Art. 5 Abs. 1 S. 2 GG

276 Diese Freiheiten, die in Klausuren nur eine untergeordnete Rolle spielen, sollen im Folgenden nur kurz angesprochen werden.

277 ■ Die Rundfunkfreiheit dient der freien individuellen und öffentlichen Meinungsbildung. Der in Art. 5 Abs. 1 S. 2 GG enthaltene Auftrag zur Gewährleistung der Rundfunkfreiheit zielt darauf ab, dass die Vielfalt der bestehenden Meinungen im Rundfunk möglichst breit und vollständig Ausdruck findet.[240] **Rundfunk** ist jede an die Öffentlichkeit gerichtete Übermittlung von Gedankeninhalten in Form von physikalischen, insbesondere elektromagnetischen Wellen (Hörfunk, Fernsehen). Internetdienste sind nur dann „Rundfunk", wenn ein redaktioneller Teil enthalten ist.[241]

---

237 BVerwG, Urt. v. 20.02.2013 – 6 A 2.12, RÜ 2013, 450; BVerwG, Urt. v. 25.03.2015 – 6 C 12.14, RÜ 2015, 529.
238 BVerfG, Urt. v. 24.01.2001 – 1 BvR 2623/95; Jarass/Pieroth, GG, Art. 5 Rn. 41.
239 BVerwG, Urt. v. 20.02.2013 – 6 A 2.12, RÜ 2013, 450.
240 BVerfG, Urt. v. 25.03.2014 – 1 BvF 1/11.
241 Jarass/Pieroth, GG, Art. 5 Rn. 110 f.

- **Filme** sind alle Bilderreihen, die zur Darstellung durch einen Projektor geeignet sind, einschließlich des Tones. Filme i.S.v. Art. 5 Abs. 1 S. 2 Fall 3 GG sind nur solche, die an die Öffentlichkeit gerichtet sind.

- Geschützt wird die Freiheit der **„Berichterstattung"**. Darunter fällt nach h.M. nicht nur die Tatsachenermittlung und -mitteilung, sondern auch die Meinungsäußerung.[242]

Grundrechtsberechtigte sind alle natürlichen und juristischen Personen, die eigenverantwortlich Rundfunk veranstalten und verbreiten.[243] Der Rundfunk ist in der Bundesrepublik Deutschland noch vornehmlich **öffentlich-rechtlich** organisiert (ZDF, DLF). In den Bundesländern gibt es Rundfunkanstalten, deren Träger öffentlich-rechtliche Körperschaften, die Länder, sind (z.B. WDR, NDR; nicht die ARD). Grundsätzlich stehen Grundrechte dem Staat bzw. dessen Körperschaften und Organen nicht zu. Für die Rundfunkfreiheit gilt jedoch eine Ausnahme. Träger dieses Grundrechts sind gerade auch die öffentlich-rechtlichen Rundfunkanstalten.[244] Gleichzeitig sind sie aber wegen Art. 1 Abs. 3 GG auch Grundrechtsverpflichtete.

E. Europarecht

Die **Art. 11 GRCh** sowie **Art. 10 EMRK** schützen die Meinungsfreiheit und die Informationsfreiheit. Während Art. 10 EMRK die Medienfreiheit nicht ausdrücklich schützt, ist diese in Art. 11 Abs. 2 GRCh ausdrücklich geschützt. Eine Besonderheit weist Art. 10 Abs. 2 EMRK auf, indem er eine sehr weit gefasste Einschränkungsmöglichkeit eröffnet.

8. Abschnitt: Die Kunstfreiheit, Art. 5 Abs. 3 S. 1 Fall 1 GG

A. Schutzbereich

I. Sachlich

Leitbegriff des Art. 5 Abs. 3 S. 1 Fall 1 GG ist die **Kunst**. Eine Definition des Begriffs „Kunst" ist fast unmöglich. Das Bundesverfassungsgericht und die h.M. erkennen aber an, dass es gerade das Wesen der Kunst ist, sich ständig weiter zu entwickeln und sich selbst stets neu zu definieren. Und obwohl es schwer fällt, Kunst zu definieren, hat das Bundesverfassungsgericht in der sog. „Josefine Mutzenbacher-Entscheidung"[245] festgestellt: „Was der Staat nicht definieren kann, das kann er auch nicht schützen." Dabei ist zu berücksichtigen, dass sich der Staat **weltanschaulich und ästhetisch neutral** zu verhalten hat. Eine Niveaukontrolle durch den Staat, eine Unterscheidung zwischen „guter" und „schlechter" Kunst ist danach unzulässig.[246]

Das Bundesverfassungsgericht verwendet deshalb nebeneinander verschiedene Kunstbegriffe,[247] die jedoch nicht abschließend den Begriff Kunst definieren:

---

242 BVerfGE 57, 295 (319); BVerfG NJW 2001, 1633 (n-tv).
243 BVerfG, Beschl. v. 20.02.1998 – 1 BvR 661/94.
244 BVerfGE 31, 314, 322; 59, 231, 254 f.
245 BVerfG, Beschl. v. 27.11.1990 – 1 BvR 402/87.
246 Sachs, GG, Art. 5 Rn. 187.
247 Vgl. z.B. BVerfG, Beschl. v. 27.11.1990 – 1 BvR 402/87.

1. Formaler Kunstbegriff

283 Kunst sind Tätigkeiten und Ergebnisse, die der traditionellen Vorstellung von Kunst entsprechen. D.h., dass ein Werk als Kunst bezeichnet wird, wenn es **bestimmte Strukturmerkmale** aufweist, nach denen es einem bestimmten Werktyp zugeordnet werden kann.[248] Dazu zählen beispielhaft die Malerei, Theater, Musik, Dichtung usw.

> **Beispiel:** Karikatur (von lateinisch carrus „Karren", also: Überladung) bedeutet die komisch überzeichnete Darstellung von Menschen oder Zuständen, vor allem mit politischem Hintergrund. Strukturmerkmale einer Karikatur sind danach die bildhafte Darstellung, die durch die überzeichnete Form aber etwas ausdrücken soll (häufig eine bestimmte Meinung). Danach sind Karikaturen nach dem formalen Kunstbegriff „Kunst".

2. Materieller Kunstbegriff

284 Nach dem materiellen Kunstbegriff ist Kunst das **Ergebnis freier schöpferischer Gestaltung**, in der der Künstler Eindrücke, Erfahrungen und Erlebnisse in einer bestimmten Formensprache zu unmittelbarer Anschauung bringt.[249]

> **Beispiel:** H zeichnet Karikaturen, die den damals lebenden Politiker Franz-Josef Strauß als sich sexuell betätigendes Schwein zeigen. Hier verbindet der Künstler seine Sinneseindrücke (Strauß, Schwein) frei schöpferisch gestaltend derart, dass ein Schwein mit den Gesichtszügen eines lebenden Menschen verknüpft wird.[250]

3. Offener Kunstbegriff

285 Letztlich bleibt der Kunstbegriff aber offen. Kunst setzt danach voraus, dass das Werk **interpretationsfähig, interpretationsbedürftig und der Interpretation zugänglich** ist.[251]

> **Klausurhinweis:** *Die Kunstbegriffe schließen sich nicht gegenseitig aus.[252] Das bedeutet, dass bereits dann der Schutzbereich betroffen ist, wenn nach einem der Kunstbegriffe Kunst gegeben ist.* **In der Klausur** *sollten Sie alle Begriffe darstellen und subsumieren. Während in der Lit.[253] teilweise nach dem* **„Kriterium der Drittanerkennung"** *verfahren wird, also Kunst nur dann gegeben ist, wenn ein „in Kunstfragen kompetenter Dritter es für vertretbar hält, das Werk als Kunst zu bezeichnen", wird dies vom Bundesverfassungsgericht nicht aufgegriffen. Eine Darstellung dürfte in einer Klausur daher entbehrlich sein.*

---

[248] Manssen, Rn. 418.
[249] Manssen, Rn. 417.
[250] BVerfGE 75, 369 (Strauß-Karikatur).
[251] Manssen, Rn. 419.
[252] BVerfG, Beschl. v. 17.07.1984 – 1 BvR 816/82 (Anachronistischer Zug).
[253] vMünch/Kunig, GG, Art. 5 Rn. 92.

Kunstbegriffe			286
formal	materiell	offen	
bestimmte Strukturmerkmale, nach denen es einem bestimmten Werktyp zugeordnet werden kann	freie schöpferische Gestaltung, durch die Sinneseindrücke nach außen getragen werden	interpretationsfähig und -bedürftig und verschiedenen Interpretationen zugänglich	

II. Umfang

Art. 5 Abs. 3 GG garantiert für die Kunst eine umfassende Freiheit: 287

- zum einen die künstlerische Betätigung selbst, also die Umsetzung des künstlerischen Willens in die Realität (den **Werkbereich**),

- zum anderen die künstlerische Wirkung, also die Darbietung und Verbreitung des Kunstwerks, die Tätigkeit, die der Öffentlichkeit den Zugang zum Kunstwerk verschafft (den **Wirkbereich**).[254]

Da die Kunstfreiheit nur verfassungsimmanente Schranken hat, stellt sich schließlich noch die Frage, ob man **unerlaubte Tätigkeiten** aus dem Schutzbereich herausnehmen kann (sachliche Schutzbereichsbegrenzung). 288

Beispiel: Ein „Graffiti-Künstler" sprüht an Hauswänden, auf Zügen und in Bahnhöfen seine Bilder. Handelt es sich dabei um richtige „Gemälde", so könnte man dies unter Umständen sogar mit allen drei Kunstbegriffen erfassen. Das Problem ist nur, dass die „Graffiti-Künstler" das Eigentum anderer dabei beeinträchtigen. Das Bundesverfassungsgericht sieht daher in diesem Fall den Schutzbereich des Art. 5 Abs. 3 GG als nicht gegeben an.[255] Folgt man dieser Ansicht nicht, stellt sich die Frage der verfassungsrechtlichen Rechtfertigung von Eingriffen durch kollidierendes Verfassungsrecht (dazu unten).

B. Eingriff

Eingriffe sind nach den normalen Maßstäben in allen staatlichen Maßnahmen, durch die der Schutzbereich verkürzt wird, zu erblicken (Verbote, Sanktionen etc.). Insoweit gilt das oben Dargestellte (zum Eingriffsbegriff s.o. Rn. 61) 289

C. Verfassungsrechtliche Rechtfertigung

I. Schranken

In Art. 5 Abs. 3 GG findet sich keine Schranke. Die Schranken des Art. 5 Abs. 2 GG gelten nur für die Gewährleistungen aus Art. 5 Abs. 1 GG, da nach Art. 5 Abs. 2 GG **„diese"** Rechte, also die aus Abs. 1 eingeschränkt werden können.[256] Des Weiteren lehnt es das Bundesverfassungsgericht auch ab, die Schranken des Art. 2 Abs. 1 GG hier anzuwenden. 290

---

[254] BVerfG, Beschl. v. 13.06.2007 – 1 BvR 1783/05 (Esra); Sachs, GG, Art. 5 Rn. 196.
[255] BVerfG, Beschl. v. 19.03.1984 – 2 BvR 1/84 (Sprayer von Zürich).
[256] BVerfGE 30, 173, 191; BVerfG, Beschl. v. 27.11.1990 – 1 BvR 402/87.

Derartige – scheinbar „schrankenlose" – Grundrechte können **nur durch verfassungsimmanente Schranken** eingeschränkt werden, d.h. durch einen Wert von Verfassungsrang. Darunter fallen Grundrechte Dritter oder andere Rechtsgüter von Verfassungsrang.

Beispiele:

- Das elterliche Erziehungsrecht (Art. 6 Abs. 2 S. 1 GG) und das allgemeine Persönlichkeitsrecht (Art. 2 Abs. 1 i.V.m. Art. 1 Abs. 1 GG) – also Grundrechte Dritter – rechtfertigen es, dass gewisse künstlerische Schriften (z.B. pornographische Darstellungen) nur eingeschränkt vertrieben werden dürfen und dass für diese Schriften nicht geworben werden darf etc.
- Die Sonn- und Feiertagsruhe, die sich als „Wert mit Verfassungsrang" in Art. 140 GG i.V.m. Art. 139 WRV findet und durch die Feiertagsgesetze der Länder konkretisiert ist, rechtfertigt gewisse Beschränkungen, z.B. bei der Aufführung von Musikveranstaltungen.

II. Verfassungsgemäße Konkretisierung

291 Für die Prüfung der verfassungsgemäßen Konkretisierung der Einschränkungsmöglichkeiten (Schranken-Schranken) gelten zunächst wieder die normalen Grundsätze.

Zu beachten ist dabei aber, dass eine verfassungsimmanente Schranke immer **nur durch eine hinreichend bestimmte gesetzliche Grundlage konkretisiert** werden kann.[257] Dies bedeutet in einer Falllösung, dass an dieser Stelle nicht einfach eine Abwägung der widerstreitenden Grundrechte **(Praktische Konkordanz)** vorzunehmen ist, sondern vielmehr zunächst die gesetzliche Ermächtigungsgrundlage gefunden werden muss, die (natürlich) selbst verfassungsgemäß sein muss (vgl. dazu unten, Fall 9).

Merke: Jede verfassungsimmanente Schranke wird vom Gesetzgeber aufgegriffen und durch die Gesetze konkretisiert.

Fall 9: Esra

Der bekannte deutsche Schriftsteller B schildert in seinem Roman „Adam und Esra" eine komplizierte Liebesgeschichte zwischen dem jüdischstämmigen Adam und der türkischstämmigen Esra. Die Beziehung der beiden ist geprägt von Eifersucht und Argwohn bis hin zum Verfolgungswahn. Beide trennen sich und kommen wieder zusammen. Schließlich scheitert die Beziehung an der Schwangerschaft Esras. Der Roman schildert Esra insbesondere als eine vom Willen ihrer Mutter Lale abhängige, unselbstständige Frau ohne eigene Entscheidungskraft. Die Mutter wiederum wird als depressive, psychisch kranke Alkoholikerin dargestellt, die ihre Tochter und ihre Familie tyrannisiere und damit auch die Beziehung zum Scheitern bringe. Die Darstellung ist mit vielen Details der Beziehung gespickt, u.a. auch hinsichtlich der intimen körperlichen Kontakte zwischen Adam und Esra.

Schon vor Erscheinen des Romans wird in der Presse vermutet, dass der Schriftsteller die Geschehnisse des Romans nicht nur aus seiner Phantasie, sondern auch aus persönlichen Erlebnissen einer gescheiterten Beziehung schöpft. Tatsächlich zeigen sich

---

257 BVerfGE 83, 130, 142; BVerfG, Urt. v. 24.09.2003 – 2 BvR 1436/02.

in dem Roman durchgehend unverkennbare Ähnlichkeiten sowohl zwischen Esra und einer ehemaligen Geliebten des Autors, der bekannten Schauspielerin A, als auch zwischen Lale und der Mutter dieser Geliebten, der gleichfalls prominenten Bürgerrechtsaktivistin S, einer Trägerin des „Alternativen Nobelpreises". Über diverse Eckdaten – etwa erhaltene Auszeichnungen, Berufe und Lebensstationen – ließen sich die im Roman genannten Figuren ihren realen Vorbildern unzweifelhaft zuordnen.

In einer Widmung eines an A übersandten Exemplars notierte B handschriftlich:

„Liebe A…, dieses Buch ist für Dich. Ich habe es nur für Dich geschrieben, aber ich verstehe, dass Du Angst hast, es zu lesen. Vielleicht liest Du es, wenn wir alt sind – und siehst dann noch einmal, wie sehr ich Dich geliebt habe. B."

In einem gedruckten Nachwort heißt es dagegen im Buch:

„Sämtliche Figuren dieses Romans sind frei erfunden. Alle Ähnlichkeiten mit Lebenden und Verstorbenen sind deshalb rein zufällig und nicht beabsichtigt."

A und S klagen vor den Zivilgerichten auf Unterlassung der Veröffentlichung des Romans. Den Klagen wird durch letztinstanzliches Urteil aufgrund § 1004 i.V.m. § 823 Abs. 1 BGB dergestalt stattgegeben, dass B die Veröffentlichung und der Vertrieb des Buches verboten werden. B fühlt sich dadurch in seiner Kunstfreiheit aus Art. 5 Abs. 3 GG verletzt. Zu Recht?

Hinweis: §§ 1004 und 823 Abs. 1 BGB sind verfassungskonform.

I. Es müsste zunächst der **Schutzbereich** des Art. 5 Abs. 3 S. 1 GG eröffnet sein. Nach Art. 5 Abs. 3 S. 1 GG ist **Kunst** frei. Der Roman „Adam und Esra" müsste danach als „Kunst" zu qualifizieren sein. Es werden verschiedene Kunstbegriffe verwendet, die sich aber nicht gegenseitig ausschließen, sondern nebeneinander stehen.

1. Nach dem **formellen Kunstbegriff** sind Kunst Tätigkeiten und Ergebnisse, die der traditionellen Vorstellung von Kunst entsprechen. D.h., dass ein Werk als Kunst bezeichnet wird, wenn es **bestimmte Strukturmerkmale** aufweist, nach denen es einem bestimmten Werktyp zugeordnet werden kann. Im vorliegenden Fall geht es um einen Roman. Dieser zählt traditionell zu den anerkannten Ausdrucksformen der Kunst und ist schon deshalb dem formalen Kunstbegriff zuzuordnen.

2. Nach dem **materiellen Kunstbegriff** ist Kunst das Ergebnis freier schöpferischer Gestaltung, in der der Künstler Eindrücke, Erfahrungen und Erlebnisse in einer bestimmten Formensprache zu unmittelbarer Anschauung bringt. Auch wenn wesentlicher Gegenstand des Rechtsstreits das Ausmaß ist, in dem der B in seinem Werk existierende Personen schildert, ist jedenfalls der Anspruch des Autors deutlich, diese Wirklichkeit künstlerisch zu gestalten. Insofern stellt der Roman auch das Ergebnis einer freien schöpferischen Gestaltung dar und ist ebenfalls dem materiellen Kunstbegriff zuzuordnen.

3. Der **offene Kunstbegriff** sieht das kennzeichnende Merkmal einer künstlerischen Äußerung darin, dass es wegen der Mannigfaltigkeit ihres Aussagegehaltes möglich ist, der Darstellung im Wege einer fortgesetzten Interpretation immer weiter reichende Bedeutung zu entnehmen, also das Werk interpretationsfähig und -bedürftig ist. Diese Voraussetzung ist bei dem Roman ebenfalls gegeben, sodass auch nach dem offenen Kunstbegriff „Kunst" gegeben ist.

4. Die Kunstfreiheit schützt neben der eigentlichen künstlerischen Tätigkeit, dem sog. **Werkbereich**, auch die Vermittlung des Kunstwerks an Dritte, sog. **Wirkbereich**. Somit ist auch die Veröffentlichung und Verbreitung des Romans „Adam und Esra" von der Kunstfreiheit umfasst.

Der Schutzbereich der Kunstfreiheit ist damit betroffen.

293 II. Das letztinstanzliche Urteil müsste in die Kunstfreiheit **eingreifen**. Problematisch könnte dabei sein, dass zwei Private vor einem Zivilgericht streiten. Grundrechte stellen in erster Linie ein **Abwehrrecht gegen den Staat** dar und gelten grundsätzlich nicht im Verhältnis zweier Privater zueinander. Allerdings haben die Grundrechte grundlegende, wertentscheidende Bedeutung für die gesamte Rechtsordnung unter dem Grundgesetz. Sie prägen die gesamte Rechtsordnung und können damit auch das Zivilrecht nicht unberührt lassen. Die Grundrechte strahlen in das Zivilrecht aus, vor allem über die Generalklauseln, die deshalb auch als Einbruchstellen der Grundrechte in das bürgerliche Recht bezeichnet werden.[258] Das Grundrecht ist daher zugleich eine objektive Entscheidung für die Freiheit der Kunst, die auch im Verhältnis von Privaten zueinander zu berücksichtigen ist, insbesondere wenn unter Berufung auf private Rechte künstlerische Werke durch staatliche Gerichte verboten werden sollen.[259] Die Grundrechte sind demzufolge von den staatlichen Gerichten als objektive Werteordnung in der Auslegung unbestimmter Rechtsbegriffe auch des Zivilrechts zu beachten (sog. **mittelbare Drittwirkung**).

Damit greift das Urteil, welches die durch die Kunstfreiheit geschützte Betätigung beschränkt, in Art. 5 Abs. 3 S. 1 GG ein.

III. Dieser Eingriff könnte **verfassungsrechtlich gerechtfertigt** sein.

294 1. Die Kunstfreiheit ist nach dem Wortlaut nicht einschränkbar und kann daher nur durch kollidierendes Verfassungsrecht, also die **verfassungsimmanenten Schranken**, eingeschränkt werden. Dazu zählen die **Grundrechte Dritter**, hier also das **allgemeine Persönlichkeitsrecht** der A und der S aus Art. 2 Abs. 1 i.V.m. Art. 1 Abs. 1 GG.

295 a) Gerade wenn man den Begriff der Kunst im Interesse des Schutzes künstlerischer Selbstbestimmung weit fasst, und wenn man nicht nur den Werkbereich, sondern auch den Wirkbereich in den Schutz einbezieht, dann muss sichergestellt sein, dass Personen, die durch Künstler in ihren Rechten beeinträchtigt werden, ihre Rechte auch verteidigen können und in diesen Rechten auch unter Berücksichtigung der Kunstfreiheit einen wirksamen Schutz erfahren. In

---

258 BVerfGE 7, 198 (Lüth).
259 BVerfG, Beschl. v. 13.06.2007 – 1 BvR 1783/05 (Esra).

dieser Situation sind die staatlichen Gerichte den Grundrechten beider Seiten gleichermaßen verpflichtet. Dies gilt insbesondere für das durch Art. 2 Abs. 1 in Verbindung mit Art. 1 Abs. 1 GG geschützte Persönlichkeitsrecht, das die engere persönliche Lebenssphäre und die Erhaltung ihrer Grundbedingungen gewährleistet. Damit kommt es auch als Schranke für künstlerische Darstellungen in Betracht.[260]

b) Damit das allgemeine Persönlichkeitsrecht der A und S die Kunstfreiheit des B einschränken können, müssten A und S durch den Roman aber in dem Persönlichkeitsrecht betroffen sein. Dies ist nur dann der Fall, wenn sie als Vorbilder der Romanfiguren erkennbar sind und wenn den Romanfiguren Eigenschaften zugeschrieben werden, die, wenn der Leser sie auf A und S beziehen kann, geeignet sind, ihr Persönlichkeitsrecht erheblich zu beeinträchtigen.

In dem Roman wird ausführlich das Liebesleben der Romanfigur Esra erzählt. Esra wird auch als eine von dem Willen ihrer Mutter abhängige, unselbstständige Frau geschildert. Die Romanfigur Lale wird als eine depressive, psychisch kranke Alkoholikerin dargestellt, die ihre Tochter und ihre Familie tyrannisiert. Den Romanfiguren werden also Eigenschaften zugeschrieben, die durchaus geeignet sind, das Persönlichkeitsrecht der A und der S zu beeinträchtigen, wenn der Leser sie auf diese beziehen kann. Tatsächlich zeigen sich in dem Roman durchgehend unverkennbare Ähnlichkeiten sowohl zwischen Esra und A, als auch zwischen Lale und S. Über diverse Eckdaten – etwa erhaltene Auszeichnungen, Berufe und Lebensstationen – ließen sich die im Roman genannten Figuren ihren realen Vorbildern unzweifelhaft zuordnen.

Damit wird die Kunstfreiheit des B durch das allgemeine Persönlichkeitsrecht der A und der S eingeschränkt.

2. Das Urteil, welches auf § 1004 BGB i.V.m. § 823 Abs. 1 BGB beruht, müsste diese Einschränkungsmöglichkeit in **verfassungsgemäßer Weise konkretisieren**.

a) Eine verfassungsimmanente Schranke kann nach der Wesentlichkeitstheorie **nur durch eine hinreichend bestimmte gesetzliche Grundlage konkretisiert** werden. Diese muss ihrerseits verfassungsgemäß sein. Die §§ 1004, 823 BGB als Grundlage für das Urteil sind verfassungsgemäß.

b) Das **Urteil selbst** müsste die verfassungsimmanente Schranke aber auch verfassungsgemäß konkretisieren. Ein Unterlassungsanspruch aus § 1004 BGB besteht dann nicht, wenn der Anspruchsteller **zur Duldung verpflichtet** ist (§ 1004 Abs. 2 BGB). Während einerseits die Kunstfreiheit für eine Duldungspflicht spricht, spricht andererseits das allgemeine Persönlichkeitsrecht gegen eine Duldungspflicht. Eine verfassungsgemäße Konkretisierung setzt damit voraus, dass das Urteil die gegenläufigen Grundrechte im Rahmen einer **Abwägung** in einen schonenden, interessengerechten Ausgleich gebracht hat **(praktische Konkordanz)**. Die Kunstfreiheit zieht dem allgemeinen Persönlichkeitsrecht Grenzen. Das gilt im Verhältnis von Kunstfreiheit und Persönlich-

---

[260] BVerfG, Beschl. v. 13.06.2007 – 1 BvR 1783/05 (Esra).

keitsrecht auch deshalb, weil die Durchsetzung dieses Rechts gegenüber der Kunstfreiheit stärker als andere gegenüber einem Kunstwerk geltend gemachte private Rechte geeignet ist, der künstlerischen Freiheit inhaltliche Grenzen zu setzen. Zwischen dem Maß, in dem der Autor eine von der Wirklichkeit abgelöste ästhetische Realität schafft und der Intensität der Verletzung des Persönlichkeitsrechts besteht eine Wechselbeziehung. Je stärker Abbild und Urbild übereinstimmen, desto schwerer wiegt die Beeinträchtigung des Persönlichkeitsrechts. Je mehr die künstlerische Darstellung die besonders geschützten Dimensionen des Persönlichkeitsrechts berührt, desto stärker muss die Fiktionalisierung sein, um eine Persönlichkeitsrechtsverletzung auszuschließen.[261]

aa) In Bezug auf S hat das Bundesverfassungsgericht in der zugrunde liegenden „Esra-Entscheidung" eine Verletzung des allgemeinen Persönlichkeitsrechts verneint und somit der Kunstfreiheit des B den Vorzug eingeräumt. Begründet wurde dies damit, dass die Lebensgeschichte der Lale ein breit ausgemalter Roman im Roman sei, der deutlich erzählerisch und zum Teil auch mit Distanz nur als Wiedergabe fremder Erzählungen, Gerüchte und Eindrücke geschildert werde.

bb) Anders wertete das Bundesverfassungsgericht den Roman hinsichtlich der A. Hier nahm das Bundesverfassungsgericht eine Verletzung des allgemeinen Persönlichkeitsrechts der A an. Zur Begründung wurde ausgeführt, dass die Rolle der Esra im Roman auch zentrale Ereignisse betrifft, die unmittelbar zwischen ihr und dem Ich-Erzähler, der seinerseits unschwer als der Autor zu erkennen ist, und während deren Beziehung stattgefunden haben. Sowohl ihre intime Beziehung zum Autor als auch andere Lebensumstände der A sind mehr oder weniger unmittelbar der Wirklichkeit entnommen, sodass dem Leser anders als bei S nicht nahegelegt wird, diese Geschehnisse als Fiktion zu verstehen, auch weil schon aus der Perspektive des Romans ein eigenes Erleben des Ich-Erzählers geschildert wird.

Damit ist das Urteil, mit dem dem B die Veröffentlichung des Romans untersagt wird, hinsichtlich der A verfassungsgemäß, hinsichtlich der Mutter S jedoch nicht. B wird durch das Urteil teilweise in seinem Grundrecht der Kunstfreiheit aus Art. 5 Abs. 3 S. 1 GG verletzt.

D. Europarecht

300 Die Kunstfreiheit wird in der **EMRK** nicht speziell geschützt, sondern ist als Teil der Meinungsfreiheit aus Art. 10 EMRK erfasst. In der **GRCh** wird die Kunstfreiheit dagegen ausdrücklich durch **Art. 13** geschützt.

---

261 BVerfG, Beschl. v. 13.06.2007 – 1 BvR 1783/05 (Esra).

9. Abschnitt: Wissenschaft, Forschung, Lehre, Art. 5 Abs. 3 S. 1 Fall 2 GG

A. Schutzbereich

I. Sachlicher Schutzbereich

Der Schutzbereich des Grundrechts der Wissenschaftsfreiheit wird durch die Begriffe **Wissenschaft, Forschung und Lehre** bestimmt. Dabei handelt es sich nicht um selbstständig nebeneinander stehende Gewährleistungen, sondern „Wissenschaft" bildet den **Oberbegriff** für die Begriffe Forschung und Lehre. Art. 5 Abs. 3 GG ist deshalb zu lesen: „Wissenschaftliche Forschung und wissenschaftliche Lehre sind frei."[262]

301

Zielt die Forschung auf die Erlangung neuer Erkenntnisse und die Lehre auf deren Vermittlung ab, so lassen sich Forschung und Lehre häufig gleichwohl nicht voneinander trennen. Ohne neue Forschung würde sich die Lehre auf die Vermittlung der bisherigen Erkenntnisse beschränken. Dagegen beeinflusst das in der Lehre stattfindende wissenschaftliche Gespräch die Forschungsarbeit.

Die Wissenschaft zeichnet sich dadurch aus, dass **mit neuen Methoden nach einer Erweiterung der Erkenntnis gesucht** wird. Eine abschließende Begriffsbestimmung lässt sich aber für die Wissenschaftsfreiheit nicht finden. So kennzeichnen die anerkannten Definitionen der Wissenschaft letztlich nur Teilbereiche wissenschaftlicher Tätigkeit. Das Bundesverfassungsgericht bezeichnet als wissenschaftliche Tätigkeit „alles, was nach Inhalt und Form als ernsthafter planmäßiger Versuch zur Ermittlung der Wahrheit" anzusehen ist.[263]

Der Wissenschaftsbegriff wird durch die Begriffe Forschung und Lehre umfassend umschrieben. Die Wissenschaft erschöpft sich in der Findung und Verkündung der als wahr erkannten Tatsachen. Aus diesem Grund ist **rein politisches Handeln** auch dann keine Wissenschaft, wenn eine wissenschaftliche Motivation behauptet wird.[264] Damit wird aber ein politisches Engagement von Forschung und Lehre nicht ausgeschlossen. Die Grenzen zwischen dem durch Art. 5 Abs. 3 S. 1 GG geschützten Freiheitsraum der Wissenschaft und der praktischen politischen Betätigung liegen im Bereich der politischen Wissenschaften dort, wo wissenschaftliche Erkenntnisse in die politische Wirklichkeit umgesetzt werden sollen.[265]

302

Für die Freiheit der **Lehre** enthält Art. 5 Abs. 3 S. 2 GG eine **sachliche Schutzbereichbeschränkung**.[266]

303

---

262 Jarass/Pieroth, GG, Art. 5 Rn. 136.
263 BVerfGE 35, 79, 113; 128, 1, 40.
264 BVerfGE 5, 85, 146 (KPD).
265 BVerfGE 52, 313, 331 ff.
266 BVerfGE 47, 327; Kingreen/Poscher, Rn. 697; a.A. wohl Jarass/Pieroth, GG, Art. 5 Rn. 150.

II. Grundrechtsträger

304 Träger des Grundrechts der Wissenschaftsfreiheit sind nicht nur Hochschullehrer, sondern auch Assistenten, wissenschaftliche Bedienstete, Studenten und Repetitoren. Dies gilt auch bei Tätigkeiten in privaten Forschungseinrichtungen. Auch die Universitäten und Fachhochschulen sind, obwohl sie **juristische Personen des öffentlichen Rechts** sind, Träger der Wissenschaftsfreiheit.[267] Das Gleiche gilt auch für ihre Untergliederungen (z.B. Fachbereiche), private Hochschulen und unter bestimmten Voraussetzungen auch für außeruniversitäre Forschungseinrichtungen.[268]

III. Funktionen des Grundrechts

1. Subjektives Abwehrrecht

305 Als subjektives Abwehrrecht schützt Art. 5 Abs. 3 S. 1 GG die wissenschaftliche Betätigung vor staatlichen Eingriffen. Jeder, der in Wissenschaft, Forschung und Lehre tätig ist, hat ein Recht auf Abwehr von staatlicher Einwirkung auf den Prozess der Gewinnung und Vermittlung wissenschaftlicher Erkenntnisse.[269] Dies gilt auch gegenüber Organen der eigenen Universität.[270]

2. Objektive Gewährleistungen

306

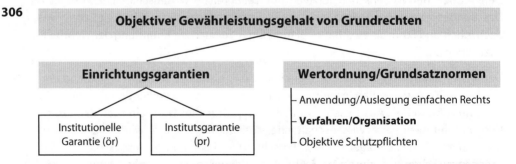

307 Art. 5 Abs. 3 S. 1 GG enthält neben einem individuellen Freiheitsrecht eine objektive, das Verhältnis von Wissenschaft, Forschung und Lehre zum Staat regelnde, wertentscheidende Grundsatznorm.[271] Der Staat muss danach für funktionsfähige Institutionen eines freien universitären Wissenschaftsbetriebs sorgen und durch **geeignete organisatorische Maßnahmen** sicherstellen, dass das individuelle Grundrecht der freien wissenschaftlichen Betätigung so weit unangetastet bleibt, wie das unter Berücksichtigung der anderen legitimen Aufgaben der Wissenschaftseinrichtungen und der Grundrechte der verschiedenen Beteiligten möglich ist. Daraus folgt u.a., dass

---

267 BVerfGE 21, 362, 373 f.; 31, 314, 322.
268 Wernsmann Jura 2001, 106, 109.
269 BVerfG NJW 2009, 2190.
270 BVerfG NVwZ 2011, 224.
271 BVerfGE 35, 79, 112.

- der Staat gewährleistet, dass den **Hochschullehrern ein ausschlaggebender Einfluss** bei Abstimmungen über Fragen der Forschung und Lehre verbleibt,[272]
- der Staat die **personellen, organisatorischen und finanziellen Mittel** bereitstellt, die einen freien Wissenschaftsbetrieb überhaupt erst ermöglichen.[273] Insbesondere im Bereich der Naturwissenschaften könnte ohne staatliche Förderung keine unabhängige Forschung und wissenschaftliche Lehre betrieben werden.

B. Eingriff

Hinsichtlich des Eingriffs gelten die normalen Grundsätze. 308

C. Verfassungsrechtliche Rechtfertigung

Auch für die Prüfung der verfassungsrechtlichen Rechtfertigung gelten die normalen Grundsätze, wobei zu beachten ist, dass auch die Wissenschaftsfreiheit lediglich den **immanenten Schranken** unterliegt. Diese wiederum müssen vom Gesetzgeber umgesetzt werden. 309

Beispiel: Die Regelungen des GenTG, durch die auch wissenschaftliche Freilandversuche mit gentechnisch veränderten Pflanzen und die unbeabsichtigten Folgen dieser Versuche unter die staatlichen Kontroll- und Eingriffsbefugnisse fallen, greifen mittelbar in die Wissenschaftsfreiheit ein. Das GenTG dient dem Schutze des Lebens und der Gesundheit von Menschen, der Umwelt, aber auch der Berufs- und Eigentumsfreiheit möglicher Betroffener (Art. 2 Abs. 2 S. 1, Art. 12 Abs. 1, Art. 14 Abs. 1 u. Art. 20 a GG). Diese wichtigen Werte von Verfassungsrang rechtfertigen eine Beschränkung der Wissenschaftsfreiheit.[274]

D. Europarecht

Die Wissenschafts- bzw. Forschungsfreiheit wird in **Art. 13 GRCh** geschützt. 310

10. Abschnitt: Ehe und Familie, Art. 6 GG

Ehe und **Familie** stehen unter dem besonderen Schutz des Staates. Neben diesem Schutz für die Ehe und die Familie enthält Art. 6 GG weitere Gewährleistungen, wie das **Recht der Eltern auf Pflege und Erziehung** der Kinder (Art. 6 Abs. 2 GG) und den **Schutz vor räumlicher Trennung** (Art. 6 Abs. 3 GG). Abs. 4 räumt der **Mutter** einen besonderen Schutz- und Fürsorgeanspruch ein, während durch Abs. 5 die **unehelichen Kinder** in ihrem Schutzanspruch den ehelichen gleichgestellt werden. 311

Daneben treffen in Art. 6 GG verschiedene grundrechtliche Funktionen zusammen. Neben der klassischen Funktion als **Abwehrrecht**[275] enthält Art. 6 GG

- eine **Institutsgarantie**.[276] Danach kann der Gesetzgeber Ehe und Familie nicht ohne eine vorherige Änderung des GG abschaffen. Es muss zumindest der **Kernbereich** bzw. der **Wesensgehalt** des Ehe- und Familienrechts unangetastet bleiben;[277] 312

---

272 BVerfG NVwZ 2011, 224.
273 BVerfGE 35, 79, 114 f.; BVerfG DVBl. 1996, 1126.
274 BVerfG, Urt. v. 24.11.2010 – 1 BvF 2/05, RÜ 2011, 41.
275 BVerfGE 6, 55, 71; Kingreen/Poscher, Rn. 710.
276 BVerfGE 80, 81, 92; Sachs, GG, Art. 6 Rn. 31.
277 BVerfGE 105, 313, 346.

313 ■ einen **Schutz- und Förderanspruch**, d.h., die Pflicht, einen wirksamen Schutz vor Beeinträchtigungen von Ehe und Familie durch Dritte zu gewährleisten und Ehe und Familie durch geeignete Maßnahmen zu fördern, sodass es dem Gesetzgeber auch grundsätzlich nicht verwehrt ist, die Ehe gegenüber anderen Lebensformen zu begünstigen;[278]

314 ■ ein **Benachteiligungsverbot**, sodass dem Art. 6 Abs. 1 GG auch ein **besonderer Gleichheitssatz** zu entnehmen ist.[279] Dieser verbietet in sämtlichen Rechtsgebieten die Benachteiligung von Ehegatten gegenüber Ledigen, von Eltern gegenüber Kinderlosen sowie von ehelichen gegenüber anderen Erziehungs- und Lebensgemeinschaften.[280] Das bedeutet aber andererseits nicht, dass andere Lebensformen (z.B. gleichgeschlechtliche Lebenspartnerschaften) gegenüber der Ehe und Familie benachteiligt werden müssten.[281]

315

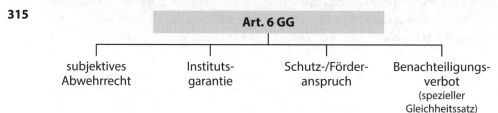

A. Schutzbereich

I. Ehe

316 Ehe i.S.v. Art. 6 Abs. 1 GG ist die Vereinigung eines Mannes und einer Frau zu einer auf Dauer angelegten Lebensgemeinschaft, begründet auf freiem Entschluss unter Mitwirkung des Staates, in der Mann und Frau in gleichberechtigter Partnerschaft zueinander stehen und über die Ausgestaltung ihres Zusammenlebens frei entscheiden können.[282]

■ Durch Art. 6 Abs. 1 GG wird die im Ausland geschlossene Ehe geschützt, selbst wenn diese nach deutschem Recht formell unwirksam ist (sog. **„hinkende Ehe"**).[283]

■ Sog. **Namens-, Aufenthalts- oder Scheinehen** fallen nicht unter den Begriff der Ehe i.S.d. Art. 6 Abs. 1 GG.[284] Diese Eheschließungen, die ausschließlich dem Zweck der Erlangung einer Aufenthaltserlaubnis durch einen der Ehepartner dienen, fehle die Absicht lebenslanger Verantwortungsgemeinschaft. Deshalb können diese Ehen im Bereich des Aufenthaltsrechts auch nicht den Schutz des Art. 6 Abs. 1 GG genießen.

■ Ebenfalls nicht unter den Begriff der Ehe i.S.d. Art. 6 Abs. 1 GG fallen die **nichtehelichen Lebensgemeinschaften**.[285] Diese Gemeinschaften stehen daher lediglich un-

---

[278] BVerfG, Beschl. v. 07.07.2009 – 1 BvR 1164/07, RÜ 2010, 111; Sachs, GG, Art. 6 Rn. 34; Hufen § 16 Rn. 33.
[279] BVerfGE 99, 216, 232 m.w.N.; Sachs, GG, Art. 6 Rn. 36.
[280] BVerfG NJW 2002, 2543, 2548; NJW 2005, 1413; NJW 2005, 3556 (Zweitwohnungssteuer); Papier NJW 2002, 2129, 2130.
[281] BVerfG, Beschl. v. 07.07.2009 – 1 BvR 1164/07, RÜ 2010, 111.
[282] BVerfGE 115, 1, 19; Herzmann Jura 2015, 248, 251.
[283] BVerfGE 62, 232, 330; 76, 1, 41 f.
[284] BVerfG, Beschl. v. 05.05.2003 – 2 BvR 2042/02; Beschl. v. 04.12.2007 – 2 BvR 2341/06.
[285] Jarass/Pieroth, GG, Art. 6 Rn. 5.

ter dem Schutz des Art. 2 Abs. 1 GG. Sie dürfen aber in bestimmten Fällen einfachrechtlich mit Ehen gleichbehandelt werden, wenn bei ihnen in den Not- und Wechselfällen des Lebens gegenseitiges Einstehen erwartet werden kann (**"Verantwortungs- und Einstehensgemeinschaft"**).

II. Familie

Familie i.S.d. Art. 6 Abs. 1 GG ist die umfassende Gemeinschaft der Eltern mit ihren Kindern. Diese Gemeinschaft kann auf natürlicher oder lediglich gesetzlicher Verwandtschaft beruhen, wie z.B. im Verhältnis der Adoptiveltern zu ihren adoptierten Kindern. Den besonderen Schutz einer Familie genießt wegen der natürlichen Verwandtschaft auch die Beziehung der Mutter oder des Vaters **zum nichtehelichen Kind**[286] sowie die Beziehung des **biologischen Vaters zu seinem Kind** (bei Vorhandensein eines anderen rechtlichen Vaters).[287] Auch die nichtehelichen Gemeinschaften, aus denen gemeinsame Kinder hervorgegangen sind, werden als Familien angesehen. Daneben bilden **eingetragene Lebenspartner** mit dem leiblichen oder angenommenen Kind eines Lebenspartners eine durch Art. 6 Abs. 1 GG geschützte Familie.[288]

317

B. Eingriff

Ein Eingriff liegt immer dann vor, wenn staatliche Maßnahmen die Ehe und Familie schädigen, stören oder sonst beeinträchtigen. In Bezug auf die Ehe ist das insbesondere dann der Fall, wenn an die Eheschließung als solche negative Rechtsfolgen anknüpfen.[289]

318

Zu beachten ist aber, dass die Begriffe „Ehe" und „Familie" nicht nur soziale, sondern auch **rechtliche** Begriffe darstellen und durch den Gesetzgeber definiert werden müssen. Daher stellt nicht jede ehe- und familienbezogene Regelung einen Eingriff dar, sondern u.U. lediglich eine Definitions- oder Ausgestaltungsnorm.

Beispiel: Die Regelung des § 1357 Abs. 1 BGB, wonach jeder Ehegatte berechtigt ist, Geschäfte zur angemessenen Deckung des Lebensbedarfes mit Wirkung auch für den anderen Ehegatten zu besorgen, stellt keinen Eingriff in Art. 6 GG dar, sondern gestaltet den Begriff der Ehe aus.[290]

Solche einfachrechtlichen Normen sind dann am (höherrangigen) Art. 6 Abs. 1 GG zu messen und nur dann rechtmäßig, wenn die konkrete Ausgestaltung sich am (derzeit geltenden) verfassungsrechtlichen Ehe- und Familienbegriff orientiert sowie an Institutsgarantie und wertentscheidender Grundsatznorm. Sofern **Ausgestaltung bzw. Definition rechtswidrig** erfolgt sind, liegt ein **„Eingriff"** in den Schutzbereich von Art. 6 Abs. 1 GG vor,[291] der in der Regel auch verfassungswidrig ist.

---

[286] BVerfGE 45, 104, 123; Manssen, Rn. 436.
[287] BVerfG, Beschl. v. 09.04.2003 – 1 BvR 1493/96.
[288] BVerfG, Urt. v. 19.02.2013 – 1 BvL 1/11.
[289] Jarass/Pieroth, GG, Art. 6 Rn. 13 m.w.N.
[290] BVerfG, Beschl. v. 03.10.1989 – 1 BvL 78, 79/86 (Schlüsselgewalt).
[291] BVerfG, Urt. v. 19.02.2013 – 1 BvL 1/11; Kingreen Jura 1997, 401, 403f.

C. Verfassungsrechtliche Rechtfertigung

I. Schranken

319 Art. 6 Abs. 1 GG steht nicht unter Gesetzesvorbehalt und ist daher nur durch **verfassungsimmanente Schranken** einschränkbar. In Betracht kommen vor allem die Grundrechte Dritter (auch des Ehepartners und anderer Familienangehöriger).

II. Verfassungsgemäße Konkretisierung

320 Die Umsetzung der verfassungsimmanenten Schranken muss durch den **Gesetzgeber** erfolgen. Ein gerechtfertigter Eingriff setzt daher voraus, dass das einschränkende Gesetz formell und materiell verfassungsgemäß ist.

Als **Schranken-Schranke** ist insbesondere bei Maßnahmen der Legislative die Institutsgarantie aus Art. 6 Abs. 1 GG zu beachten sowie Art. 6 Abs. 1 GG als wertentscheidende Grundsatznorm (dazu oben Rn. 312 ff.).

D. Europarecht

321 Nach **Art. 7 GRCh** sowie **Art. 8 EMRK** sind das **Recht auf Privat- und Familienleben** wesentlich umfassender geschützt als nach Art. 6 GG. Die **Ehe**schließungsfreiheit wird daneben in Art. 9 GRCh, Art. 12 EMRK geschützt. Die **Familie** (wirtschaftliche Aspekte einschließlich der Vereinbarkeit von Beruf und Familie) werden in Art. 33 GRCh geschützt. Daneben enthält Art. 24 GRCh noch einen besonderen Schutz der **Kinderrechte**.

11. Abschnitt: Schulwesen, Art. 7 GG

322 Art. 7 Abs. 1 GG enthält **kein Grundrecht**, obwohl es systematisch im ersten Abschnitt des GG geregelt ist, sondern den Auftrag der **staatlichen Schulaufsicht**. Subjektive Abwehrrechte (im Sinne einer grundrechtlichen Gewährleistung) ergeben sich nur aus Art. 7 Abs. 2, Abs. 3 S. 3 und Abs. 4 S. 1 GG.

A. Staatliche Schulaufsicht, Art. 7 Abs. 1 GG

323 Nach Art. 7 Abs. 1 GG steht das gesamte Schulwesen unter der Aufsicht des Staates. Der durch die Übertragung der Schulaufsicht auf die öffentliche Gewalt in Art. 7 Abs. 1 GG statuierte staatliche Erziehungsauftrag umfasst die Gesamtheit der staatlichen Befugnisse zur **Organisation, Planung, Leitung und Beaufsichtigung des Schulwesens**. Dazu gehört die Errichtung, Änderung und Aufhebung von Schulen, die Bestimmung der Unterrichtsziele und des Unterrichtsstoffs ebenso wie die Planung und Erprobung neuer Inhalte und Formen des Schulunterrichts sowie die Fürsorgepflicht der Schule gegenüber ihren Schülern („Wahrung des **Schulfriedens**").[292]

---

[292] BVerfG, Beschl. v. 27.01.2015 – 1 BvR 471/10, RÜ 2015, 319 (Kopftuchverbot für Lehrer); BVerwG, Urt. v. 30.11.2011 – 6 C 20.10.

In **Klausuren** stellt diese Funktion, insbesondere als verfassungsimmanente Beschränkung der Glaubens- und Religionsfreiheit sowie des elterlichen Erziehungsrechts, den Hauptanwendungsfall des Art. 7 GG dar.

Dem Staat steht damit zwar im Schulwesen eine umfassende Gestaltungsfreiheit zu, diese findet jedoch im Grundgesetz, insbesondere in den Grundrechten der am Schulwesen beteiligten Personen (Eltern, Schüler, Lehrer) und Organisationen (z.B. Religionsgesellschaften), ebenso ihre Grenze wie im politischen, religiösen und weltanschaulichen **Toleranz- bzw. Neutralitätsgebot**.[293] Im Kollisionsfalle sind die widerstreitenden Interessen durch Abwägung im Sinne einer **praktischen Konkordanz** in einen schonenden Ausgleich zu bringen.

324

B. Teilnahme am Religionsunterricht, Art. 7 Abs. 2 GG

Art. 7 Abs. 2 GG garantiert das Recht des Erziehungsberechtigten, über die Teilnahme des Kindes am Religionsunterricht zu bestimmen, also auch das Abmelderecht. Das Grundrecht erhält damit eine besondere Gewährleistung der Glaubens- und Bekenntnisfreiheit im Hinblick darauf, dass der Religionsunterricht gemäß Art. 7 Abs. 3 S. 1 GG an sich ein Pflichtfach ist. Außerdem ist Art. 7 Abs. 2 GG eine **Konkretisierung des elterlichen Erziehungsrechts aus Art. 6 Abs. 2 GG**.

325

*Ein entsprechendes **Recht des Kindes selbst** ergibt sich **unmittelbar aus Art. 4 Abs. 1 und 2 GG** und ist in § 5 des Gesetzes über die religiöse Kindererziehung näher konkretisiert. Danach steht dem Kind nach der Vollendung des vierzehnten Lebensjahrs die Entscheidung darüber zu, „zu welchem religiösen Bekenntnis es sich halten will". Dementsprechend kann das Kind dann auch selbst entscheiden, ob es am Religionsunterricht teilnimmt oder nicht.*

C. Europarecht

Über **Art. 14 Abs. 3 GRCh** werden die Freiheit zur Gründung von Lehranstalten sowie das Recht der Eltern, die Erziehung und den Unterricht ihrer Kinder entsprechend ihren eigenen religiösen, weltanschaulichen und erzieherischen Überzeugungen sicherzustellen, geschützt.

326

12. Abschnitt: Versammlungsfreiheit, Art. 8 GG

Die Versammlungsfreiheit schützt die **kollektive Meinungsäußerung**. Insofern besteht zu Art. 5 GG eine besonders enge Bindung. Die Versammlungsfreiheit stellt nach der Rspr. des Bundesverfassungsgerichts eines der konstituierenden Elemente der Demokratie dar, da „die Meinung des Einzelnen gerade in einer repräsentativen Demokratie nichts, die Meinung vieler dagegen alles gilt". Aus diesem Grunde werden die **Art. 5 und 8 GG** auch als **demokratie-konstituierende Grundrechte** bezeichnet.[294] Dies ist insbesondere in der Abwägung mit anderen Grundrechten zu beachten, da Art. 8 GG einen besonders hohen Stellenwert hat.

327

---

293 BVerfG, Beschl. v. 27.01.2015 – 1 BvR 471/10, RÜ 2015, 319 (Kopftuchverbot für Lehrer); OVG B-BB, Urt. v. 27.05.2010 – OVG 3 B 29.09, RÜ 2010, 529; Kramer JuS 2009, 1090, 1091; Sachs, GG, Art. 7 Rn. 26.
294 BVerfGE 128, 226, 250, RÜ 2011, 243 (Fraport).

A. Schutzbereich

I. Versammlung

328 Das Bundesverfassungsgericht definiert den Begriff der Versammlung üblicherweise als eine örtliche Zusammenkunft mehrerer Personen zur gemeinschaftlichen, auf die Teilhabe an der öffentlichen Meinungsbildung gerichteten Erörterung oder Kundgebung.[295] Bei dieser Definition sind allerdings verschiedene Merkmale umstritten, sodass in einer Klausur Diskussionsbedarf bestehen kann.

1. Anzahl der Teilnehmer

329 Umstritten ist einerseits, wie viele Personen eine Versammlung ausmachen. Vertreten wird hier eine Anzahl von zwei, drei (allgemeiner Sprachgebrauch) oder sieben Personen (Verein, §§ 56, 73 BGB). Dem **Zweck** des Art. 8 Abs. 1 GG, nämlich die kollektive Ausübung der Meinungsfreiheit, wäre am ehesten Genüge getan, wenn **bereits zwei Personen** ausreichen. Dies entspricht auch generell der Bestrebung des Bundesverfassungsgerichts, die Schutzbereiche der Freiheitsgrundrechte eher weit auszulegen, um zunächst jegliches Verhalten unter den Schutz der Grundrechte zu stellen, und dann erst über die Einschränkungen der Freiheit auf der Eingriffs- und Rechtfertigungsebene zu angemessenen Lösungen zu kommen. Denn wenn eine einzelne Person in der Meinungsäußerung über Art. 5 Abs. 1 S. 1 GG geschützt wird, die kollektive Meinungsäußerungsfreiheit aber drei Personen voraussetzte, dann verbliebe ein ungeschützter Bereich, wenn zwei Personen Meinung äußern wollen.[296]

Klausurhinweis: In einer Klausur werden typischerweise mehr als 7 Personen zusammenkommen, sodass sich eine Erörterung der Frage natürlich erübrigt.

2. Gemeinsamer Zweck

330 Einigkeit besteht insofern, dass nicht jedes Zusammenkommen mehrerer Personen eine Versammlung i.S.d. Art. 8 GG darstellt. Erforderlich ist vielmehr eine **innere Verbindung** durch die Verfolgung eines gemeinsamen Zwecks.[297] Eine nicht von Art. 8 GG geschützte **Ansammlung**, d.h. das zufällige Zusammenkommen mehrerer Personen, ist z.B. der Menschenauflauf nach einem Verkehrsunfall oder das Zusammentreffen mehrerer Personen am Informationsstand einer politischen Partei.[298] Stellt sich aber später die zunächst fehlende innere Verbindung ein, dann kann aus der Ansammlung eine Versammlung werden.[299]

Umstritten ist allerdings nach wie vor, ob der gemeinsame Zweck in einer gemeinsamen **Meinungsbildung und -äußerung** bestehen muss und, bejahendenfalls, die Meinungsäußerung **öffentliche Angelegenheiten** betreffen muss, oder ob **irgendeine Meinungsäußerung** ausreicht.

---

[295] BVerfG, Beschl. v. 24.10.2001 – 1 BvR 1190/90 (Sitzblockade); Beschl. v. 26.06.2014 – 1 BvR 2135/09.
[296] Kingreen/Poscher, Rn. 771; Michael/Morlok, Rn. 268; Hufen § 30 Rn. 6.
[297] BVerfG, Beschl. v. 12.07.2001 – 1 BvQ 28/01 (Loveparade).
[298] BVerwGE 56, 63, 69 m.w.N.
[299] vMünch/Kunig, GG, Art. 8 Rn. 14.

- Nach Teilen der Lit. werden an den gemeinsam verfolgten Zweck keine Anforderungen gestellt, insbesondere ist eine gemeinsame Meinungsbildung und -äußerung nicht erforderlich (sog. **weiter Versammlungsbegriff**).[300] Diese Auffassung betont den Zusammenhang von Art. 8 GG mit der freien Entfaltung der Persönlichkeit gemäß Art. 2 Abs. 1 GG. Das Grundrecht der Versammlungsfreiheit solle die drohende Isolierung des Einzelnen verhindern und (gemeinsam mit Art. 9 GG) die Persönlichkeitsentfaltung in Gruppenform gewährleisten. Danach fallen unter Art. 8 GG u.a. der Vereinsabend, das gemeinsame Musizieren oder Eventveranstaltungen wie z.B. die Love-Parade, **Flashmob** oder **Smartmob**.[301]

331

- Nach überwiegender Auffassung in Rspr. und Lit. muss der gemeinsam verfolgte **Zweck in einer gemeinsamen Meinungsbildung und -äußerung** liegen, wobei dann umstritten ist, ob sich die Meinung sowohl auf öffentliche als auch auf private Meinungsäußerungen beziehen kann (sog. **erweiterter Versammlungsbegriff**),[302] oder ob ausschließlich öffentliche Angelegenheiten betroffen sein müssen (sog. **enger Versammlungsbegriff**).[303] Die Verengung des Versammlungsbegriffs – vor allem in der Rspr. des Bundesverfassungsgerichts – hat insbesondere Auswirkungen auf Großveranstaltungen wie die Love-Parade. Die Anerkennung als Versammlung hätte für die Veranstalter solcher Großveranstaltungen den Vorteil, dass wegen des Schutzes des Art. 8 GG z.B. keine Sondernutzungserlaubnis einschließlich der Gebühren für die Straßennutzung und der Müllgebühren anfielen. Das Bundesverfassungsgericht hat daher (ergebnisorientiert) dem „Missbrauch des Versammlungsrechts" dadurch vorgebeugt, dass es (heute) den Versammlungsbegriff darauf beschränkt, dass eine **kommunikative Einflussnahme auf die öffentliche Meinung** im Vordergrund steht, und nicht Spaß, Tanz oder der Unterhaltungszweck.[304] Vom Schutz der Versammlungsfreiheit werden aber auch solche Zusammenkünfte erfasst, bei denen die Versammlungsfreiheit zum Zwecke plakativer oder aufsehenerregender Meinungskundgabe in Anspruch genommen wird. Bei einer Versammlung geht es darum, dass die Teilnehmer nach außen – schon durch die bloße Anwesenheit, die Art des Auftretens und des Umgangs miteinander oder die Wahl des Ortes – „im eigentlichen Sinne des Wortes Stellung nehmen und ihren Standpunkt bezeugen."[305] Daher fällt in den Schutzbereich der Versammlungsfreiheit auch eine der öffentlichen Meinungsbildung dienende Blockadeaktion, sog. demonstrative Blockade. Dient eine Blockade dagegen nicht, jedenfalls nicht in erster Linie, der Kundgebung einer Meinung oder der Erregung öffentlicher Aufmerksamkeit für ein kommunikatives Anliegen, sondern der zwangsweisen oder sonst wie selbsthilfeähnlichen Durchsetzung eigener Forderungen vor Ort (sog. **Verhinderungsblockade**), fällt dies nicht unter den Schutz der Versammlungsfreiheit.[306]

332

---

300 Dreier, GG, Art. 8, Rn. 26; Kingreen/Poscher, Rn. 772 ff.
301 Neumann NVwZ 2011, 1171.
302 Berg, Staatsrecht, Rn. 543.
303 BVerfG, Beschl. v. 24.10.2001 – 1 BvR 1190/90 (Sitzblockade); Beschl. v. 26.06.2014 – 1 BvR 2135/09; Kniesel/Poscher NJW 2004, 422 f.
304 BVerfG NJW 2001, 2459, 2460 f. (Love-Parade); NJW 2002, 1031, 1032 (Blockadeaktionen); NJW 2004, 2814, 2815 (Synagogenbau); NVwZ 2005, 80; ebenso BVerwG NVwZ 2007, 1431 (Fuckparade).
305 BVerfG, Beschl. v. 10.12.2010 – 1 BvR 1402/06, RÜ 2011, 183.
306 Rusteberg NJW 2011, 2999; VG Stuttgart, Urt. v. 12.06.2014 – 5 K 808/11.

II. Sachliche Schutzbereichsbeschränkungen

333 Geschützt werden durch Art. 8 Abs. 1 GG nur solche Versammlungen, die **friedlich** und **ohne Waffen** durchgeführt werden.

1. Friedlich

334 Eine Versammlung ist unfriedlich, wenn sie einen **gewalttätigen** oder **aufrührerischen Verlauf** nimmt, wobei nur **aggressive Einwirkungen von einiger Erheblichkeit** unter den Gewaltbegriff i.S.d. Art. 8 Abs. 1 GG fallen. Insofern sind **Sitzblockaden** unabhängig davon, dass sie u.U. als „Gewalt" bzw. als „verwerflich" i.S.v. § 240 StGB angesehen werden, **nicht gewalttätig** i.S.d. Art. 8 GG.[307] Dies gilt auch dann, wenn es durch die Sitzblockade zu Behinderungen Dritter kommt, selbst wenn diese gewollt sind.[308]

335 Entscheidend ist das Verhalten der Versammlungsleitung oder zumindest einer Mehrzahl der Veranstaltungsteilnehmer. Die **Unfriedlichkeit einzelner Personen reicht nicht** dafür aus, von einer unfriedlichen Versammlung im Ganzen auszugehen.[309]

Fraglich ist, ob ein gewalttätiger und aufrührerischer Verlauf bereits dann angestrebt wird, wenn sich die Versammlungsteilnehmer **vermummen** oder sich **passiv bewaffnen**, d.h., sich durch Schutzschilder, Polsterungen, Helme usw. vor möglichen Gewalttätigkeiten schützen. Allein die Vermummung oder die passive Bewaffnung erfüllt jedoch nicht die Voraussetzungen des Merkmals „unfriedlich". Diese Mittel können aber neben anderen als Indiz für die Absicht gelten, Gewalttätigkeiten begehen zu wollen oder – im Falle der passiven Bewaffnung – zu erleichtern.[310]

2. Ohne Waffen

336 Waffen sind neben den Waffen i.S.d. WaffG (§ 1 WaffG i.V.m. Anlage 1 zum WaffG,[311] also insbesondere **Schusswaffen, Hieb- und Stoßwaffen**) auch solche Gegenstände, die objektiv zur Personenverletzung oder zu erheblichen Sachbeschädigungen geeignet sind und subjektiv zu diesem Zwecke mitgeführt werden (= gefährliche Werkzeuge, z.B. Baseballschläger, Bierkrüge usw.).[312]

III. Persönlicher Schutzbereich

337 Art. 8 GG gewährt die Versammlungsfreiheit nur Deutschen, wobei jedoch nicht nur natürliche Personen, sondern auch juristische Personen des Zivilrechts sowie nicht rechtsfähige Personenmehrheiten erfasst werden.[313] Ein Ausländer kann sich lediglich auf seine allgemeine Handlungsfreiheit aus Art. 2 Abs. 1 GG berufen, wobei für EU-Ausländer wieder die Besonderheit gilt, dass sie wegen Art. 18 AEUV nicht diskriminiert werden dürfen (s.o., Rn. 48).

---

307 BVerfGE 73, 206 (Mutlangen).
308 BVerfG, Beschl. v. 07.03.2011 – 1 BvR 388/05.
309 BVerfGE 69, 315 (Brokdorf); BVerfG NJW 2007, 2167 (G8-Gipfel); BVerfG, Beschl. v. 10.12.2010 – 1 BvR 1402/06, RÜ 2011, 183.
310 Dreier, GG, Art. 8 Rn. 44; Jahn JZ 1988, 545 (547).
311 Epping, Rn. 37.
312 Maunz/Dürig, GG, Art. 8 Rn. 89.
313 Jarass/Pieroth, GG, Art. 8 Rn. 11.

IV. „Örtlicher" Schutzbereich

Der Versammlungsbegriff hat nicht nur eine sachliche Dimension, sondern kann auch Fragen der „Art und Weise" der Versammlung **(Ort, Zeitpunkt, Inhalt)** aufwerfen. Grundsätzlich gewährleistet Art. 8 GG dem Grundrechtsträger auch ein **Selbstbestimmungsrecht** über die Art und Weise der Versammlung. Die Entscheidung über Ort und Zeit der Versammlung setzt allerdings die rechtliche Verfügungsbefugnis über den Versammlungsort voraus sowie die Eröffnung eines „öffentlichen Kommunikationsraumes"[314] (dazu auch unten Fall 10). Außerdem wird das grundsätzlich bestehende Selbstbestimmungsrecht des Veranstalters begrenzt durch den Schutz der Rechtsgüter Dritter und der Allgemeinheit. Es umfasst insbesondere nicht die Entscheidung, welche Beeinträchtigungen die Träger kollidierender Rechtsgüter hinzunehmen haben.[315] Vielmehr entscheidet die Versammlungsbehörde, unter Abwägung der kollidierenden Rechtsgüter und rechtlich geschützten Interessen, über den angemessenen Ausgleich.

338

Beispiel: Soll eine Versammlung auf einer Straße stattfinden, die nur dem Kfz-Verkehr gewidmet ist (z.B. Autobahn), haben die Versammlungsinteressen eher zurückzutreten.

V. „Zeitlicher" Schutzbereich

Art. 8 GG schützt Veranstalter und Teilnehmer nicht nur im Zeitpunkt des Abhaltens der Versammlung selbst, sondern auch bereits in der **Vorbereitungsphase** bzw. der **Anreise** bis zur Auflösung der Versammlung, da Art. 8 GG das Recht schützt, **„sich zu versammeln"**.[316]

339

Beispiel: Die Auflage an den Veranstalter, dass vor einer Versammlung alle Teilnehmer durchsucht werden, greift in den Schutzbereich des Art. 8 GG ein.[317]

VI. Unterschiede Art. 8 GG – Versammlungsgesetz

Das Grundrecht der Versammlungsfreiheit spielt insbesondere auch in verwaltungsrechtlichen **Klausuren zur Gefahrenabwehr** eine Rolle. Daher sollen hier kurz einige Aspekte dargestellt werden. Die wesentlichen einfach-gesetzlichen Regelungen zum Versammlungsrecht finden sich im Versammlungsgesetz des Bundes (VersG), wobei einige Bundesländer mittlerweile von der seit 2006 bestehenden Landesgesetzgebungskompetenz Gebrauch gemacht haben und eigene landesrechtliche Versammlungsgesetze erlassen haben (z.B. Bayern, Niedersachsen). Die Versammlungsbegriffe des VersG und des Art. 8 Abs. 1 GG unterscheiden sich jedoch. Zu den wesentlichen **Unterschieden** im Versammlungsbegriff und hinsichtlich des zeitlichen „Schutzbereiches" die folgenden Übersichten:

340

---

[314] BVerfG NJW 2011, 1201, RÜ 2011, 243 (Fraport); BVerfG, Beschl. v. 20.06.2014 – 1 BvR 980/13, RÜ 2014, 649.
[315] BVerfGE 104, 92, 108 (Sitzblockade III).
[316] BVerfG NVwZ 2005, 80 f.
[317] BVerfG, Beschl. v. 12.05.2010 – 1 BvR 2636/04.

2. Teil — Grundrechte – Besonderer Teil

341

Versammlungsbegriff

Art. 8 GG

- Gruppe (mindestens zwei)
- gemeinsamer Zweck (sonst Ansammlung)
- Meinungsbildung/-kundgabe in öffentlichen Angelegenheiten (str., so der heute herrschende enge Versammlungsbegriff)

- öffentliche und nichtöffentliche Versammlungen
- nur Deutsche (Ausländer ⇨ Art. 2 Abs. 1 GG)
- friedlich, ohne Waffen

VersG

- nur öffentliche Versammlungen
- jedermann, auch Ausländer (§ 1 Abs. 1 VersG)
- auch unfriedliche und bewaffnete

342

Verhältnis Versammlungsrecht – allgemeines POR

Vor Beginn der Versammlung

- H.M.: für **Vorfeldgefahren** gilt nicht VersG, wenn noch keine Versammlung vorliegt ⇨ PolG anwendbar
- M.M.: VersG gilt analog (arg. e. „sich versammeln")

Während der Versammlung

- Sperrwirkung des Versammlungsrechts für **versammlungsspezifische Gefahren**, VersG abschließend, kein Rückgriff auf allgemeines POR (sog. „Polizeifestigkeit der Versammlung"),
- Ggf. **„Minusmaßnahmen"** nach VersG i.V.m. PolG
- Bei **allgemeinen Gefahren** (Brandschutz, Infektionsschutz u.Ä.) gilt VersG nicht ⇨ POR anwendbar
- Gegen **„Nichtteilnehmer"** Einschreiten nach allgemeinem POR

Nach Beendigung der Versammlung

Keine Anwendung des VersG, da keine Versammlung mehr vorliegt (auch nach Auflösung) ⇨ POR anwendbar

B. Eingriff

343 Ein Eingriff in die Versammlungsfreiheit wird nach den normalen, bereits oben (Rn. 61) dargestellten Grundsätzen geprüft.

C. Verfassungsrechtliche Rechtfertigung

I. Einschränkungsmöglichkeit

Versammlungen **unter freiem Himmel** können **gemäß Art. 8 Abs. 2 GG durch Gesetz oder aufgrund eines Gesetzes** beschränkt werden (einfacher Gesetzesvorbehalt). Dagegen gilt für Versammlungen **in geschlossenen Räumen** dieser Gesetzesvorbehalt nicht, sodass solche Versammlungen nur den **verfassungsimmanenten Schranken** unterfallen. 344

- Das Merkmal „unter freiem Himmel" ist eng auszulegen und entfällt bereits dann, wenn die Versammlung durch seitliche Begrenzungen von der Außenwelt abgeschirmt ist, z.B. in Stadien. Entscheidend ist also nicht, ob der Ort der Versammlung überdacht ist oder nicht. **Maßgeblich ist vielmehr, ob die Räumlichkeit für die Öffentlichkeit frei zugänglich ist.**[318] Versammlungen „unter freiem Himmel" finden in der unmittelbaren Auseinandersetzung mit einer unbeteiligten Öffentlichkeit statt.[319] Hier besteht im Aufeinandertreffen der Versammlungsteilnehmer mit Dritten ein höheres, weniger beherrschbares Gefahrenpotential. Der Gesetzesvorbehalt des Art. 8 Abs. 2 GG ist insbesondere durch die §§ 14 ff. VersG konkretisiert worden. 345

- Versammlungen „in geschlossenen Räumen" sind diejenigen, die **nicht** Versammlungen unter freiem Himmel sind, wenn also die Räumlichkeit gerade nicht für die Öffentlichkeit frei zugänglich ist. Der Gesetzgeber hat die verfassungsimmanenten Einschränkungsmöglichkeiten insbesondere in den §§ 5 ff. VersG ausgestaltet.[320] 346

II. Verfassungsgemäße Konkretisierung

Es gelten für die Prüfung der verfassungsgemäßen Konkretisierung der Schranken zunächst die allgemeinen Grundsätze (s.o., Rn. 75 ff.). Es ist aber, wegen der besonderen Bedeutung des Art. 8 GG für die Demokratie, der **Grundsatz der Verhältnismäßigkeit** in besonderem Maße zu beachten. 347

Klassische Problemfälle in diesem Zusammenhang sind:

- die **Anmeldepflicht** gemäß § 14 VersG, die dem klaren Wortlaut des Art. 8 GG widerspricht. Allerdings ermöglicht die Anmeldung der zuständigen Behörde, den Demonstranten einen ordnungsgemäßen Ablauf der Versammlung zu gewährleisten (z.B. Schutz vor Gegendemonstranten). Aus diesem Grunde wird die Anmeldepflicht als verfassungskonform angesehen.[321] 348

- **Spontanversammlungen**, die sich aus aktuellem Anlass augenblicklich bilden, und **Eilversammlungen**, die sich so kurzfristig bilden, dass die durch § 14 VersG normierte 48-stündige Anmeldefrist nicht eingehalten werden kann. Wegen Art. 8 GG muss § 14 VersammlungsG für solche Versammlungen **verfassungskonform ausgelegt** werden. Das bedeutet, dass § 14 VersG für Spontanversammlungen nicht an- 349

---

[318] Sachs, GG, Art. 8 Rn. 61; Manssen, Rn. 496; Hufen § 30 Rn. 21.
[319] BVerfG NJW 2011, 1201, RÜ 2011, 243 (Fraport).
[320] Manssen, Rn. 512.
[321] Sachs, GG, Art. 8 Rn. 63.

wendbar ist,³²² diese also nicht angemeldet werden müssen, und Eilversammlungen zwar anzumelden sind, dann aber die Frist des § 14 VersammlungsG entsprechend verkürzt wird und nicht eingehalten werden muss.³²³

350 ■ Gemäß **§ 15 VersG** können Versammlungen im Vorfeld verboten oder nach Beginn aufgelöst werden, wenn die öffentliche Sicherheit oder Ordnung bei Durchführung der Versammlung unmittelbar gefährdet ist. Etwaige Bedenken wegen einer möglichen Verletzung des **Bestimmtheitsgrundsatzes** sind unbegründet, denn die Begriffe der öffentlichen Sicherheit oder Ordnung sind, insbesondere durch die Rspr. zu den gleichen Begriffen im Polizeirecht, hinreichend konkretisiert.³²⁴ Auch § 15 VersG ist allerdings **verfassungskonform** auszulegen. Verbote und Auflösungen kommen **nur zum Schutz elementarer Rechts- bzw. Gemeinschaftsgüter** in Betracht, die im Einzelfall gegenüber der Versammlungsfreiheit vorrangig sind, während die bloße Gefährdung der öffentlichen Ordnung im Allgemeinen nicht ausreicht. Das gilt (nach heftig kritisierter) Auffassung des Bundesverfassungsgerichts wegen der gleichzeitigen Geltung von Art. 5 Abs. 1 GG (und Art. 21 Abs. 2 GG) auch für Versammlungen, die durch ein Bekenntnis zum Nationalsozialismus geprägt sind.³²⁵ Voraussetzung dafür ist aber, dass die Beschränkungen der Versammlungsfreiheit **nicht aus dem Inhalt der Äußerungen, sondern aus der Art und Weise** der Durchführung der Versammlung folgen. So sind Beschränkungen der Versammlungsfreiheit verfassungsrechtlich unbedenklich, die ein aggressives und provokatives, die Bürger einschüchterndes Verhalten der Versammlungsteilnehmer verhindern sollen, durch das ein Klima der Gewaltdemonstration und potenziellen Gewaltbereitschaft erzeugt wird.³²⁶

351 ■ Die fehlende Anmeldung einer Versammlung (§ 14 VersG) kann **allein nicht** ein Verbot bzw. eine Auflösung der Versammlung **rechtfertigen** (§ 15 Abs. 1, Abs. 3 VersG).³²⁷ Insbesondere § 15 Abs. 3, 1. Fall VersG ist wegen der besonderen Bedeutung des Art. 8 GG **verfassungskonform auszulegen**. Nur wenn weitere Umstände hinzukommen (Gefahren für die öffentliche Sicherheit; infolge der Nichtanmeldung keine ausreichende Zeit für sichernde Maßnahmen), kann die fehlende Anmeldung eine Auflösung rechtfertigen.

352 **Fall 10: Fraport**

Der Flughafen Frankfurt am Main wird von der Fraport Aktiengesellschaft (Fraport AG) betrieben. Ihre Anteile stehen mehrheitlich (heute zu insgesamt 52%) im Eigentum der öffentlichen Hand, aufgeteilt zwischen dem Land Hessen und der Stadt Frankfurt am Main. Auf dem Flughafen befinden sich neben der für die Abwicklung des Flugverkehrs bestimmten Infrastruktur zahlreiche Einrichtungen zu Zwecken des Konsums und der Freizeitgestaltung, die der Öffentlichkeit allgemein zugänglich sind. Dazu zählen neben Läden und Serviceeinrichtungen auch Bars, Cafes und Restaurants.

---

322 BVerfG NVwZ 2005, 80 f.
323 BVerfG NJW 1992, 890.
324 BVerfGE 69, 315, 352.
325 BVerfG NJW 2001, 2069 ff.; NJW 2003, 3689 (Wunsiedel).
326 BVerfG DVBl. 2004, 1230, 1232.
327 Enders Jura 2003, 103, 104; Dietel/Ginzel/Kniesel, Versammlungsgesetz, § 15 Rn. 121; Sachs, GG, Art. 8 Rn. 65.

Versammlungsfreiheit, Art. 8 GG — 12. Abschnitt

> K ist Mitglied einer „Initiative gegen Abschiebungen", die sich gegen die Abschiebung von Ausländern unter Mitwirkung privater Fluggesellschaften wendet. Nachdem sie mit fünf weiteren Mitgliedern in der Abflughalle des Frankfurter Flughafens im März 2003 an einem Abfertigungsschalter Flugblätter verteilt hatte, die sich gegen eine Abschiebung richteten, erteilte ihr die Fraport AG ein „Flughafenverbot" mit dem Hinweis, dass gegen sie ein Strafantrag wegen Hausfriedensbruchs erstattet werde, sobald sie erneut „unberechtigt" auf dem Flughafen angetroffen werde. Mit einem erläuternden Schreiben wies die Fraport AG die K unter Bezugnahme auf ihre Flughafenbenutzungsordnung darauf hin, dass Sammlungen, Werbungen sowie das Verteilen von Flugblättern ihrer Einwilligung bedürfen und dass sie „nicht abgestimmte Demonstrationen im Terminal aus Gründen des reibungslosen Betriebsablaufes und der Sicherheit grundsätzlich nicht" dulde. Versammlungen in den Gebäuden des Flughafens werden in der Benutzungsordnung ausdrücklich für unzulässig erklärt.
>
> Die von K vor den Zivilgerichten gegen die Fraport AG erhobene Klage auf Feststellung, dass das erteilte Demonstrations- und Meinungskundgabeverbot für das Gelände des Flughafens Frankfurt rechtswidrig sei, blieb in allen Instanzen ohne Erfolg. K erhebt Verfassungsbeschwerde und rügt eine Verletzung ihrer Grundrechte der Meinungsfreiheit und der Versammlungsfreiheit durch die angegriffenen zivilgerichtlichen Entscheidungen. Hat die Verfassungsbeschwerde Erfolg?

Die Verfassungsbeschwerde hat Erfolg, soweit sie zulässig und begründet ist.

A. Zulässigkeit 353

I. Das Bundesverfassungsgericht ist gemäß Art. 93 Abs. 1 Nr. 4 a GG, § 13 Nr. 8 a BVerfGG **zuständig** für die Entscheidung über Individualverfassungsbeschwerden.

II. **Beteiligtenfähig** ist nach § 90 Abs. 1 BVerfGG jedermann, d.h., jeder, der fähig ist, Grundrechtsträger zu sein. K ist als natürliche Personen Trägerin von Grundrechten und damit beteiligtenfähig.

III. Zulässiger **Beschwerdegegenstand** einer Verfassungsbeschwerde ist gemäß § 90 Abs. 1 BVerfGG jeder **Akt der öffentlichen Gewalt**. K wendet sich gegen das Verbot der Fraport AG und die dieses bestätigenden zivilgerichtlichen Urteile als Akte der öffentlichen Gewalt.

IV. Der Beschwerdeführer muss geltend machen, durch die Entscheidungen möglicherweise in seinen Grundrechten verletzt zu sein (§ 90 Abs. 1 BVerfGG, **Beschwerdebefugnis**). K macht geltend, in ihren Grundrechten aus Art. 8 Abs. 1 und Art. 5 Abs. 1 S. 1 GG verletzt zu sein. Dies ist nicht von vornherein und offensichtlich ausgeschlossen. Sie ist durch die Urteile auch **selbst**, **gegenwärtig** und **unmittelbar** betroffen. Die Beschwerdebefugnis der K ist gegeben.

V. Es ist auch der **Rechtsweg erschöpft**, § 90 Abs. 2 S. 1 BVerfGG.

VI. Die **Form- und Fristregeln** nach §§ 23, 92, 93 Abs. 1 BVerfGG (schriftlich mit Begründung innerhalb eines Monats) sind gewahrt.

Die Verfassungsbeschwerde der K ist daher zulässig.

B. Begründetheit

Die Verfassungsbeschwerde ist begründet, soweit K durch die angegriffenen Urteile in verfassungsspezifischer Weise in ihren Grundrechten verletzt ist (§ 95 Abs. 1 BVerfGG).

354 I. **Grundrechtsbindung der Fraport AG**

Grundrechte sind Abwehrrechte des Bürgers „gegen den Staat", nicht Abwehrrechte des Bürgers gegen den Privaten. Das Demonstrations- und Meinungskundgabeverbot für das Gelände des Flughafens Frankfurt durch die Fraport AG und die dies bestätigenden Urteile könne K daher nur dann in ihren Grundrechten verletzen, wenn und soweit die zivilrechtlich zu bewertende Fraport AG überhaupt an Grundrechte gebunden ist.

1. Gemäß **Art. 1 Abs. 3 GG** binden die Grundrechte die Gesetzgebung, vollziehende Gewalt und Rspr. als unmittelbar geltendes Recht. Der Begriff der **„vollziehenden Gewalt"** ist dabei weit zu verstehen.[328] Erfasst werden neben den Behörden auch Beliehene und Verwaltungshelfer, aber auch öffentliche Unternehmen, die in privatrechtlicher Form von einem Hoheitsträger geführt werden.[329] Dies wird insbesondere damit begründet, dass eine „Flucht aus der Grundrechtsbindung in das Privatrecht mit der Folge, dass der Staat unter Freistellung von Art. 1 Abs. 3 GG als Privatrechtssubjekt zu begreifen wäre"[330] nicht erfolgen darf. Damit wäre die Fraport AG jedenfalls dann an die Grundrechte gebunden, wenn der Staat zu 100% Anteilseigner wäre.

355 2. Fraglich ist jedoch, ob dies auch dann gilt, wenn an einem Unternehmen sowohl private als auch öffentliche Anteilseigner beteiligt sind **(gemischt-wirtschaftliche Unternehmen)**. Überwiegend wird angenommen, dass eine Grundrechtsbindung dann besteht, wenn das Unternehmen in seiner Tätigkeit **vom Staat beherrscht** wird, also der Staat in der Regel mehr als 50% der Anteile am Unternehmen hält.[331] Das Kriterium der Beherrschung mit seiner Anknüpfung an die eigentumsrechtlichen Mehrheitsverhältnisse stellt danach nicht auf konkrete Einwirkungsbefugnisse hinsichtlich der Geschäftsführung ab, sondern auf die Gesamtverantwortung für das jeweilige Unternehmen.[332] Das Land Hessen und die Stadt Frankfurt am Main halten zusammen 52% der Anteile an der Fraport AG, sodass eine beherrschende Stellung des Staates gegeben ist und die Fraport AG gemäß Art. 1 Abs. 3 GG an die Grundrechte gebunden ist.

---

[328] Kingreen/Poscher, Rn. 188 ff.
[329] Jarass/Pieroth, GG, Art. 1 Rn. 39 f.
[330] BVerfG NJW 2011, 1201, RÜ 2011, 243 (Fraport).
[331] BVerfG NJW 2011, 1201, RÜ 2011, 243 (Fraport); BVerwG, Urt. v. 18.03.1998 – 1 D 88.97; Jarass/Pieroth, GG, Art. 1 Rn. 40; Michael/Morlok, Rn. 471.
[332] BVerfG NJW 2011, 1201, RÜ 2011, 243 (Fraport).

Hinweis: Teilweise wird allerdings darauf hingewiesen, dass im vorliegenden Fall das Land Hessen und die Stadt Frankfurt jeder für sich nur über eine Minderheitenbeteiligung verfügen. Sollten die öffentlichen Anteilseigner gegenläufige Interessen verfolgen, könne von einer „Beherrschung" keine Rede sein. Aus diesem Grunde genüge es nicht für eine unmittelbare Grundrechtsbindung, durch bloße Addition der „öffentlichen" Gesellschaftsanteile auf mehr als 50% abzustellen.[333]

Das Bundesverfassungsgericht hat im Rahmen der **mittelbaren Drittwirkung** der Grundrechte sogar angenommen, dass eine rein private GmbH eine Versammlung auf ihrem Grundstück zu dulden hätte, wenn sie ein „öffentliches Forum" (hier ein allgemein zugänglicher Platz am Rande der Fußgängerzone) eröffne (**„staatsähnliche Grundrechtsbindung"**).[334]

Entsprechend der Frage der Grundrechtsbindung beurteilt sich die gegenläufige Frage der **Grundrechtsberechtigung**. Hat der Staat eine beherrschende Stellung an einem gemischtwirtschaftlichen Unternehmen, ist die juristische Person nicht grundrechtsfähig.[335]

II. Verletzung des Art. 8 Abs. 1 GG 356

Das durch die Fraport AG ausgesprochene Verbot, im Frankfurter Flughafen ohne Erlaubnis Versammlungen durchzuführen, und die dies bestätigenden Entscheidungen der Zivilgerichte, könnten die K in ihrem Grundrecht der Versammlungsfreiheit aus Art. 8 Abs. 1 GG verletzen.

1. Dann müsste zunächst der **Schutzbereich** des Art. 8 Abs. 1 GG betroffen sein. 357
Eine Versammlung ist eine örtliche Zusammenkunft mehrerer Personen zur gemeinschaftlichen, auf die Teilhabe an der öffentlichen Meinungsbildung gerichteten Erörterung oder Kundgebung. Zum Schutzbereich des Art. 8 Abs. 1 GG zählt auch das Recht, selbst zu bestimmen, wann, wo und unter welchen Modalitäten eine Versammlung stattfinden soll. Als Abwehrrecht gewährleistet das Grundrecht den Grundrechtsträgern zugleich ein **Selbstbestimmungsrecht** über Ort, Zeitpunkt, Art und Inhalt der Veranstaltung.

Das bedeutet jedoch nicht, dass eine Versammlung an jedem beliebigen Ort 358
durchgeführt werden kann. So kann eine Versammlung nicht – gegen den Willen des Eigentümers – auf einem Privatgrundstück durchgeführt werden. Das Selbstbestimmungsrecht zur Durchführung einer Versammlung ist nur an Orten eröffnet, die für die Öffentlichkeit allgemein zugänglich sind. Darunter fällt zunächst der öffentliche Straßenraum. Daneben gilt das Selbstbestimmungsrecht aber auch für Stätten außerhalb des öffentlichen Straßenraums, an denen **in ähnlicher Weise ein öffentlicher Verkehr eröffnet ist und Orte der allgemeinen Kommunikation** entstehen.[336] Daher gewährleistet Art. 8 GG zwar im Abflugbereich hinter der Sicherheitsschleuse oder im Bereich der Gepäckausgabe keinen Schutz, in den frei zugänglichen Bereichen des Terminals

---
[333] Sondervotum des Richters Schluckebier zu BVerfG NJW 2011, 1201, 1209 ff., RÜ 2011, 243 (Fraport).
[334] BVerfG, Beschl. v. 18.07.2015 – 1 BvQ 25/15, RÜ 2015, 660.
[335] BVerfG, Urt. v. 06.12.2016 – 1 BvR 2821/11, RÜ 2017, 114.
[336] BVerfG NJW 2011, 1201, RÜ 2011, 243 (Fraport).

(Ladenpassagen, Gastronomiebetriebe etc.) ist dagegen der Schutzbereich des Art. 8 GG eröffnet. Eingeschränkt werden muss diese Erweiterung des Schutzbereichs des Art. 8 GG jedoch insoweit, dass Orte ausgenommen werden, in denen der Zugang individuell kontrolliert wird und daher ein „allgemein zugänglicher Verkehr" nicht stattfindet.

Die Fraport AG hat K verboten, „nicht abgestimmte Demonstrationen im Terminal" durchzuführen. Versammlungen sind nach der Benutzungsordnung in den Gebäuden des Flughafens (generell) unzulässig. Dadurch ist der Schutzbereich der Versammlungsfreiheit betroffen.

Hinweis: Der BGH hat in seiner Rspr. den Schutzbereich der Versammlungsfreiheit aus Art. 8 GG sogar noch erweitert. Für einen öffentlichen Kommunikationsraum sei nicht erforderlich, dass die Verbindung von Ladengeschäften, Dienstleistungsanbietern, Restaurationsbetrieben und Erholungsflächen einen Raum des Flanierens schafften und so Orte des Verweilens und der Begegnung entstünden. **Ausreichend sei bereits, dass das Gelände allgemein und ohne Einschränkung dem Publikum geöffnet ist** *und es dadurch die Bedingungen bietet, um Forderungen einem allgemeinen Publikum zu Gehör zu bringen und Protest oder Unmut auf die Straße zu tragen.*[337]

359 2. Es müsste auch ein **Eingriff** in den Schutzbereich gegeben sein. Die Fraport AG hat der K die Durchführung von Versammlungen in Gebäuden des Flughafens generell untersagt, und zwar voraussetzungslos und zeitlich unbegrenzt. Indem die zivilgerichtlichen Entscheidungen dieses final und unmittelbar wirkende Verbot bestätigen, greifen sie in die Versammlungsfreiheit der K ein.

3. Der Eingriff in das Grundrecht der K könnte **verfassungsrechtlich gerechtfertigt** sein.

360 a) Dann müsste eine Einschränkungsmöglichkeit **(Schranke)** bestehen. Gemäß Art. 8 Abs. 2 GG kann das Grundrecht für Versammlungen unter freiem Himmel **durch oder aufgrund eines Gesetzes** beschränkt werden.

aa) Die Fraport AG hat der K die Durchführung von Versammlungen in Gebäuden des Flughafens untersagt, also im Innern. Fraglich ist, ob diese Versammlungen solche „unter freiem Himmel" darstellen. Zwar sind die Gebäude überdacht. Maßgeblich für die Abgrenzung ist indes, ob die Räumlichkeit für die Öffentlichkeit **frei zugänglich** ist. Versammlungen „unter freiem Himmel" finden in der unmittelbaren Auseinandersetzung mit einer unbeteiligten Öffentlichkeit statt. Hier besteht im Aufeinandertreffen der Versammlungsteilnehmer mit Dritten ein höheres, weniger beherrschbares Gefahrenpotential als bei Versammlungen, bei denen eine Zutrittsbeschränkung besteht. Entscheidend für die Abgrenzung von Versammlungen in geschlossenen Räumen ist deshalb nicht der Schutz nach oben, sondern die seitliche Begrenzung.[338]

---
337 BGH, Urt. v. 26.06.2015 – V ZR 227/14, RÜ 2015, 660.
338 BVerfGE 69, 315, 348; Jarass/Pieroth, GG, Art. 8 Rn. 17.

K möchte überwiegend im Flughafengebäude demonstrieren. Die Versammlungen sollen aber nicht in eigens für die Demonstration abgesperrten Bereichen stattfinden, zu denen die Öffentlichkeit keinen Zutritt hat, sondern vielmehr inmitten des allgemeinen Flughafenpublikums, also in der Öffentlichkeit. K führt daher Versammlungen „unter freiem Himmel" durch, die gemäß Art. 8 Abs. 2 GG dem allgemeinen Gesetzesvorbehalt unterfallen.

bb) Der Gesetzesvorbehalt des Art. 8 Abs. 2 GG wird im vorliegenden Fall durch das Hausrecht der Fraport AG, gestützt auf §§ 903, 1004 BGB, umgesetzt.

b) Fraglich ist, ob der Eingriff durch das Demonstrationsverbot, welches auf die §§ 903, 1004 BGB gestützt wird, eine **verfassungsgemäße Konkretisierung** der Einschränkungsmöglichkeit darstellt. Dies ist der Fall, wenn die §§ 903, 1004 BGB verfassungsgemäß sind und die Einzelentscheidung ebenfalls verfassungsgemäß ist.

aa) Von der Verfassungsmäßigkeit der §§ 903, 1004 BGB ist auszugehen.

bb) Es müsste auch das Demonstrationsverbot verfassungsgemäß, insbesondere **verhältnismäßig** sein.

(1) Für einen verhältnismäßigen Eingriff in die Versammlungsfreiheit bedarf es zunächst eines **legitimen Zwecks**. Für Versammlungen im Bereich eines Flughafens gehören dazu die Sicherheit und Funktionsfähigkeit des Betriebs des Flughafens. Angesichts der Komplexität und der heute im Flugverkehr bestehenden Vernetzung können im Falle der Störung des Betriebs an einem Großflughafen, wie dem Frankfurt/Main Airport, gewichtige Konsequenzen auch für andere Flughäfen ausgelöst werden. Daher können Maßnahmen, die der Sicherheit und Leichtigkeit der Betriebsabläufe sowie dem Schutz der Fluggäste, der Besucher oder der Einrichtungen des Flughafens dienen, folglich grundsätzlich auf das Hausrecht gestützt werden.

(2) Die Untersagung der Versammlungen ist **geeignet** und **erforderlich**. Problematisch könnte die **Angemessenheit** der Maßnahme sein.

In der Abwägung der widerstreitenden Interessen ist dabei zu berücksichtigen, dass Art. 8 GG als Kommunikationsgrundrecht „schlechthin demokratiekonstituierend" wirkt. Eine Einschränkung der Versammlungsfreiheit kann daher nur zum Schutze gleichwertiger, elementarer Rechtsgüter zulässig sein. Die Sicherheit und Funktionsfähigkeit des Flughafenbetriebs stellt ein solch elementares Schutzgut dar. Den Gefahren ist aber in erster Linie durch die Erteilung von Auflagen zu begegnen. Eine Untersagung der Versammlung kommt lediglich als **ultima ratio**, also als letztes Mittel, in Betracht.

Durch ihre Flughafenbenutzungsordnung hat die Fraport AG die Durchführung von Versammlungen aller Art in allen Teilen der Gebäude von einer Erlaubnis abhängig gemacht. Indes sind Versammlungen in den öffentlich zugänglichen Ladenpassagen etc. ohne Gefährdung des Flughafenbetriebes möglich. Eine Untersagung hätte im Hinblick auf die kollidierenden Grundrechte nur unter der Voraussetzung erfolgen dürfen, dass eine konkrete Gefahr für die Sicherheit des Betriebs abgewehrt werden soll. Ohne Konkretisierung und Einschränkung ist die **voraussetzungslose Untersagung** von Versammlungen über das Hausrecht **unangemessen**.[339]

Das Verbot durch die Fraport AG ist somit **unverhältnismäßig**. Der Eingriff in Art. 8 GG ist nicht gerechtfertigt. Art. 8 Abs. 1 GG ist verletzt.

364   **III. Verletzung des Art. 5 Abs. 1 S. 1 GG**

Die angegriffenen Entscheidungen könnten zudem das Grundrecht der K auf **Meinungsäußerung** gemäß Art. 5 Abs. 1 S. 1 GG verletzen.

365   1. Es müsste ein **Eingriff in den Schutzbereich** gegeben sein. Art. 5 Abs. 1 S. 1 GG schützt das Äußern einer Meinung nicht nur hinsichtlich ihres Inhalts, sondern auch hinsichtlich der Form ihrer Verbreitung.[340] Hierzu gehört auch das Verteilen von Flugblättern, die Meinungsäußerungen enthalten. Geschützt ist darüber hinaus auch die Wahl des Ortes und der Zeit einer Äußerung. Der sich Äußernde hat nicht nur das Recht, überhaupt seine Meinung kundzutun, sondern er darf hierfür auch die Umstände wählen, von denen er sich die größte Verbreitung oder die stärkste Wirkung seiner Meinungskundgabe verspricht.[341] Anders als beim Art. 8 GG ist die Meinungsäußerungsfreiheit vom Schutzbereich her nicht auf allgemein zugängliche Räume beschränkt. Die Meinungskundgabe des Einzelnen ist unabhängig von einem konkreten Raumbezug und steht dem Einzelnen überall dort zu, wo er sich gerade befindet.

Durch das Verbot, in allen – auch der Öffentlichkeit zugänglichen – Bereichen des Flughafens Flugblätter und andere Druckerzeugnisse zu verteilen, greift die (unmittelbar an die Grundrechte gebundene) Fraport AG in diese grundrechtlich geschützte Betätigungsfreiheit ein. Die Urteile, die dieses Verbot bestätigen, stellen daher einen **Eingriff in den Schutzbereich des Art. 5 Abs. 1 S. 1 GG** dar.

366   2. Der Eingriff könnte **verfassungsrechtlich gerechtfertigt** sein.

a) Die Meinungsfreiheit findet ihre **Schranken** in den Vorschriften der allgemeinen Gesetze, Art. 5 Abs. 2 GG. Dazu gehören auch die §§ 903, 1004 BGB.

---

339   BVerfG NJW 2011, 1201, RÜ 2011, 243 (Fraport).
340   Jarass/Pieroth, GG, Art. 5 Rn. 9.
341   BVerfG NJW 2011, 1201, RÜ 2011, 243 (Fraport).

b) Gesetze, auf deren Grundlage die Meinungsfreiheit beschränkt wird, sind jedoch ihrerseits im Lichte des eingeschränkten Grundrechts auszulegen. Hierbei ist der für eine freiheitlich demokratische Ordnung konstituierenden Bedeutung der Meinungsfreiheit Rechnung zu tragen. Insbesondere sind die Anforderungen des **Verhältnismäßigkeitsgrundsatzes** zu beachten. Insofern gilt das bereits oben Gesagte. Zwar kann das Verteilen von Flugblättern in den sicherheitsrelevanten Bereichen des Flughafens über das Hausrecht eingeschränkt werden. Insbesondere wäre ein Verbot im Falle einer konkreten Gefahr für die Sicherheit des Flughafenbetriebes möglich. **Ein generelles Verbot bzw. eine generelle Erlaubnispflicht stellen jedoch einen unverhältnismäßigen Eingriff in das Grundrecht dar**.

Demzufolge ist durch die das Verbot bestätigenden Entscheidungen auch Art. 5 Abs. 1 S. 1 GG verletzt.

Die Verfassungsbeschwerde der K ist somit begründet und erfolgreich.

D. Europarecht

Die Versammlungsfreiheit wird generell in **Art. 11 EMRK**, und daneben „insbesondere im politischen, gewerkschaftlichen und zivilgesellschaftlichen Bereich auf allen Ebenen" durch **Art. 12 GRCh** geschützt.

367

13. Abschnitt: Vereinigungs- und Koalitionsfreiheit, Art. 9 GG

Art. 9 GG schützt zwei Arten der Vereinigungsfreiheit. Während Art. 9 Abs. 1 GG die allgemeine Vereinigungsfreiheit schützt, wird in Art. 9 Abs. 3 GG die wirtschaftliche Vereinigungsfreiheit (= Koalitionsfreiheit) geschützt. Art. 9 Abs. 1 GG weist enge Bezüge zu den anderen Kommunikationsfreiheiten auf (Art. 5, 8 GG). Dagegen steht Art. 9 Abs. 3 GG in einem Zusammenhang zu den wirtschaftsverfassungsrechtlichen Grundrechten (Art. 12, 14 GG).

368

A. Vereinigungsfreiheit aus Art. 9 Abs. 1 GG

I. Schutzbereich

1. Sachlich

Art. 9 Abs. 1 GG schützt die Freiheit, Vereine und Gesellschaften zu bilden. Geschützt werden alle Vereinigungen, nicht nur Vereine i.S.d. bürgerlichen Rechts. Der Begriff der Vereinigung ist **identisch mit dem Begriff nach § 2 des VereinsG**.[342] Danach ist eine Vereinigung eine

369

---

342 Michael/Morlok, Rn. 289; Günther/Franz JuS 2006, 788, 789.

- **Mehrheit von Personen**, wobei nach h.M. bereits zwei Personen ausreichen,[343]
- die sich nach h.M. **privatrechtlich zusammengeschlossen** haben, da nur der Staat öffentlich-rechtliche Vereinigungen gründen darf,[344]
- die – in Abgrenzung zu einer Versammlung – auf eine **gewisse Dauer** angelegt ist,
- wobei ein **gemeinsamer Zweck** verfolgt wird (z.B. Sport, Wirtschaft, Geselligkeit),
- in der die Mitglieder einer **organisierten Willensbildung** unterworfen sind und
- in der der Zusammenschluss **freiwillig** erfolgt. Daher fallen Zwangsvereinigungen nicht unter den Vereinigungsbegriff (s. dazu noch unten Fall 11).

370 Geschützt wird in **positiver Hinsicht** das Recht des Einzelnen, eine Vereinigung zu bilden und sich in ihr zu betätigen, aber auch in **negativer Hinsicht** das Recht, aus Vereinigungen auszutreten oder einer solchen von vornherein fernzubleiben. Daneben gewährleistet Art. 9 Abs. 1 GG **als kollektives Recht die Vereinigung als solche**.

371 Allerdings erfasst die Vereinigungsfreiheit **nicht**:
- Parteien und Fraktionen (§ 2 Abs. 2 VereinsG, Art. 21, 38 GG) sowie
- Kirchen und Religionsgesellschaften i.S.v. Art. 137 Abs. 5 WRV, da Art. 140 GG i.V.m. Art. 137 WRV eine abschließende Spezialregelung darstellt.

> **Fall 11: Zwangsmitglied in der IHK**
>
> K ist Außenhandelskaufmann und als solcher gemäß § 2 IHK-G Zwangsmitglied in der Industrie- und Handelskammer (IHK). Er hält die Vertretung durch die Kammer für völlig überholt, zumal die Mitglieder ganz unterschiedliche Interessen haben und vielfach in scharfer Konkurrenz zueinander stehen. K hält die Zwangsmitgliedschaft in der IHK für verfassungswidrig. Die Aufgaben der IHK könnten genauso gut durch private Interessenvereinigungen wahrgenommen werden. Insbesondere fühlt er sich nicht ordnungsgemäß durch die Kammer repräsentiert, weil der Vorstand häufig mit Äußerungen an die Öffentlichkeit tritt, die K nicht teilt. Am meisten ärgert ihn, dass er auch noch Beiträge an die IHK leisten muss.
>
> K bittet um ein Gutachten zu der Frage, ob die §§ 2 und 3 IHK-G mit Art. 12, 9 und 2 Abs. 1 GG vereinbar sind, wenn das IHK-G formell verfassungsgemäß ist?

372 A. **Vereinbarkeit mit Art. 12 Abs. 1 GG**

Die Zwangsmitgliedschaft in der IHK könnte den K in seiner Berufsfreiheit aus Art. 12 Abs. 1 GG verletzten.

I. Dann müsste zunächst der **Schutzbereich** der Berufsfreiheit **betroffen** sein. Beruf ist jede auf Dauer angelegte Tätigkeit, die der Schaffung und Erhaltung der Lebensgrundlage dient. Die Tätigkeit des K als Außenhandelskaufmann stellt eine solche berufliche Tätigkeit dar.

---

343 Dreier, GG, Art. 9 Rn. 39; Jarass/Pieroth, GG, Art. 9 Rn. 3; Michael/Morlok, Rn. 290.
344 BVerfGE 10, 89; 38, 281.

II. Die durch § 2 IHK-G angeordnete Zwangsmitgliedschaft müsste in den Schutzbereich eingreifen. Ein **Eingriff** in den Schutzbereich des Art. 12 Abs. 1 S. 1 GG liegt nur bei Eingriffen mit **berufsregelnder Tendenz** vor. Die Zwangszugehörigkeit zu einer Kammer ist lediglich eine bloße Folge der Ausübung eines Berufes, sie dient aber nicht dazu, Wahl oder Ausübung des Berufes zu reglementieren. Demnach liegt kein Eingriff in das Grundrecht der Berufsfreiheit aus Art. 12 Abs. 1 GG vor.

Art. 12 Abs. 1 GG ist nicht verletzt.

B. **Vereinbarkeit mit Art. 9 Abs. 1 GG**   373

Die Zwangsmitgliedschaft in der IHK aus §§ 2, 3 IHK-G könnte jedoch gegen das Grundrecht der Vereinigungsfreiheit aus Art. 9 Abs. 1 GG verstoßen. Dann müsste zunächst der **Schutzbereich des Art. 9 Abs. 1 GG betroffen** sein.

I. Seinem Wortlaut nach schützt Art. 9 Abs. 1 GG das Recht, Vereine und Gesellschaften zu bilden. Dies beinhaltet das Recht des Einzelnen, eine Vereinigung zu gründen, ihr beizutreten oder sich in einem Verein zu betätigen. Dieser positiven Vereinigungsfreiheit entspricht spiegelbildlich die negative Vereinigungsfreiheit, d.h. das Recht, aus Vereinen auszutreten oder ihnen von vornherein fernzubleiben.[345]

II. Bei der IHK handelt es sich aber um eine Körperschaft des öffentlichen Rechts (§ 3 Abs. 1 IHK-G). Fraglich ist, ob auch öffentlich-rechtliche Zusammenschlüsse dem Vereinigungsbegriff des Art. 9 Abs. 1 GG unterfallen. Nur dann könnte im vorliegenden Fall der Schutzbereich von Art. 9 Abs. 1 GG überhaupt eröffnet sein.   374

1. Für eine Anwendung der Vereinigungsfreiheit auch auf öffentlich-rechtliche Körperschaften könnte sprechen, dass Art. 9 Abs. 1 GG in seiner abwehrrechtlichen Dimension (generell) vor einem Vereinigungszwang schützt, sodass es keinen Unterschied macht, ob sich ein Privater gegen die Pflichtmitgliedschaft in einer privatrechtlichen oder öffentlich-rechtlichen Vereinigung wehrt.[346] Außerdem könnte die Gefahr bestehen, dass durch übermäßige Schaffung öffentlich-rechtlicher Zwangsverbände Art. 9 Abs. 1 GG und dessen enge Schrankensystematik ausgehöhlt bzw. unterlaufen würde.[347]

2. Dagegen spricht aber, dass Art. 9 Abs. 1 GG unzweifelhaft nicht die Freiheit gewährt, öffentlich-rechtliche Verbände zu bilden. Der Schutz der Vereinigungsfreiheit greift ein, wenn es um einen privatrechtlichen Zusammenschluss natürlicher oder juristischer Personen geht, der auf Dauer angelegt ist, auf der Basis der Freiwilligkeit erfolgt, zur Verfolgung eines gemeinsamen Zwecks konstituiert ist und eine organisierte Willensbildung aufweist. Im Umkehrschluss folgt daraus, dass aus Art. 9 Abs. 1 GG auch kein Negativanspruch auf Freiheit von öffentlich-rechtlichen Zwangsverbänden hergeleitet werden   375

---

[345] BVerfGE 123, 186, 237.
[346] Kingreen/Poscher, Rn. 814.
[347] Michael/Morlock, Grundrechte, Rn. 298 f.

kann.[348] Zudem entspricht der Begriff „Vereine" in Art. 9 Abs. 1 GG unstreitig dem Vereinsbegriff des § 2 Abs. 1 VereinsG, der ausdrücklich nur „freiwillige" Zusammenschlüsse und nicht auch Zwangszusammenschlüsse erfasst.[349] Schließlich spricht auch die historische Auslegung gegen die Anwendung des Art. 9 Abs. 1 GG auf öffentlich-rechtliche Vereinigungen. Dem Parlamentarischen Rat war bewusst, dass Art. 9 Abs. 1 GG nicht auch vor Zwangsmitgliedschaften in berufsständischen Kammern schützen sollte und dass die negative Vereinigungsfreiheit öffentlich-rechtliche Berufsverbände gerade nicht erfassen sollte.[350]

Der Schutzbereich des Art. 9 Abs. 1 GG ist daher nicht eröffnet. Art. 9 Abs. 1 GG ist durch die Zwangsmitgliedschaft in der IHK nicht verletzt.

376 **C. Vereinbarkeit mit Art. 2 Abs. 1 GG**

Da Art. 9 Abs. 1 GG nicht eingreift, könnte die Zwangsmitgliedschaft in der IHK das Grundrecht der allgemeinen Handlungsfreiheit aus Art. 2 Abs. 1 GG verletzen.

377 I. Dann müsste zunächst ein **Eingriff in den Schutzbereich** vorliegen. Art. 2 Abs. 1 GG erfasst alle Betätigungen oder Lebensbereiche, d.h. jedes menschliche Verhalten, das nicht einem speziellen Freiheitsrecht zuzuordnen ist. Die gesetzliche Pflicht des K, gegen seinen Willen Zwangsmitglied in der IHK zu werden, stellt daher einen Eingriff in den Schutzbereich des Art. 2 Abs. 1 GG dar.

378 II. Der Eingriff könnte **verfassungsrechtlich gerechtfertigt** sein.

1. Art. 2 Abs. 1 GG enthält als Beschränkungsmöglichkeit eine sog. „Schrankentrias". Dabei erfasst die „verfassungsmäßige Ordnung" das gesamte geschriebene Recht, also alle Normen, die formell und materiell mit der Verfassung übereinstimmen. § 2 IHK-G begründet eine Zwangsmitgliedschaft in der IHK und ist damit als gesetzliche Vorschrift i.S.d. „verfassungsmäßigen Ordnung" anzusehen.

2. Diese Vorschrift ist allerdings nur dann Teil der verfassungsmäßigen Ordnung, wenn sie ihrerseits verfassungsgemäß ist. Da von der formellen Verfassungsmäßigkeit auszugehen ist, stellt sich allein die Frage nach der materiellen Verfassungsmäßigkeit der Zwangsmitgliedschaft. Insbesondere müsste die Zwangsmitgliedschaft **verhältnismäßig** sein.

379 a) Verhältnismäßig kann eine Maßnahme nur sein, wenn mit ihr ein **legitimer Zweck** verfolgt wird. Legitim ist grundsätzlich jedes öffentliche Interesse, das verfassungsrechtlich nicht ausgeschlossen ist. Voraussetzung für die Errichtung eines öffentlich-rechtlichen Verbands mit Zwangsmitgliedschaft ist daher zunächst, dass der Verband legitime öffentliche Aufgaben erfüllt. Damit sind Aufgaben gemeint, an deren Erfüllung ein gesteigertes Interesse der Gemeinschaft besteht, die aber weder allein im Wege privater Initia-

---

348 Jarass/Pieroth, GG, Art. 9 Rn. 4; Epping, Rn. 885; Manssen, Rn. 523.
349 BVerfG, Beschl. v. 07.12.2001 – 1 BvR 1806/98.
350 Hatje/Terhechte NJW 2002, 1849, 1850; Dettmeyer NJW 1999, 3367, 3368.

tive wirksam wahrgenommen werden können, noch zu den im engeren Sinn staatlichen Aufgaben zählen, die der Staat selbst durch seine Behörden wahrnehmen muss. Bei der Einschätzung, ob diese Voraussetzungen vorliegen, kommt dem Staat ein weites Ermessen zu.[351]

§ 1 IHK-G weist den Kammern insbesondere Aufgaben der Wirtschaftsförderung zu. Sie übernehmen Aufgaben der Selbstverwaltung der regionalen Wirtschaft. Wenn der Staat sich hierbei der Hilfe von Selbstverwaltungseinrichtungen bedient, die aus der Wirtschaft selbst heraus gebildet werden, wird durch ihre Sachkunde die Grundlage dafür geschaffen, dass staatliche Entscheidungen auf diesem Gebiet ein möglichst hohes Maß an Sachnähe und Richtigkeit gewinnen. Gerade die Bündelung von Sachverstand und Interessen rechtfertigt die Annahme einer legitimen öffentlichen Aufgabe. Insbesondere handelt es sich nicht um eine reine Interessenvertretung, wie Fachverbände sie wahrnehmen, sondern um die Vertretung des Gesamtinteresses der gewerblichen Wirtschaft mit der im Vordergrund stehenden Aufgabe, die Staatsorgane zu beraten. Ein legitimer Zweck liegt damit vor.

b) Fraglich ist, ob die Organisation dieser öffentlichen Aufgabe in einer Selbstverwaltungskörperschaft **geeignet** ist, den legitimen Zweck zu erreichen. Ein Mittel ist dann geeignet, wenn mit seiner Hilfe der gewünschte Erfolg gefördert werden kann, wobei die Möglichkeit der Zweckerreichung genügt. Die Industrie- und Handelskammern vertreten als eigenverantwortliche öffentlich-rechtliche Selbstverwaltungskörperschaften das Interesse ihrer zugehörigen Unternehmen gegenüber Kommunen, Landesregierungen und regionalen staatlichen Stellen. Die Entscheidung des Gesetzgebers, Wirtschaftsförderung und -verwaltung mit Hilfe von Selbstverwaltungseinrichtungen zu organisieren, müsste dem Zweck dienlich sein. Dabei kann es nicht darauf ankommen, dass einzelne – aus dem Gesamtzusammenhang herausgegriffene – Aufgaben auch von privaten Verbänden oder von staatlichen Behörden wahrgenommen werden könnten. Die Erfüllung von Wirtschaftsverwaltungsaufgaben durch die Kammern sind sachnäher und wegen der Beteiligung der Betroffenen durch selbstgewählte Organe auch interessengerechter als durch staatliche Behörden. An der Eignung bestehen daher keine Zweifel. **380**

c) Weiterhin müsste die Errichtung von Körperschaften mit Zwangsmitgliedschaft für die Erreichung der gesetzgeberischen Ziele auch **erforderlich** sein. Die Maßnahme ist nicht erforderlich, wenn die Behörde zur Verfolgung des Zwecks ein anderes gleich wirksames, aber weniger belastendes Mittel hätte wählen können. Fraglich ist, ob nicht rein private Verbände in der Lage wären, die Aufgaben der IHK genau so effektiv wahrzunehmen. Wie bereits dargelegt, orientiert sich die IHK am Gesamtinteresse ihrer Mitglieder und dient daher dem Gemeinwohl, was bei privaten Verbänden nicht zwingend gewährleistet ist. Gerade durch die Pflichtmitgliedschaft **381**

---

351 BVerfG, Beschl. v. 07.12.2001 – 1 BvR 1806/98.

macht sich der Staat die besondere Sachnähe und Kompetenz der Kammern zu Nutze. Private Verbände, deren Mitgliedschaft auf Freiwilligkeit beruht, könnten die Aufgaben der IHK nicht gleich effektiv wahrnehmen. Wegen des Gemeinwohlauftrags der IHK und ihrer vielfältigen Wirtschaftsverwaltungsaufgaben ist es daher erforderlich, dass sich der Mitgliederbestand aus allen Branchen und Betriebsgrößen speist. Demgemäß ist auch die Mitgliedschaft aller Gewerbetreibenden in den Industrie- und Handelskammern zur sachgerechten Erfüllung ihrer Aufgaben erforderlich.

382 d) Die Anordnung der Pflichtmitgliedschaft darf schließlich nicht zu einem Nachteil führen, der zu dem erstrebten Zweck erkennbar außer Verhältnis steht **(Angemessenheit)**. Bei der insoweit vorzunehmenden Abwägung ist zu berücksichtigen, dass die Beeinträchtigung des einzelnen Gewerbetreibenden durch die Pflichtmitgliedschaft keine erhebliche Einschränkung der unternehmerischen Handlungsfreiheit bedeutet. Zu bedenken ist zudem, dass die Pflichtmitgliedschaft den Kammerzugehörigen zum einen die Chance zur Beteiligung und Mitwirkung an staatlichen Entscheidungsprozessen eröffnet, dabei aber zum anderen ihnen die Möglichkeit offen lässt, sich nicht aktiv zu betätigen. Zugleich setzt die Pflichtmitgliedschaft auf die Mitwirkung der Betroffenen und vermeidet eine unmittelbare Staatsverwaltung. Damit erweist sich die Zwangsmitgliedschaft auch als angemessen und ist damit insgesamt verhältnismäßig.

Auch Art. 2 Abs. 1 GG ist durch die Zwangsmitgliedschaft in der IHK nicht verletzt. Die §§ 2 und 3 IHK-G sind danach verfassungsgemäß.

2. Grundrechtsträger

383 Träger der individuellen Vereinigungsfreiheit ist nach dem Wortlaut des Art. 9 Abs. 1 GG jeder **Deutsche**. Ausländer sind daher lediglich über Art. 2 Abs. 1 GG geschützt.

Da nach der Rspr. des Bundesverfassungsgerichts auch die Vereinigung selbst geschützt wird, stellt sich die Frage, inwieweit Vereinigungen aus deutschen und ausländischen Mitgliedern von Art. 9 Abs. 1 GG erfasst werden. Überwiegend wird verlangt, dass die Vereinigung von Deutschen „beherrscht" wird.[352] Insofern normiert auch § 14 VereinsG, dass „Ausländervereine" solche sind, deren Mitglieder oder Leiter **sämtlich oder überwiegend** Ausländer sind. Solchen Vereinigungen steht ebenfalls nur der Schutz der allgemeinen Handlungsfreiheit aus Art. 2 Abs. 1 GG zur Verfügung.

---

[352] vMangoldt/Klein/Starck, GG, Art. 9 Rn. 67; BVerfG, Beschl. v. 16.06.2000 – 1 BvR 1539/94 (Kurdistan-Komittee).

II. Eingriff

1. Ausgestaltung der Vereinigungsfreiheit

Die Vereinigungsfreiheit ist zunächst auf gesetzliche Regelungen zu ihrer Ausgestaltung angewiesen. So muss der Gesetzgeber z.B. bestimmte Rechtsformen für Vereinigungen zur Verfügung stellen oder Mindestkapitalvorschriften, Eintragungspflichten oder Haftungsvorschriften erlassen. **Solche Ausgestaltungen** ermöglichen erst die Ausübung der Vereinigungsfreiheit in bestimmten Rechtsformen und **stellen keinen „Eingriff" in den Schutzbereich von Art. 9 Abs. 1 GG dar.**[353]

384

2. Eingriffe

Eingriffe in den Schutzbereich von Art. 9 Abs. 1 GG sind alle hoheitlichen Beeinträchtigungen der Mitglieder oder der Vereinigung von der Gründungs- bis zur Auflösungsphase. Insoweit gelten die allgemeinen Grundsätze. Die schwerwiegendste Form eines Eingriffs stellt dabei das **Vereinsverbot** dar (§ 3 Abs. 1 S. 1 VereinsG i.V.m. Art. 9 Abs. 2 GG). Daneben genügen auch faktische Beeinträchtigungen wie z.B. eine exzessive Beobachtung eines Vereins durch den Verfassungsschutz als Eingriffe im neuen, weiten Verständnis.[354]

385

III. Verfassungsrechtliche Rechtfertigung

1. Schranken

a) Art. 9 Abs. 2 GG

Die Vereinigungsfreiheit wird durch die **verfassungsunmittelbare Schranke** des Art. 9 Abs. 2 GG eingeschränkt. Zwar deutet der Wortlaut (… „sind verboten") darauf hin, dass es sich um eine sachliche Schutzbereichsbegrenzung handeln könnte. Ein Vergleich zum Parteiverbot (Art. 21 Abs. 2 GG) und der Grundsatz der Rechtssicherheit sprechen aber für eine Auslegung als Einschränkungsmöglichkeit, sodass Art. 9 Abs. 2 GG einen qualifizierten Gesetzesvorbehalt enthält.[355]

386

*Das bedeutet, dass Vereinigungen, deren Zwecke den Strafgesetzen zuwider laufen, nicht automatisch verboten sind, sondern **konstitutiv** von der zuständigen Behörde mit der Ermächtigung aus § 3 VereinsG i.V.m. Art. 9 Abs. 2 GG verboten werden.*

Die Gründe für ein Vereinsverbot sind in Art. 9 Abs. 2 GG **abschließend** aufgezählt. Danach sind verboten:

- Vereinigungen, deren **Zweck oder Tätigkeit den Strafgesetzen zuwiderlaufen**,

    Die Zwecke einer Vereinigung ergeben sich insbesondere aus einer Satzung sowie aus Beschlüssen und dem tatsächlichen Verhalten (z.B. bei Demonstrationen). Eine

387

---

[353] BVerfGE 84, 372, 378 f.; BVerfG, Beschl. v. 19.01.2001 – 1 BvR 1759/91.
[354] Alternativkommentar (Denninger), GG, Art. 9 Rn. 61.
[355] Sachs, GG, Art. 9 Rn. 40 ff.; Jarass/Pieroth, GG, Art. 9 Rn. 17 m.w.N.

strafgesetzwidrige Tätigkeit einzelner Mitglieder reicht grundsätzlich nicht aus. Vielmehr muss die durch die Mitglieder verwirklichte Strafgesetzwidrigkeit der Vereinigung zurechenbar sein.[356] Liegt jedoch eine der Vereinigung zurechenbare Strafgesetzwidrigkeit vor, so ist für ein Vereinsverbot gemäß Art. 9 Abs. 2 GG nicht die Einleitung eines Strafverfahrens oder eine strafgerichtliche Verurteilung erforderlich.[357] Auch die Strafbewehrung eines zwar vollziehbaren, aber noch nicht unanfechtbaren Vereinsverbots gemäß § 20 Abs. 1 Nr. 1 VereinsG ist dann verfassungsgemäß.[358]

388 ■ Vereinigungen, die sich gegen die **verfassungsmäßige Ordnung** richten,

Der Begriff der „verfassungsmäßigen Ordnung" in Art. 9 Abs. 2 GG ist anders zu definieren als in Art. 2 Abs. 1 GG. Dies erklärt sich aus der sachlichen Nähe des Art. 9 GG zu Art. 18 S. 1 und Art. 21 Abs. 2 S. 1 GG. Nach h.M. gehören zur verfassungsmäßigen Ordnung i.S.d. Art. 9 Abs. 2 GG vor allem die Achtung vor den im Grundgesetz konkretisierten Menschenrechten sowie das demokratische Prinzip mit der Verantwortlichkeit der Regierung, das Mehrparteien-Prinzip und das Recht auf verfassungsmäßige Bildung und Ausübung einer Opposition.[359]

Eine Vereinigung **richtet sich** gegen die verfassungsmäßige Ordnung (oder gegen den Gedanken der Völkerverständigung), wenn sie insofern eine **„aggressiv-kämpferische Haltung"** einnimmt. Die bloße Nichtanerkennung oder Ablehnung reichen (wie auch bei Art. 21 Abs. 2 GG) nicht aus.[360]

389 ■ Vereinigungen, die sich gegen den **Gedanken der Völkerverständigung** richten.

Diese Alternative der verfassungsunmittelbaren Schranke des Art. 9 Abs. 2 GG ist gegeben, wenn die Vereinigung auf die Störung des Friedens unter den Völkern und Staaten abzielt,[361] wobei der „Gedanke der Völkerverständigung" weiter nichts ist als das „friedliche Zusammenleben der Völker" i.S.v. Art. 26 Abs. 1 GG. Kritik an fremden Staaten oder die Ablehnung völkerrechtlicher Kontakte erfüllt noch nicht die Voraussetzungen des Art. 9 Abs. 2 Fall 3 GG.[362]

390 **Beispiel:** Die extremistische Religionsgemeinschaft „Kalifatstaat" des selbsternannten „Kalifen von Köln" strebt eine Weltherrschaft des Islam an. Es sollen die Grundsätze der „Scharia" gelten. Die Religionsgemeinschaft hält Demokratie für unvereinbar mit dem Islam und ruft ihre Mitglieder zu gewaltsamen Auseinandersetzungen mit dem politischen Gegner auf. Zudem hetzt der Kalifatstaat gegen Israel und die laizistische Türkei. Wäre ein Verbot mit Art. 9 Abs. 1, 2 GG vereinbar?

Nach Art. 9 Abs. 2 GG sind Vereinigungen verboten, deren Zwecke oder deren Tätigkeit den Strafgesetzen zuwiderlaufen oder die sich gegen die verfassungsmäßige Ordnung oder gegen den Gedanken der Völkerverständigung richten. Der Kalifatstaat erfüllt in aggressiv-kämpferischer Weise alle drei in Art. 9 Abs. 2 GG vorgegebenen Verbotsgründe. Allerdings ist bei dem Verbot einer religiösen Vereinigung zu beachten, dass diese sich auf ihr Grundrecht aus Art. 4 Abs. 1, 2 GG und die religiöse Vereinigungsfreiheit aus Art. 140 GG i.V.m. Art. 137 Abs. 2 WRV berufen kann. Daher ist ein Verbot einer religiösen Vereinigung nur dann verhältnismäßig, wenn sich die Vereinigung gegen die in Art. 79 Abs. 3 GG niederge-

---

[356] BVerwG, Urt. v. 05.08.2009 – 6 A 3.08.
[357] Ausführlich BVerwG NJW 1989, 993, 995 (Verbot der „Hells Angels").
[358] BVerfG NJW 1990, 37 f.
[359] BVerwG DVBl. 1999, 1743; Maurer, Staatsrecht I, § 23 Rn. 8.
[360] BVerfGE 5, 85, 141; BVerwG NJW 1995, 2505 (Wiking-Jugend).
[361] BVerwG NVwZ 2005, 1435; BVerwG, Urt. v. 25.01.2006 – 6 A 6.05.
[362] BVerfGE 5, 85, 141; BVerwGE 80, 299, 306 ff.

legten Grundsätze richtet.[363] Der Kalifatstaat will aber gerade die Demokratie (Art. 79 Abs. 3, Art. 20 Abs. 2 GG) bekämpfen. Damit wäre ein Verbot auch verhältnismäßig und verfassungsgemäß.

b) Verfassungsimmanente Schranken

391 Grundrechte Dritter und andere Verfassungswerte können die Vereinigungsfreiheit ebenfalls beschränken, sofern es nicht um Vereinsverbote geht.[364] So ist es zulässig, dass der Gesetzgeber beschränkende Vorschriften über die Gründung und Betätigung der Vereinigungen erlässt, soweit diese Vorschriften eine geordnete Gründung und Betätigung sowie den Schutz dritter Personen oder von Verfassungswerten bezwecken.

Beispiele: ein Verbot einer Vereinigung von Strafgefangenen kann zum Schutz der Funktionsfähigkeit des Strafvollzugs gerechtfertigt sein; ein Fusionsverbot nach dem GWB kann zum Schutz der Wettbewerbsfreiheit gerechtfertigt sein.

2. Schranken-Schranken

392 Für die verfassungsgemäße Konkretisierung von Eingriffen in die Vereinigungsfreiheit gelten normale Grundsätze.

B. Koalitionsfreiheit, Art. 9 Abs. 3 GG

393 Die Koalitionsfreiheit des Art. 9 Abs. 3 GG schützt das Recht, zur Wahrung und Förderung der Arbeits- und Wirtschaftsbedingungen Vereinigungen zu bilden. Dabei handelt es sich um eine spezielle Ausprägung der Vereinigungsfreiheit.

I. Schutzbereich

394 Eine Koalition ist ein **freiwilliger** und **privatrechtlicher** Zusammenschluss von Arbeitnehmern oder Arbeitgebern, deren **Zweck die Wahrung und Förderung der Arbeits- und Wirtschaftsbedingungen** ist, die **unabhängig**, **gegnerfrei**, **durchsetzungsfähig** und **überbetrieblich** ist.[365]

Geschützt wird zunächst in positiver Hinsicht das **Recht des Einzelnen**, eine Koalition zu bilden und sich in ihr zu betätigen, aber auch in negativer Hinsicht das Recht, aus Koalitionen auszutreten oder einer solchen von vornherein nicht anzugehören. Daneben gewährleistet Art. 9 Abs. 3 GG **als kollektives Recht die Koalition als solche** in ihrem Bestand. Insbesondere werden Gewerkschaften und Arbeitgeber(verbände) beim Abschluss von Tarifverträgen geschützt.[366]

Des Weiteren enthält Art. 9 Abs. 3 S. 1 GG eine Institutsgarantie für den Kernbereich der Koalitionsfreiheit. Danach ist der Staat verpflichtet, ein Tarifvertragssystem zu schaffen und zu erhalten, in dem die Tarifvertragsparteien gleichberechtigt und ohne Einfluss von außen die Arbeits- und Wirtschaftsbedingungen aushandeln und festlegen können.

---

363 BVerwG, Urt. v. 27.11.2002 – 6 A 4.02, Rn. 20 (Kalifatstaat).
364 Michael/Morlok, Rn. 666.
365 Jarass/Pieroth, GG, Art. 9 Rn. 33 ff.
366 Sachs, GG, Art. 9 Rn. 66 ff.; Manssen, Rn. 545 ff.

Der Schutzbereich des Art. 9 Abs. 3 GG ist dabei nicht auf die traditionell anerkannten Formen des Arbeitskampfes (Streik, Aussperrung) beschränkt, sondern erfasst auch neue Arten der Auseinandersetzung.

Beispiel: Ein gewerkschaftlicher Aufruf zu einer **Flashmob-Aktion** ist ein zulässiges Arbeitskampfmittel, auch wenn sich daran Dritte beteiligen können.[367]

II. Eingriff

395 Ein **Eingriff** in die Koalitionsfreiheit liegt immer dann vor, wenn einzelne Gewährleistungen des Art. 9 Abs. 3 GG durch staatliche oder private (Art. 9 Abs. 3 S. 2 GG) Maßnahmen verkürzt oder ausgeschlossen werden, z.B. durch unterschiedliche Behandlung von organisierten und nicht organisierten Arbeitnehmern (individuelle Koalitionsfreiheit) oder gesetzliche Übertragung von gewerkschaftlichen Aufgaben an Arbeitnehmerkammern (kollektive Koalitionsfreiheit).[368]

396 Davon zu unterscheiden sind gesetzliche Ausgestaltungen der Koalitionsfreiheit. Eine **Ausgestaltung** der Koalitionsfreiheit liegt vor, wenn der Staat lediglich die Rahmenbedingungen für die Ausübung dieses Grundrechts erstmalig festlegt oder modifiziert, z.B. in Fällen, in denen die Tarifpartner nicht in der Lage sind, selbst eine sinnvolle Ordnung zu schaffen, oder wenn die Kampfparität gestört ist.[369] Die Ausgestaltung muss nicht zwingend durch gesetzliche Regelung erfolgen, sondern kann bei ausschließlicher Betätigung von (gleichgeordneten) Privatpersonen auch durch Richterrecht vorgenommen werden.[370]

III. Verfassungsrechtliche Rechtfertigung

1. Schranke

397 Umstritten ist, ob die Schranke des Art. 9 Abs. 2 GG auch für die Koalitionsfreiheit gilt. Dafür könnte sprechen, dass die Koalitionsfreiheit aus Art. 9 Abs. 3 GG eine lex specialis Regelung zur Vereinigungsfreiheit des Art. 9 Abs. 1 GG darstellt. Überwiegend wird wegen der systematischen Stellung (wie zu Art. 5 Abs. 3, Abs. 2 GG) aber angenommen, dass Art. 9 Abs. 3 GG nur **durch kollidierendes Verfassungsrecht** (verfassungsimmanente Schranken) einschränkbar ist.[371]

2. Schranken-Schranken

398 Für die verfassungsgemäße Konkretisierung von Eingriffen in die Koalitionsfreiheit gelten normale Grundsätze. Dabei begrenzen sich häufig die Koalitionsfreiheit der streikenden Arbeitnehmer und die Koalitionsfreiheit der Arbeitgeber wechselseitig. Dieses Spannungsverhältnis ist im Wege der **praktischen Konkordanz** aufzulösen.

---

367 BAG, Urt. v. 22.09.2009 – 1 AZR 972/08; BVerfG, Beschl. v. 26.03.2014 – 1 BvR 3185/09, RÜ 2014, 519.
368 BVerfGE 38, 281, 302 (Arbeitnehmerkammer); BVerfG NJW 1999, 3033 (Lohnabstandsklausel); BVerfG NJW 2000, 3704 f. (Mindestlohn im Baugewerbe).
369 BVerfGE 44, 322, 342 (Allgemeinverbindlichkeitserklärung I); BVerfG NJW 1993, 1379 f. (Beamte als Streikbrecher).
370 BVerfG NJW 1993, 1379 f. (Beamte als Streikbrecher); BVerfG, Beschl. v. 26.03.2014 – 1 BvR 3185/09, RÜ 2014, 519.
371 BVerfGE 84, 212, 228; 94, 268, 284; 100, 271, 283; Jarass/Pieroth, GG, Art. 9 Rn. 53.

C. Europarecht

Die **Vereinigungsfreiheit** wird in **Art. 11 EMRK** und in **Art. 12 GRCh** geschützt. Da Art. 11 Abs. 2 EMRK eine weitgefasste Einschränkungsmöglichkeit enthält, bleibt der Schutz hinter dem des Art. 9 Abs. 1 GG zurück. 399

Neben Art. 12 GRCh und Art. 11 EMRK, die das **Koalitionsrecht** gewährleisten, schützen die **Art. 27–34 GRCh** umfassend die Solidaritätsrechte im Arbeitsleben.

14. Abschnitt: Brief-/Post-/Fernmeldegeheimnis, Art. 10 GG

Die Grundrechte aus Art. 10 Abs. 1 GG gewährleisten die freie Entfaltung der Persönlichkeit durch einen privaten, vor der Öffentlichkeit verborgenen, Austausch von Kommunikation und schützen damit (ähnlich wie Art. 13 Abs. 1 GG) zugleich die Würde des Menschen.[372] 400

A. Schutzbereich

- Das **Briefgeheimnis** verwehrt der öffentlichen Gewalt, vom Inhalt eines Briefes oder einer anderen Sendung Kenntnis zu nehmen, die erkennbar eine individuelle schriftliche Mitteilung befördert. Es erstreckt sich **nicht nur auf den Inhalt** der Sendung, sondern auch auf deren Absender und Empfänger sowie auf alle Daten der Beförderung **(Art und Weise der Kommunikation)**.[373] **Zeitlich** gilt der Schutz des Briefgeheimnisses für Briefe nur, soweit sie sich im Postbereich befinden, also von dem Zeitpunkt an, in dem der Absender den Brief aus der Hand gegeben hat bis zum Zugang beim Empfänger.[374] 401

   Beispiele: normale Briefe, Postkarten, Päckchen, Pakete

   Gegenbeispiele: offene Drucksachen, Zeitungs- und Büchersendungen, Waren- und Postwurfsendungen

- Das **Postgeheimnis** gewährleistet den Schutz **aller** der Post übergebenen Sendungen gegenüber allen Staatsgewalten, insbesondere der postfremden Exekutive. Es erstreckt sich insbesondere auf den konkreten **Inhalt** der übermittelten Sendung (auch wenn unverschlossen), bezieht sich aber **auch auf den Übermittlungsvorgang**. Es schützt also auch vor Offenbarung, wer mit wem durch die Post Briefe und Sendungen wechselt und an welchem Ort, zu welcher Zeit und in welcher Art und Weise die Dienste der Post genutzt wurden. 402

- Das **Fernmeldegeheimnis** schützt den privaten und geschäftlichen Fernmeldeverkehr vor Eingriffen durch die öffentliche Gewalt. Die Gewährleistung umfasst nicht nur den **Inhalt** geführter Telefongespräche, sondern **auch die näheren Umstände** des Fernmeldeverkehrs (sog. **Verkehrsdaten**).[375] Dazu gehört insbesondere die Tatsache, ob und wann, zwischen welchen Personen und Fernmeldeanschlüssen Fernmeldeverkehr stattgefunden hat oder versucht worden ist. Des Weiteren erstreckt 403

---

372 BVerfG NJW 2004, 2213, 2215; 2005, 2603, 2612.
373 Jarass/Pieroth, GG, Art. 10 Rn. 9.
374 Jarass/Pieroth GG, Art. 10 Rn. 3.
375 BVerfG, Urt. v. 02.03.2010 – 1 BvR 256/08, RÜ 2010, 243 (Vorratsdatenspeicherung).

sich der Schutz von Art. 10 GG auch auf den Informations- und Datenverarbeitungsprozess, der sich an zulässige Kenntnisnahmen anschließt und den Gebrauch, der von den erlangten Kenntnissen gemacht wird.[376]

404 Auch die **Kommunikation mittels neuer Medien**, wie z.B. **SMS**, Internet (einschließlich **E-Mail**), Intranet ist geschützt, weil auch derartig vermittelte Kommunikationsvorgänge individuelle Mitteilungen befördern können („Kommunikations-, Mediennutzungsgeheimnis").[377]

405 ■ Bei der Nutzung von Telekommunikationseinrichtungen ist die Kommunikation besonderen Gefährdungen der Kenntnisnahme durch Dritte ausgesetzt. Art. 10 Abs. 1 GG, und dabei insbesondere das Fernmeldegeheimnis, begründet deshalb nicht nur ein Abwehrrecht gegen staatliche Beeinträchtigungen, sondern auch einen Auftrag an den Staat, Schutz auch insoweit vorzusehen, als private Dritte sich Zugriff auf die Kommunikation verschaffen. Dieser Schutzauftrag (i.S.e. **objektiven Schutzpflicht**) bezieht sich auch auf die von Privaten betriebenen Telekommunikationsanlagen.[378]

B. Eingriff

406 Ein Eingriff in den Schutzbereich von Art. 10 GG ist zu bejahen, wenn die öffentliche Gewalt vom Inhalt oder von den Daten der geschützten Kommunikation Kenntnis nimmt oder sich vom jeweiligen Kommunikationsmittler Kenntnis geben lässt.[379] Daneben liegt auch dann ein Eingriff vor, wenn eine Speicherung von Kommunikationsdaten auf Veranlassung des Staates erfolgt.

407 **Beispiel:** § 113 a TKG a.F. sah vor, dass Verkehrsdaten, die bei der Inanspruchnahme von Telekommunikationsdiensten entstehen, von den Anbietern der Dienste jeweils für sechs Monate zu speichern waren. Zu speichern waren etwa bei Telefongesprächen die Rufnummern des Anrufenden und des angerufenen Anschlusses sowie Beginn und Ende des Gesprächs. Die anlasslos auf Vorrat gespeicherten Daten durften von den Diensteanbietern an die zuständigen Behörden zur Strafverfolgung sowie an den Verfassungsschutz und den Bundesnachrichtendienst übermittelt werden. Liegt ein Eingriff in den Schutzbereich des Art. 10 Abs. 1 GG vor?

I. Dann müsste zunächst der **Schutzbereich betroffen** sein. Das Fernmeldegeheimnis schützt den privaten und geschäftlichen Fernmeldeverkehr vor Eingriffen durch die öffentliche Gewalt. In diesen Schutzbereich fällt auch die Kommunikation mittels neuer Medien, wie SMS, Internet und E-Mails. Geschützt werden dabei nicht nur der Inhalt der Kommunikation, sondern auch die Vertraulichkeit der näheren Umstände des Kommunikationsvorganges. Des Weiteren erstreckt sich der Schutz auf den Informations- und Datenverarbeitungsprozess, der sich an die Kenntnisnahme anschließt. Sowohl die Erfassung der Daten als auch ihre Speicherung, der Abgleich mit anderen Daten, die Auswertung und die Übermittlung an Dritte – wie es §§ 113 a, b TKG vorsahen – betreffen damit den Schutzbereich des Fernmeldegeheimnisses aus Art. 10 Abs. 1 GG.

408 **II.** Es müsste auch ein **Eingriff** in den Schutzbereich gegeben sein. Ein Eingriff ist zumindest dann gegeben, wenn eine Beschränkung bzw. Verkürzung eines Freiheitsbereiches des Grundrechts **durch** den Staat erfolgt. Der Staat verpflichtete die (privaten) Diensteanbieter gemäß § 113 a TKG, die Verkehrsdaten zu speichern und an die zuständigen Stellen weiterzugeben. Fraglich ist, ob der Eingriff noch dem Staat zugerechnet werden kann. Die in § 113 a TKG vorgeschriebene Speicherung erfolgt zwar nicht

---

376 BVerfG NJW 2004, 2213, 2220; Sachs, GG, Art. 10 Rn. 14.
377 BVerfG NJW 2002, 3619 f.
378 BVerfG NJW 2002, 3619 f.; Schoch Jura 2011, 194, 196.
379 Kingreen/Poscher, Rn. 862.

durch den Staat selbst, sondern durch private Diensteanbieter. Diese werden aber **als Hilfspersonen** für die Aufgabenerfüllung durch staatliche Behörden in Anspruch genommen. § 113 a TKG verpflichtet die privaten Telekommunikationsunternehmen zur Datenspeicherung allein für die Aufgabenerfüllung durch staatliche Behörden zu Zwecken der Strafverfolgung, der Gefahrenabwehr und der Erfüllung nachrichtendienstlicher Aufgaben. Dabei ordnet der Staat die mit der Speicherung verbundene Grundrechtsbeeinträchtigung unmittelbar an, ohne dass den speicherungspflichtigen Unternehmen insoweit ein Handlungsspielraum verbleibt. Damit stellte § 113 a TKG einen Eingriff in den Schutzbereich des Art. 10 Abs. 1 GG dar.[380]

C. Verfassungsrechtliche Rechtfertigung

I. Schranken

1. Gesetzesvorbehalt, Art. 10 Abs. 2 S. 1 GG

Einschränkungen der Rechte aus Art. 10 Abs. 1 GG sind gemäß Art. 10 Abs. 2 S. 1 GG nur aufgrund eines Gesetzes zulässig. Dabei handelt es sich um einen **einfachen Gesetzesvorbehalt**. Die wesentlichen Einschränkungen enthält das Gesetz zur Beschränkung des Brief-, Post- und Fernmeldegeheimnisses vom 26.06.2001 (Gesetz zu Art. 10 GG, G 10), insbesondere für die Zwecke des Verfassungsschutzes.

409

2. Staatsschutzklausel

Eine **weitergehende Ermächtigung** enthält die sog. Staatsschutzklausel des Art. 10 Abs. 2 S. 2 GG. Soweit die Beschränkung dem Schutze der freiheitlich-demokratischen Grundordnung dient oder des Bestandes oder der Sicherung des Bundes oder eines Landes, kann das einschränkende Gesetz bestimmen, dass dem Betroffenen die Überwachung nicht mitgeteilt wird und dass entsprechende Maßnahmen nicht vom Richter, sondern durch eine Kontrollkommission des Bundestages (**Parlamentarisches Kontrollgremium** – PKG) nachgeprüft werden. Diese Ermächtigung hat der Gesetzgeber durch die §§ 12, 14 und 15 G 10 umgesetzt. Während ein Teil der Lit. sowohl Art. 10 Abs. 2 S. 2 GG als auch § 12 G 10 wegen Verstoßes gegen das Rechtsstaatsprinzip für verfassungswidrig hält,[381] hat das Bundesverfassungsgericht diese als verfassungsgemäß angesehen.[382]

410

II. Schranken-Schranken

Hinsichtlich der verfassungsgemäßen Konkretisierung einer Einschränkung der Rechte aus Art. 10 Abs. 1 GG gelten zunächst normale Grundsätze.

411

Probleme können sich aber insbesondere ergeben:

- hinsichtlich der **formellen Verfassungsmäßigkeit** eines einschränkenden Gesetzes, da der Bund weitgehend die **Gesetzgebungskompetenz** besitzt (z.B. aus Art. 73 Abs. 1 Nr. 1 GG für den BND, aus Art. 73 Abs. 1 Nr. 7 GG für das Post- und Telekommu-

412

---

380 BVerfG, Urt. v. 02.03.2010 – 1 BvR 256/08, RÜ 2010, 243 (Vorratsdatenspeicherung).
381 Dreier, GG, Art. 10 Rn. 64; Hufen § 17 Rn. 14.
382 BVerfGE 30, 1(Abhörurteil).

nikationswesen, aus Art. 74 Abs. 1 Nr. 1 GG für das gerichtliche Verfahren, wozu auch die Regelungen der StPO zur Telekommunikationsüberwachung fallen), sodass für eine Einschränkung durch Landesgesetze (z.B. durch PolG) kaum Raum verbleibt;

413 ■ hinsichtlich der **Verhältnismäßigkeit** von Maßnahmen, da wegen der hohen Bedeutung des Art. 10 GG hohe Anforderungen zu stellen sind. Kriterien für die Prüfung bilden dabei u.a.

- die **Persönlichkeitsrelevanz** der Information
- **Veranlassung** für den Datenzugriff durch den Betroffenen selbst
- die **Streubreite** der Maßnahme
- **heimlicher** oder **offener** Informationszugriff oder
- die **Schwere** der **Anlasstat**;

414 ■ hinsichtlich der **Bestimmtheit**; insbesondere muss der Erhebungs- und Verwendungszweck bereichsspezifisch und präzise bestimmt werden, auch in Bezug auf Weiterverarbeitung und Weitergabe sowie für Zweckänderungen;

415 ■ hinsichtlich der **Pflicht zur Kennzeichnung** da sich aus der strengen Zweckbindung von Maßnahmen im Bereich von Art. 10 GG nach Auffassung des Bundesverfassungsgerichts als ungeschriebene Anforderung von entsprechenden Gesetzen eine Pflicht zur Kennzeichnung der Daten ergibt, damit auch nach ihrer Erfassung und Verarbeitung erkennbar bleibt, dass sie aus Eingriffen in Art. 10 GG stammen;[383]

416 ■ eine weitere ungeschriebene Voraussetzung von Gesetzen im Bereich von Art. 10 GG ist die **Benachrichtigungspflicht**, die sich bereits aus einem Gegenschluss aus Art. 10 Abs. 2 S. 2 GG ergibt und

417 ■ es ist zu beachten, dass wegen des hohen Ranges von Art. 10 GG für schwerwiegende Maßnahmen ein **Richtervorbehalt** gilt.[384]

418
> **Fall 12: Online-Durchsuchung**
>
> Das Land L hat sein Verfassungsschutzgesetz (VSG) formell ordnungsgemäß um eine Regelung erweitert. Gemäß § 5 Abs. 2 Nr. 11 VSG darf die zuständige Behörde heimlich auf informationstechnische Systeme (z.B. Computer, Laptops oder Smartphones) zugreifen, wenn tatsächliche Anhaltspunkte dafür vorliegen, dass dadurch Erkenntnisse über verfassungsfeindliche Bestrebungen gewonnen werden können. Unter einem heimlichen Zugriff ist die heimliche Infiltration (z.B. durch einen Trojaner) zu verstehen, die es ermöglicht, die Nutzung zu überwachen und den Inhalt der Speichermedien zu durchsuchen (sog. Online-Durchsuchung).
>
> Sind die Art. 10, 13 GG oder das allgemeine Persönlichkeitsrecht durch § 5 Abs. 2 Nr. 11 VSG verletzt, wenn das VSG formell verfassungsgemäß ist?

---

[383] BVerfG NJW 2000, 55.
[384] BVerfG NJW 2005, 2603, 2610 f.; Jarass/Pieroth, GG, Art. 10 Rn. 24.

I. Verletzung des Art. 10 Abs. 1 GG

419

Durch die in § 5 Abs. 2 Nr. 11 VSG geschaffene Möglichkeit für die zuständige Behörde, heimlich auf informationstechnische Systeme zugreifen zu können, könnte das **Fernmeldegeheimnis** aus Art. 10 Abs. 1 GG verletzt werden. Dann müsste der **Schutzbereich betroffen** sein. Der Schutz des Art. 10 Abs. 1 GG erfasst Telekommunikation, einerlei, welche Übermittlungsart und welche Ausdrucksform genutzt werden.[385] Der Schutzbereich des Telekommunikationsgeheimnisses erstreckt sich danach auch auf die Kommunikationsdienste des Internet. Zudem sind nicht nur die Inhalte der Telekommunikation vor einer Kenntnisnahme geschützt, sondern auch ihre Umstände. Zu ihnen gehört insbesondere, ob, wann und wie oft zwischen welchen Personen oder Telekommunikationseinrichtungen Telekommunikationsverkehr stattgefunden hat oder versucht worden ist. Geschützt wird aber **nur** vor den Gefahren, die sich aus der fehlenden Beherrschbarkeit und Überwachungsmöglichkeit des Übertragungsvorgangs durch die Kommunikationsteilnehmer ergeben, also der **Kommunikationsvorgang** selbst.

Wird ein komplexes informationstechnisches System zum Zweck der Telekommunikationsüberwachung technisch infiltriert (z.B. durch einen Trojaner), so ist mit der Infiltration die entscheidende Hürde genommen, um **das System insgesamt** auszuspähen. Durch die nach § 5 Abs. 2 Nr. 11 VSG geschaffene Möglichkeit einer heimlichen „Online-Durchsuchung" wird das System insgesamt ausgespäht, also z.B. auch einzelne auf dem Rechner gespeicherte Dateien. Damit werden nicht alle durch die Online-Durchsuchung geschaffenen Gefahren für den Bürger vom Schutz des Art. 10 Abs. 1 GG erfasst.

II. Verletzung des Art. 13 GG

420

Daneben könnte Art. 13 GG verletzt sein. Das Grundrecht der **Wohnung** betrifft allerdings ausschließlich den Schutz der Wohnung und bietet ebenfalls keinen ausreichenden Schutz vor einer Online-Durchsuchung. Insbesondere bei Laptops oder Handys geschieht der Eingriff unabhängig vom Standort des Systems.

III. Verletzung des Rechts auf informationelle Selbstbestimmung, Art. 2 Abs. 1 i.V.m. Art. 1 Abs. 1 GG

421

Fraglich ist, ob eine Verletzung des Art. 2 Abs. 1, 1 Abs. 1 GG, dem Recht auf informationelle Selbstbestimmung, gegeben ist. Das Recht auf informationelle Selbstbestimmung betrifft nur die Erhebung einzelner personenbezogener Daten, aus denen mittels elektronischer Datenverarbeitung weitere Informationen erzeugt und Schlüsse gezogen werden können. Der Zugriff durch die Online-Durchsuchung auf das **gesamte System** geht weit über die Erhebung einzelner Daten hinaus, sodass die Gefahren der Online-Durchsuchung auch nicht vollständig von dem Recht auf informationelle Selbstbestimmung erfasst werden.

IV. Verletzung des Rechts auf Gewährleistung der Vertraulichkeit und Integrität informationstechnischer Systeme, Art. 2 Abs. 1 i.V.m. Art. 1 Abs. 1 GG

422

---

385 BVerfGE 106, 28,36; 115, 166, 182.

Hinweis: Das GR auf Gewährleistung der Vertraulichkeit und Integrität informationstechnischer Systeme ist **subsidiär**. Nur wenn die bestehenden Grundrechte zu einem Schutz nicht ausreichen, kommt ein Schutz über das „Online-Grundrecht" in Betracht.

423 1. Dann müsste ein **Eingriff in den Schutzbereich** gegeben sein. Das allgemeine Persönlichkeitsrecht schützt Elemente der Persönlichkeit, die zwar durch die besonderen Freiheitsgarantien nicht geschützt sind, diesen in ihrer konstituierenden Bedeutung für die Persönlichkeit aber gleichstehen. Die Nutzung informationstechnischer Systeme, durch die eine Vielzahl neuer Gefahren für die Persönlichkeit auftreten kann, ist heute von zentraler Bedeutung für die Entfaltung der Persönlichkeit der Menschen. Durch eine Auswertung der vielfältigen Daten, die auf solchen Systemen gespeichert sind, kann ein Profil der Persönlichkeit des Betroffenen erstellt werden. Daraus resultiert ein grundrechtlich erhebliches Schutzbedürfnis, welches von seiner Bedeutung denen anderer Freiheitsgarantien entspricht. Damit schützt das Grundrecht auf Gewährleistung der Vertraulichkeit und Integrität informationstechnischer Systeme gemäß Art. 2 Abs. 1, 1 Abs. 1 GG **das Interesse daran, dass die vom System erzeugten und gespeicherten Daten vertraulich bleiben**. Dieser Schutzbereich ist durch die Online-Durchsuchung betroffen. § 5 Abs. 2 Nr. 11 VSG ermöglicht der zuständigen Behörde den heimlichen Zugriff auf informationstechnische Systeme und stellt damit auch einen Eingriff in diesen Schutzbereich dar.[386]

424 2. Dieser Eingriff in den Schutzbereich könnte **verfassungsrechtlich gerechtfertigt** sein. Das Grundrecht auf Gewährleistung der Vertraulichkeit und Integrität informationstechnischer Systeme, hergeleitet aus Art. 2 Abs. 1, 1 Abs. 1 GG, unterliegt den Beschränkungen des Art. 2 Abs. 1 GG, der sog. Schrankentrias. Fraglich ist demnach, ob § 5 Abs. 2 Nr. 11 VSG Ausdruck der verfassungsmäßigen Ordnung, also formell und materiell verfassungsmäßig ist.

a) Die formelle Verfassungsmäßigkeit des VSG ist gegeben.

b) § 5 Abs. 2 Nr. 11 VSG müsste auch **materiell verfassungsgemäß**, insbesondere **verhältnismäßig** sein.

425 aa) Dann müsste mit dem Gesetz ein **legitimer Zweck** verfolgt werden. Zweck der Online-Durchsuchungen ist es, Gefahren für die öffentliche Sicherheit abzuwehren und den Terrorismus zu bekämpfen. Diese Zwecke sind verfassungsrechtlich nicht zu beanstanden.

bb) Das Gesetz ist auch **geeignet** und **erforderlich**. Insbesondere sind keine weniger belastenden, gleich wirksamen Mittel erkennbar.

426 cc) Des Weiteren müsste § 5 Abs. 2 Nr. 11 VSG auch **angemessen** sein. Dann dürfte der zu erreichende Zweck nicht erkennbar außer Verhältnis stehen zu dem eingesetzten Mittel.

Die Online-Durchsuchung ermöglicht es der Behörde, auf den **gesamten Datenbestand** des Betroffenen zuzugreifen. Dabei werden der Behörde

---

[386] BVerfG, Urt. v. 27.02.2008 – 1 BvR 370/07, RÜ 2008, 249 (Online-Durchsuchung).

detaillierte Informationen zugänglich, mit denen ein genaues Persönlichkeitsabbild des Betroffenen hergestellt werden kann. Auch intime Daten werden der Behörde zugänglich gemacht. Dabei ist **erschwerend** zu berücksichtigen, dass eine **heimliche Infiltration** vorliegt, gegen die sich der Betroffene nicht zur Wehr setzen kann. Insofern handelt es sich um einen besonders schwerwiegenden Eingriff. Daher ist die Online-Durchsuchung nur angemessen, wenn ein **überragend wichtiges Rechtsgut** betroffen ist, **tatsächliche Anhaltspunkte für eine konkrete Gefahr** vorliegen und **eine vorbeugende Kontrolle** durch eine unabhängige Instanz stattfindet.[387]

Fraglich ist, ob § 5 Abs. 2 Nr. 11 VSG diesen Anforderungen gerecht wird. Die zuständigen Behörden können nach § 5 Abs. 2 Nr. 11 VSG heimlich informationstechnische Systeme infiltrieren, wenn tatsächliche Anhaltspunkte dafür vorliegen, dass dadurch Erkenntnisse über verfassungsfeindliche Bestrebungen gewonnen werden können. Damit wird die Maßnahme zwar von dem Vorliegen tatsächlicher Anhaltspunkte abhängig gemacht. Eine konkrete Gefahrensituation ist für den Eingriff jedoch nicht erforderlich. Zudem wird die Online-Durchsuchung gemäß § 5 Abs. 2 Nr. 11 VSG nicht von der vorherigen Entscheidung und Kontrolle einer unabhängigen Instanz, wie z.B. eines Richters, abhängig gemacht. Damit widerspricht § 5 Abs. 2 Nr. 11 VSG den Anforderungen, die die Angemessenheit an einen solch schwerwiegenden Eingriff in das Grundrecht auf Gewährleistung der Vertraulichkeit und Integrität informationstechnischer Systeme stellt. § 5 Abs. 2 Nr. 11 VSG ist daher nicht verhältnismäßig. Der Eingriff in Art. 2 Abs. 1, 1 Abs. 1 GG ist verfassungsrechtlich nicht gerechtfertigt. 427

Das allgemeine Persönlichkeitsrecht ist durch § 5 Abs. 2 Nr. 11 VSG verletzt.

_____

D. Europarecht

Ein Recht auf **Achtung der Kommunikation** wird durch **Art. 7 GRCh** sowie **Art. 8 EMRK** (Achtung der Korrespondenz) geschützt. 428

_____

387 BVerfG, Urt. v. 27.02.2008 – 1 BvR 370/07, RÜ 2008, 249 (Online-Durchsuchung).

15. Abschnitt: Freizügigkeit, Art. 11 GG

A. Schutzbereich

429

I. Sachlich

430 Nach Art. 11 Abs. 1 GG genießen alle Deutschen **Freizügigkeit** im ganzen Bundesgebiet. Dies schützt die Möglichkeit, an jedem Ort innerhalb des Bundesgebiets den **Wohnsitz** und den **Aufenthalt** zu nehmen.[388] Dabei ist

- **„Wohnsitz nehmen"** die ständige Niederlassung an einem Ort mit dem Willen, den Ort auf Dauer zum Mittelpunkt des Lebens zu machen[389] (vgl. auch § 7 Abs. 1 BGB) und

- **„Aufenthalt nehmen"** das vorübergehende Verweilen an einem anderen Ort, sofern eine gewisse Mindestdauer (Faustregel: 24 Stunden) nicht unterschritten wird.[390]

431 Von Art. 11 Abs. 1 GG wird nicht nur der Wechsel des Wohnsitzes oder Aufenthaltsortes im Bundesgebiet, also von Ort zu Ort geschützt, sondern auch der Wechsel des Aufenthalts **innerhalb** einer Gemeinde.[391] Da es erforderlich sein kann, in die Bundesrepublik einzureisen, um dieses Recht ausüben zu können, wird angenommen, dass Art. 11 GG auch die **Einreisefreiheit** („Aufenthalt") und die **Einwanderungsfreiheit** („Wohnsitz") schützt.[392] Wird allerdings die **Ausreise** verhindert (Passentzug), so schützt nicht Art. 11 GG („im ganzen Bundesgebiet"), sondern die allgemeine Handlungsfreiheit aus Art. 2 Abs. 1 GG diesen nicht speziell geregelten Bereich.[393]

432 Neben dem positiven Recht, einen Ortswechsel vorzunehmen, schützt Art. 11 Abs. 1 GG auch die **negative Freizügigkeit**, also das Recht, einen Ortswechsel nicht vorzunehmen.[394] Dies wird allerdings dadurch begrenzt, dass Art. 11 GG nicht das Recht schützt, „an Orten im Bundesgebiet Aufenthalt zu nehmen und zu verbleiben, an denen Regelungen zur Bodenordnung oder Bodennutzung einem Daueraufenthalt entgegenstehen."[395]

---

388 BVerfGE 80, 137, 150; 110, 177, 190 f.; Frenzel JuS 2011, 595, 596.
389 Kingreen/Poscher, Rn. 879; Manssen, Rn. 578.
390 Jarass/Pieroth, GG, Art. 11 Rn. 2; Sachs, GG, Art. 11 Rn. 16.
391 BVerfG, Urt. v. 17.12.2013 – 1 BvR 3139/08 (Garzweiler).
392 Schoch Jura 2005, 34 f.
393 BVerfGE 6, 32 (Elfes-Urteil).
394 Sachs, GG, Art. 11 Rn. 14; Hufen § 18 Rn. 4.
395 BVerfG, Urt. v. 17.12.2013 – 1 BvR 3139/08 (Garzweiler).

Beispiel: Kein Eingriff in den Schutzbereich des Art. 11 GG dadurch, dass Bewohner von Dörfern im Gebiet des Tagebaus Garzweiler gegen ihren Willen umgesiedelt werden.

II. Grundrechtsträger

Träger des Grundrechts der Freizügigkeit ist zunächst jeder Deutsche. Ausländer werden über Art. 2 Abs. 1 GG geschützt, wobei Art. 11 Abs. 1 auf EU-Ausländer anwendbar sein muss. Dies folgt speziell für Art. 11 GG neben den allgemeinen Erwägungen der Anwendbarkeit der Deutschen-Grundrechte auf EU-Bürger (s.o. Rn. 48) auch daraus, dass der umfassende Schutz der Freizügigkeit der EU-Ausländer über Art. 21 AEUV bzw. Art. 45 GRCh eine Anwendung auf diese verlangen.[396]

433

Auch juristische Personen und Personenvereinigungen sind nach den normalen Grundsätzen geschützt.

B. Eingriff

Eingriffe in das Recht der Freizügigkeit sind zunächst (natürlich) alle Beschränkungen des Schutzbereichs im klassischen Verständnis, also final und unmittelbar veranlasste staatliche Behinderungen der freien Wahl des Aufenthalts und des Wohnsitzes.

434

Beispiele: Aufenthaltsverbote und **Wohnungsverweisungen/Rückkehrverbote** nach den PolG der Länder.

Nach Auffassung des Bundesverfassungsgerichts stellen aber **auch faktisch mittelbare** Beeinträchtigungen, sofern sie in ihrer Zielsetzung und Wirkung einem normativen und direkten Eingriff gleichkommen, einen Eingriff in die Freizügigkeit dar.

435

Beispiel: Einem Spätaussiedler, der Sozialhilfe bezieht, wird ein Wohnsitz zugewiesen. Nachdem dieser – ohne Zustimmung der Behörde – umzieht, wird ihm die Sozialhilfe, wie gesetzlich vorgesehen, nicht mehr gewährt. Diese Regelung knüpft für Sozialhilfebezieher an die Ausübung des Grundrechts der Freizügigkeit einen wirtschaftlich spürbaren Nachteil, um damit den Inhaber des Grundrechts an den Zuweisungsort zu binden. Darin liegt eine nur mittelbare, aber zielgerichtete Beeinträchtigung des Grundrechts.[397]

Gegenbeispiel: Die Heranziehung zu einer **Zweitwohnungssteuer** stellt keinen Eingriff in Art. 11 GG dar. Die Höhe der Steuer genügt regelmäßig nicht für die Annahme einer eingriffsgleichen Wirkung, solange die Abgabe nicht eine ähnliche Wirkung wie ein striktes Verbot des Nehmens von Aufenthalt oder Wohnsitz hat.[398]

Ein Eingriff in den Schutzbereich des Art. 11 GG ist zu **verneinen**, wenn an einem bestimmten Ort **jedermann der Aufenthalt oder die Wohnsitznahme untersagt ist**.[399]

436

C. Verfassungsrechtliche Rechtfertigung

I. Schranken

Das Grundrecht aus Art. 11 GG kann gemäß Art. 11 Abs. 2 GG durch oder aufgrund eines Gesetzes in den dort **abschließend** aufgeführten Fällen eingeschränkt werden. Durch

437

---
396 Jarass/Pieroth, GG, Art. 11 Rn. 6.
397 BVerfG NVwZ 2005, 797 f.
398 BVerfG, Beschl. v. 17.02.2010 – 1 BvR 529/09.
399 vMangoldt/Klein/Starck, GG, Art. 11 Rn. 49.

die Aufzählung verschiedener Anlässe bzw. Vorbehalte enthält Art. 11 Abs. 2 GG einen **qualifizierten Gesetzesvorbehalt**, sodass ein einschränkendes Gesetz die materiell-rechtlichen Vorgaben des Art. 11 Abs. 2 GG erfüllen muss. Nach h.M. kann der Gesetzesvorbehalt nur durch ein (förmliches) **Parlamentsgesetz** ausgefüllt werden.[400] Daneben sind die in Art. 11 Abs. 2 GG genannten Fälle **restriktiv** auszulegen.[401]

438 **Problematisch** ist insbesondere, ob auch **landesrechtliche** Regelungen den qualifizierten Gesetzesvorbehalt umsetzen können. Der **Bund** hat nach Art. 73 Abs. 1 Nr. 3 GG die **ausschließliche Gesetzgebungskompetenz** für die Freizügigkeit und die Einwanderung. Daher könnte eine Rechtfertigung aufgrund landesrechtlicher Rechtsgrundlagen von vornherein auszuschließen sein. Insbesondere wegen des sog. **Kriminalvorbehalts** in Art. 11 Abs. 2, letzter Fall GG („um strafbaren Handlungen vorzubeugen") wird jedoch überwiegend davon ausgegangen, dass Art. 73 Abs. 1 Nr. 3 GG nicht die herkömmlichen Regelungszuständigkeiten der Länder im Bereich der **Abwehr unmittelbarer Gefahren** für den Einzelnen und die Allgemeinheit verdrängt.[402] Insofern besteht zwar die Gesetzgebungskompetenz des Bundes, daneben aber auch, insbesondere für das klassische Gefahrenabwehrrecht, eine Gesetzgebungskompetenz der Länder zur Einschränkung des Art. 11 GG.

II. Verfassungsgemäße Konkretisierung

439 Hinsichtlich der verfassungsgemäßen Konkretisierung einer Einschränkung der Rechte aus Art. 11 Abs. 1 GG gelten die normalen Grundsätze.

440 **Fall 13: Platzverweis, Aufenthaltsverbot und Wohnungsverweisung**

Das PolG des Landes L enthält u.a. folgende Vorschriften:

§ 34 Abs. 2 (Aufenthaltsverbot):

Rechtfertigen Tatsachen die Annahme, dass eine Person in einem bestimmten örtlichen Bereich eine Straftat begeht oder zu ihrer Begehung beitragen wird, kann ihr für eine bestimmte Zeit verboten werden, diesen Bereich zu betreten oder sich dort aufzuhalten, es sei denn, sie hat dort ihre Wohnung oder nimmt dort berechtigte Interessen wahr. Örtlicher Bereich i.S.d. Satzes 1 ist ein Gemeindegebiet oder ein Gebietsteil innerhalb einer Gemeinde. Die Maßnahme ist zeitlich und örtlich auf den zur Verhütung der Straftat erforderlichen Umfang zu beschränken. Sie darf die Dauer von drei Monaten nicht überschreiten.

§ 7 (Einschränkung von Grundrechten):

Durch dieses Gesetz werden die Grundrechte auf ... Freizügigkeit (Art. 11 GG) ... eingeschränkt.

Ist § 34 Abs. 2 des PolG des Landes mit Art. 11 GG vereinbar?

---

[400] Epping, Rn. 742 ff.; Ipsen, Rn. 617 ff.; Jarass/Pieroth, GG, Art. 11 Rn. 11.
[401] Kingreen/Poscher, Rn. 892.
[402] BayVerfGH NVwZ 1991, 664, 666; OVG Bremen NVwZ 1999, 314, 315 f.; VGH BW NVwZ-RR 1996, 225; Frenzel JuS 2011, 595, 599.

I. Dann müsste zunächst der **Schutzbereich** des Art. 11 Abs. 1 GG **betroffen** sein. Nach Art. 11 GG genießen alle Deutschen **Freizügigkeit** im ganzen Bundesgebiet. Freizügigkeit bedeutet, ungehindert durch staatliche Gewalt an jedem Ort innerhalb des Bundesgebietes Aufenthalt oder Wohnsitz nehmen zu können bzw. dies nicht zu tun (sog. negative Freizügigkeit). Geschützt wird nicht nur der Ortswechsel innerhalb des Bundesgebiets, sondern auch der Ortswechsel innerhalb des Gemeindegebiets. Des Weiteren wird auch der nur vorübergehende Aufenthalt geschützt, sofern eine gewisse Mindestdauer (Faustregel 24 Stunden) nicht unterschritten wird, wie etwa beim (kurzzeitigen) Platzverweis.

441

Nach § 34 Abs. 2 PolG kann einer Person für eine bestimmte Zeit verboten werden, einen bestimmten Bereich zu betreten oder sich dort aufzuhalten. Umstritten ist jedoch, ob aus dem Vergleich der beiden Alternativen des Art. 11 Abs. 1 GG des „Wohnsitznehmens" und „Aufenthaltsnehmens" zu schließen ist, dass der Betroffene, um das Grundrecht des Art. 11 Abs. 1 GG in Anspruch nehmen zu können, an einem bestimmten Ort mehr wollen muss, als sich nur (flüchtig) aufzuhalten.

1. Nach einer Meinung muss der Aufenthaltsort ständiger oder jedenfalls zeitweiliger „Lebensmittelpunkt" sein. Nicht von Art. 11 Abs. 1 GG geschützt werde daher das vorübergehende Verweilen, der flüchtige Aufenthalt an einem Ort, wie z.B. der Besuch einer öffentlichen Straße oder eines Stadtparks.[403] Dazu sollen insbesondere nicht Orte zählen, an denen die betreffende Person vermutlich Täter oder Teilnehmer einer Straftat sein kann.[404] Sofern man dieser Auffassung (objektiver Aufenthaltsbegriff) folgt, ist der Schutzbereich von Art. 11 GG durch ein dauerndes Aufenthaltsverbot zwecks Verhinderung von Straftaten nicht betroffen. Danach wäre der Schutzbereich des Art. 11 Abs. 1 GG durch die Regelung des § 34 Abs. 2 PolG nicht betroffen.

442

2. Nach wohl h.M. muss der Aufenthaltsort lediglich eine „identitätsbezogene Relevanz" besitzen, d.h., er muss für den Betroffenen wichtig und zumindest teilweise seinen Lebensinhalt ausmachen, sei dieser noch so fremdartig oder verwerflich.[405] Folgt man dieser Auffassung, so ist durch § 34 Abs. 2 PolG der Schutzbereich von Art. 11 GG betroffen.

443

3. Für die letztgenannte Auffassung spricht insbesondere, dass die Schutzbereiche der Freiheitsrechte im Zweifel weit auszulegen sind, um keine Schutzlücken entstehen zu lassen. Zudem können auch z.B. tägliche Treffen mit Gleichgesinnten an einem bestimmten Ort für den Betroffenen eine besondere qualitative Bedeutung haben, sodass es gerechtfertigt ist, den Schutz des Art. 11 Abs. 1 GG auszulösen.[406]

Damit ist der Schutzbereich des Art. 11 Abs. 1 GG betroffen.

---

[403] SächsVerfG, Urt. v. 10.07.2003 – Vf. 43-II-00.
[404] Gusy NWVBl. 2004, 1, 6; Gusy, Rn. 282.
[405] Bösch Jura 2009, 650, 652 ff.; Kingreen/Poscher, Rn. 881; Trurnit VBlBW 2009, 205, 207; OVG NRW NWVBl. 2001, 93 f.; Schenke, POR Rn. 135.
[406] Rohbrecht SächsVBl. 2004, 232, 234.

444 II. In den Schutzbereich müsste durch § 34 Abs. 2 PolG **eingegriffen** werden. Ein Eingriff in den Schutzbereich von Art. 11 GG ist jedenfalls jede staatliche Maßnahme, die gezielt (final-unmittelbar) die Freizügigkeit der Normadressaten einschränkt. Diese Voraussetzung ist bei einem Aufenthaltsverbot nach § 34 Abs. 2 PolG erfüllt.

III. Der Eingriff in den Schutzbereich könnte **verfassungsrechtlich gerechtfertigt** sein.

445 1. Das Grundrecht der Freizügigkeit kann gemäß Art. 11 Abs. 2 GG durch oder aufgrund eines Gesetzes eingeschränkt werden. Dabei müssen die Anforderungen des **qualifizierten Gesetzesvorbehaltes** aus Art. 11 Abs. 2 GG erfüllt sein. Danach darf das Grundrecht auf Freizügigkeit u.a. für die Fälle eingeschränkt werden, in denen es zur Vorbeugung strafbarer Handlungen erforderlich ist. Diese Anforderung erfüllt § 34 Abs. 2 PolG.

Aufbau: Die Voraussetzungen des qualifizierten Vorbehalts können auch erst im Rahmen der verfassungsgemäßen Konkretisierung geprüft werden.

446 2. § 34 Abs. 2 PolG müsste die Einschränkungsmöglichkeit in **verfassungsgemäßer Weise konkretisieren**. Dies ist der Fall, wenn § 34 Abs. 2 PolG formell und materiell verfassungsgemäß ist.

447 a) Hinsichtlich der **formellen Verfassungsmäßigkeit** ist lediglich die **Gesetzgebungskompetenz des Landes** problematisch. Die Zuständigkeit des Landes L gemäß Art. 70 GG könnte hier wegen Art. 71, 73 Abs. 1 Nr. 3 GG fraglich sein. Danach ist der Bund für die Regelung der Freizügigkeit **ausschließlich** zuständig, sodass das Land L wegen Art. 71 GG nicht gesetzgebungsbefugt wäre.

Art. 73 Abs. 1 Nr. 3 GG könnte wegen des eindeutigen Wortlautes auch auf alle landesrechtlichen Regelungen anwendbar sein, welche die Freizügigkeit (wie § 34 Abs. 2 PolG) betreffen.[407] Dagegen spricht jedoch, dass sich einige der in Art. 11 Abs. 2 GG geregelten Fälle eindeutig auf Gegenstände der Landesgesetzgebung beziehen (z.B. Katastrophenschutz außerhalb des Verteidigungsfalles). Nach h.M. ist Art. 73 Abs. 1 Nr. 3 GG insbesondere auf landesrechtliche Aufenthaltsverbote zur Vermeidung von Straftaten nicht anwendbar, weil sich der **Kriminalvorbehalt** des Art. 11 Abs. 2, letzter Fall GG zur **vorbeugenden** Bekämpfung von Straftaten traditionsgemäß auch auf Landesgesetze beziehe, also einen Bereich, der als allgemeines Polizeirecht in die ausschließliche Gesetzgebungskompetenz der Länder fällt.[408] Dafür spricht auch die historische Auslegung von Art. 73 Abs. 1 Nr. 3 GG. Der Grundgesetzgeber wollte den Begriff der Freizügigkeit in dieser Norm nur bezogen wissen auf die Freizügigkeit zwischen verschiedenen Orten (sog. intraterritoriale Freizügigkeit) und Bundesländern (sog. interterritoriale Freizügigkeit) und nicht auch auf die durch § 34 Abs. 2 PolG ausschließlich in Bezug genommene interlokale Freizügigkeit.[409]

---

407 So z.B. Dreier, GG, Art. 11 Rn. 22.
408 Maunz/Dürig, GG, Art. 11 Rn. 129; Jarass/Pieroth, GG, Art. 11 Rn. 11; Frenzel JuS 2011, 595, 599; Schenke, POR, Rn. 136.
409 Schoch Jura 2005, 34, 37 f.

Danach besitzt das Land L die Gesetzgebungskompetenz zur Regelung eines Aufenthaltsverbots i.S.v. § 34 Abs. 2 PolG.

b) Die Regelung müsste auch **materiell verfassungsgemäß** sein. Insbesondere müssten die Schranken-Schranken beachtet worden sein. Die von Art. 19 Abs. 1 S. 2 GG geforderte Umsetzung des **Zitiergebots** ist durch § 7 PolG des Landes L umgesetzt worden. Das Aufenthaltsverbot müsste aber auch **verhältnismäßig** sein.

aa) § 34 Abs. 2 PolG verfolgt den Gesetzeszweck, eine effektivere Bekämpfung von sog. offenen Drogenszenen (z.B. an Bahnhofsvorplätzen) und die Verhinderung von links- oder rechtsextremen Gewalttaten (z.B. sog. Chaostage) zu ermöglichen. Dies stellt einen **legitimen Zweck** dar. Ein Aufenthaltsverbot ist zur Erreichung dieses Zwecks auch **geeignet** und **erforderlich**.

bb) Die Regelung des § 34 Abs. 2 PolG müsste auch **angemessen** sein. D.h., dass die Nachteile des Grundrechtsträgers nicht außer Verhältnis zu den bezweckten Vorteilen stehen dürfen. Ein längerfristiges Aufenthaltsverbot erscheint zunächst wegen des hohen Ranges des öffentlichen Zweckes sowie wegen der Ausnahmeregelung in § 34 Abs. 2 S. 1 Hs. 2 PolG (Wahrnehmung berechtigter Interessen) als angemessen. Hinzu kommt, dass gemäß § 34 Abs. 2 S. 3 PolG Maßnahmen zeitlich und örtlich auf den zur Verhütung der Straftat erforderlichen Umfang zu beschränken sind, also die Polizei ausdrücklich aufgefordert wird, bei Maßnahmen im Einzelfall den Verhältnismäßigkeitsgrundsatz streng zu beachten. Bedenken bestehen allenfalls wegen der Möglichkeit, auch für Gemeindeeinwohner ein Aufenthaltsverbot für das gesamte Gemeindegebiet zu verhängen (vgl. § 34 Abs. 2 S. 2 Hs. 1 PolG). Diese möglicherweise unverhältnismäßige Wirkung der Norm kann jedoch durch eine verfassungskonforme Auslegung in der Weise beseitigt werden, dass Aufenthaltsverbote für das gesamte Gemeindegebiet nur für Nichteinwohner verhängt werden dürfen.

Das Aufenthaltsverbot des § 34 Abs. 2 PolG ist damit verhältnismäßig. § 34 Abs. 2 PolG ist eine formell und materiell verfassungsmäßige Konkretisierung des Gesetzesvorbehaltes in Art. 11 Abs. 2 GG und stellt damit einen rechtmäßigen Eingriff in dieses Grundrecht dar. Art. 11 GG ist nicht verletzt.

D. Europarecht

Das Recht auf Freizügigkeit wird durch **Art. 45 GRCh** und durch **Art. 2 des 4. Zusatzprotokolls der EMRK** geschützt. Anders als durch Art. 11 GG schützen die europäischen Rechte **auch die Ausreise**, also den grenzüberschreitenden Übertritt in ein anderes EU-Land. Gleiches schützt die Freizügigkeit nach **Art. 21 AEUV**.

16. Abschnitt: Berufsfreiheit, Art. 12 GG

451 Art. 12 Abs. 1 S. 1 GG gewährleistet jedem das Recht, Beruf, Arbeitsplatz und Ausbildungsstätte **frei zu wählen**. Art. 12 Abs. 1 S. 2 GG gewährleistet die Freiheit der **Berufsausübung** und unterstellt sie der Regelungsbefugnis des Gesetzgebers. Wahl und Ausübung eines Berufes lassen sich jedoch nicht hinreichend scharf trennen, sondern erfassen den einheitlichen Komplex „beruflicher Betätigung" aus verschiedenen Richtungen. So ist der in der laufenden Berufsausübung sich ausdrückende Wille zur Beibehaltung der Berufsausübung zugleich eine kontinuierliche Betätigung der Berufswahl. Aufgrund dessen wird angenommen, **dass Art. 12 Abs. 1 GG ein einheitliches Grundrecht der Berufsfreiheit** darstellt.[410]

A. Schutzbereich

I. Sachlich

452 Der Schutzbereich des Art. 12 Abs. 1 GG wird von seinem **Leitbegriff „Beruf"** bestimmt. Ein „Beruf" wird definiert als **„jede auf Dauer angelegte Tätigkeit zur Schaffung und Erhaltung einer Lebensgrundlage"**,[411] wobei nicht unumstritten ist, ob die Tätigkeit verboten sein darf.

453 **1.** Entscheidendes Merkmal eines Berufes ist die Tätigkeit **zur Schaffung oder Erhaltung einer Lebensgrundlage**. Dabei ist unerheblich, ob es sich um eine selbstständig oder unselbstständig ausgeübte Tätigkeit handelt (anders beim „Gewerbe" i.S.d. GewO und des HGB). Auch Nebentätigkeiten können hier genügen, da sie zumindest einen Beitrag zur Schaffung oder Erhaltung der Lebensgrundlage leisten.[412] Maßgeblich ist, dass die Tätigkeit **objektiv und wesensmäßig geeignet und ihre Ausübung darauf gerichtet ist**, eine Lebensgrundlage zu schaffen oder zu erhalten. Ob der Betroffen tatsächlich durch die Tätigkeit die Lebensgrundlage schafft und erhält ist nicht von Bedeutung. Ein Bestandsschutz für die Fortsetzung einer unwirtschaftlichen Betriebsführung lässt sich aus diesem Begriffsmerkmal jedoch nicht herleiten.

454 Unter den Berufsbegriff fallen auch Tätigkeiten im öffentlichen Dienst (Beamte).[413] Dabei eröffnet **Art. 33 Abs. 2 GG** dem Staat jedoch die Möglichkeit, die Berufswahlfreiheit der Bewerber auf das **Recht des gleichen Zugangs** zu den öffentlichen Ämtern, soweit diese verfügbar sind, nach Eignung, Befähigung und fachlicher Leistung zu reduzieren. **Art. 33 Abs. 5 GG** rechtfertigt weitere Sonderregelungen, z.B. die Altersgrenze von 65 Jahren als subjektive Berufswahlregelung oder die Residenzpflicht bzw. Rufbereitschaft.[414] Bei **staatlich gebundenen Berufen**, wie z.B. bei Notaren, Insolvenzverwaltern oder öffentlich vereidigten Sachverständigen, kommt es darauf an, wie nahe der Beruf an den öffentlichen Dienst herangeführt ist. Je näher er diesem steht, desto eher

---

410 St.Rspr. seit BVerfGE 7, 377 (Apothekenurteil).
411 BVerfGE 105, 252, 265 m.w.N.
412 BVerwGE 84, 194, 197.
413 BVerfG NVwZ 2008, 547.
414 BVerfG DVBl. 1994, 43 f.

können auch bei ihm Sonderregeln in Anlehnung an Art. 33 GG gerechtfertigt sein, die das Grundrecht aus Art. 12 Abs. 1 GG beschränken.[415]

2. Das Merkmal „**auf Dauer**" ist objektiv zu verstehen. Es kommt daher nicht darauf an, ob der Einzelne die Tätigkeit über einen gewissen Zeitraum ausübt, sondern nur darauf, dass dies grundsätzlich möglich ist. Somit fallen auch Gelegenheitsjobs oder das Probearbeitsverhältnis in den Schutzbereich des Art. 12 Abs. 1 GG, desgleichen auch die Tätigkeit von Bundes- und Landtagsabgeordneten. Nicht ausreichend für das Merkmal der „Dauerhaftigkeit" ist jedenfalls eine einmalige Tätigkeit, z.B. ein einmaliger Erwerbsakt.[416]

455

3. Umstritten ist bis heute, ob schon „verbotene Tätigkeiten" aus dem Schutzbereich herausfallen oder lediglich solche, die „schlechthin sozial- oder gemeinschaftsschädlich" sind.

456

Hinweis: Früher wurde teilweise verlangt, dass die Tätigkeit (positiv) „erlaubt" sein muss.[417] Dies wird heut zu Recht mit dem Argument abgelehnt, dass das Grundrecht der Berufsfreiheit ansonsten „zur Disposition des Gesetzgebers stünde."[418]

Während teilweise angenommen wird, dass einzelne Handlungen, die der Bürger zum Inhalt seines Berufs macht, nicht verboten sein dürfen,[419] werden nach h.M. nur **schlechthin gemeinschädliche** Tätigkeiten vom Berufsbegriff ausgeschlossen.[420] Ausgenommen sind nur sozial nicht hinnehmbare Tätigkeiten, wie das „Berufs"verbrechertum, die Spionagetätigkeit oder der Rauschgifthandel. Ein besonderer sozialer Wert der Tätigkeit ist damit jedoch nicht erforderlich. Auch sozialwertig neutrale Tätigkeiten, wie die des Astrologen oder Traumdeuters, werden als Berufe angesehen, genauso wie staatlich reglementierte Betätigungen des Glücksspiels.[421]

Dass die berufliche Tätigkeit gesetzlich verboten ist, wie zum Beispiel die Schwarzarbeit durch das SchwArbG, ist grundsätzlich unerheblich, denn es kann nicht darauf ankommen, ob der Gesetzgeber ein bestimmtes Verhalten verboten hat. Andernfalls, und dies wird auch schon einer Einschränkung über die „Erlaubtheit" entgegengehalten, stünde der Schutzbereich des Art. 12 Abs. 1 GG zur Disposition des Gesetzgebers.

Beispiel: P ist Prostituierte. Ihr wird verboten, ihrer Arbeit an einer bestimmten Straße nachzugehen. P meint, das Verbot greife in ihre Berufsfreiheit ein.

Problematisch ist hinsichtlich der Einordnung der Prostitution als Beruf, ob die Prostitution „schlechthin gemeinschädlich" ist. Anders als z.B. der Rauschgifthandel ist die Prostitution aber nicht schlechthin verboten. Vielmehr begründet der Geschlechtsverkehr gegen Entgelt gemäß § 1 ProstG eine wirksame Forderung. Insofern ist auch die Prostitution als Beruf i.S.d. Art. 12 Abs. 1 GG anzusehen.[422]

---

415 BVerfG NJW 2004, 1935 (Notarzulassung); NJW 2004, 2725 (Insolvenzverwalter); Muckel JA 2010, 312 (Juniorprofessor als Rechtsanwalt).
416 BVerfGE 97, 228, 253.
417 So noch BVerwGE 87, 37, 40 f.
418 BVerfGE 7, 377, 379; 115, 276, 300 f.; BVerwGE 96, 293, 296 f.; Jarass/Pieroth, GG, Art. 12 Rn. 8.
419 Kingreen/Poscher, Rn. 901.
420 BVerfGE 115, 276, 301; Dreier, GG, Art. 12 Rn. 43; vMangoldt/Klein/Starck, GG, Art. 12 Rn. 43; Gröpl/Windthorst/vCoelln, GG, Art. 12 Rn. 18; Manssen, Rn. 593.
421 BVerfG NJW 2006, 1261, 1262 (Sportwetten); BVerwG DVBl. 1995, 47 (öffentliche Spielbanken); BVerwG NVwZ 2008, 301 (Sportwetten); BVerwG NVwZ 1995, 481 (Buchmacher); BVerfG RÜ 2009, 794 (Online-Glücksspiele).
422 So auch BVerfG, Beschl. v. 28.04.2009 – 1 BvR 224/07; Sachs, GG, Art. 12 Rn. 37.

457 4. Zur Freiheit der Berufsausübung zählt nach heute h.M. auch die **Wettbewerbsfreiheit**. Die freie Wahl und Ausübung eines Berufes führt zwangsläufig auch zu einem Wettbewerb zwischen Unternehmen und Gewerbetreibenden. Erfolgt die unternehmerische Berufstätigkeit nach den Grundsätzen des Wettbewerbs, wird die Reichweite des Freiheitsschutzes auch durch die rechtlichen Regeln mitbestimmt, die den Wettbewerb ermöglichen und begrenzen. Art. 12 Abs. 1 GG sichert in diesem Rahmen die Teilhabe am Wettbewerb nach Maßgabe der durch die Gesetze geregelten „Funktionsbedingungen".[423]

II. Grundrechtsträger

458 Gemäß Art. 12 Abs. 1 GG sind Grundrechtsträger nur **Deutsche**. Ob sich auch EU-Ausländer auf die Berufsfreiheit berufen können, ist noch nicht abschließend geklärt (s.o. Rn. 48). Die berufliche Betätigung von anderen Ausländer ist nicht durch Art. 12 GG, wohl aber durch Art. 2 Abs. 1 GG geschützt.

„Seinem Wesen nach" (Art. 19 Abs. 3 GG) ist Art. 12 GG auch auf **juristische Personen** des Privatrechts anwendbar, soweit deren Tätigkeit ihrer Art nach in gleicher Weise von einer juristischen wie von einer natürlichen Person ausgeübt werden kann.[424]

B. Eingriff

I. Berufsfreiheit

459 1. Ein Eingriff in die Berufsfreiheit ist gegeben, wenn durch staatliche **Rechtsakte** die Freiheiten des Art. 12 Abs. 1 GG **final** und **unmittelbar** verkürzt werden (klassischer Eingriffsbegriff).

Beispiele: Die Untersagung der Ausübung eines Gewerbes gemäß § 35 Abs. 1 GewO wegen Unzuverlässigkeit; Verkaufsverbot für alkoholische Getränke in der Nacht durch das LSchlG/LöffG;[425] Rauchverbot in Gaststätten, da der Gastwirt unmittelbar gehindert wird, Raucher zu bewirten.[426]

460 2. Denkbar ist aber auch ein Eingriff durch **faktisch-mittelbar** wirkende Rechtsakte oder auch durch **Realakte**. Wenn aber, im Sinne des neuen weiten Eingriffsbegriffs, jede Verkürzung des Schutzbereichs durch den Staat einen Eingriff in den Schutzbereich des Art. 12 Abs. 1 GG darstellen würde, würde der Staat letztlich kaum Regelungen treffen können, die nicht in die Berufsfreiheit eingreifen.

461 Das Bundesverfassungsgericht hat für die Berufsfreiheit insoweit eine eigene Formel für die Beurteilung der Grundrechtsrelevanz solcher Beeinträchtigungen entwickelt. Ein Eingriff in den Schutzbereich des Art. 12 Abs. 1 GG kann auch dann vorliegen, wenn staatliche Maßnahmen, die primär andere Zielsetzungen verfolgen, also unmittelbar auf andere Rechtsfolgen gerichtet sind, tatsächliche (mittelbare) Auswirkungen auf die Freiheit der Berufsausübung haben. Ob die Beeinträchtigung von Art. 12 Abs. 1 GG noch

---

[423] BVerfG, Beschl. v. 14.03.2006 – 1 BvR 2087/03; BVerfG NJW 2002, 2621 (Glykolwein); Jarass/Pieroth, GG, Art. 12 Rn. 20; Epping, Rn. 387.
[424] BVerfG NJW 2002, 2091; BVerfG, Beschl. v. 14.03.2006 – 1 BvR 2087/03; Jarass/Pieroth, GG, Art. 12 Rn. 13.
[425] BVerfG, Beschl. v. 29.09.2010 – 1 BvR 1789/10.
[426] BVerfG, Urt. v. 30.07.2008 – 1 BvR 3262/07, RÜ 2008, 587.

dem Staat zurechenbar ist und damit Eingriffsqualität hat, wird nach der **"objektiv berufsregelnden Tendenz"**[427] des hoheitlichen Aktes beurteilt sowie danach, ob die Regelungen infolge ihrer Gestaltung in einem **engen Zusammenhang** mit der Ausübung der Berufsfreiheitsrechte stehen. Es stellt damit letztlich auf die Zielgerichtetheit der Einwirkung (Finalität) bzw. das Maß der tatsächlichen Betroffenheit durch die staatliche Einwirkung (Intensität der Beeinträchtigung) ab.[428]

Beispiel: A führt ein KFZ im Straßenverkehr unter Alkoholeinfluss (2,1 Promille). Gegen die Entziehung der Fahrerlaubnis wendet er ein, diese würde in seine Berufsfreiheit eingreifen, da er gelegentlich nicht mit öffentlichen Verkehrsmitteln, sondern mit dem Auto zur Arbeit fahre. 462

Dem Staat geht es mit der Entziehung der Fahrerlaubnis nicht darum, die berufliche Betätigung des A zu regeln. Auch wenn der A Rentner wäre, würde ihm bei einer solchen Trunkenheitsfahrt die Fahrerlaubnis entzogen werden. Anders wäre die Situation zu beurteilen, wenn A ein Berufskraftfahrer wäre. Dann wäre auch für den Staat „objektiv vorhersehbar", dass die berufliche Betätigung des A unmöglich gemacht würde.

Beispiel: Von staatlicher Seite wurden preisvergleichende Transparenzlisten wirkungsgleicher Arzneimittel veröffentlicht. Stellt dies einen Eingriff in die Berufsausübung der Arzneimittelhersteller dar? 463

Da hier nicht gezielt eine Berufsregelung aufgestellt werden sollte, liegt kein klassischer Grundrechtseingriff vor. Allerdings wirkt sich diese wirtschaftslenkende Maßnahme objektiv insofern aus, als mittelbar die Preisgestaltung und damit die Berufsausübung der Arzneimittelhersteller beeinträchtigt wird. Daher ist ein (mittelbarer) Grundrechtseingriff zu bejahen.[429]

II. Wettbewerbsfreiheit

Wie oben dargestellt, wird auch die Wettbewerbsfreiheit vom Schutzbereich des Art. 12 Abs. 1 GG erfasst. Nach wie vor ist aber unklar, unter welchen Voraussetzungen Beeinträchtigungen des Wettbewerbs eine Eingriffsqualität (bzw. objektiv berufsregelnde Tendenz) haben. Die Unklarheiten resultieren auch aus der Tatsache, dass das Bundesverfassungsgericht teilweise nicht nach Schutzbereich und Eingriff trennt, sondern (wie beim allgemeinen Persönlichkeitsrecht) entweder einen Eingriff in den Schutzbereich annimmt oder nicht (sog. eingriffsbezogene Schutzbereichsbestimmung). 464

Kein Eingriff in den Schutzbereich der Wettbewerbsfreiheit ist gegeben, wenn der Staat durch Regelungen die „Funktionsbedingungen des Wettbewerbs" vorgibt, da insofern eine Ausgestaltung des Schutzbereiches, aber keine Beschränkung vorliegt. In der bestehenden Wirtschaftsordnung (Marktwirtschaft) erfasst Art. 12 Abs. 1 GG zwar das berufsbezogene Verhalten der Unternehmen am Markt nach den Grundsätzen des Wettbewerbs. Marktteilnehmer haben aber keinen grundrechtlichen Anspruch darauf, dass die Wettbewerbsbedingungen für sie gleich bleiben. Insbesondere gewährleistet Art. 12 Abs. 1 GG von vornherein keinen Anspruch auf eine erfolgreiche Marktteilhabe oder künftige Erwerbsmöglichkeiten.[430] Vielmehr unterliegen die Wettbewerbsposition und damit auch die erzielbaren Erträge dem Risiko laufender Veränderung je nach 465

---

[427] BVerfG, Urt. v. 24.11.2010 – 1 BvF 2/05, RÜ 2011, 41 (Gentechnik) Epping, Rn. 399.
[428] BVerfGE 97, 228, 253 (Kurzberichterstattung); BVerfG DVBl. 2007, 1097 (Besteuerung von Biokraftstoffen); BVerwGE 71, 183, 193; Jarass/Pieroth, GG, Art. 12 Rn. 14 f.; Anke/Zacharias DÖV 2003, 140 (Pflicht des Arbeitgebers zur Einziehung der Kirchenlohnsteuer).
[429] BVerwG, Urt. v. 18.04.1985 – 3 C 34.84.
[430] BVerfG, Urt. v. 20.04.2004 – 1 BvR 1748/99.

den Verhältnissen am Markt. Aus diesem Grunde schützt die Wettbewerbsfreiheit auch **nicht vor Konkurrenz**.[431]

466 Ein **Eingriff** in den Schutzbereich der Wettbewerbsfreiheit ist ebenfalls **zu verneinen**, wenn der Staat zutreffende und sachlich gehaltene Informationen über einzelne Marktteilnehmer verbreitet, selbst wenn die Informationen sich auf einzelne Wettbewerber nachteilig auswirken.[432]

> **Beispiel:** Die Bundesregierung veröffentlicht eine Liste glykolhaltiger Weine, u.a. mit den Angaben zu den betroffenen Winzern, Abfüllbetrieben und Händlern. Das Bundesverfassungsgericht verneinte einen Eingriff in die Wettbewerbsfreiheit mit der Begründung, dass marktbezogene Informationen des Staates den grundrechtlichen Gewährleistungsbereich der betroffenen Wettbewerber nicht beeinträchtigen, sofern der Einfluss auf wettbewerbserhebliche Faktoren **ohne Verzerrung der Marktverhältnisse** nach Maßgabe der rechtlichen Vorgaben für staatliches Informationshandeln erfolgt.[433]

467 Ein **Eingriff** in die Wettbewerbsfreiheit ist erst dann gegeben, wenn die staatliche Maßnahme zu einem **Auszehrungs- oder Verdrängungswettbewerb** führt, das staatliche Handeln also zur Schaffung einer **Monopolstellung** beiträgt.

> **Beispiel:** Ein Konkurrent unterliegt im Wettbewerb deshalb, weil der Staat den anderen Konkurrenten so sehr subventioniert, dass der eine Anbieter vom Markt verdrängt wird, also der Staat durch eine Monopolisierung Konkurrenz ausschaltet.[434]

C. Verfassungsrechtliche Rechtfertigung

I. Schranke

468 1. Nach dem Wortlaut des **Art. 12 Abs. 1 S. 2 GG** kann lediglich die **Berufsausübung** durch oder aufgrund eines Gesetzes geregelt werden kann. Da jedoch Art. 12 GG, wie zu Beginn ausgeführt, ein **einheitliches Grundrecht** der Berufsfreiheit enthält, ist es nur konsequent, den Vorbehalt des Art. 12 Abs. 1 S. 2 GG **auch auf die Berufswahl** (und die Wahl von Ausbildungsstätte und Arbeitsplatz) auszudehnen.[435]

Zwar spricht Art. 12 Abs. 1 S. 2 GG davon, dass die Berufsausübung **geregelt** werden kann (sog. „Regelungsvorbehalt"). Dies wird aber wie ein „normaler" **einfacher Gesetzesvorbehalt** verstanden[436] und ist dementsprechend zu prüfen.

> **Hinweis:** In einer Klausur sollte man kurz, unter Rückgriff auf den einheitlichen Schutzbereich, feststellen, dass der Regelungsvorbehalt als einfacher Gesetzesvorbehalt verstanden wird, der sich auf die Berufsfreiheit insgesamt bezieht.

469 2. Neben dem Gesetzesvorbehalt gelten (natürlich) auch für die Berufsfreiheit die **verfassungsimmanenten Schranken**, also das kollidierende Verfassungsrecht.[437]

---

431 BVerfGE 34, 252, 256; 55, 261, 269; BVerfG, Beschl. v. 23.04.2009 – 1 BvR 3405/08.
432 Jarass/Pieroth, GG, Art. 12 Rn. 19.
433 BVerfG NJW 2002, 2621 (Glykolwein).
434 BVerfGE 46, 120, 137 f.; BVerwG NJW 1995, 2938.
435 BVerfGE 7, 377, 401; 102, 197, 213; 115, 277, 303f.; Jarass/Pieroth, GG, Art. 12 Rn. 27; Kellner Jura 2002, 775, 776.
436 BVerfGE 54, 237, 246; Sachs, GG, Art. 12 Rn. 106.
437 Jarass/Pieroth, GG, Art. 12 Rn. 27a.

Beispiel: Das grundsätzliche Verbot der Ladenöffnung an Sonn- und Feiertagen nach dem LSchlG/LöffG greift zwar in die Berufsfreiheit ein. Dieser Eingriff kann aber durch den in Art. 140 GG i.V.m. Art. 139 WRV enthaltenen Grundsatz, dass der Sonntag und die staatlich anerkannten Feiertage als Tage der Arbeitsruhe und der seelischen Erhebung geschützt sind, gerechtfertigt werden.[438]

II. Verfassungsgemäße Konkretisierung

470 Grundsätzlich gelten für die „Schranken-Schranken" die normalen Vorgaben. Allerdings baut das Bundesverfassungsgericht die **Verhältnismäßigkeitsprüfung** bei Art. 12 Abs. 1 GG seit langer Zeit anders als bei anderen Grundrechten auf. Die Frage der Verhältnismäßigkeit wird dabei vor allem mit Hilfe der **Drei-Stufen-Theorie** beantwortet.[439]

1. Die Drei-Stufen-Theorie

471 Bei der Drei-Stufen-Theorie handelt es sich um eine Systematisierung der Verhältnismäßigkeitsprüfung, die die Rechtfertigung in Anlehnung an die Struktur des Art. 12 Abs. 1 GG (Berufswahl, Berufsausübung) vornimmt. Je höher die festgestellte Eingriffsintensität ist, desto strenger sind die Eingriffsvoraussetzungen.

Aufbau: Um den Aufbau zu „entzerren" wird teilweise bereits im Rahmen des Eingriffs geprüft, welche Eingriffsstufe gegeben ist. Die genaue Erörterung der Drei-Stufen-Theorie erfolgt aber jedenfalls erst im Rahmen der verfassungsrechtlichen Rechtfertigung.

Die Prüfung nach der Dreistufenlehre vollzieht sich wie folgt:

- **1. Stufe:** „bloße" Berufs**ausübung**sregelungen   472

    Auf der untersten Stufe stehen „bloße" Berufsausübungsregelungen (das „Wie" der beruflichen Tätigkeit wird geregelt). Der Gesetzgeber hat hier die größten Freiheiten. Er kann Regelungen treffen, die durch **vernünftige Erwägungen des Gemeinwohls** gerechtfertigt sind (Legitimer Zweck).[440] Im Rahmen der Verhältnismäßigkeitsprüfung ergeben sich dann keine Besonderheiten. Es findet eine „normale" Prüfung statt

    Beispiele: Ladenschlusszeiten, Beschränkungen des Schwerlastverkehrs in Ferienzeiten.

- **2. Stufe:** Berufs**wahl**regelungen mit **subjektiven Zulassungsvoraussetzungen**   473

    Durch Vorschriften, die die Aufnahme oder die Beendigung einer beruflichen Tätigkeit von persönlichen Eigenschaften, Kenntnissen, nachgewiesenen Leistungen etc. abhängig machen, wird in die Berufswahlfreiheit (das „Ob" der beruflichen Tätigkeit) eingegriffen. Diese subjektiven Zulassungsvoraussetzungen, die auf der „mittleren Stufe" stehen, sind verfassungsrechtlich gerechtfertigt, wenn als legitimes Ziel ein **wichtiges Gemeinschaftsgut** geschützt werden soll, insbesondere ein solches von Verfassungsrang.[441] Im Rahmen der Prüfung des Grundsatzes der Verhältnismäßig-

---

[438] BVerfG, Urt. v. 09.06.2004 – 1 BvR 636/02 (Ladenschlussgesetz III).
[439] BVerfGE 7, 377 (Apothekenurteil).
[440] Sachs, GG, Art. 12 Rn. 126; Manssen, Rn. 620.
[441] Jarass/Pieroth, GG, Art. 12 Rn. 46.

keit ist dann zu beachten, dass ebenso effektive Eingriffe auf der ersten Stufe weniger belastend wären, sodass ein Eingriff auf der zweiten Stufe nicht erforderlich wäre.

Beispiele: Altersgrenzen für die Ausübung von Berufen, Prüfung der „Zuverlässigkeit" eines Berufsbewerbers für die Aufnahme seiner Tätigkeit, der Nachweis von Prüfungen oder bestimmten Ausbildungen.

474 ■ **3. Stufe:** Berufs**wahl**regelungen mit **objektiven Zulassungsvoraussetzungen**

Auch die Berufswahlregelungen mit objektiven Zulassungsvoraussetzungen betreffen die Berufswahlfreiheit (das „Ob" der beruflichen Tätigkeit). Sie machen aber im Unterschied zu subjektiven Voraussetzungen die Zulassung zu bestimmten Berufen von Voraussetzungen abhängig, die außerhalb der Person des Berufsanwärters stehen. Sie sind nicht beeinflussbar. Daher stehen solche objektiven Zulassungsvoraussetzungen auch auf der höchsten Stufe. Hier muss der Gesetzgeber vorsichtig und zurückhaltend sein und darf in diese Richtung nur zur **Abwehr nachweisbarer oder höchstwahrscheinlicher schwerer Gefahren für ein überragend wichtiges Gemeinschaftsgut** tätig werden.[442]

Vorsicht: Bei der Annahme eines überragend wichtigen Gemeinschaftsgutes sollten Sie vorsichtig sein. Denn normalerweise werden vernünftige Ergebnisse später in der Prüfung der Angemessenheit (= Verhältnismäßigkeit im engeren Sinne) hergestellt. Dabei werden im Rahmen der Abwägung die Schäden des Einzelnen mit dem Nutzen der Allgemeinheit verglichen. Wenn der Nutzen der Allgemeinheit aber in dem Schutz eines überragend wichtigen Gemeinschaftsgutes besteht, sind kaum noch Schäden bei dem Einzelnen vorstellbar, die die Abwägung zugunsten des Einzelnen ausgehen lassen können. Das Ergebnis der Abwägung ist daher (in den meisten Fällen) von vornherein klar. Überragend wichtige Gemeinschaftsgüter können sich daher nur aus den Grundentscheidungen der Verfassung ergeben (z.B. die Funktionsfähigkeit der Sozialversicherungssysteme, da ohne diese der Sozialstaat völlig ausgehöhlt würde, Art. 20 Abs. 1 GG).

Im Rahmen der Verhältnismäßigkeitsprüfung ist wiederum insbesondere in der Erforderlichkeit zu beachten, dass sowohl gleich wirksame Eingriffe auf der ersten als auch auf der zweiten Stufe weniger belastend wirken. Ein Eingriff auf der dritten Stufe ist daher nur zu rechtfertigen, wenn sowohl Berufsausübungsregelungen als auch Berufswahlregelungen mit subjektiven Zulassungsvoraussetzungen nicht ebenso gut den Zweck erreichen können.

Beispiel: Bedürfnisklauseln (= zahlenmäßige Beschränkungen) wie in § 13 Abs. 4 PBefG für Taxen.

---

[442] Manssen, Rn. 637.

475

Die Drei-Stufen-Theorie

Niedrige Anforderungen	„Mittelhohe" Anforderungen	Hohe Anforderungen
Unterste Eingriffsstufe	**Mittlere Eingriffsstufe**	**Höchste Eingriffsstufe**
Berufsausübungsregeln sind zulässig, wenn vernünftige Erwägungen des Gemeinwohls solche Regeln zweckmäßig erscheinen lassen.	**Subjektive Zulassungsvoraussetzungen** sind **nur** zulässig, um ein wichtiges Gemeinschaftsgut, das der Freiheit des Einzelnen vorgeht, zu schützen.	**Objektive Zulassungsvoraussetzungen** sind **nur ausnahmsweise** zur Abwehr nachweisbarer oder höchstwahrscheinlicher schwerer Gefahren für ein überragend wichtiges Gemeinschaftsgut zulässig.

476

Fall 14: Altersgrenze für Notare

N ist Notar. Er ist bereits 69 Jahre alt und wird im nächsten Jahr 70 Jahre alt. N hat sich vor zwei Jahren eine Villa am Stadtrand bauen lassen. Finanzierungsschwierigkeiten sah N allerdings nicht, da er meinte, auf das gute Einkommen als Notar noch mindestens fünf Jahre zurückgreifen zu können. Nun muss er aber durch einen Blick in die BNotO feststellen, dass ein neuer § 48 a BNotO in Kraft getreten ist.

Gemäß §§ 47 Nr. 1, 48 a BNotO erlischt das Amt des Notars kraft Gesetzes mit Erreichen der Altersgrenze (Vollendung des 70. Lebensjahres). N meint, dies sei mit Art. 12 Abs. 1 GG nicht zu vereinbaren. Hat er Recht, wenn §§ 47, 48 a BNotO formell verfassungsgemäß sind und die BNotO eine Übergangsregelung von 12 Jahren für Notare vorsieht, die bei Inkrafttreten des Gesetzes das 58. Lebensjahr bereits überschritten haben?

N hat mit seiner Auffassung, dass §§ 47 Nr. 1, 48 a BNotO nicht mit Art. 12 Abs. 1 GG vereinbar sind, Recht, wenn ein Eingriff in den Schutzbereich der Berufsfreiheit gegeben ist, der verfassungsrechtlich nicht gerechtfertigt ist.

I. Dann müsste zunächst der **Schutzbereich betroffen** sein. Art. 12 Abs. 1 GG schützt das Recht, Beruf, Arbeitsplatz und Ausbildungsstätte frei zu wählen. Daneben gewährleistet Art. 12 Abs. 1 S. 2 GG die freie Berufsausübung. Das Grundrecht wird entgegen der im Wortlaut vorgesehenen Trennung von Berufswahl und Berufsausübung allgemein als **einheitliches Grundrecht der Berufsfreiheit** verstanden. Beruf ist jede auf Dauer angelegte, der Schaffung und Erhaltung der Lebensgrundlage dienende Betätigung. Die Tätigkeit als Notar ist auf Dauer angelegt und dient der Schaffung und Erhaltung der Lebensgrundlage. Diese Tätigkeit ist auch erlaubt, sodass es auf die umstrittene Frage, ob Tätigkeiten, die verboten sind, in den Schutzbereich fallen, nicht ankommt. Es ist auch davon auszugehen, dass N Deutscher ist. Der Schutzbereich ist demnach betroffen.

477

478 II. Gemäß §§ 47 Nr. 1, 48 a BNotO erlischt das Amt des Notars kraft Gesetzes mit Erreichen der Altersgrenze (Vollendung des 70. Lebensjahres). Das Gesetz als Rechtsakt verkürzt daher final und unmittelbar den Schutzbereich des Art. 12 Abs. 1 GG. Ein **Eingriff** liegt vor.

III. Dieser Eingriff könnte verfassungsrechtlich gerechtfertigt sein.

479 1. Es müsste zunächst eine Einschränkungsmöglichkeit **(Schranke)** gegeben sein. Nach Art. 12 Abs. 1 S. 2 GG kann die Berufsausübung durch Gesetz oder aufgrund eines Gesetzes geregelt werden. Dem Wortlaut nach besteht nur hinsichtlich der Berufsausübung ein Regelungsvorbehalt. Wie bereits festgestellt, handelt es sich aber um ein einheitliches Grundrecht der Berufsfreiheit, sodass sich die Schranke sowohl auf die Berufsausübung als auch auf die Berufswahl bezieht. Die Altersgrenze für Notare ist in der BNotO, einem Bundesgesetz, geregelt.

480 2. Fraglich ist, ob der Eingriff durch die §§ 47 Nr. 1, 48 a BNotO eine **verfassungsgemäße Konkretisierung der Einschränkungsmöglichkeit** ist. Dann müssten diese formell und materiell verfassungsgemäß sein.

a) Von der formellen Verfassungsmäßigkeit des § 48 a BNotO ist auszugehen.

b) Die Altersgrenze aus § 48 a BNotO müsste zudem auch im Lichte des Art. 12 GG materiell verfassungsgemäß, also insbesondere **verhältnismäßig** sein. Der Grundsatz der Verhältnismäßigkeit wird dabei im Bereich des Art. 12 GG durch die **Drei-Stufen-Theorie** systematisiert.

481 aa) Fraglich ist daher zunächst, **auf welcher Stufe** eingegriffen wird. Bei der Einführung einer Altersgrenze könnte es sich um eine **Berufswahlregelung** handeln. Durch die Altersgrenze wird die Berufsausübung völlig verhindert, sodass nicht nur eine Berufsausübungsregelung (1. Stufe) gegeben ist. Berufswahlregelungen können an subjektive oder an objektive Umstände anknüpfen. Für eine objektive Zulassungsvoraussetzung spricht zwar, dass der Berufstätige keinen Einfluss auf das fortschreitende Alter hat. Gleichwohl hängt das Alter jedoch von der Person der Betroffenen selbst ab. Die Regelung knüpft deshalb an Umstände an, die in der Person des Betroffenen begründet sind. Es handelt sich folglich um **subjektive Zulassungsvoraussetzungen** und damit um einen **Eingriff auf 2. Stufe** i.S.d. Drei-Stufen-Theorie.

bb) Die Altersgrenze für Notare müsste nach den Anforderungen eines Eingriffs auf der zweiten Stufe **verhältnismäßig** sein.

482 (1) Subjektive Zulassungsvoraussetzungen sind nur zulässig, soweit durch sie als **legitimer Zweck „wichtige Gemeinschaftsgüter"** geschützt werden sollen. Das Ziel der Einführung einer Altersgrenze besteht darin, im Interesse **funktionstüchtiger Rechtspflege** eine geordnete Altersstruktur innerhalb des Notarberufes zu erreichen. Den Rechtssuchenden sollen Notare unterschiedlichen Lebensalters zur Verfügung stehen. Die Nichteinführung einer Altersgrenze würde zu einer Überalterung der Notariate führen und zu einer späteren Aufnahme der Neu-Notare in einem höheren Lebensalter, sodass deren Berufserfahrung bis zum Ende ihrer Tätigkeit geringer wäre. Eine funktionstüchtige Rechtspflege ist ein wichtiges Gemeinschaftsgut.

Das Mittel, welches der Gesetzgeber gewählt hat, ist die Einführung einer Altersgrenze, die zwingend dazu führt, dass Notarstellen nicht nur durch Tod oder Aufgabe frei werden, sondern ebenfalls durch das Erreichen der Altersgrenze.

(2) Die Einführung einer Altersgrenze ist **geeignet**, um eine Überalterung der Notariate zu verhindern und damit das Ziel zu erreichen. 483

(3) **Erforderlich** ist die Regelung, wenn kein gleich geeignetes, milderes Mittel in Betracht kommt. Bei insgesamt rückläufigen Beurkundungsvorgängen reicht die Zahl der neu zu schaffenden Notarstellen zusammen mit den aus sonstigen Gründen frei werdenden Notariaten nicht aus, um eine entsprechende Fluktuation zu gewährleisten. Als schonendere Maßnahme käme allenfalls die Einführung einer Höchstaltersgrenze für die erst künftig zu bestellenden Notare in Betracht. Dadurch wäre aber eine Verbesserung der Altersstruktur nicht in absehbarer Zeit erreichbar. Gleiches gilt für die Einführung einer flexiblen Altersgrenze oder die Schaffung von Ausnahmeregelungen, die an die Leistungsfähigkeit des betroffenen Notars bei Vollendung seines 70. Lebensjahres anknüpfen. Sie könnten das gesetzgeberische Ziel nicht mit gleicher Effizienz erreichen, weil sie nur mit großer Verzögerung wirksam würden. Die Einführung einer Altersgrenze ist mithin auch erforderlich. 484

(4) Des Weiteren muss die Einführung einer Altersgrenze auch **angemessen** sein. Dies ist nur der Fall, wenn die beim Grundrechtsträger eintretenden Nachteile in einem angemessenen Verhältnis zu dem bezweckten Vorteil stehen. 485

Die Notare, die erst nach Inkrafttreten des Gesetzes zum Notar bestellt werden, können bei ihrer Entscheidung zur Übernahme einer Notarstelle die zeitliche Befristung ihrer Tätigkeit berücksichtigen und ihre Lebens- und Berufsplanung darauf ausrichten. Schwerer wiegt dagegen die Einführung einer Altersgrenze – wie hier – für die bereits bestellten Notare, die im **Vertrauen** auf die bisherige Regelung ihrer Lebens- und Berufsplanung die Möglichkeit einer zeitlich unbeschränkten Führung notarieller Amtsgeschäfte zugrunde legen konnten. Diese müssen ihre Planung für das Alter umstellen. Innerhalb der ihnen verbleibenden Amtszeit müssen sie die Voraussetzung für die Sicherung eines angemessenen Lebensstandards nach Vollendung des 70. Lebensjahres schaffen. Diesem **schwer wiegenden Nachteil** steht jedoch mit der bezweckten ordnungsgemäßen Altersstruktur innerhalb des Notarberufs ein **Gemeinwohlbelang von erheblichem Gewicht** gegenüber. Die Altersgrenze dient der Funktionsfähigkeit der vorsorgenden Rechtspflege. Ohne die durch das erzwungene Ausscheiden frei werdenden Notariate wäre keine kontinuierliche

Berufserfahrung der Notare zu gewährleisten, da diese die Notartätigkeit erst in höherem Lebensalter aufnehmen könnte. Hinter diese drohende Beeinträchtigung der Funktionsfähigkeit der vorsorgenden Rechtspflege hat der Nachteil für die bereits tätigen Notare zurückzutreten.[443]

486 Eine abweichende Beurteilung könnte sich allenfalls aus dem Gesichtspunkt einer **unechten Rückwirkung** (bzw. tatbestandlichen Rückanknüpfung) ergeben.[444] Dieser aus dem Rechtsstaatsprinzip aus Art. 20 Abs. 3 GG und dem Vertrauensschutzgesichtspunkt der Grundrechte hergeleiteten Rückwirkungsverbot könnte hier dadurch verletzt sein, dass der noch nicht abgeschlossene Sachverhalt der Berufstätigkeit bereits ernannter Notare nachträglich geändert worden ist. Eine unechte Rückwirkung ist aber grundsätzlich zulässig, es sei denn, eine umfassende Rechts- und Güterabwägung ergibt, dass den Betroffenen ein Vertrauensschutz zu gewähren wäre. Wie bereits oben dargelegt, muss die Lebensplanung des einzelnen Notars grundsätzlich hinter der Funktionsfähigkeit der Rechtspflege zurücktreten.

487 Gleichwohl kann es der Grundsatz der Verhältnismäßigkeit aus Vertrauensschutzgesichtspunkten erforderlich machen, **Übergangsregeln** zu schaffen, um die Nachteile für den Betroffenen in Grenzen zu halten. Eine derartige Übergangsregelung von 12 Jahren für Notare, die bereits das 58. Lebensjahr überschritten hatten, hat der Gesetzgeber bei der Änderung der BNotO vorgesehen. Der Zeitraum von 12 Jahren ist zudem für die Umstellung der für das Alter in Aussicht genommenen Vorsorge ausreichend, sodass keine Fehleinschätzung des Gesetzgebers zu erkennen ist.

Die Einführung der Altersgrenze ist daher auch unter Berücksichtigung der Anwendung auf vorhandene Notare angemessen. Der Eingriff in den Schutzbereich ist verfassungsrechtlich gerechtfertigt. Art. 12 GG ist nicht verletzt.

Hinweis: Wie oben bereits erwähnt, handelt es sich bei der Prüfung nach der Drei-Stufen-Theorie lediglich um eine systematisierte Prüfung der Verhältnismäßigkeit. Aus diesem Grunde ist die Drei-Stufen-Theorie an sich auch nicht unumstritten. Ihr wird vorgeworfen, dass sie zu starr sei und neben der Verhältnismäßigkeit auch nicht notwendig sei. In neuerer Zeit scheint auch das Bundesverfassungsgericht nicht immer anhand der Drei-Stufen-Theorie zu prüfen.[445] In der Klausur erwarten Prüfer aber regelmäßig eine Systematisierung nach der Drei-Stufen-Theorie. Ein Aufgreifen der (rechtsdogmatischen) Frage, inwieweit die Drei-Stufen-Theorie sinnvoll ist, wird dagegen nicht verlangt.

---

443 So auch BVerfG, Beschl. v. 29.10.1992 – 1 BvR 1581/91.
444 Zur Rückwirkungsproblematik vgl. AS-Skript Staatsorganisationsrecht (2017), Rn. 134 ff.
445 BVerfG NJW 2006, 1261, 1262.

2. Berufsbildlehre

488 (Insbesondere) Im Hinblick auf die Drei-Stufen-Theorie ist es im Einzelfall wichtig, zwischen der Berufswahl und der Berufsausübung zu unterscheiden. Die Zuordnung bereitet im konkreten Fall teilweise Schwierigkeiten, da manchmal bestimmte „Varianten bzw. Spielarten" eines Berufes bestehen, sodass sich die Frage stellen kann, ob jeder Teilbereich einen eigenständigen Beruf darstellt oder nicht.

Beispiel: § 1 b AÜG bestimmt, dass eine gewerbsmäßige Arbeitnehmerüberlassung (Leiharbeit, Zeitarbeit) in Betrieben des Baugewerbes für Arbeiten, die üblicherweise von Arbeitern verrichtet werden, unzulässig ist. Während ca. 20% der konzessionierten Verleihfirmen **ausschließlich** im Baugewerbe tätig werden (sog. „Nur-Verleiher"), verleihen andere (sog. „Misch-Verleiher") Arbeitnehmer auch in andere Gewerbe (Gaststätten, Büro). A, dessen Verleihfirma ausschließlich im Baugewerbe tätig ist, meint, es handele sich um einen besonders schwerwiegenden Eingriff auf der 3. Stufe, da ihm die Ausübung seines Berufes aus Umständen außerhalb seiner Person völlig unmöglich gemacht wird.

In dem Beispiel könnte ein Eingriff auf der ersten Stufe (Berufsausübung), aber auch ein Eingriff auf der dritten Stufe zu sehen sein. Das hängt davon ab, ob es einen Beruf des „Nur-Verleihers" gibt. Wenn es einen eigenständigen Beruf des „Verleihers von Arbeitnehmern in das Baugewerbe" gibt, dann wird dem A seine berufliche Betätigung aus objektiven Umständen völlig unmöglich gemacht. Soweit allerdings nur ein Beruf des „Verleihers von Arbeitnehmern" besteht, könnte A weiterhin seinen Beruf ausüben, jedoch wäre seine konkret gewählte Form der Berufsausübung verboten.

489 Die vom Bundesverfassungsgericht entwickelte **Berufsbildlehre** bietet die Möglichkeit festzustellen, ob eine bestimmte Erwerbstätigkeit einen **eigenständigen Beruf** darstellt oder nicht.[446] Mit der Fixierung bestimmter, insbesondere **traditionell gewachsener** Berufsbilder wird eine gewisse Typisierung der Berufe unter Berücksichtigung der Verkehrsanschauung vorgenommen. Dadurch werden bestimmte Betätigungen als für einen bestimmten Beruf typisch festgehalten, während andere Betätigungen nicht mehr einem bestimmten Beruf zugeordnet werden. Das Bundesverfassungsgericht billigt die Fixierung eines bestimmten Berufsbildes auch dem Gesetzgeber zu. So stellen jedenfalls die in der Anlage zur HandwO genannten Gewerbe eigenständige Berufsbilder dar. Für diejenigen, die im Rahmen des so fixierten und typisierten Berufsbildes tätig sein wollen, wirkt ein Eingriff in die Berufsfreiheit als Berufsausübungsregelung. Für andere, die sich aus den als typisch fixierten und aus atypischen Betätigungen einen Beruf eigenständig zusammenstellen, wirkt ein Eingriff als Berufswahlregelung.

Lösung des Beispiels: Die Verleihtätigkeit ausschließlich in das Baugewerbe stellt **keinen eigenständigen Beruf** im Sinne des Art. 12 Abs. 1 GG mit einem traditionell und auch gesetzlich ausgeprägten Berufsbild dar. Der Verleih in Betriebe des Baugewerbes erfordert keine besondere Ausbildung und kann auf der Grundlage **einer branchenunabhängigen Verleiherlaubnis** betrieben werden. Auch nach der allgemeinen Verkehrsanschauung sind die Verleiher, die ihre Berufsausübung aus freien Stücken im Wesentlichen auf den Verleih in das Baugewerbe beschränken, nicht als besondere Berufsgruppe anzusehen. Der Gesetzgeber selbst hat nicht an einen Beruf eines „Verleihers in das Baugewerbe" angeknüpft, sondern die Tätigkeit aller Verleiher unabhängig davon geregelt, ob der Betriebszweck ausschließlich oder überwiegend auf Arbeitnehmerüberlassung gerichtet war oder ob ausschließlich oder überwiegend in Betriebe des Baugewerbes verliehen wurde.[447]

---

446 BVerfGE 11, 30 ff. (Kassenärzte); BVerfGE 77, 84, 106 (Arbeitnehmerüberlassung); BVerfGE 103, 172, 184.
447 BVerfGE 77, 84 (Arbeitnehmerüberlassung).

D. Europarecht

490 Während die Berufsfreiheit in **Art. 15 GRCh** ausdrücklich geschützt wird, enthält die EMRK keinen vergleichbaren Schutz. Zusätzlich wird durch Art. 16 GRCh die Unternehmerfreiheit geschützt. Daneben kommt ein Schutz aus den **Grundfreiheiten** (Art. 28 ff. AEUV) in Betracht.

17. Abschnitt: Wohnung, Art. 13 GG

491 Art. 13 Abs. 1 GG garantiert die Unverletzlichkeit der Wohnung. Das Grundrecht steht in einem engen Zusammenhang zum allgemeinen Persönlichkeitsrecht (Art. 2 Abs. 1 i.V.m. Art. 1 Abs. 1 GG) und soll die **„räumliche Privatsphäre"** schützen, also einen Bereich, in dem der Einzelne das Recht hat, „in Ruhe gelassen zu werden".[448] Art. 13 GG schützt also die freie Entfaltung der Persönlichkeit in räumlicher Hinsicht.

A. Schutzbereich

I. Sachlich

492 Der sachliche Schutzbereich wird durch den Leitbegriff **„Wohnung"** umschrieben. Der Begriff hat einen spezifisch verfassungsrechtlichen Inhalt und ist nach dem Schutzzweck der Norm weit auszulegen. Er umfasst **jeden Raum, den der Einzelne der allgemeinen Zugänglichkeit entzieht und zum Ort seines Lebens und Wirkens bestimmt.**[449]

1. Dazu gehören neben der Wohnung im engeren Sinn auch (zur Wohnung gehörende) Nebenräume (Keller, Böden etc.), aber auch Hotelzimmer, Krankenhauszimmer, Wohnboote und Wohnmobile,[450] nicht jedoch Autos[451] oder Crafträume.[452] Art. 13 Abs. 1 GG gewährleistet das Recht, in der Wohnung ungestört und unbeobachtet zu tun und zu lassen, was einem beliebt.

493 **2.** Nach wie vor wird diskutiert, ob auch **Betriebs- und Geschäftsräume** in den Schutzbereich des Art. 13 Abs. 1 GG einzubeziehen sind.

*Hinweis: Die Einbeziehung der Betriebs- und Geschäftsräume stellt das **klausurrelevanteste Problem** des Art. 13 GG dar.*

Wie bereits dargestellt, soll das Wohnungsgrundrecht die „räumliche Privatsphäre" schützen. Beispielhaft wird aber der Verkaufsraum eines Modegeschäfts gerade der Öffentlichkeit zugänglich gemacht. Daher passt die Funktion des Art. 13 GG weniger oder gar nicht zu den öffentlich zugänglichen Betriebs- oder Geschäftsräumen. Andererseits wird es auch in einem Modegeschäft Räume geben, die mehr oder weniger deutlich der Öffentlichkeit entzogen sind (Aufenthaltsraum für das Personal, nach außen deutlich

---

448 Manssen, Rn. 656.
449 Jarass/Pieroth, GG, Art. 13 Rn. 4.
450 Schoch Jura 2010, 22, 23.
451 BGH NJW 1997, 2189.
452 BVerfG JuS 1997, 460.

gemacht durch ein Schild „Privat"). Zudem gibt es Geschäftsräume, die sogar in die Privatwohnung integriert sein (Wohnzimmerkanzlei).

- Nach überwiegender Auffassung fallen auch Betriebs- und Geschäftsräume **einschränkungslos** in den Schutzbereich des Art. 13 Abs. 1 GG.[453] Allein der Umstand, dass die Räume der Öffentlichkeit zugänglich sind, bedeute nicht, dass sie in jeder Hinsicht auch für Hoheitsträger frei und beliebig zugänglich wären, da der Inhaber Maß und Grenzen der Zugänglichkeit seiner Räume bestimme.[454] Außerdem erfasse ein möglicher Grundrechtsverzicht bezogen auf den Publikumsverkehr auch nicht behördliche Betretungen. 494

- Nach der Gegenansicht unterfallen Betriebs- und Geschäftsräume wegen ihrer geringen Schutzbedürftigkeit **generell nicht** dem eng auszulegenden Art. 13 Abs. 1 GG, sondern nur dem Schutzbereich von Art. 2 Abs. 1 GG.[455] 495

- Nach einer **differenzierenden Auffassung** soll der Schutzbereich von Art. 13 Abs. 1 GG **nur für die der Öffentlichkeit nicht zugänglichen** Betriebs- oder Geschäftsräume gelten, und im Übrigen Art. 2 Abs. 1 GG.[456] Die öffentliche Zugänglichkeit besteht dann aus zwei Komponenten. Einerseits wird räumlich differenziert (Verkaufsraum ist nicht geschützt, Privatbüro des Geschäftsinhabers schon), andererseits wird auch zeitlich differenziert (öffentlich zugänglich nur zu den üblichen Geschäftszeiten). 496

Für die zunächst genannte, herrschende Auffassung spricht, dass die Grundrechtsschutzbereiche zwecks intensiveren Schutzes im Zweifel weit auszulegen sind. Zwar ist der vermittelnden Auffassung zuzugestehen, dass dem Publikumsverkehr frei zugängliche (Verkaufs-)Räume hinsichtlich der Privatsphäre nicht im gleichen Maße schutzbedürftig sind wie Wohnungen. Dem Hausrechtsinhaber muss aber, auch wenn er ein Zutrittsrecht für andere eröffnet hat, die freie Entscheidung über das Zutrittsrecht im Einzelnen und über die Zweckbestimmung des Aufenthalts verbleiben.[457] 497

Auch teleologische Gesichtspunkte sprechen eher für eine Einbeziehung der Betriebs- und Geschäftsräume in den Schutzbereich des Art. 13 GG. Versteht man „Privatheit" im Sinne einer freien Persönlichkeitsentfaltung, können auch Betriebs- und Geschäftsräume als Wohnungen angesehen werden. Privatsphäre und beruflicher Tätigkeitskreis sind räumlich nicht immer eindeutig voneinander zu trennen. Der Mensch verwirklicht sich nämlich durch seine Arbeit selbst und die Arbeitsstätte dient der Persönlichkeitsentfaltung.[458]

Nach alldem fallen auch Betriebs- und Geschäftsräume einschränkungslos in den Schutzbereich der Wohnung aus Art. 13 Abs. 1 GG.

---

453 BVerfG, Beschl. v. 05.07.2013 – 2 BvR 370/13; Hufen § 15 Rn. 6.
454 BVerfGE 32, 54, 72; BVerfG NJW 2008, 2426; BVerwGE 78, 253; BVerwG NJW 2005, 454 (Teestube).
455 Ruthig JuS 1998, 506, 510.
456 Jarass/Pieroth, GG, Art. 13 Rn. 5; Kingreen/Poscher, Rn. 973; Michael/Morlok, Rn. 369; Epping, Rn. 668.
457 BVerwG NJW 2005, 454 (Teestube).
458 BVerfGE 32, 54; BVerfG, Beschl. v. 15.03.2007 – 1 BvR 2138/05, RÜ 2007, 266; BVerfG, Urt. v. 03.03.2004 – 1 BvR 2378/98 (Rn. 142).

II. Persönlich

498 Vom persönlichen Schutzbereich her ist das Grundrecht aus Art. 13 GG ein Jedermann-Recht. Das Grundrecht steht über Art. 19 Abs. 3 GG auch juristischen Personen und Personenvereinigungen des Privatrechts zu.[459]

Da die Privatsphäre in räumlicher Hinsicht geschützt wird, ist **Berechtigter der unmittelbare Besitzer**. Dabei kommt es auf die Eigentumsverhältnisse nicht an, sodass bei vermieteten Wohnungen der Mieter, und nicht der Eigentümer der Grundrechtsberechtigte ist.[460] Ebenso ist bei vermieteten Hotelzimmern der Hotelgast oder bei Betriebs- und Geschäftsräumen der Inhaber des Hausrechts (z.B. Mieter, Pächter, Geschäftsführer) der Grundrechtsberechtigte, und nicht (z.B.) die dort beschäftigten Arbeitnehmer.[461]

B. Eingriff

499 Ein Eingriff liegt, ausgehend von dem Schutzzweck des Art. 13 GG, bei jeder Beeinträchtigung der Privatheit der Wohnung durch den Staat vor.[462] Dazu gehört das **körperliche** oder sich technischer Hilfsmittel bedienenden **unkörperliche Eindringen** in die Wohnung durch staatliche Gewalt.

Anders als andere Grundrechte unterscheidet Art. 13 GG verschiedene Eingriffe und typisiert diese.

Klausurhinweis: *Die nachfolgende Unterscheidung der verschiedenen Eingriffe kann in der Klausur auch erst im Rahmen der verfassungsrechtlichen Rechtfertigung vorgenommen werden, da insbesondere die Schrankensystematik von der Typisierung der Eingriffe abhängt.*

Art. 13 Abs. 2–7 GG unterscheiden nach der Eingriffsqualität:

500
- die **Durchsuchung**, Art. 13 Abs. 2 GG. Eine Durchsuchung setzt neben dem Betreten der Wohnung eine **Suchhandlung** voraus, um Personen oder Sachen zu finden oder einen bestimmten Sachverhalt zu erforschen.[463] Nicht ausreichend ist, dass eine Person oder Sache beim Betreten ohne Weiteres zur Kenntnis genommen wird.[464] Die Durchsuchung unterfällt dem qualifizierten Gesetzesvorbehalt des Art. 13 Abs. 2 GG, wonach sie nur durch den Richter, bei Gefahr im Verzuge auch durch die in den Gesetzen vorgesehenen anderen Organe angeordnet werden darf und nur in der durch das Gesetz vorgesehenen Form durchgeführt werden darf;

    Beispiele: Strafprozessuale Durchsuchungen (§ 102 StPO), aber auch Durchsuchungen des Gerichtsvollziehers (§ 758 ZPO) oder der Polizei (nach den PolG der Länder).

501
- den **Einsatz technischer Mittel** zur Wohnungsüberwachung, insbesondere die verschiedenen Arten der Lauschangriffe, Art. 13 Abs. 3–5 GG. Wegen der Intensität der Eingriffe unterfallen sie den jeweiligen qualifizierten Gesetzesvorbehalten und die „großen Lauschangriffe" (Art. 13 Abs. 3 GG) zudem einem Richtervorbehalt;

---

[459] BVerfGE 42, 212, 219 (KG); BVerfGE 44, 353, 371 (e.V.); BVerfGE 76, 83, 88 (GmbH); Jarass/Pieroth, GG, Art. 13 Rn. 6a.
[460] BVerfG, Beschl. v. 09.07.2009 – 2 BvR 1119/05 (Rn. 34 f.); Maunz/Dürig, GG, Art. 13 Rn. 12.
[461] BVerfG, Beschl. v. 09.07.2009 – 2 BvR 1119/05 (Rn. 34 f.); Jarass/Pieroth, GG, Art. 13 Rn. 6.
[462] Manssen, Rn. 659.
[463] BVerfGE 76, 83, 89; BVerfG NJW 2004, 3171; NJW 2003, 2669; BVerwG NJW 2006, 2504.
[464] BVerwG NJW 2005, 454.

Beispiele: akustische Überwachung durch ein Richtmikrofon oder installierte „Wanzen"; Einsatz von Infrarotkameras.

- die **(sonstigen) Eingriffe und Beschränkungen**, Art. 13 Abs. 7 GG. Sonstige Eingriffe und Beschränkungen des Grundrechtes auf Unverletzlichkeit der Wohnung sind alle staatlichen Maßnahmen in Bezug auf Art. 13 Abs. 1 GG, die nicht unter die Abs. 2–5 fallen („im Übrigen").

    Beispiele: Betreten einer Wohnung durch die Polizei, weil aus der Wohnung ruhestörender Lärm dringt (nach dem jeweiligen PolG des Landes).

C. Verfassungsrechtliche Rechtfertigung

I. Schranken

Wie zuvor bereits festgestellt, unterscheidet Art. 13 GG verschiedene Eingriffe. Die Rechtfertigung eines Eingriffs, insbesondere die Anforderungen an die Schranke, orientiert sich dabei an der Art des Eingriffs.

1. Durchsuchungen

Eine Durchsuchung ist unter den Voraussetzungen des Art. 13 Abs. 2 GG zulässig. Nach dem **qualifizierten Gesetzesvorbehalt** in Art. 13 Abs. 2 GG dürfen Durchsuchungen **nur durch den Richter**, bei Gefahr im Verzuge auch durch die **in den Gesetzen** vorgesehenen anderen Organe angeordnet und nur **in der dort vorgeschriebenen Form** durchgeführt werden. Gesetze, welche eine Durchsuchungsermächtigung enthalten, müssen daher diesen qualifizierten Anforderungen genügen.

Da Durchsuchungen grundsätzlich nur durch einen Richter angeordnet werden dürfen, müssen die Gerichte organisatorisch sicherstellen, dass Richter auch erreichbar sind.[465] Die Strafverfolgungsbehörden dürfen auch nicht deshalb auf eine richterliche Anordnung verzichten, weil nicht ausreichend für eine Erreichbarkeit eines (Ermittlungs-)Richters Vorsorge getroffen wurde.[466] Auch darf die Ermittlungsbehörde durch ein „Abwarten" nicht die Voraussetzungen einer Gefahr im Verzug herbeiführen.[467]

2. Lauschangriffe

Eine akustische oder optische Wohnraumüberwachung (sog. Lauschangriffe) kann unter den Voraussetzungen der Abs. 3–5 gerechtfertigt werden. Dabei unterscheidet Art. 13 GG nach dem jeweiligen Zweck des Lauschangriffs

- zur **Strafverfolgung (repressiv)**, Art. 13 Abs. 3 GG. Es müssen bestimmte Tatsachen den Verdacht begründen, dass jemand **eine besonders schwere Straftat** begangen hat. Dies sind nur solche, die vom Gesetzgeber im Einzelnen in einem förmlichen Gesetz bestimmt sind (vgl. § 100 c Abs. 2 StPO).[468] Eine Erforschung des Sachverhalts

---
465 BVerfG, Urt. v. 20.02.2001 – 2 BvR 1444/00.
466 BVerfG NJW 2007, 1444.
467 BVerfG NJW 2003, 2303, 2304.
468 BVerfG, Urt. v. 03.03.2004 – 1 BvR 2378/98 (Großer Lauschangriff).

auf andere Weise müsste daneben unverhältnismäßig erschwert oder aussichtslos sein. Zudem muss nach Art. 13 Abs. 3 S. 3 GG eine **richterliche Anordnung** ergehen (Spruchkörper aus drei Richtern, bei **Gefahr im Verzug** auch ein Richter, aber **nicht** die Staatsanwaltschaft/Polizei).

Darüber hinaus hat das Bundesverfassungsgericht Art. 13 Abs. 3 GG nur für den Fall als vereinbar mit Art. 79 Abs. 3 GG, Art. 1 Abs. 1 GG angesehen, dass der Lauschangriff unterbleibt oder abgebrochen wird, wenn Informationen aus dem **Kernbereich privater Lebensgestaltung** erhoben werden. In diesem Fall sind bereits gewonnene Daten zu löschen und dürfen nicht verwertet werden.[469]

507 ■ zur **(präventiven) Gefahrenabwehr**, Art. 13 Abs. 4 GG. Die präventive Wohnraumüberwachung ist zur Abwehr **dringender Gefahren für die öffentliche Sicherheit** zulässig. Auch hier ist eine **richterliche Anordnung** notwendig. Allerdings können bei **Gefahr im Verzug** auch die im Gesetz bestimmten Behörden (Polizei) die Anordnung vornehmen, wenn sie unverzüglich die Entscheidung des Richters herbeiführen.

508 ■ zur **Eigensicherung** der ermittelnden Amtsträger, Art. 13 Abs. 5 GG. Diese insbesondere zum Schutz verdeckter Ermittler eingeführte Möglichkeit der Wohnraumüberwachung kann durch jede gesetzlich bestimmte Stelle angeordnet werden.

> **Fall 15: Wohnraumüberwachung**
>
> Durch das Gesetz zur Abwehr von Gefahren des internationalen Terrorismus durch das Bundeskriminalamt wurde der neue Unterabschnitt 3a (§§ 20 a–20 x) mit Wirkung zum 01.01.2009 in das BKAG eingefügt. Damit übertrug der Bundesgesetzgeber dem Bundeskriminalamt über die bisherigen Aufgaben der Strafverfolgung hinaus die bis dahin den Ländern vorbehaltene Aufgabe der Abwehr von Gefahren des internationalen Terrorismus. Unter anderem ermöglicht das Gesetz eine optische und akustische Wohnraumüberwachung (§ 20 h BKAG). Nach § 20 h Abs. 1 BKAG kann zur Abwehr einer dringenden Gefahr für den Bestand oder die Sicherheit des Staates oder für Leib, Leben oder Freiheit einer Person oder Sachen von bedeutendem Wert, deren Erhaltung im öffentlichen Interesse geboten ist, durch den verdeckten Einsatz technischer Mittel in oder aus Wohnungen nicht nur der Störer selbst, sondern auch eine Kontakt- oder Begleitperson optisch und akustisch überwacht werden. Die Maßnahmen werden gemäß § 20 h Abs. 3 BKAG vom Gericht angeordnet. Nach § 20 h Abs. 5 BKAG dürfen entsprechende Maßnahmen nur angeordnet und durchgeführt werden, soweit aufgrund tatsächlicher Anhaltspunkte anzunehmen ist, dass durch die Überwachung Äußerungen, die dem Kernbereich privater Lebensgestaltung zuzurechnen sind, nicht erfasst werden. Das Abhören und Beobachten ist unverzüglich zu unterbrechen, soweit sich während der Überwachung tat-

---

[469] BVerfG, Urt. v. 03.03.2004 – 1 BvR 2378/98 (Großer Lauschangriff); BVerfG, Beschl. v. 11.05.2007 – 2 BvR 543/06 (Rn. 29 ff.); Kingreen/Poscher, Rn. 984.

> sächliche Anhaltspunkte dafür ergeben, dass Inhalte, die dem Kernbereich privater Lebensgestaltung zuzurechnen sind, erfasst werden. Bestehen insoweit Zweifel, darf nur eine automatische Aufzeichnung fortgesetzt werden, wobei die Aufzeichnung unverzüglich dem anordnenden Gericht zur Entscheidung über die Verwertbarkeit oder Löschung der Daten vorzulegen ist. Wird durch § 20 h BKAG das Wohnungsgrundrecht verletzt?

Das Wohnungsgrundrecht aus **Art. 13 GG** wird durch § 20 h BKAG verletzt, wenn ein verfassungsrechtlich nicht gerechtfertigter Eingriff in den Schutzbereich gegeben ist. **509**

I. Dann müsste der **Schutzbereich** des Art. 13 Abs. 1 GG **betroffen** sein. § 20 h BKAG ermöglicht eine optische und akustische Wohnraumüberwachung, sodass die durch Art. 13 Abs. 1 GG geschützte **Wohnung** betroffen ist.

II. Die Überwachung der Wohnung durch den verdeckten Einsatz technischer Mittel stellt auch einen **Eingriff** in das Wohnungsgrundrecht dar.

III. Dieser Eingriff könnte **verfassungsrechtlich gerechtfertigt** sein.

1. Dann müsste zunächst eine Einschränkungsmöglichkeit (**Schranke**) bestehen. Lauschangriffe können unter den Voraussetzungen des Art. 13 Abs. 3–5 GG gerechtfertigt werden, wobei das Grundrecht nach dem jeweiligen Zweck des Lauschangriffs unterscheidet. Eine **präventive** Wohnraumüberwachung, wie sie von § 20 h BKAG vorgesehen ist, ist gemäß **Art. 13 Abs. 4 GG** zur **Abwehr dringender Gefahren für die öffentliche Sicherheit** auf Grund einer **richterlichen Anordnung** zulässig (qualifizierter Gesetzesvorbehalt). Diese Voraussetzungen erfüllt § 20 h BKAG über die eng gefassten Voraussetzungen einer entsprechenden Wohnraumüberwachung. **510**

2. Fraglich ist, ob § 20 h BKAG die Einschränkungsmöglichkeit in **verfassungsgemäßer Weise konkretisiert**. Dann müsste die Vorschrift formell und materiell verfassungsgemäß sein. **511**

   a) Hinsichtlich der **formellen Verfassungsmäßigkeit** müsste die **Gesetzgebungskompetenz** des Bundes gegeben sein. Nach Art. 70 Abs. 1 GG haben die Länder das Recht der Gesetzgebung, soweit das GG nicht dem Bund die Gesetzgebungsbefugnis verleiht. Die angegriffene Vorschrift ermächtigt das BKA im Rahmen der Bekämpfung des internationalen Terrorismus zu Maßnahmen der Gefahrenabwehr **und** der Straftatenverhütung. Dafür könnte dem Bund die **ausschließliche Gesetzgebungskompetenz** des **Art. 73 Abs. 1 Nr. 9 a GG** zustehen. Problematisch ist, dass nach Art. 73 Abs. 1 Nr. 9 a GG der Bund die Kompetenz **nur** zur Abwehr von Gefahren des internationalen Terrorismus besitzt, **nach dem Wortlaut aber nicht für die Straftatenverhütung**. Dass dabei auch die Straftatenverhütung erfasst wird, ist durch Art. 73 Abs. 1 Nr. 9 a GG nicht ausgeschlossen. Die **Grenzen einer Vorverlagerung** von Maßnahmen in das Vorfeld konkreter Gefahren können sich aus rechtsstaatlichen Anforderungen ergeben, nicht aber aus dem Kompetenztitel des Art. 73 Abs. 1 **512**

Nr. 9 a GG. Der Begriff der Gefahrenabwehr schließt kompetenzrechtlich daher auch die Straftatenverhütung ein.[470] Damit ist § 20 h BKAG formell verfassungsgemäß.

513 b) Die Ermächtigung zur optischen und akustischen Wohnraumüberwachung müsste auch **materiell verfassungsgemäß** sein. Problematisch ist allein, ob die Regelung **verhältnismäßig** ist.

aa) Dann müsste § 20 h BKAG ein **legitimes Ziel** verfolgen. Ziel der Regelungen ist es, dem BKA auf dem Gebiet der Bekämpfung des internationalen Terrorismus, wirksame Aufklärungsmittel an die Hand zu geben. Vom Terrorismus gehen Gefahren für die demokratische und freiheitliche Ordnung des Staatswesens aus. Daneben werden durch den Terrorismus die Grundrechte der Bürger gefährdet. Insofern verfolgt der Gesetzgeber einen legitimen Zweck.

bb) Die Maßnahme ist auch **geeignet** und **erforderlich**.

cc) Die Wohnraumüberwachung müsste hinsichtlich des zu erreichenden Ziels auch **angemessen** sein. Eine Maßnahme ist angemessen, wenn der erstrebte Erfolg nicht erkennbar außer Verhältnis zu dem eingesetzten Mittel steht. Im Rahmen der Abwägung ist dabei einerseits maßgebend, dass ein Lauschangriff einen **tiefgreifenden Eingriff in die Privatsphäre** ermöglicht bis hin zur Infiltration in private Rückzugsräume, die in besonderem Maße durch die **Menschenwürde** geschützt werden. Andererseits ist zu berücksichtigen, dass die verfassungsmäßige Ordnung, der Bestand und die Sicherheit des Bundes und der Länder sowie Leib, Leben und Freiheit der Person **Schutzgüter von hohem verfassungsrechtlichem Gewicht** sind.

514 Für tief in die Privatsphäre eingreifende Überwachungs- und Ermittlungsbefugnisse hat das BVerfG **übergreifende Anforderungen** an die Angemessenheit entwickelt.[471] So dürfen sich unter anderem **Eingriffe gegenüber Dritten** aus dem Umfeld der Zielperson, die nicht selbst tatverdächtig bzw. Verhaltens- oder Zustandsstörer sind, nur unter eingeschränkten Bedingungen erstrecken. Insbesondere darf sich die **Wohnraumüberwachung unmittelbar nur gegen diejenigen als Zielperson richten**, die für die drohende oder dringende Gefahr verantwortlich sind. Für Befugnisse, die typischerweise dazu führen können, in den **strikt geschützten Kernbereich privater Lebensgestaltung** einzudringen, bedarf es besonderer Schutzregelungen. Auf der Ebene der **Datenerhebung** sind Vorkehrungen zu treffen, die eine unbeabsichtigte Miterfassung von Kernbereichsinformationen nach Möglichkeit ausschließen. Auf der Ebene der **Auswertung** und **Verwertung** sind die Folgen eines dennoch unver-

---

470 BVerfG, Urt. v. 20.04.2016 – 1 BvR 966/09, RÜ 2016, 388, 390 f.
471 BVerfG, Urt. v. 27.02.2008 – 1 BvR 370/07, RÜ 2008, 249 (Online-Durchsuchung); BVerfG, Urt. v. 02.03.2010 – 1 BvR 256/08, RÜ 2010, 243 (Vorratsdatenspeicherung).

meidbaren Eindringens in den Kernbereich privater Lebensgestaltung strikt zu minimieren (z.B. durch Datensichtung durch eine unabhängige Stelle).[472]

Unter Berücksichtigung dieser Vorgaben ist § 20 h BKAG nicht angemessen. Während die Anordnung der Wohnraumüberwachung gegen die polizeilich Verantwortlichen sowie diejenigen Personen, bei denen konkrete Vorbereitungshandlungen die Annahme der Begehung terroristischer Straftaten rechtfertigen angemessen ist, ermöglicht § 20 h BKAG auch eine Wohnraumüberwachung **gegenüber Kontakt- und Begleitpersonen**. Die Angemessenheit einer solchen Überwachungsmaßnahme wird nur gewahrt, wenn sie von vornherein **ausschließlich** auf Gespräche der gefahrenverantwortlichen Zielperson selbst gerichtet ist. Eine Erstreckung unmittelbar auf Dritte ist **unverhältnismäßig** und scheidet für einen solch gravierenden Eingriff aus. Zudem bedarf es für Eingriffe in den **strikt geschützten Kernbereich privater Lebensgestaltung** besonderer Schutzregelungen sowohl auf der Ebene der Datenerhebung, als auch auf der Ebene der Auswertung und Verwertung. Auf der Auswertungs- und Verwertungsebene ist eine **Sichtung der Ergebnisse** der Überwachung **durch eine unabhängige Stelle** vorzusehen. Diese Sichtung dient sowohl der Rechtmäßigkeitskontrolle als auch dem Herausfiltern höchstvertraulicher Daten, sodass diese nach Möglichkeit der Sicherheitsbehörde gegenüber nicht offenbar werden. § 20h Abs. 5 BKAG sieht zwar vor, dass ein Gericht Aufzeichnungen sichtet, **begrenzt** diese Sichtung gemäß § 20 h Abs. 5 BKAG jedoch auf **automatische Aufzeichnungen** und **Zweifelsfälle**. Diese Reduzierung auf Zweifelsfälle wird aber dem Zweck der Sichtung durch eine unabhängige Stelle nicht gerecht, wonach eine umfassende Rechtmäßigkeitskontrolle stattfinden soll.

§ 20 h BKAG ist daher in dem dargestellten Umfang unverhältnismäßig und greift in nicht gerechtfertigter Weise in Art. 13 GG ein. Das Wohnungsgrundrecht ist insoweit verletzt.

---

3. Sonstige Eingriffe

Die sonstigen Eingriffe und Beschränkungen unterfallen der **verfassungsunmittelbaren Schranke** des Art. 13 Abs. 7 Hs. 1 GG, wonach diese zur **Abwehr einer gemeinen Gefahr oder Lebensgefahr** vorgenommen werden dürfen. Eine gemeine Gefahr besteht für eine unbestimmte Vielzahl von Personen oder Sachen, z.B. durch Explosionen. Die Lebensgefahr muss nicht für den Eigentümer oder Besitzer der Wohnung bestehen. Die gefährdete Person kann auch jeder Dritte sein.

515

---

[472] BVerfG, Urt. v. 20.04.2016 – 1 BvR 966/09, RÜ 2016, 388, 392.

516 Nach dem **qualifizierten Gesetzesvorbehalt** des Art. 13 Abs. 7 Hs. 2 GG dürfen Eingriffe zur Verhütung **dringender Gefahren für die öffentliche Sicherheit oder Ordnung** vorgenommen werden. Diese Begriffe sind dem Polizeirecht entlehnt und entsprechend auszulegen. **Dringende Gefahr** bedeutet eine qualitative Steigerung des Gefahrenbegriffs. Erforderlich ist, dass **Rechtsgüter von erheblicher Bedeutung** gefährdet sein müssen.[473] Dagegen enthält „dringend" nach h.M. keine zeitliche Komponente in dem Sinne, dass es sich um eine unmittelbar bevorstehende Gefahr handeln muss.[474]

4. Sonderfall: Nachschau in Betriebs- und Geschäftsräumen

517 Ein Sonderproblem stellt die Einschränkungsmöglichkeit für das Betreten von Betriebs- und Geschäftsräumen dar (s. dazu auch unten Fall 16). Wie oben bereits festgestellt, fallen Betriebs- und Geschäftsräume nach h.M. ebenfalls in den Schutzbereich des Art. 13 Abs. 1 GG, sodass ein Betreten dieser Räume durch Hoheitsträger einen Eingriff in das Grundrecht darstellt. Gleichwohl erlauben verschiedene Gesetze ein Betreten (sog. „Nachschau", z.B. § 22 Abs. 2 GaststättenG). Diese Normen erfüllen regelmäßig nicht die engen Voraussetzungen des Art. 13 Abs. 2 oder 7 GG. Nach der Rspr. des Bundesverfassungsgerichts genießen Büro- und Geschäftsräume aber während der normalen Öffnungszeiten **nicht die gleiche Schutzbedürftigkeit** wie Privatwohnungen, sodass ein Eingriff gerechtfertigt ist, wenn

- eine **besondere Rechtsnorm** zum Betreten berechtigt,
- das Gesetz, welches zum Betreten ermächtigt **formell verfassungsgemäß** ist,
- das Gesetz **Zweck, Umfang und Gegenstand** des Betretens deutlich erkennen lässt und
- das Betreten zu den **üblichen Geschäftszeiten** erfolgt.

---

473 BVerwGE 47, 31, 40; Jarass/Pieroth, GG, Art. 13 Rn. 37; Schoch Jura 2010, 22, 29.
474 BVerwGE 47, 31, 40; Jarass/Pieroth, GG, Art. 13 Rn. 37; a.A. Maunz/Dürig, GG, Art. 13 Rn. 129 ff.

Wohnung, Art. 13 GG

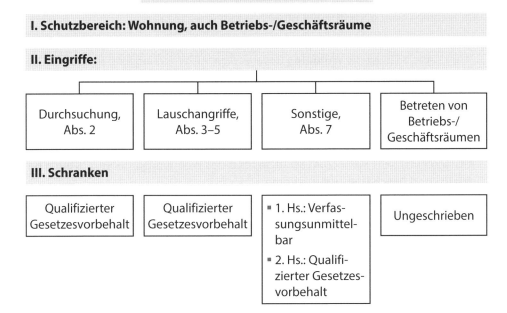

II. Verfassungsgemäße Konkretisierung

Hinsichtlich der „Schranken-Schranken" ergeben sich keine Besonderheiten.

Fall 16: Nachschau

M ist gelernter Maler- und Lackiergeselle. Ihm war von der zuständigen Behörde eine Reisegewerbekarte für „Maler-, Verputzer- und Lackierhandwerksarbeiten" erteilt worden. Eine Ausübungsberechtigung gemäß § 7b oder eine Ausnahmebewilligung gemäß § 8 HandwO hat M nicht beantragt. Seine Arbeitsgeräte bewahrt M zu Hause in der Garage auf und behauptet, daneben keine besondere Betriebs- und Geschäftsräume zu haben.

Ein Beauftragter der Handwerkskammer möchte einen „Betriebsbesuch" bei M vornehmen, insbesondere „einen Blick in die Garage werfen". Es müsse geprüft werden, ob M unerlaubt dem Maler- und Lackierhandwerk nachgehe, da er nicht in die Handwerksrolle eingetragen sei. Es sei kaum vorstellbar, dass das Maler- und Lackierhandwerk ausschließlich als Reisegewerbe betrieben werden könne. Sollte M unerlaubt ein stehendes Gewerbe als selbstständiger Handwerker betreiben, so wäre dies als Ordnungswidrigkeit zu ahnden. Das Recht, die Garage des M zu betreten und zu überprüfen würde sich aus § 17 Abs. 2 HandwO ergeben. Dies wäre nur dann nicht der Fall, wenn M offensichtlich kein Handwerk betreiben würde. M meint, ein Betriebsbesuch verletze ihn in seinem Grundrecht aus Art. 13 GG. Trifft diese Auffassung zu?

Durch eine Betriebsbesichtigung wird M in seinem Grundrecht aus Art. 13 GG verletzt, wenn ein Eingriff in den Schutzbereich des Grundrechtes vorliegt und dieser verfassungsrechtlich nicht gerechtfertigt ist.

521 I. Dann müsste zunächst der **Schutzbereich** des Art. 13 Abs. 1 GG **betroffen** sein. Nach Art. 13 Abs. 1 GG ist die **Wohnung** unverletzlich. Als Wohnung wird jeder Raum angesehen, den der einzelne der allgemeinen Zugänglichkeit entzieht und zum Ort seines Lebens und Wirkens bestimmt. Insofern schützt Art. 13 GG die „räumliche Privatsphäre". Der Beauftragte der Handwerkskammer möchte einen Betriebsbesuch vornehmen und dabei insbesondere die Garage des M betreten. Begrifflich stellt eine Garage aber keine Wohnung dar. Die Garage würde danach nur dann durch Art. 13 GG geschützt sein, wenn zum Schutzbereich des Wohnungsgrundrechts **auch Betriebs- und Geschäftsräume** gehören.[475]

1. Teilweise wird eine Einbeziehung von Betriebs- und Geschäftsräumen wegen ihrer geringen Schutzbedürftigkeit generell abgelehnt. Andere differenzieren. Danach soll der Schutzbereich von Art. 13 Abs. 1 GG nur für die der Öffentlichkeit nicht zugänglichen Betriebs- oder Geschäftsräume gelten, und im Übrigen Art. 2 Abs. 1 GG. Wieder andere bejahen einschränkungslos einen Schutz des Art. 13 GG auch für Betriebs- und Geschäftsräume. Allein der Umstand, dass die Räume der Öffentlichkeit zugänglich sind, bedeute nicht, dass sie in jeder Hinsicht auch für Hoheitsträger frei und beliebig zugänglich wären, da der Inhaber Maß und Grenzen der Zugänglichkeit seiner Räume bestimme. Außerdem erfasse ein möglicher Grundrechtsverzicht gegenüber Besuchern auch nicht zwingend behördliche Nachschaurechte.

2. Für die letztgenannte Auffassung spricht neben den bereits erwähnten Gründen insbesondere auch, dass zum Zwecke eines intensiveren Grundrechtsschutzes die Schutzbereiche im Zweifel weit auszulegen sind. Auch sind die Privatsphäre und der berufliche Tätigkeitskreis räumlich nicht immer eindeutig voneinander zu trennen. So könnten auch in einer Garage persönliche Gegenstände gelagert sein, die der Berechtigte dem Zugriff anderer entziehen möchte.

Daher wäre der Schutzbereich des Art. 13 GG durch einen Betriebsbesuch des beauftragten der Handwerkskammer betroffen.[476]

Vorsicht: In einer Klausur darf ein Bearbeiter den Schutzbereich nicht mit der Begründung bejahen, dass § 17 Abs. 2 S. 3 HandwO den Art. 13 GG als eingeschränktes Grundrecht zitiert. Zwar spricht das Zitat dafür, dass auch der Gesetzgeber davon ausgeht, dass Betriebs- und Geschäftsräume in den Schutzbereich des Art. 13 GG einzubeziehen sind. Das einfache Gesetz kann aber (als niederrangiges Recht) nicht den Schutzbereich des Grundrechts bestimmen.

522 II. Es müsste auch ein **Eingriff** in den Schutzbereich gegeben sein. Ein Eingriff in den Schutzbereich des Art. 13 Abs. 1 GG liegt bei jedem körperlichen oder sich technischer Hilfsmittel bedienenden unkörperlichen Eindringen in die Wohnung durch die

---

475 Zu dem Streit s.o.
476 BVerfG, Beschl. v. 15.03.2007 – 1 BvR 2138/05, RÜ 2007, 266 (Rn. 26).

staatliche Gewalt vor. Das Betreten und Besichtigen der Garage des M beeinträchtigt den durch Art. 13 GG geschützten Lebensbereich. Die Handwerkskammern sind gemäß § 90 Abs. 1 HandwO Körperschaften des öffentlichen Rechts, sodass ein Betreten durch den Beauftragten der Handwerkskammer auch eine Beeinträchtigung „durch den Staat" darstellt. Ein Eingriff ist gegeben.

Hinweis: Es liegt allerdings kein Eingriff im klassischen Sinne vor. Es fehlt an einem Rechtsakt, da das Betreten lediglich ein Realakt ist. Es wäre zwar daran zu denken, dass in dem Betreten konkludent eine Duldungspflicht zu sehen wäre. Gemäß § 17 Abs. 2 S. 2 HandwO hat der Auskunftspflichtige aber schon per Gesetz die Maßnahmen zu dulden.

III. Der Eingriff in den Schutzbereich könnte **verfassungsrechtlich gerechtfertigt** sein, wenn eine Einschränkungsmöglichkeit gegeben ist und diese in verfassungsgemäßer Weise konkretisiert ist. Dabei richtet sich die Rechtfertigung des Eingriffs nach der Art des Eingriffs. 523

1. Es müsste eine Einschränkungsmöglichkeit **(Schranke)** vorhanden sein. Ein Eingriff in den Schutzbereich kann als Durchsuchung (Art. 13 Abs. 2 GG) oder als sonstiger Eingriff bzw. als sonstige Beschränkung des Schutzbereiches erfolgen (Art. 13 Abs. 7 GG). 524

   a) Art. 13 Abs. 2 GG enthält für **Durchsuchungen** einen qualifizierten Gesetzesvorbehalt. Eine Durchsuchung setzt neben dem Betreten der Wohnung eine Suchhandlung voraus, um Personen oder Sachen zu finden oder einen bestimmten Sachverhalt zu erforschen. Die Betriebsbesichtigung dient aber lediglich zur sog. „Nachschau" und stellt keine Durchsuchung i.S.d. Vorschrift dar. Die Rechtfertigung richtet sich demnach nicht nach Art. 13 Abs. 2 GG.

   b) Art. 13 Abs. 7 GG ist der Auffangtatbestand für **sonstige Eingriffe**. Dabei enthält Art. 13 Abs. 7 Hs. 1 GG eine verfassungsunmittelbare Schranke, während Art. 13 Abs. 7 Hs. 2 GG einen qualifizierten Gesetzesvorbehalt regelt. Nach dem **qualifizierten Gesetzesvorbehalt** ist für einen Eingriff ein förmliches Gesetz erforderlich, das der Verhütung **dringender Gefahren** für die öffentliche Sicherheit oder Ordnung dient. Der Zweck einer Betriebsbesichtigung gemäß § 17 Abs. 2 HandwO besteht nicht in der Abwehr der in Art. 13 Abs. 7 GG vorausgesetzten konkreten Gefahren, sondern in der Prüfung der Eintragungsvoraussetzungen in die Handwerksrolle. Um die Handwerksrolle korrekt führen zu können, müssen die Handwerkskammern über die notwendigen Informationen verfügen, die sie über eine Betriebsbesichtigung gemäß § 17 Abs. 2 HandwO erhalten. Aus diesem Grunde greift auch nicht die Rechtfertigungsmöglichkeit des Art. 13 Abs. 7 GG ein.

   c) Die Schranken von Art. 13 GG werden durch § 17 Abs. 2 HandwO nicht konkretisiert. Daher könnte man zum Ergebnis gelangen, dass die Vorschrift verfassungswidrig ist. Während aus diesem Grunde teilweise der Schutzbereich des Art. 13 GG einengend ausgelegt wird (s.o.), haben Betriebs- und Geschäftsräume nach der Rspr. des Bundesverfassungsgerichts während der normalen Be- 525 triebs- bzw. Geschäftszeiten nicht dieselbe Schutzbedürftigkeit wie private Wohnräume.[477]

Daher sind Beeinträchtigungen von Betriebs- und Geschäftsräumen dann möglich, wenn eine besondere gesetzliche Vorschrift die Behörde zur Betretung ermächtigt, das Gesetz den Zweck des Betretens sowie Umfang und Gegenstand der Prüfung deutlich erkennen lässt, und das Betreten nur zu den üblichen Betriebs- und Geschäftszeiten stattfinden darf.

Alle Voraussetzungen werden durch § 17 Abs. 2 HandwO i.V.m. § 29 Abs. 2 GewO erfüllt. Insbesondere werden auch Zweck und Umfang des Betretungsrechtes ausdrücklich geregelt, sodass § 17 Abs. 2 HandwO eine verfassungsgemäße Einschränkungsmöglichkeit hinsichtlich der Betriebs- und Geschäftsräume darstellt.

526 2. Der Eingriff durch eine Betriebsbesichtigung, beruhend auf § 17 Abs. 2 HandwO, müsste eine **verfassungsgemäße Konkretisierung** dieser Schranke sein. Dabei ist von der Verfassungsmäßigkeit des § 17 Abs. 2 HandwO unter den soeben dargestellten Voraussetzungen auszugehen.

Fraglich ist jedoch, ob auch ein konkreter Betriebsbesuch bei dem M eine verfassungsgemäße Konkretisierung der Einschränkungsmöglichkeit darstellt. Dafür müsste das Betreten der Räume zumindest einem erlaubten Zweck dienen. Zweck der Besichtigung nach § 17 Abs. 2 HandwO ist die Prüfung der Eintragungsvoraussetzungen in die Handwerksrolle. Um die Handwerksrolle korrekt führen zu können, müssen die Handwerkskammern über Informationen verfügen, die sie zur Prüfung befähigen, ob ein Betrieb einzutragen ist oder nicht.

M betreibt sein Gewerbe als Reisegewerbe mit einer entsprechenden Reisegewerbekarte. In die Handwerksrolle ist gemäß § 7 Abs. 1 a HandwO einzutragen, wer in einem zulassungspflichtigen Handwerk die Meisterprüfung bestanden hat. M ist Geselle und hat daher keine Meisterprüfung abgelegt. Auch eine Ausübungsberechtigung gemäß § 7 b oder eine Ausnahmebewilligung gemäß § 8 HandwO hat M nicht beantragt. Bei M liegen daher die persönlichen Voraussetzungen für eine Eintragung in die Handwerksrolle eindeutig nicht vor. In dieser Konstellation kann die Betretung des Grundstücks des M erkennbar nicht den Zweck verfolgen, der von § 17 Abs. 2 HandwO zugrunde gelegt wird.

Danach liegen auch die Voraussetzungen des § 17 Abs. 2 HandwO eindeutig nicht vor, sodass eine Betriebsbesichtigung in der Garage des M einen verfassungsrechtlich nicht zu rechtfertigenden Eingriff in Art. 13 GG darstellen würde. Art. 13 GG wäre damit verletzt.

---

[477] BVerfGE 32, 54; BVerfG, Beschl. v. 15.03.2007 – 1 BvR 2138/05, RÜ 2007, 266.

D. Europarecht

Das Recht der Unverletzlichkeit der Wohnung ist durch **Art. 7 GRCh/Art. 8 EMRK** als Teil des Rechts auf Privatleben mitgeschützt. Wegen der speziellen Schrankenregelung des Art. 8 Abs. 2 EMRK geht der Schutz allerdings nicht so weit wie im Bereich des Art. 13 GG.

527

18. Abschnitt: Eigentum, Art. 14 GG

A. Schutzbereich

I. Sachlich

Die Bestimmung des Umfangs der Eigentumsgewährleistung und damit die Umgrenzung des Schutzbereichs des Art. 14 GG steht im Vergleich zu anderen Grundrechten vor einer besonderen Schwierigkeit. Während die Leitbegriffe der meisten anderen Grundrechte (z.B. Freiheit, Körper, Leben) „vorrechtliche" Begriffe sind, deren Inhalt sich biologisch/physisch oder aus den sozialen Gegebenheiten herleiten lässt, ist das **„Eigentum" ein reiner Rechtsbegriff**, dessen Inhalt nur durch das Recht ausgefüllt und damit durch dieses selbst definiert werden kann. Aus diesem Grunde formuliert auch Art. 14 Abs. 1 S. 2 GG, dass nicht nur die Schranken des Eigentums, sondern **auch der Inhalt** des Eigentums **durch die Gesetze** bestimmt wird („Eigentum ist Definitionssache").[478]

528

Beispiel: A stiehlt dem B sein Auto und „veräußert" das Auto an C. Als die Polizei von C die Herausgabe verlangt, beruft sich C auf Art. 14 GG. Hier macht der Gesetzgeber in § 935 BGB deutlich, dass ein gutgläubiger Erwerb bei gestohlenen Sachen nicht möglich ist. C ist daher nicht in seinem Grundrecht aus Art. 14 GG betroffen.

Maßgeblich für den Begriff des Eigentums ist damit immer das einfache Gesetz. Dies ist für die Grundrechte untypisch. Normalerweise kann der einfache Gesetzgeber gerade nicht den Schutzbereich des Grundrechts bestimmen, da das Grundrecht höherrangig ist. Aus diesem Grunde setzt die Definition des Berufs nach h.M. beispielsweise nicht die Erlaubtheit der Tätigkeit voraus (s.o. Rn. 456).

Eigentum i.S.d. Art. 14 GG ist die Summe der **vom Gesetzgeber** zu einem bestimmten Zeitpunkt gewährten **vermögenswerten Rechte**, die dem Einzelnen im Sinne eines **Ausschließlichkeitsrechtes** zugeordnet sind.[479]

529

Unter den Eigentumsbegriff des Art. 14 GG ist (natürlich) zunächst das **Eigentum an einer Sache** (bewegliche Sache oder Grundstück) i.S.d. § 903 BGB zu fassen.

530

Der Eigentumsbegriff des Art. 14 GG ist jedoch weiter gefasst als der des BGB. Dies lässt sich z.B. anhand des **Besitzrechts** deutlich machen. Der Besitz ist – zivilrechtlich gedacht – natürlich kein Eigentum. Das Besitzrecht wird **vom Gesetzgeber** in den §§ 854 ff. BGB gewährt, und zwar im Sinne eines **Ausschließlichkeitsrechts**, da der Besitzer Angriffe abwehren kann (Selbsthilfe des Besitzers gemäß § 859 BGB; Ansprüche bei Besitzentziehung, §§ 861, 858 BGB). Der Besitz hat auch einen **Vermögenswert**. So stellt der berechtigte Besitz ein sonstiges Recht i.S.d. § 823 Abs. 1 BGB dar, sodass der Be-

531

---

478 Epping, Rn. 433.
479 Jarass/Pieroth, GG, Art. 14 Rn. 6; Epping, Rn. 447.

sitz auch ein vermögenswertes Recht ist. Der berechtigte Besitz ist daher „Eigentum" i.S.v. Art. 14 Abs. 1 S. 1 GG.[480]

1. Privatrechtliche Positionen

532 Wichtige, klausurrelevante Beispiele für das Eigentum sind:

- **Eigentum** i.S.v. § 903 BGB,
- (berechtigter) **Besitz,**
- alle anderen **dinglichen Rechte** (Hypotheken, Grundschulden, Pfandrechte),[481]
- **Patent-, Urheber-** und **Markenrechte**[482] sowie
- **Ansprüche** und **Forderungen** des privaten Rechts.[483]

533 Daneben ordnen der BGH, das BVerwG und die h.L. das **Recht am eingerichteten und ausgeübten Gewerbebetrieb** ebenfalls als eigentumsfähige Position i.S.d. Art. 14 GG ein.[484] Das Bundesverfassungsgericht lässt die Einordnung in seiner jüngeren Rspr. dagegen offen. Es bejaht den eigentumsrechtlichen Schutz für den Bestand einzelner Rechte und Güter des Unternehmers und lässt tatsächliche Gegebenheiten (z.B. bestehende Geschäftsverbindungen) und günstige Umweltbedingungen (z.B. eine günstige Lage) aus dem Schutzbereich von Art. 14 Abs. 1 GG herausfallen.[485]

Beispiel: T betreibt eine Tankstelle an einer vielbefahrenen Ortsdurchfahrt. Als eine Umgehungsstraße gebaut wird, erleidet er erhebliche Umsatzeinbußen. Ist der Schutzbereich des Art. 14 GG eröffnet?

Hier könnte das Recht am eingerichteten und ausgeübten Gewerbebetrieb betroffen sein. Art. 14 GG erfasst aber nicht die allgemeinen Gegebenheiten und Chancen, innerhalb derer der Unternehmer seine Tätigkeit entfaltet, auch wenn sie für das Unternehmen von erheblicher Bedeutung sind. Der Schutzbereich des Art. 14 GG ist daher nicht eröffnet.

2. Öffentlich-rechtliche Positionen

534 Öffentlich-rechtliche Rechtspositionen, wie z.B. der Anspruch auf Zahlung des Arbeitslosengeldes, unterfallen nicht ohne Weiteres dem Schutz der Eigentumsgarantie gemäß Art. 14 GG. Vielmehr sind **nur solche Rechte** in den Eigentumsbegriff einzubeziehen, **welche auf nicht unerheblichen Eigenleistungen des Einzelnen beruhen** und der Sicherung seiner Existenz dienen.[486] Dagegen bleibt der Eigentumsschutz solchen öffentlich-rechtlichen Ansprüchen versagt, welche auf einer einseitigen Gewährung des Staates in Erfüllung seiner Fürsorgepflicht beruhen.

---

480 BVerfGE 89, 1, 7.
481 BVerwG, Urt. v. 25.09.2013 – 4 BN 15.13.
482 BVerfG NJW 2012, 1205; Lege Jura 2011, 507, 509.
483 BVerfG, Beschl. v. 07.12.2004 – 1 BvR 1804/03; Jarass/Pieroth, GG, Art. 14 Rn. 6.
484 BGHZ 92, 34, 37; BVerwGE 62, 224, 226; Jarass/Pieroth, GG, Art. 14 Rn. 9; Manssen, Rn. 678.
485 BVerfGE 68, 193, 222; 84, 212, 232 (Aussperrung); 87, 363 (Nachtbackverbot); BVerfG, Beschl. v. 13.06.2002 – 1 BvR 482/02 (Rn. 8); BVerfG, Urt. v. 06.12.2016 – 1 BvR 2821/11, RÜ 2017, 114.
486 Sachs, GG, Art. 14 Rn. 31; Jarass/Pieroth, GG, Art. 14 Rn. 10.

Beispiel: Die Rentenanwartschaft und andere Leistungen der Sozialversicherungsträger fallen in den Schutzbereich des Art. 14 GG, da der Versicherte Beiträge zahlt, aus denen die Leistungen finanziert werden (Äquivalent der eigenen Leistung).

Gegenbeispiel: Die Sozialhilfe nach dem SGB XII wird aus dem allgemeinen (Steuer-)Haushalt gewährt, ohne dass Empfänger vorher eine Leistung an den Staat erbracht hätten. Hier ist nur der Schutzbereich des Art. 2 Abs. 1 GG betroffen.

3. Abgrenzung zur Berufsfreiheit

In der Abgrenzung der Eigentumsgarantie des Art. 14 GG zur Berufsfreiheit aus Art. 12 GG hat sich der Merksatz gebildet: **535**

„Art. 12 GG schützt den Erwerb, während Art. 14 GG das bereits Erworbene schützt."

Maßgeblich für die Abgrenzung ist danach, ob eine staatliche Maßnahme eher in die Erwerbsfreiheit des Betroffenen eingreift, oder vorrangig die Verwendung bereits vorhandener Vermögensgüter betroffen ist.

Beispiel: Durch das Nichtraucherschutzgesetz wird das Rauchen in Gaststätten untersagt. Gastwirt G fühlt sich in seinem Eigentumsrecht betroffen.

Zwar berührt das NiRSchG auch das durch Art. 14 Abs. 1 GG geschützte Hausrecht des Gastwirts. Aber der Schwerpunkt des Eingriffs liegt in der Beschränkung der individuellen Erwerbs- und Leistungstätigkeit des Gastwirts, nicht in der „Begrenzung der Innehabung und Verwendung dieser Vermögensposition." Der Schutz der Eigentumsgarantie kommt daher nicht in Betracht.[487]

II. Grundrechtsträger

Der persönliche Schutzbereich ist nicht beschränkt, sodass sich jede natürliche Person auf Art. 14 GG berufen kann. Für inländische juristische Personen gilt Art. 19 Abs. 3 GG. Art. 14 GG ist „seinem Wesen nach" auf **juristische Personen** grundsätzlich anwendbar. **536**

Juristische Personen des öffentlichen Rechts scheiden dagegen nach Auffassung des Bundesverfassungsgerichts als Grundrechtsträger aus, obwohl sie zivilrechtlich Eigentümer sein können.[488]

Beispiel: Eine Gemeinde, deren Grundstück für Zwecke des Straßenbaus enteignet werden soll, kann sich nicht auf Art. 14 GG berufen.

B. Eingriff

Es gibt grundsätzlich zwei Arten von Eingriffen in die Eigentumsfreiheit, die voneinander abzugrenzen sind: eine **Inhalts- und Schrankenbestimmung** (Art. 14 Abs. 1 S. 2 GG, im Folgenden abgekürzt: ISB) und eine **Enteignung** (Art. 14 Abs. 3 GG). **537**

Hinweis: Die Abgrenzung hat große Bedeutung für die verfassungsrechtliche Rechtfertigung, da je nach Art des Eingriffs **unterschiedliche Anforderungen an die Rechtfertigung** gestellt werden. Für die Grundrechtsprüfung ist dagegen die **im Staatshaftungsrecht** relevante Frage, ob eine Entschädigung gezahlt wird, grundsätzlich irrelevant. Aus diesem Grunde spielt die Abgrenzung zwischen der grundsätzlich entschädigungslos hinzunehmenden ISB und der nur gegen Entschädigung zulässigen Enteignung insbesondere im **Staatshaftungsrecht** eine wichtige Rolle (AS-Skript Verwaltungsrecht AT 2 [2015], Rn. 607 f.).

---

487 BVerfG, Urt. v. 30.07.2008 – 1 BvR 3262/07, RÜ 2008, 587 (Rn. 78 f.).
488 BVerfG, Beschl. v. 08.07.1982 – 2 BvR 1187/80 (Sasbach).

538 Die **Abgrenzung** zwischen einer ISB und einer Enteignung wird nach heute ganz h.M. durch eine rein **formale Betrachtung** vorgenommen.[489]

- Mit der **Enteignung** (Art. 14 Abs. 3 GG) greift der Staat auf das Eigentum Einzelner zu. Sie ist **auf** die vollständige oder teilweise **Entziehung konkreter** subjektiver, durch Art. 14 Abs. 1 S. 1 GG gewährleisteter Rechtspositionen zur Erfüllung bestimmter öffentlicher Aufgaben **gerichtet**.[490] Heute verlangt das Bundesverfassungsgericht daneben **zwingend**, dass der hoheitliche Zugriff auf das Eigentumsrecht zugleich eine **Güterbeschaffung** zugunsten der öffentlichen Hand oder des sonst Enteignungsbegünstigten bewirkt.[491]

539 *Hinweis:* Ob das Merkmal der „Güterbeschaffung" Voraussetzung für eine Enteignung ist, wurde in der Rspr. des Bundesverfassungsgerichts früher nicht einheitlich beantwortet. Auch in der Lit. wird das Erfordernis eines Güterbeschaffungsvorgangs teilweise in Frage gestellt.[492] Mit der Entscheidung zum Atomausstieg hat das Bundesverfassungsgericht die Frage aber ausdrücklich so beantwortet, dass ein Güterbeschaffungsvorgang konstitutiv ist für eine Enteignung.

Beispiel: Verfall und Einziehung von Gegenständen als Folge einer strafrechtlichen Verurteilung (§§ 73 ff. StGB) stellen keine Enteignung dar, da es nicht um eine Güterbeschaffung für den Staat geht.[493]

- Eine ISB i.S.d. Art. 14 Abs. 1 S. 2 GG ist dagegen die **generelle** und **abstrakte** Festlegung von **Rechten und Pflichten** des Eigentümers.

In der Klausur bereitet die Abgrenzung häufig deshalb Schwierigkeiten, weil sich viele merken: Eine Enteignung ist konkret-individuell, eine ISB abstrakt-generell. Danach kann die Abgrenzung aber nicht vorgenommen werden.

Auch eine vom Gesetzgeber generell gemeinte Verkürzung des Eigentumsinhalts, also die ISB, konkretisiert sich im Einzelfall.

Beispiel: Das Bauplanungsrecht stellt eine ISB hinsichtlich des Grundstückseigentums dar.[494] Es verbietet beispielsweise grundsätzlich die Errichtung sonstiger Bauvorhaben im Außenbereich. Natürlich sind die Bestimmungen des BauGB (hier des § 35 BauGB) auch abstrakt-generell. Wird entgegen diesem Verbot doch gebaut, könnte u.U. eine Beseitigungsanordnung erlassen werden. Mit Hilfe dieses Verwaltungsaktes wird also die (abstrakt-generelle) Eigentumsordnung im konkreten Einzelfall individuell gegenüber dem Störer durchgesetzt.

Umgekehrt ergibt sich für die Enteignung schon aus dem Wortlaut des Art. 14 Abs. 3 GG, dass „aufgrund eines Gesetzes" enteignet werden kann. In der Klausur und in der Praxis machen diese Fälle der **Administrativenteignung** 99% der Enteignungsfälle aus, die sog. Legalenteignung „durch Gesetz" hat daneben kaum eine praktische Bedeutung. Die Administrativenteignung erfolgt durch Verwaltungsakt, also konkret-individuell. Die dafür erforderliche Rechtsgrundlage ist aber stets ein „normales" Gesetz, also eine abstrakt-generelle Regelung.

---

[489] Grundlegend BVerfG, Beschl. v. 15.07.1981 – 1 BvL 77/78 (Nassauskiesungsbeschluss); BVerfG, Urt. v. 17.12.2013 – 1 BvR 3139/08 (Garzweiler).
[490] BVerfG, Urt. v. 17.12.2013 – 1 BvR 3139/08 (Garzweiler); Manssen, Rn. 692.
[491] BVerfG, Urt. v. 06.12.2016 – 1 BvR 2821/11, Rn. 246, RÜ 2017, 114.
[492] Ossenbühl/Cornils, Staatshaftungsrecht, S. 209; Schwarz, DVBl 2014, 133, 138.
[493] BVerfG, Beschl. v. 14.01.2004 – 2 BvR 564/95.
[494] BVerfG, Beschl. v. 15.09.2011 – 1 BvR 2232/10.

Wie die Definition der Enteignung deutlich macht, kommt es für die Abgrenzung vielmehr **auf die Intention des Gesetzgebers** an. Eine Enteignung muss nach der Intention des Gesetzgebers „darauf gerichtet" sein, konkrete Vermögenspositionen zu entziehen.

Beispiel:

A) Schweinemäster S möchte am Rande eines Wohnviertels einen Schweinemastbetrieb errichten. Daran ist er allerdings durch bauplanungsrechtliche Vorschriften gehindert. Sind diese Vorschriften eine ISB oder Rechtsgrundlage für eine Enteignung?

Entscheidend ist **die Intention des Gesetzgebers**. Das Bauplanungsrecht dient der geordneten städtebaulichen Entwicklung. Es ist dem Staat nicht egal, wie die Bürger ihre Grundstücke nutzen. Daher legt der Gesetzgeber abstrakt-generell Rechte und Pflichten der Grundstückseigentümer durch das Bauplanungsrecht fest, damit nicht – völlig ungeordnet – eine Intensivtierhaltung und eine Wohnbebauung in Konflikt geraten. Zudem liegt den bauplanungsrechtlichen Vorschriften **kein Güterbeschaffungsvorgang** des Staates zugrunde. Die bauplanungsrechtlichen Vorschriften sind daher ISB.

B) Eine Straße soll gebaut werden. A ist Eigentümer zweier unbebauter Grundstücke (Flurstück 5/12 und 6/12). Die geplante Straße soll über das Flurstück 5/12 verlaufen. A möchte dieses Grundstück unter keinen Umständen verkaufen. Der Staat möchte A das Eigentum an dem Grundstück trotzdem entziehen. Handelt es sich um eine ISB oder eine Enteignung?

Entscheidend ist wieder die **Intention des Gesetzgebers**, der die Inanspruchnahme der Grundstücke für den Straßenbau geregelt hat. Der Gesetzgeber will sich unter prinzipieller Wahrung der bestehenden Eigentumsordnung die Möglichkeit des gelegentlichen Zugriffs schaffen, um sich hinsichtlich der Grundstücke, die er für den Straßenbau braucht, im Einzelfall über die bestehende Eigentumsordnung hinwegsetzen zu können. Anders ausgedrückt geht es dem Gesetzgeber nicht abstrakt-generell um die Festlegung von Rechten/Pflichten für Grundstückseigentümer, vielmehr will der Gesetzgeber für einen konkreten Straßenbau die Entziehung **ganz genau bestimmter Grundstücke** ermöglichen. A könnte auch nicht sagen: Nehmt euch das Flurstück 6/12! Es kommt dem Gesetzgeber nach seiner Intention also gerade darauf an, das Eigentumsrecht an dem Flurstück 5/12 zu entziehen. Zudem geht es hier auch um eine **Güterbeschaffung**. Danach handelt es sich um eine Enteignung.

*Hinweis: Nach der sog. **Trennungstheorie** sind die ISB und die Enteignung zwei selbstständige Rechtsinstitute, die nicht ineinander übergehen können. Insbesondere kann eine ISB nicht aufgrund ihrer Intensität in eine Enteignung „umschlagen". Dagegen wurde die Abgrenzung nach den **früher vertretenen „Schwellentheorien"** (BVerwG: Schweretheorie und BGH: Sonderopfertheorie) materiell vorgenommen. Je intensiver die Beeinträchtigung, desto eher wurde ein Sonderopfer bzw. schwerwiegender Eingriff in Art. 14 GG und damit eine Enteignung angenommen.*

In einer Klausur sollte aber auf eine historische Darstellung der früheren Abgrenzung verzichtet werden und unmittelbar nach der Trennungstheorie rein formal abgegrenzt werden.

543

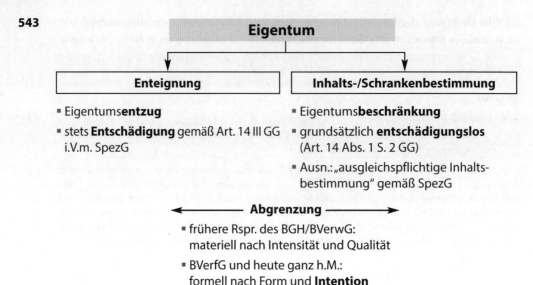

C. Verfassungsrechtliche Rechtfertigung

544 Wie oben im Eingriffsbegriff bereits dargestellt, unterscheidet Art. 14 GG nach der Art des Eingriffs. Die Unterscheidung zwischen ISB und Enteignung hat große Bedeutung für die verfassungsrechtliche Rechtfertigung, da je nach Art des Eingriffs unterschiedliche Anforderungen an die Rechtfertigung gestellt werden.

I. Einschränkungsmöglichkeit

1. ISB, Art. 14 Abs. 1 S. 2 GG

545 Eine ISB kann gemäß Art. 14 Abs. 1 S. 2 GG „durch Gesetz" erfolgen. Gemeint ist damit ein **„Gesetz im materiellen Sinne"**.[495] Auch Satzungen oder Verordnungen kommen danach als Eigentumsbestimmung in Betracht. Das wichtigste Beispiel für eine ISB durch eine Satzung dürfte der Bebauungsplan gemäß § 10 Abs. 1 BauGB sein, durch den abstrakt-generell Rechte und Pflichten hinsichtlich des Grundstückseigentums festgelegt werden.[496]

Hinweis: Dass diese untergesetzlichen Vorschriften dann nach dem allgemeinen Gesetzesvorbehalt selbstverständlich ihrerseits einer gesetzlichen Grundlage in einem Parlamentsgesetz bedürfen, die an Art. 14 Abs. 1 S. 2 GG zu messen ist, steht auf einem anderen Blatt.

2. Enteignung, Art. 14 Abs. 3 GG

546 Eine Enteignung kann gemäß Art. 14 Abs. 3 GG entweder „durch Gesetz" **(Legalenteignung)** oder aufgrund Gesetzes **(Administrativenteignung)** erfolgen. Anders als eine

---

[495] Schon BVerfGE 8, 71; BVerfG NVwZ 1999, 979, 980; Jarass/Pieroth, GG, Art. 14 Rn. 34.
[496] BVerfG, Beschl. v. 15.09.2011 – 1 BvR 2232/10 (Rn. 36).

ISB setzt eine Enteignung ein **„Gesetz im formellen Sinne"**, also ein Parlamentsgesetz voraus.[497]

Hinweis: Bei einer (sehr seltenen) **Legalenteignung** entzieht das Gesetz selbst einem bestimmten oder bestimmbaren Personenkreis konkrete Eigentumsrechte zu irgendeinem Zweck. In dem (häufigeren) Fall der Administrativenteignung wird die Verwaltung durch ein Gesetz ermächtigt, Eigentumsrechte zu entziehen.

Beispiel: § 19 des Bundesfernstraßengesetzes gewährt den Trägern der Straßenbaulast zum Bau von Fernstraßen das Enteignungsrecht.

Bei der Administrativenteignung kann der Bürger gegen den Verwaltungsakt, der die Enteignung anordnet, den Verwaltungsrechtsweg „normal" beschreiten (und nach Erschöpfung des Rechtswegs Verfassungsbeschwerde erheben). Bei einem Gesetz, das die Enteignung bestimmt, hat der Bürger dagegen einen geringeren Rechtsschutz, da er „nur" Verfassungsbeschwerde erheben kann. Daher ist die Legalenteignung nur ausnahmsweise zulässig.

II. Verfassungsgemäße Konkretisierung

1. Inhalts- und Schrankenbestimmung, Art. 14 Abs. 1 S. 2, Abs. 2 GG

Das Gesetz, das Inhalt und Schranken des Eigentums bestimmt, muss **formell und materiell verfassungsmäßig** sein. Im Rahmen der materiellen Verfassungsmäßigkeit ist dabei insbesondere der Grundsatz der **Verhältnismäßigkeit** zu beachten. 547

- Im Rahmen der Verhältnismäßigkeit ist die **Sozialpflichtigkeit des Eigentums** gemäß Art. 14 Abs. 2 GG als eine Besonderheit der Prüfung zu beachten. So kann die **Eigenart des Eigentumsrechts**, wenn dieses eine besondere soziale Bedeutung hat, eine wesentlich weitergehende Einschränkung rechtfertigen, wenn die Interessen der Allgemeinheit dies erfordern.[498] Ähnliches gilt auch nach der sog. „Lehre von der **Situationsgebundenheit des Eigentums**". Danach ist zu fragen, ob der vernünftige und einsichtige Eigentümer von sich aus mit Rücksicht auf die natürliche Situation die verbotene Verwendung überhaupt ins Auge fassen würde.[499]

  Beispiele: 548

  - Eine **sozialgerechte Nutzung von Grund und Boden** ist für das Gemeinwesen auf der einen Seite unverzichtbar, auf der anderen Seite ist dieses Gut nicht vermehrbar. Umso mehr fordern die Allgemeininteressen somit Regelungen, die verhindern, dass dieses Eigentumsrecht dem freien Spiel der Kräfte und dem Belieben des Einzelnen überlassen wird. In jüngerer Zeit hat dieser Gesichtspunkt im Hinblick auf das soziale Mietrecht, insbesondere die Eigenbedarfskündigung, an Bedeutung gewonnen. Diesbezüglich betont das Bundesverfassungsgericht in besonderer Weise die Allgemeinwohlbindung, da weite Teile der Bevölkerung finanziell außerstande sind, eigenen Wohnraum zu schaffen, und daher auf die Nutzung fremden Eigentums unausweichlich angewiesen sind.[500]

---

[497] BVerfGE 56, 249, 261 f.; 74, 264, 285; BVerfG, Urt. v. 17.12.2013 – 1 BvR 3139/08 (Rn. 169); Sachs, GG, Art. 14 Rn. 158; Kingreen/Poscher, Rn. 1033.
[498] BVerfGE 50, 290, 340.
[499] BGHZ 90, 4, 15; ähnlich BVerfG, Beschl. v. 15.09.2011 – 1 BvR 2232/10; BVerfG NJW 1999, 2877, 2878 f.; NJW 2000, 1471.
[500] BVerfGE 38, 348, 370.

- Das **Eigentum an Produktionsmitteln** ist nicht nur Vermögensgut für den Einzelnen, sondern verleiht diesem auch Macht über Dritte. Das Mitbestimmungsgesetz gewährt den Arbeitnehmern daher umfangreiche Mitbestimmungsrechte in bestimmten Großunternehmen und schränkt die Unternehmer in ihrer Eigentumsfreiheit massiv ein. Da das Unternehmereigentum aber einen besonderen sozialen Bezug hat, ist diese Einschränkung nach Ansicht des Bundesverfassungsgerichts verhältnismäßig.[501]

549 ■ Als weitere Besonderheit der Verhältnismäßigkeitsprüfung ist die sog. **ausgleichspflichtige Inhalts- und Schrankenbestimmung** zu nennen. Normalerweise ist eine ISB entschädigungslos hinzunehmen, während bei einer Enteignung eine Entschädigung gewährt werden muss (vgl. Art. 14 Abs. 1, Abs. 2 GG in Abgrenzung zu Art. 14 Abs. 3 GG). Es sind aber Fälle denkbar, in denen eine ISB den Verpflichteten so hart trifft, dass sie nur bei Gewährung eines Ausgleichs verhältnismäßig erscheint.[502]

550

Fall 17: Das Pflichtexemplar

Das formell verfassungsgemäße Pflichtexemplargesetz des Landes L bestimmt in § 1, dass von allen mittels eines Vervielfältigungsverfahrens hergestellten und zur Verbreitung bestimmten Medienwerken, die im Land L verlegt werden, unabhängig von der Art des Trägers und des Vervielfältigungsverfahrens der Verleger unaufgefordert innerhalb einer Woche nach Beginn der Verbreitung ein Stück unentgeltlich und auf eigene Kosten an die jeweils zuständige Universitäts- und Landesbibliothek abzuliefern hat (Pflichtexemplar).

Der Verleger V verlegt Original-Graphiken sowie hochpreisige bibliophile Bücher in geringen Auflagen. Zu letzteren gehört auch das Werk „Die 100 goldenen Regeln des öffentlichen Rechts", in dem jede Überschrift (Regel) mit Blattgold versehen ist. Von diesem Werk mit einer Auflage von 30 Stück zu einem Einzelpreis von 1.800 € muss V ein Exemplar an die für ihn zuständige Universitäts- und Landesbibliothek des Landes L abführen. V hält die sich aus § 1 des Pflichtexemplargesetzes ergebende unentgeltliche Pflichtabgabe als nicht mit Art. 14 GG vereinbar. Zu Recht?

551 I. Es müsste der **Schutzbereich** von Art. 14 GG **betroffen** sein. Art. 14 GG schützt das Eigentum. Eigentum ist die Summe aller vermögenswerten Rechte, die dem Einzelnen vom Gesetzgeber zu einem bestimmten Zeitpunkt im Sinne eines Ausschließlichkeitsrechts gewährt werden. Der Verleger ist nach Fertigstellung der Bücher Sacheigentümer i.S.d. § 903 BGB an der gesamten Auflage geworden. Das Sacheigentum im Sinne des BGB ist auch i.S.d. Art. 14 GG eigentumsrechtlich geschützt, sodass der Schutzbereich betroffen ist.

552 II. Die unentgeltliche Ablieferungspflicht gemäß § 1 PflichtexemplarG müsste in den Schutzbereich eingreifen. Ein **Eingriff in den Schutzbereich** liegt vor, wenn das Eigentum oder die Nutzungsmöglichkeiten des Eigentums beschränkt werden. Dabei ist zwischen einem Eingriff durch **Enteignung** (Art. 14 Abs. 3 GG) und einem Eingriff durch eine **Inhalts- und Schrankenbestimmung** (ISB, Art. 14 Abs. 1 S. 2, Abs. 2 GG) zu unterscheiden.

---

501 BVerfGE 50, 290, 340.
502 Manssen, Rn. 699 f.

Während die Abgrenzung früher danach vorgenommen wurde, ob eine bestimmte Intensität des Eingriffs vorlag (sog. Schwellentheorien), wird eine ISB von der Enteignung heute rein **formal abgegrenzt**. Danach ist eine Enteignung jede zielgerichtete (finale) Entziehung einer konkreten eigentumsrechtlichen Position durch Gesetz (Legislativenteignung) oder behördlichen Vollzugsakt (Administrativenteignung) zur Inanspruchnahme für öffentliche Zwecke. Eine ISB legt dagegen abstrakt-generell die Rechte und Pflichten bezüglich des Eigentums fest. Maßgeblich für die Abgrenzung ist dabei immer die **Intention des Gesetzgebers**, also die Frage, ob es dem Gesetzgeber darauf ankommt, eine bestimmte, konkrete vermögenswerte Position zu entziehen, oder ob der Gesetzgeber nach seiner Intention für alle vermögenswerten Rechte abstrakt und generell die Rechte und Pflichten der Berechtigten festlegt.

Obwohl die Ablieferungspflicht nach § 1 PflichtexemplarG auf ein einzelnes Belegstück gerichtet ist, enthält die Vorschrift keine Ermächtigung für die Exekutive, durch Einzelakt **auf ein bestimmtes**, von ihr benötigtes Vermögensobjekt zuzugreifen. **Dem Gesetzgeber geht es nicht um ein konkretes Pflichtexemplar**, sondern er begründet in genereller und abstrakter Weise eine Naturalleistungspflicht in der Form einer Abgabe. Sie trifft diejenigen, die als Verleger Eigentum herstellen und in den Verkehr bringen und ruht auf der Gesamtheit der zu einer Auflage gehörenden und im Eigentum des Verlegers stehende Medienwerke als eine Art abstrakte Abgabepflicht. Der Gesetzgeber greift insoweit nicht auf ein konkretes, bestehendes Eigentumsrecht zu, sondern er beschränkt das Eigentum an Druckerzeugnissen schon mit der Entstehung des Eigentumsrechts, sodass ein Exemplar abgegeben werden muss.

Daher handelt es sich nicht um eine Enteignung i.S.v. Art. 14 Abs. 3 GG, sondern um eine ISB i.S.v. Art. 14 Abs. 1 S. 2 GG.

III. Der Eingriff in das Eigentumsrecht könnte verfassungsrechtlich gerechtfertigt sein.

1. Das Eigentumsrecht kann gemäß Art. 14 Abs. 1 S. 2 GG **durch Gesetze eingeschränkt** werden. Dieser Gesetzesvorbehalt ist durch das PflichtexemplarG umgesetzt worden.

2. Fraglich ist, ob der Eingriff durch das PflichtexemplarG eine **verfassungsgemäße Konkretisierung** der Einschränkungsmöglichkeit darstellt. Dies ist der Fall, wenn das PflichtexemplarG formell und materiell verfassungsgemäß ist.

    a) Das PflichtexemplarG ist laut Sachverhalt formell verfassungsgemäß.

    b) Die Ablieferungspflicht nach dem PflichtexemplarG müsste auch materiell verfassungsgemäß sein. Fraglich ist insofern nur, ob gegen den **Grundsatz der Verhältnismäßigkeit** verstoßen wurde. Dabei ist allerdings zu beachten, dass gemäß Art. 14 Abs. 2 GG das Eigentum verpflichtet und zugleich dem Wohle der Allgemeinheit dient (sog. **Sozialpflichtigkeit** des Eigentums).

       aa) Es müsste zunächst ein **legitimer Zweck** verfolgt werden. Zweck des PflichtexemplarG ist es, dass insbesondere für die „Nachwelt" ein Exemplar von jedem Medienwerk erhalten bleibt. Daneben sollen auch Interessierte, die sich die Anschaffung sehr teurer Bücher oder anderer Medien nicht leisten können, die Möglichkeit haben, solche Druckerzeugnisse zu lesen. Dies sind legitime Zwecke.

bb) Das Gesetz muss im Hinblick auf diesen Zweck auch **geeignet** sein. Eine Maßnahme ist geeignet, wenn sie die Zielerreichung zumindest fördert. Die Ablieferung stellt sicher, dass von jedem Medienwerk ein Exemplar archiviert werden kann. Die Maßnahme ist somit geeignet.

cc) Daneben muss das Mittel **erforderlich** sein. Erforderlich ist eine Maßnahme, wenn es keine gleich wirksamen, aber weniger belastenden Maßnahmen gibt. Denkbar wäre zum Beispiel, dass die Verlage nicht Originale, sondern lediglich Kopien abgeben würden. Dies wäre allerdings für die meisten Verlage wesentlich umständlicher als die Hergabe eines Originals. Damit ist § 1 PflichtexemplarG auch erforderlich.

558 dd) Letztlich muss das Gesetz **angemessen** sein. Dies ist zu verneinen, wenn der bezweckte Vorteil erkennbar außer Verhältnis zu den eintretenden Nachteilen stünde. Die Pflicht zur Abgabe eines (Pflicht-)Exemplars stellt für Verlage, die große Auflagen herstellen, nur einen geringen Nachteil dar und ist für diese ohne Weiteres zu erfüllen (Beispiel: Auflage der NJW über 30.000 Exemplare). Dies gilt umso mehr, als das Eigentum gemäß Art. 14 Abs. 2 GG verpflichtet und zugleich dem Wohle der Allgemeinheit dienen soll.

559 Allerdings führt die Abgabepflicht für Verlage, die sehr teure Bücher in Kleinauflagen herstellen, zumindest zu einer gravierenden Vermögenseinbuße, wenn auch jeweils nur das Eigentumsrecht an einem einzigen Exemplar betroffen ist. Art. 14 Abs. 2 GG vermag nicht zu rechtfertigen, dass der Verleger eine solche Belastung im Interesse der Allgemeinheit tragen muss. Erst durch seine private Initiative und Risikobereitschaft wird es möglich, künstlerisch, wissenschaftlich und literarisch exklusives Schaffen, wenn auch zu einem hohen Preis, der Öffentlichkeit zu erschließen. Dem Verleger zusätzlich noch die erheblich überdurchschnittlichen Herstellungskosten für ein Pflichtexemplar aufzubürden, widerspricht dem verfassungsrechtlichen Gebot, die Belange des betroffenen Eigentümers mit denen der Allgemeinheit in einen gerechten Ausgleich zu bringen und einseitige Belastungen zu vermeiden. Hieraus ergibt sich, dass bei wertvollen Druckwerken mit niedriger Auflage eine kostenlose Pflichtablieferung die Grenzen verhältnismäßiger und noch zumutbarer inhaltlicher Festlegung des Verlegereigentums überschreitet. Aus diesem Grunde ist die Abgabepflicht insoweit nicht mehr von der Sozialbindung gedeckt und unverhältnismäßig.[503]

Hinweis: Eine solche Regelung über die Ablieferung von Pflichtexemplaren ist aber dann angemessen, wenn der Gesetzgeber eine Entschädigungsregelung für Kleinauflagen ab einer bestimmten Preisgrenze normiert. Es handelt sich um eine sog. **ausgleichspflichtige Inhalts- und Schrankenbestimmung** (vgl. z.B. § 1 Abs. 5 PflExG BW, § 5 PflExG Bln, § 7 PflichtexemplarG NRW).

---

[503] BVerfG, Beschl. v. 14.07.1981 – 1 BvL 24/78, Rn. 60 ff. (Pflichtexemplar).

Der Eingriff in den Schutzbereich des Art. 14 GG ist damit verfassungsrechtlich nicht gerechtfertigt. Art. 14 Abs. 1 GG ist verletzt.

2. Enteignung, Art. 14 Abs. 3 GG

Folgende besondere Voraussetzungen gelten für die verfassungsrechtliche Rechtfertigung einer Enteignung. An das **Gesetz**, welches unmittelbar enteignet (seltene Legalenteignung) oder die Exekutive dazu ermächtigt, eine Enteignung vorzunehmen (Administrativenteignung) werden **besondere Anforderungen gestellt, die vor den allgemeinen Schrankenanforderungen**, die nicht nur für ein einzelnes Grundrecht gelten, zu prüfen sind:

- In dem Gesetz, das die Enteignung selbst anordnet oder zur Enteignung ermächtigt, muss gemäß Art. 14 Abs. 3 S. 2 GG auch Art und Ausmaß einer Entschädigung geregelt sein. Die Enteignungsanordnung muss also mit der Entschädigungsanordnung verbunden werden. Dementsprechend nennt man Art. 14 Abs. 3 S. 2 GG auch **Junktimklausel** (lateinisch: iunctim = vereint, beisammen, siehe auch: iungere = verbinden).

- Die Enteignung ist gemäß Art. 14 Abs. 3 S. 1 GG **nur zum Wohle der Allgemeinheit** zulässig. Irgendein „einfaches" öffentliches Interesse reicht für eine Enteignung nicht aus, sondern es muss ein schwerwiegendes, dringendes öffentliches Interesse vorliegen, das nicht lediglich fiskalischer Natur sein darf.[504] Dient eine Enteignung einem Vorhaben, das ein Gemeinwohlziel im Sinne des Art. 14 Abs. 3 S. 1 GG fördern soll, muss das enteignete Gut **unverzichtbar** für die Verwirklichung dieses Vorhabens sein.[505] Entscheidend ist dabei nicht die Person des Begünstigten, sondern das mit der Enteignung verfolgte Ziel. Die Enteignung kann daher auch zugunsten Privater erfolgen, wenn dies z.B. der Verbesserung der regionalen Wirtschaftsstruktur oder der Schaffung von Arbeitsplätzen dient.[506]

Daneben muss als allgemeine Schrankenanforderung (wie immer) der **Grundsatz der Verhältnismäßigkeit** gewahrt sein, und zwar sowohl im Hinblick auf das „Ob", als auch im Hinblick auf das „Wie" der Enteignung.

Beispiel: Die öffentliche Hand benötigt das Grundstück des A für den Bau einer Straße. A ist durchaus bereit, das Grundstück zu angemessenen Bedingungen zu verkaufen. Ist eine Enteignung zulässig? Nein. Eine Enteignung ist nicht erforderlich, da zwischen der öffentlichen Hand und dem Bürger ein ganz normaler privatrechtlicher Kaufvertrag zustande kommen kann.

Eine Folge des Erfordernisses der Verhältnismäßigkeit ist auch, dass der Bürger einen **Anspruch auf Rückübertragung** (Restitution) hat, wenn der Enteignungszweck nicht oder nicht mehr verwirklicht wird. Insofern ist Art. 14 GG auch eine Anspruchsgrundlage für einen besonderen Folgenbeseitigungsanspruch.[507]

---

[504] BVerfGE 38, 175, 180; BVerfG NJW 1999, 1176; BVerfG, Urt. v. 17.12.2013 – 1 BvR 3139/08 (Garzweiler); BVerwG, Urt. v. 24.10.2002 – 4 C 7.01; OVG HH NVwZ 2005, 105 (Airbus); Jarass/Pieroth, GG, Art. 14 Rn. 86; Sachs, GG, Art. 14 Rn. 160, 163.
[505] BVerfG, Urt. v. 17.12.2013 – 1 BvR 3139/08 (Garzweiler).
[506] BVerfG, Urt. v. 24.03.1987 – 1 BvR 1046/85 (Boxberg); BVerfG, Urt. v. 17.12.2013 – 1 BvR 3139/08 (Garzweiler).
[507] BVerfGE 38, 175, 179; NVwZ 1987, 49; NVwZ 2000, 792 f.; BVerwG NJW 1999, 1272.

Da dem Bürger bei einer Administrativenteignung der Verwaltungsrechtsweg offen steht (Widerspruch bzw. Anfechtungsklage gegen den Enteignungs-VA mit aufschiebender Wirkung, § 80 Abs. 1 VwGO), gegenüber einer **Legalenteignung unmittelbar aus einem formellen Gesetz** aber „nur" die Verfassungsbeschwerde eingreift, führt die Legalenteignung zu einer Minderung des Rechtsschutzes. Daher ist sie nach der Rspr. unter dem Gesichtspunkt der Verhältnismäßigkeit und der **Rechtsweggarantie** des **Art. 19 Abs. 4 GG** nur ausnahmsweise, in eng begrenzten Fällen, erforderlich und zulässig, z.B. weil Einzelenteignungen in angemessener Zeit nicht durchgeführt werden können und dadurch der Enteignungszweck beeinträchtigt würde.[508]

565

ISB, Art. 14 Abs. 1 S. 2 GG	Enteignung, Art. 14 Abs. 3 GG
durch Gesetz im materiellen Sinne (auch RVO, Satzung)	nur durch oder aufgrund Gesetzes im formellen Sinne
■ formell verfassungsgemäß ■ materiell verfassungsgemäß ⇨ insbesondere Verhältnismäßigkeit	■ formell verfassungsgemäß ■ materiell verfassungsgemäß 　■ Wohl der Allgemeinheit 　■ Junktimklausel 　■ insbesondere Verhältnismäßigkeit

D. Europarecht

566 Während **Art. 17 GRCh** das ausdrücklich auch das geistige Eigentum schützt, enthält **Art. 1 des ersten Zusatzprotokolls zur EMRK** einen generellen Schutz des Eigentumsrechts.

19. Abschnitt: Ausbürgerung und Auslieferung, Art. 16 GG

567 Art. 16 GG schützt **Deutsche** vor einer **Entziehung der Staatsangehörigkeit** (Art. 16 Abs. 1 S. 1 GG), vor dem **Verlust der Staatsangehörigkeit** (Art. 16 Abs. 1 S. 2 GG) und vor einer **Auslieferung** (Art. 16 Abs. 2 GG).

Einzig klausurrelevant ist die **Rücknahme** einer (rechtswidrig) erteilten Staatsangehörigkeit, der unter bestimmten Voraussetzungen als zulässig angesehen wird. Dagegen wird der **Widerruf** einer rechtmäßigen Einbürgerung generell als unzulässig angesehen.[509]

568 **Fall 18: Die erschlichene Einbürgerung**

Der pakistanische Staatsangehörige P reiste im November 1995 nach Deutschland ein. Dabei gab er sich als afghanischer Staatsangehöriger „A" aus. Nachdem P im Jahr 2004 eine unbefristete Aufenthaltserlaubnis erhielt, beantragte er schriftlich unter Vorlage seines Lichtbildes seine Einbürgerung in den deutschen Staatsverband. Er

---

[508] BVerfG NJW 1997, 383 (Südumfahrung Stendal); BVerwG NJW 2003, 230, 232.
[509] Jarass/Pieroth, GG, Art. 16 Rn. 12; Sachs, GG, Art. 16 Rn. 26.

> legte der zuständigen Behörde B auch eine Geburtsbescheinigung und einen afghanischen Reisepass vor, die beide auf den Namen „A" lauteten. Diese Dokumente hatte er sich durch arglistige Täuschung im afghanischen Generalkonsulat erschlichen. Zudem hatte P gegenüber dem Generalkonsul auf die afghanische Staatsangehörigkeit verzichtet. Daraufhin wurde P gemäß § 8 StAG als „A" durch Aushändigung der Einbürgerungsurkunde eingebürgert.
>
> Nach mehr als sieben Jahren legte P seine wahre Identität und Herkunft offen und verlangte die Berichtigung seiner Personalien auf seinen echten Namen und sein richtiges Geburtsdatum. Daraufhin nahm die zuständige Behörde formell ordnungsgemäß die Einbürgerung mit Wirkung für die Vergangenheit gemäß § 35 StAG zurück. Zur Begründung trägt die Behörde vor, sie hätte den P nicht eingebürgert, wenn bekannt gewesen wäre, dass er Pakistani und nicht Afghane gewesen wäre. P hält die Rücknahme für rechtswidrig, da er dann staatenlos sei und eine Rücknahme nur innerhalb von fünf Jahren nach der Einbürgerung zulässig sei. Hat er Recht?

Die Rücknahme der Einbürgerung des P ist rechtmäßig, soweit sie auf einer ausreichenden Ermächtigungsgrundlage beruht und deren formelle und materielle Voraussetzungen gegeben sind.

I. **Ermächtigungsgrundlage** für die Rücknahme einer Einbürgerung könnte § 35 Abs. 1 StAG sein. Danach kann eine rechtswidrige Einbürgerung unter bestimmten Voraussetzungen zurückgenommen werden. Fraglich ist aber, ob § 35 StAG überhaupt verfassungsgemäß ist. Die Norm könnte gegen Art. 16 GG verstoßen. 569

1. § 35 StAG könnte gegen Art. 16 Abs. 1 S. 1 GG verstoßen. Danach darf die deutsche Staatsangehörigkeit nicht entzogen werden. Eine **Entziehung** i.S.v. Art. 16 Abs. 1 S. 1 GG liegt nach heute wohl h.M. aber nur dann vor, wenn der Betroffene den Verlust der Staatsangehörigkeit nicht oder nicht auf zumutbare Weise beeinflussen oder vorhersehen kann und deshalb sein Vertrauen in die Verlässlichkeit der Staatsangehörigkeit enttäuscht wird.[510] Dies wird u.a. mit der **Entstehungsgeschichte** des Art. 16 Abs. 1 S. 1 GG begründet. Art. 16 Abs. 1 S.1 GG geht zurück auf Art. 15 der Allgemeinen Erklärung der Menschenrechte (U.N.) vom 10.12.1948. Dieser bestimmt, dass niemandem seine Staatsangehörigkeit **willkürlich** entzogen werden darf. Zudem sollte nach dem **Sinn und Zweck** der Vorschrift auf die in der Nazi-Zeit vorgenommenen Zwangsausbürgerungen aus rassistischen, politischen oder religiösen Gründen reagiert werden. Sinn und Zweck ist daher, Zwangsausbürgerungen zu verhindern, aber nicht, erschlichene Einbürgerungen zu privilegieren.

   Danach ist die Rücknahme einer erschlichenen Einbürgerung gemäß § 35 StAG mangels schutzwürdigen Vertrauens keine Entziehung der Staatsangehörigkeit gemäß Art. 16 Abs. 1 S. 1 GG, sondern ein **Verlust gegen den Willen** der betreffenden Person gemäß Art. 16 Abs. 1 S. 2 GG.[511]

---

[510] BVerfG, Urt. v. 24.05.2006 – 2 BvR 669/04 (noch zu § 48 VwVfG); Michael/Morlok, Rn. 406; Epping, Rn. 996; Jarass/Pieroth, GG, Art. 16 Rn. 8.

[511] BVerfG, Urt. v. 24.05.2006 – 2 BvR 669/04 (noch zu § 48 VwVfG); BVerwG, Urt. v. 11.11.2010 – 5 C 12.10.

570 2. Hinsichtlich der Vereinbarkeit des § 35 StAG mit Art. 16 Abs. 1 S. 2 GG ist insbesondere problematisch, dass ein Verlust der Staatsangehörigkeit gegen den Willen des Betroffenen nur dann eintreten darf, wenn der Betroffene dadurch nicht **staatenlos** wird. Diese Möglichkeit sieht § 35 Abs. 2 StAG aber vor.

Der Schutz des Art. 16 Abs. 1 S. 2 GG vor einer Staatenlosigkeit könnte aber entfallen, wenn der Betroffene kein schutzwürdiges Vertrauen genießt, insbesondere als auch dann, wenn eine Einbürgerung erschlichen wurde. Für eine teleologische Reduktion des Art. 16 Abs. 1 S. 2 GG sprechen ebenfalls die Entstehungsgeschichte und der Sinn und Zweck des Art. 16 GG (s.o.). Der Schaffung des Art. 16 Abs. 1 S. 2 GG hat die Absicht des Gesetzgebers zugrunde gelegen, sich in Abgrenzung zu der nationalsozialistischen Ausbürgerungspolitik an völkerrechtliche Bestrebungen zur Bekämpfung der Staatenlosigkeit anzuschließen. Mit dieser Zielsetzung ist die Inkaufnahme von Staatenlosigkeit im Fall der Rücknahme einer erschlichenen Einbürgerung vereinbar. Andernfalls würde der grundrechtliche Schutz bei schwerwiegenden Verstößen gegen das geltende Recht sogar noch belohnt. Die Rechtsordnung würde sich „gegen sich selbst wenden" und eine Gratifikation auf ihre Missachtung sowie Anreize zur Rechtsverletzung schaffen.[512]

Danach ist § 35 StAG eine verfassungskonforme Ermächtigungsgrundlage für die Rücknahme einer durch arglistige Täuschung erschlichenen Einbürgerung.

II. Die **formelle Rechtmäßigkeit** ist gegeben.

571 III. Die Rücknahme der Einbürgerung gemäß § 35 Abs. 1 StAG müsste auch **materiell rechtmäßig** sein.

1. Dann müssten zunächst die **tatbestandlichen Voraussetzungen** gegeben sein. Nach § 35 Abs. 1 StAG kann eine rechtswidrige Einbürgerung nur zurückgenommen werden, wenn der Verwaltungsakt durch arglistige Täuschung, Drohung oder Bestechung oder durch vorsätzlich unrichtige oder unvollständige Angaben, die wesentlich für seinen Erlass gewesen sind, erwirkt worden ist. Diese Voraussetzungen liegen hier unzweifelhaft vor. Der aus Pakistan stammende P hat sich als Afghane ausgegeben und im Einbürgerungsverfahren eine Geburtsbescheinigung und einen afghanischen Reisepass vorgelegt, die beide auf den Namen „A" lauteten. Ohne diese Täuschung wäre er nicht eingebürgert worden.

572 2. Die Rücknahme darf gemäß § 35 Abs. 3 StAG aber **nur bis zum Ablauf von fünf Jahren** nach der Bekanntgabe der Einbürgerung oder Beibehaltungsgenehmigung erfolgen. Hier erfolgt die Rücknahme dagegen nach mehr als sieben Jahren. Die Einschränkung der Rücknahme über eine besondere Zeitnähe zwischen Einbürgerung und Rücknahmeentscheidung soll das Anliegen materieller Richtigkeit in einen schonenden Ausgleich zu dem gegenläufigen Anliegen der Rechtssicherheit bringen. In § 35 Abs. 5 StAG wird deutlich, dass möglichen Nachkommen, die kraft Abstammung von der täuschenden Person die deutsche Staatsangehörigkeit erlangt haben, ohne dass ihnen selber eine Täuschungshandlung zur

---

[512] BVerfG, Urt. v. 24.05.2006 – 2 BvR 669/04 (noch zu § 48 VwVfG).

Last fiele, ein nochmals erhöhter Schutz gewährt wird. Die gesetzliche Lösung muss daher auch demjenigen zugute kommen, der seine Einbürgerung durch arglistige Täuschung erschlichen hat. Die in § 35 Abs. 3 StAG festgelegte Fünf-Jahres-Frist gilt nach dem Willen des Gesetzgebers für alle Fälle des § 35 Abs. 1 StAG und ist damit auch im vorliegenden Fall einschlägig.[513]

Damit liegen die tatbestandlichen Voraussetzungen des § 35 StAG nicht vor. Die Rücknahme ist rechtswidrig.

Hinweis: *Wie im vorliegenden Fall dargestellt, kann eine rechtswidrige Einbürgerung (grundsätzlich) zurückgenommen werden. Dagegen führt eine arglistige Identitätstäuschung bei der Einbürgerung aber nicht zur Nichtigkeit gemäß § 44 Abs. 1 VwVfG, da der Verwaltungsakt nicht an einem besonders schwerwiegenden Fehler leidet.*[514]

20. Abschnitt: Asylrecht, Art. 16 a GG

Auch das Asylrecht aus Art. 16 a GG spielt in Klausuren keine gravierende Rolle. Aus diesem Grunde werden im Folgenden nur einige Grundzüge dargestellt. 573

Das Asylrecht genießen **nur politisch verfolgte Ausländer** (oder Staatenlose). Natürlich können sich **Deutsche nicht** auf das Asylrecht berufen. Das Merkmal der politischen Verfolgung setzt voraus, dass

- der Ausländer einer **Verfolgung** ausgesetzt ist, d.h., dass der Betroffene durch eine Beeinträchtigung von Rechtsgütern in eine **ausweglose Lage** gebracht wird.[515] Sie kann alle Lebensbereiche betreffen, sowohl den **religiösen**, den **kulturellen** oder auch den **wirtschaftlichen**. Eine Verfolgung liegt erst dann vor, wenn die Beeinträchtigungen eine die Menschenwürde verletzende Intensität erreichen, es sei denn, es werden gezielt Leben, Leib oder persönliche Freiheit verletzt.[516] Zudem begründen „Nachteile, die jemand aufgrund der allgemeinen Zustände in seinem Heimatstaat zu erleiden hat, wie Hunger, Naturkatastrophen, aber auch bei den allgemeinen Auswirkungen von Unruhen und Kriegen" keine Verfolgung.[517] Eine Verfolgungsgefahr muss auch drohen.[518] 574

- die Verfolgung **gegenwärtig** ist. Sie darf weder mehrere Jahre zurückliegen, noch darf eine Rückkehr verfolgungsfrei möglich sein. Ausreichend können aber sog. **Nachfluchttatbestände** bzw. -gründe sein, also solche, die erst nach Verlassen des Heimatstaates aufgetreten sind (z.B. eine Revolution im Heimatstaat).[519] 575

---

513 VGH BW, Urt. v. 03.12.2013 – 1 S 49/13.
514 BVerwG, Urt. v. 09.09.2014 – 1 C 10.14.
515 BVerfG, Beschl. v. 26.11.1986 – 2 BvR 1058/85.
516 BVerfG, Beschl. v. 02.07.1980 – 1 BvR 147, 181; VGH Hessen, Urt. v. 25.11.1991 – 12 UE 3213/88.
517 BVerfG, Beschl. v. 10.07.1989 – 2 BvR 502/86 (Tamilen); Sachs, GG, Art. 16 a Rn. 15.
518 BVerfG, Beschl. v. 02.07.1980 – 1 BvR 147, 181; VGH Hessen, Urt. v. 25.11.1991 – 12 UE 3213/88; OVG NRW, Urt. v. 25.01.2000 – 8 A 1292/96.A.
519 BVerfG, Beschl. v. 26.11.1986 – 2 BvR 1058/85; Manssen, Rn. 745.

576 ■ die Verfolgung **politisch** ist. Das bedeutet, dass die Verfolgung zusammenhängen muss mit Auseinandersetzungen um die Gestaltung und Eigenart der allgemeinen Ordnung des Zusammenlebens von Menschen und Menschengruppen und von einem Träger überlegener, i.d.R. hoheitlicher Macht ausgeht.[520] Insofern muss die politische Verfolgung staatlich sein, wobei es ausreicht, wenn Dritte Verfolgungshandlungen vornehmen, die dem Staat zuzurechnen sind (sog. mittelbare staatliche Verfolgung).[521]

577 Der Schutzbereich des Art. 16 a Abs. 1 GG wird durch die sog. **Drittstaatenregelung** des Art.16 a Abs. 2 GG **in persönlicher Hinsicht beschränkt**. Danach ist das Asylrecht eines Ausländers ausgeschlossen, wenn dieser über einen sicheren Drittstaat eingereist ist. Sichere Drittstaaten sind solche, in denen der Flüchtling nach dortiger Rechtspraxis Schutz entsprechend der Genfer Flüchtlingskonvention hätte finden können. Da alle an die Bundesrepublik Deutschland angrenzenden Staaten sichere Drittstaaten sind, kann sich ein Ausländer, der über den Landweg eingereist ist, niemals auf Art.16 a GG berufen.[522]

578 Eine **weitere Beschränkung** des Asylrechts enthält die Regelung über **sichere Herkunftsstaaten** (Art.16 a Abs. 3 GG). Diese als qualifizierter Gesetzesvorbehalt ausgestaltete Regelung ermöglicht es dem Gesetzgeber, „verfolgungsfreie" und damit sichere Herkunftsstaaten zu bestimmen. Soweit der Asylsuchende aus einem solchen Staat eingereist ist, haben Behörden und Gerichte einen Asylantrag **als offensichtlich unbegründet** zu behandeln, es sei denn, der Ausländer widerlegt die Vermutung des Art.16 a Abs. 3 S. 2 GG.[523]

579 Die bereits im GG vorgesehenen Beschränkungen werden einfach-gesetzlich durch die sog. **Flughafenregelung** noch erweitert, § 18 a AsylVfG. Danach müssen sich Ausländer aus einem sicheren Herkunftsstaat oder ohne gültigen Pass, die bei der Grenzbehörde auf einem Flughafen um Asyl nachsuchen, während der Dauer des Asylverfahrens im Transitbereich des Flughafens aufhalten, soweit dies möglich ist. Diese Regelung ist auch verfassungsgemäß.[524]

21. Abschnitt: Petitionsrecht, Art. 17 GG

580 Auch das Petitionsrecht aus Art. 17 GG spielt in Klausuren nur eine sehr untergeordnete Rolle.

Art. 17 GG schützt das Recht, sich einzeln oder in Gemeinschaft mit anderen schriftlich mit Bitten oder Beschwerden an die zuständigen Stellen und an die Volksvertretung zu wenden. Unterschieden werden dabei die **Legislativpetitionen** und die **Verwaltungspetitionen**.

---

520 BVerfG NVwZ 2000, 1165 f.
521 BVerfG, Beschl. v. 02.07.1980 – 1 BvR 147, 181.
522 BVerfG, Urt. v. 26.10.1993 – 2 BvR 2315/93; VG Sigmaringen, Urt. v. 16.03.2006 – A 2 K 10668/05.
523 BVerfG, Urt. v. 14.05.1996 – 2 BvR 1507/93; VG Münster, Urt. v. 11.05.2015 – 4 K 3220/13.A.
524 BVerfG, Urt. v. 14.05.1996 – 2 BvR 1938/93.

- Die **Legislativpetition** richtet sich an die **Volksvertretung** i.S.d. Art. 17 GG, also an den Bundestag oder den Landtag. Sie kann von jedermann gegen jegliche Art öffentlicher Verwaltungstätigkeit form- und fristlos erhoben werden und ist daher ein **formloser Rechtsbehelf**. Zwar verlangt Art. 17 GG die Schriftform. Dies bedeutet aber nicht, dass mündliche Petitionen unzulässig sind, sondern nur, dass solche keinen Grundrechtsschutz genießen.[525]

  581

  Der Anspruch des Petenten aus Art. 17 GG ist auf die Entgegennahme der Petition, eine sachliche Prüfung und den Erlass eines Petitionsbescheides beschränkt. Dabei ist für die sachliche Prüfung lediglich eine Auseinandersetzung mit dem Petitionsschreiben erforderlich und kann zu dem Ergebnis führen, dass der Petition nicht weiter nachgegangen wird.

- Eine **Verwaltungspetition** ist ein form- und fristlos zu erhebender Rechtsbehelf, der im Gegensatz zur Legislativpetition bei dem zuständigen Verwaltungsträger einzulegen ist. Grundlage für Verwaltungspetitionen ist ebenfalls Art. 17 GG. Dabei werden folgende Verwaltungspetitionen unterschieden:

  582

  - Die **Dienstaufsichtsbeschwerde**, die sich gegen das persönliche Verhalten des Beamten richtet und auf das Ergreifen disziplinarischer Maßnahmen gerichtet ist.
  - Die **Fachaufsichtsbeschwerde**, die sich gegen den sachlichen Inhalt einer Verwaltungsmaßnahme (Rechtmäßigkeit und Zweckmäßigkeit) richtet. Die Abgrenzung zum (förmlichen Rechtsbehelf) Widerspruchsverfahren wird danach vorgenommen, welche der beiden Möglichkeiten für den Bürger günstiger (rechtsschutzintensiver) ist.
  - Die **Gegenvorstellung**, mit der sich der Bürger an die Ausgangsbehörde wendet, um die Änderung oder Aufhebung einer Verwaltungsmaßnahme zu erreichen. Sie kommt insbesondere in Betracht, wenn ein Verwaltungsakt bereits bestandskräftig geworden ist oder der Bürger selbst von der Rechtmäßigkeit des Verwaltungshandelns ausgeht.

22. Abschnitt: Die Gleichheitsrechte

Auch im Bereich der Gleichheits(grund-)rechte unterscheidet das GG die speziellen, besonderen Gleichheitsrechte bzw. Diskriminierungsverbote (Art. 3 Abs. 2, 3 GG, Art. 6 Abs. 1, 5 GG, Art. 33 Abs. 1–3 GG und die Allgemeinheit und Gleichheit der Wahl aus Art. 38 Abs. 1 S. 1 GG) und den allgemeinen Gleichheitssatz (Art. 3 Abs. 1 GG). In einer Klausur sind, wie bei den Freiheitsgrundrechten, die speziellen Gleichheitssätze vor dem allgemeinen Gleichheitssatz zu prüfen.

583

---

525 Kingreen/Poscher, Rn. 1109.

> **584**
>
> ### Aufbauschema zu Gleichheitsgrundrechten
>
> **A. Besondere Gleichheitssätze, z.B. Art. 3 Abs. 3 GG**
>
>   **I.** Ungleichbehandlung der normierten Sachverhalte (z.B. wegen des Geschlechts)
>
>   **II.** Sachliche Rechtfertigung
>
>   **1.** Zulässiges Differenzierungsziel
>
>   **2.** Zulässiges Differenzierungskriterium
>
>   **3.** Grundsatz der Verhältnismäßigkeit
>
>   **a)** Geeignetheit
>
>   **b)** Erforderlichkeit
>
>   **c)** Angemessenheit
>
> **B. Allgemeiner Gleichheitssatz, Art. 3 Abs. 1 GG**
>
>   **I.** Ungleichbehandlung von wesentlich gleichen Sachverhalten
>
>   **1.** Vergleichspaarbildung
>
>   **2.** Ungleichbehandlung
>
>   **II.** Sachliche Rechtfertigung
>
>   Sachlicher Grund vorhanden („Willkür-Formel")
>
> **Hinweis:** Wann die Rechtfertigung nach der „Neuen Formel" und wann nach der „Willkür-Formel" geprüft wird, ist umstritten. Teilweise werden auch beide Formeln miteinander verknüpft („Vereinheitlichende Gesamtformel").
>
> In Klausuren sollen Sie im allgemeinen Gleichheitssatz nach der „Willkür-Formel" und in besonderen Gleichheitssätzen nach der „Neuen Formel" prüfen. Möglich ist es auch, zunächst immer nach der „Willkür-Formel" zu fragen, ob überhaupt ein sachlicher Grund vorhanden ist. Wenn schon **kein** sachlicher Grund erkennbar ist, ist der Gleichheitssatz jedenfalls verletzt. In einem zweiten Schritt kann dann auch nach der „Neuen Formel" geprüft werden, ob der sachliche Grund verhältnismäßig ist. Wenn dies der Fall ist, kommt es auf eine Streitentscheidung nicht an. Dann ist die Ungleichbehandlung jedenfalls gerechtfertigt.

A. Technik der Prüfung eines Gleichheitssatzes

585 Die Prüfung von Gleichheitsgrundrechten wird anders vorgenommen als die Prüfung der Freiheitsrechte. Die Technik der Prüfung von Gleichheitsgrundrechten lässt sich am einfachsten zunächst an der Prüfung des allgemeinen Gleichheitssatzes gemäß Art. 3 Abs. 1 GG darstellen. Die Verletzung eines Gleichheitsgrundrechtes erfolgt nicht in drei, sondern in zwei Schritten.

I. Feststellung der Ungleichbehandlung

586 Nach Art. 3 Abs. 1 GG sind alle Menschen vor dem Gesetz gleich. Rechtlich ist jedoch nicht jede Ungleichbehandlung relevant. Vielmehr dürfen nur wirklich vergleichbare

Personen oder Sachverhalte nicht ungleich behandelt werden. Man spricht insoweit von dem **„wesentlich Gleichen"**.[526] Aus diesem Grunde erfolgt die Prüfung der Ungleichbehandlung in zwei Schritten:

1. Vergleichspaar bilden

Zunächst ist ein Vergleichspaar zu bilden, um überhaupt herauszufinden, ob etwas wesentlich Gleiches gegeben ist. Eine Vergleichbarkeit verschiedener Personen(-gruppen) oder Sachverhalte setzt einen **gemeinsamen Bezugspunkt** voraus, den es zu finden gilt. Der Bezugspunkt ist dabei der **gemeinsame Oberbegriff**, unter den die unterschiedlich behandelten Personen oder Sachverhalte gefasst werden können. Der gemeinsame Oberbegriff muss zumindest so eng bestimmt sein, dass weitere Personen oder Sachverhalte damit ausgeschlossen sind.[527] Gewählt werden muss der nächste, am wenigsten übergreifende Oberbegriff, um Inhalt, Ausmaß und den möglichen Grund für die Ungleichbehandlung sichtbar machen zu können.

587

Beispiel: Wenn nach einer Rechtsnorm alleinerziehende Mütter bevorzugt bei der Vergabe von Kindergartenplätzen behandelt werden, sind die (berufstätigen) Eheleute M und F nicht wesentlich gleich. Durch die Norm soll den Alleinerziehenden die Möglichkeit geschaffen werden, die Arbeit und die Kindererziehung nebeneinander bewältigen zu können. Unter den Oberbegriff mit dem wesentlichen Bezugspunkt der Norm „alleinerziehend" lassen sich die Eheleute nicht erfassen. Richtiges Vergleichspaar (und damit wesentlich gleich) wären der alleinerziehende Vater und die alleinerziehende Mutter, die beide dem gemeinsamen Oberbegriff des „alleinerziehenden Elternteils" zu fassen sind.

2. Ungleichbehandlung feststellen

Die beiden Teile des Vergleichspaares müssen ungleich behandelt werden. Hier ist in der Klausur lediglich festzustellen, worin die Ungleichbehandlung durch den Staat besteht.

588

Hinweis: Art. 3 Abs. 1 GG gilt umgekehrt auch für die Gleichbehandlung wesentlich ungleicher Sachverhalte. Diese Fallgruppe spielt jedoch nur eine untergeordnete Rolle.

II. Sachliche (Verfassungsrechtliche) Rechtfertigung der Ungleichbehandlung

Eine Ungleichbehandlung wesentlich gleicher Sachverhalte stellt nicht zwingend eine Verletzung des Gleichheitssatzes dar. Vielmehr kann eine Ungleichbehandlung aus **sachlichen Gründen gerechtfertigt** sein. Dabei sind die Maßstäbe für die Prüfung der Rechtfertigung in den letzten Jahrzehnten stark fortentwickelt worden.

589

■ Früher wurde eine Ungleichbehandlung als **sachlich gerechtfertigt** angesehen, wenn es „irgendeinen" sachlichen Grund für die Ungleichbehandlung gab. Nach dieser sog. **Willkür-Formel** durfte wesentlich Gleiches nicht willkürlich ungleich behandelt werden.[528]

590

---

526 BVerfG, Beschl. v. 09.08.1978 – 2 BvR 831/76; Beschl. v. 24.01.2012 – 1 BvL 21/11.
527 Epping, Rn. 782 f.
528 BVerfGE 4, 144; 42, 64.

591 ■ Anfang der 1980er Jahre wurde die „Willkür-Formel" weiter entwickelt. Aus dem allgemeinen Gleichheitssatz ergäben sich je nach Regelungsgegenstand und Differenzierungsmerkmalen unterschiedliche Grenzen für den Gesetzgeber, die vom bloßen Willkürverbot bis zu einer strengen Bindung an Verhältnismäßigkeitserfordernisse reichten. Es wurde hinsichtlich der Rechtfertigungsprüfung danach unterschieden, ob eine personenbezogene Ungleichbehandlung gegeben war oder eine sachverhalts- bzw. verhaltensbezogene Ungleichbehandlung. Für Letztere galt weiterhin die Willkür-Formel. Dagegen wurde für personenbezogene Ungleichbehandlungen eine **Verhältnismäßigkeitsprüfung** vorgenommen (sog. **Neue Formel**).[529] Eine personenbezogene Ungleichbehandlung war daher nur dann **verfassungsrechtlich gerechtfertigt**, wenn die Ungleichbehandlung zur Erreichung des Differenzierungsziels geeignet, erforderlich und angemessen war.

592 ■ **Heute** wird nicht mehr „gestuft" unterschieden und entweder eine Willkürprüfung oder eine (vollständige) Verhältnismäßigkeitsprüfung vorgenommen, sondern vielmehr **stufenlos** und variabel in jedem Einzelfall die Entscheidung getroffen, welche Anforderungen im konkreten Einzelfall an die Rechtfertigung zu stellen sind.[530] Danach ergeben sich aus dem allgemeinen Gleichheitssatz „je nach Regelungsgegenstand und Differenzierungsmerkmalen unterschiedliche Grenzen für den Gesetzgeber, die stufenlos von gelockerten, auf das Willkürverbot beschränkten Bindungen **bis hin zu** strengen Verhältnismäßigkeitsanforderungen reichen können."[531] Eine Norm verletzt Art. 3 Abs. 1 GG, wenn durch sie eine Gruppe von Normadressaten im Vergleich zu anderen Normadressaten verschieden behandelt wird, obwohl zwischen beiden Gruppen **keine Unterschiede von solcher Art und solchem Gewicht bestehen, dass sie die ungleiche Behandlung rechtfertigen können**.[532]

593 Für die Feststellung, ob eine gravierende Ungleichbehandlung gegeben ist oder nicht, kann insbesondere auf folgende Kriterien zurückgegriffen werden:[533]

- Je vergleichbarer der Anknüpfungspunkt den in **Art. 3 Abs. 3 GG** genannten personenbezogenen Merkmalen ist, desto intensiver wirkt die Ungleichbehandlung (z.B. eine Altersdiskriminierung, die zwar nicht in Art. 3 Abs. 3 GG genannt ist, aber den dort genannten sehr vergleichbar ist).

- Je stärker sich eine Ungleichbehandlung auf **Freiheitsgrundrechte** auswirkt, desto größer ist die Intensität.

- Je weniger das Verhalten **beeinflussbar** ist und je weniger die Merkmale für den Einzelnen **verfügbar** sind, desto stärker wiegt die Ungleichbehandlung.[534]

594 *Klausurhinweis:* Wann danach eine intensive Ungleichbehandlung gegeben ist und wann nicht, ist in einer Klausur teilweise schwer zu ermitteln. In der (Gutachten-)Klausur kann daher auch folgende Prüfung ratsam sein:

*Wenn schon **erkennbar kein sachlicher Grund** für die Ungleichbehandlung vorhanden ist, wäre eine Ungleichbehandlung jedenfalls nicht gerechtfertigt. Wenn aber ein **sachlicher***

---

529 BVerfGE 91, 389.
530 Epping, Rn. 798.
531 BVerfG, Beschl. v. 21.06.2011 – 1 BvR 2035/07; vgl. auch BVerfG, Beschl. v. 19.07.2016 – 2 BvR 470/08, RÜ 2016, 726; Jarass/Pieroth, GG, Art. 3 Rn. 17.
532 BVerfG, Beschl. v. 07.05.2013 – 2 BvR 909/06; Britz NJW 2014, 346, 351.
533 Dazu Jarass/Pieroth, GG, Art. 3 Rn. 20 ff.; Kingreen/Poscher, Rn. 493 ff.
534 BVerfG, Beschl. v. 21.06.2011 – 1 BvR 2035/07; BVerfG, Beschl. v. 07.02.2012 – 1 BvL 14/07, RÜ 2014, 387.

Grund vorhanden ist, *der geeignet, erforderlich und angemessen* hinsichtlich des zu erreichenden Differenzierungsziels ist, dann ist die Ungleichbehandlung jedenfalls gerechtfertigt.

> Unter Einbindung des Grundsatzes der Verhältnismäßigkeit wird die Rechtfertigung einer Ungleichbehandlung dann folgendermaßen geprüft:
>
> **I. Vorliegen einer Ungleichbehandlung**
>
>   1. Bildung eines Vergleichspaares innerhalb eines gemeinsamen Oberbegriffs
>
>   2. Unterschiedliche Behandlung der beiden Sachverhalte
>
> **II. Rechtfertigung**
>
>   1. **„Willkür-Formel"**, also Vorliegen eines sachlichen Grundes
>
>   2. **„Neue Formel"**
>
>   a) zulässiges Differenzierungsziel
>
>   b) zulässiges Differenzierungskriterium
>
>   c) Verhältnismäßigkeit

B. Der allgemeine Gleichheitssatz

595 Neben den Grundsätzen, die zuvor bei der Technik der Prüfung eines Gleichheitssatzes bereits zu Art. 3 Abs. 1 GG dargestellt wurden, ist bei der Prüfung des allgemeinen Gleichheitssatzes noch folgendes zu beachten.

596 ■ Geprägt durch die Prüfung der Verletzung eines Freiheitsgrundrechts wird **in einer Klausur** häufig die Ebene der **Vergleichspaarbildung** zu oberflächlich durchgeführt. Denn aus der Prüfung der Freiheitsrechte wird angenommen, der Schwerpunkt der Prüfung liege (immer) in der Rechtfertigungsebene. Bei der Prüfung einer Verletzung des allgemeinen Gleichheitsrechts aus Art. 3 Abs. 1 GG stellt das genaue Herausarbeiten des richtigen Vergleichspaares oft den wesentlichen Punkt dar. Wer dort ein Vergleichspaar aus nicht wesentlich gleichen Teilen bildet, wird immer einen sachlichen Grund für die Ungleichbehandlung finden.

Beispiel: Wer im obigen Beispiel, in dem nach einer Rechtsnorm alleinerziehende Mütter bevorzugt bei der Vergabe von Kindergartenplätzen behandelt werden, die (berufstätigen) Eheleute M und F als wesentlich gleich ansieht, wird zur sachlichen Rechtfertigung einer Ungleichbehandlung gelangen. Da durch die Norm den Alleinerziehenden die Möglichkeit geschaffen werden soll, die Arbeit und die Kindererziehung nebeneinander bewältigen zu können, wird man den sachlichen Grund für eine Ungleichbehandlung der Eheleute darin erkennen, dass die Eheleute die Entscheidung treffen können, dass ein Elternteil arbeiten geht, während der andere die Betreuung der Kinder übernimmt.

597 ■ Art. 3 Abs. 1 GG gewährt die Gleichheit der Menschen sowohl bei der Ausführung der Gesetze durch die Verwaltung und die Rspr. **(Rechtsanwendungsgleichheit)**, als auch beim Erlass von Gesetzen durch den Gesetzgeber, der gemäß Art. 1 Abs. 3 GG an die Grundrechte gebunden ist (**Rechtssetzungsgleichheit**). Wesentliche Unterschiede ergeben sich in der Prüfung nicht.

__Klausurhinweis:__ Bei der Prüfung eines Falles kann es daher erforderlich sein, zunächst das anzuwendende Gesetz inhaltlich am Gleichheitssatz zu messen. Selbst wenn dabei kein Verstoß gegen Art. 3 Abs. 1 GG festgestellt werden kann, ist weiter zu prüfen, ob das Gesetz unter Beachtung des Gleichheitssatzes ausgeführt worden ist (Einzelakt).

Letzteres betrifft vor allem die sachgerechte und gleichmäßige Ermessensausübung durch die Verwaltung. Diese Fragen der Rechtmäßigkeit von Ermessensentscheidungen sind im Einzelnen im Verwaltungsrecht zu behandeln (vgl. AS-Skript Verwaltungsrecht AT 1 [2016], Rn. 452 ff., insbesondere Rn. 462) und damit eher Gegenstand verwaltungsrechtlich geprägter Klausuren. Fragen der Rechtssetzungsgleichheit nehmen dagegen in verfassungsrechtlichen Klausuren einen höheren Stellenwert ein.

598 ▪ Art. 3 Abs. 1 GG verbietet **auch** eine ungerechtfertigte **Gleichbehandlung wesentlich ungleicher** Personen(-gruppen) oder Sachverhalte. Aber nicht jede Gleichbehandlung verschiedener Sachverhalte (z.B. durch gesetzliche Pauschalisierung) bedarf verfassungsrechtlicher Rechtfertigung. Vielmehr ist der Spielraum des Staates für den Fall, dass mehrere gleich behandelt werden, größer. Ein Verstoß gegen Art. 3 Abs. 1 GG liegt in diesen Fällen nur vor, wenn die Verschiedenheit der gleich geregelten Sachverhalte so bedeutsam ist, dass ihre Gleichbehandlung mit einer am Gerechtigkeitsgedanken orientierten Betrachtungsweise unerträglich erscheint.[535] Insoweit hat das Bundesverfassungsgericht nicht zu prüfen, ob der Gesetzgeber jeweils die richtige und zweckmäßigste Regelung getroffen hat, sondern lediglich, ob diese äußersten Grenzen gewahrt sind.

599 ▪ Eine nach Art. 3 Abs. 1 GG zu beachtende **Ungleichbehandlung liegt nicht vor**, wenn die herangezogenen Vergleichssachverhalte **von verschiedenen Gesetzgebern** gesetzlich geregelt sind. Ein Vergleich von Land zu Land, soweit Landesgesetze betroffen sind, oder auch von Gemeinde zu Gemeinde, kann deshalb nicht gezogen werden. Aufgrund der föderalistischen Struktur müssen die in der Landesgesetzgebung selbstständigen Länder die zu ihrer Kompetenz gehörenden Materien nicht einheitlich regeln.[536] Dies gilt auch für Satzungen von Universitäten und sonstigen Körperschaften.

600 **Beispiel:** Durch Landesgesetz wird die nähere Ausgestaltung der Voraussetzung der Zwischenprüfung im Jura-Studium den einzelnen Universitäten überlassen. Nach der Studienordnung der Universität M sind u.a. erforderlich: eine bestandene Klausur im Staatsorganisationsrecht, in den Grundrechten, im Verwaltungsprozessrecht sowie im Bau- und Polizeirecht. Die Universität K verlangt lediglich eine bestandene Klausur im Staatsorganisationsrecht und wahlweise im Verwaltungs- oder Verwaltungsprozessrecht. Student A, der in M studiert, ist der Ansicht, dass die hohen Anforderungen der Universität M gegen Art. 3 GG verstoßen. Seine Freundin F, die in K studiert, habe „auch keine Ahnung von Baurecht" und könne trotzdem die Zwischenprüfung erfolgreich ablegen.

Die Verletzung des Art. 3 Abs. 1 GG setzt zunächst die Ungleichbehandlung eines „wesentlich Gleichen" voraus. Das bedeutet zunächst zwingend, dass die Ungleichbehandlung durch dieselbe Rechtssetzungsgewalt erfolgen muss. Da den Universitäten das Recht eingeräumt wurde, die Anfor-

---

535 BVerfGE 55, 261, 269.
536 Kingreen/Poscher, Rn. 485.

derungen an das Bestehen der Zwischenprüfung näher zu regeln, erfolgt die Ungleichbehandlung daher durch unterschiedliche Rechtssetzungsgewalten, sodass eine Ungleichbehandlung von wesentlich Gleichem nicht gegeben ist.

- Eine Ungleichbehandlung kann auch dann vorliegen, wenn das Gesetz zwei Vergleichsgruppen formal gleich behandelt, die praktischen Auswirkungen hingegen zu einer Ungleichbehandlung führen (sog. **mittelbare Diskriminierung**). 601

    Beispiel: Die Ungleichbehandlung von Verheirateten und eingetragenen Lebenspartnern in den Vorschriften des EStG zum Ehegattensplitting stellt eine mittelbare Ungleichbehandlung wegen der sexuellen Orientierung dar. Zwar richtet sich die Gewährung des Splittingtarifs nicht ausdrücklich nach der sexuellen Orientierung, sondern nach dem Familienstand. Mittelbar wird damit jedoch an die sexuelle Orientierung angeknüpft. Denn auch wenn der Familienstand den Steuerpflichtigen unabhängig von ihrer sexuellen Orientierung zugänglich ist, ist doch die Entscheidung des Einzelnen für eine Ehe oder eine eingetragene Lebenspartnerschaft kaum trennbar mit seiner sexuellen Orientierung verbunden. Gesetzliche Bestimmungen, die die Rechte eingetragener Lebenspartner regeln, erfassen typischerweise homosexuelle Menschen, während solche, die die Rechte von Ehegatten regeln, typischerweise heterosexuelle Menschen erfassen.[537]

- Insbesondere aus Art. 3 Abs. 1 GG lässt sich ein Anspruch des Einzelnen **auf Teilhabe** herleiten. Grundrechte begründen ein **Teilhaberecht**, wenn der Staat Einrichtungen oder Förderungssysteme geschaffen hat, die eine Teilhabe am Grundrecht erst ermöglichen. Praktisch relevant wird diese Funktion der Grundrechte insbesondere im Verwaltungsrecht, wenn die Anspruchsgrundlage zunächst **nur einen Anspruch auf ermessensfehlerfreie Entscheidung** einräumt und dieser dann **wegen der grundrechtlichen Teilhaberechte auf Null reduziert** ist. 602

    Beispiele:
    - Eine Partei, die keinen Ortsverband in der Gemeinde hat, kann gleichwohl einen Anspruch auf Nutzung einer Stadthalle (öffentliche Einrichtung der Gemeinde) für eine Parteiveranstaltung aus **Art. 21 GG i.V.m. Art. 3 Abs. 1 GG** haben, wenn die Gemeinde auch anderen Parteien die Stadthalle zur Verfügung gestellt hat.
    - Im Rahmen der Hochschulbildung besitzt der Staat ein Monopol. Da der Staat bereits an andere Bewerber einen Studienplatz vergeben hat, ergibt sich bei der Vergabe von Studienplätzen für den (unterlegenen) Studienplatzbewerber **aus Art. 12 Abs. 1 GG i.V.m. Art. 3 Abs. 1 GG** daher ein Teilhaberecht. Sein Recht auf Teilhabe ist aber darauf beschränkt, dass jeder Interessent **die gleichen Chancen auf die Vergabe eines Studienplatzes** hat.

Fall 19: Ungleiche Steuern

S ist Arbeitnehmer und ärgert sich wieder einmal über seinen Einkommensteuerbescheid. Zwar hat das Finanzamt (den Regelungen des EStG entsprechend) für seine berufsbedingten Aufwendungen den Arbeitnehmerpauschbetrag (1000 € pro Jahr) abgezogen. Aber im Vergleich zu den Bundestagsabgeordneten fühlt sich S ungerecht behandelt. Er hat erfahren, dass den Abgeordneten nach § 3 Nr. 12 EStG eine steuerfreie Kostenpauschale von 4.318,38 € monatlich zusteht.

Wird S durch die den Abgeordneten gewährte steuerfreie Abgeordnetenpauschale in Art. 3 Abs. 1 GG verletzt?

---

[537] BVerfG, Beschl. v. 07.05.2013 – 2 BvR 909/06 (Rn. 78).

603 S wird durch die in § 3 Nr. 12 EStG normierte Steuerbefreiung der den Abgeordneten gewährten Kostenpauschalen in seinem Recht aus Art. 3 Abs. 1 GG verletzt, wenn eine sachlich nicht gerechtfertigte Ungleichbehandlung gegeben ist.

I. Nach Art. 3 Abs. 1 GG sind alle Menschen vor dem Gesetz gleich. Der allgemeine Gleichheitssatz gebietet dem Gesetzgeber, **wesentlich Gleiches gleich** und wesentlich Ungleiches ungleich zu behandeln. Dabei gilt Art. 3 Abs. 1 GG sowohl für ungleiche Belastungen als auch für **ungleiche Begünstigungen**.[538] Fraglich ist daher, ob steuerlich die Arbeitnehmer und die Abgeordneten wesentlich gleich sind und ungleich behandelt werden.

Der Arbeitnehmerpauschbetrag (und bei einem entsprechenden Nachweis ein höherer Werbungskostenabzug) gewährleisten das der Einkommensteuer zugrunde liegenden Nettoprinzip, nach dem nur das Nettoeinkommen (**Erwerbseinnahmen abzüglich der Erwerbsaufwendungen**) besteuert wird. Die steuerfreie Kostenpauschale für die Abgeordneten soll die durch die Ausübung des Mandats entstehenden Aufwendungen abdecken. Dazu zählen Ausgaben für die Einrichtung und Unterhaltung eines Wahlkreisbüros, für Fahrten im Wahlkreis und für die Wahlkreisbetreuung. Daneben bestreitet der Abgeordnete aus der Kostenpauschale auch die Ausgaben für die Zweitwohnung am Sitz des Parlaments. Insoweit werden auch beim Abgeordneten „**beruflich**" bedingte Aufwendungen steuerfrei gestellt und müssen nicht aus der Abgeordneten-Diät bestritten werden. Damit sind Arbeitnehmer und Abgeordnete steuerlich als wesentlich gleich zu beurteilen.

Die unterschiedliche steuerfreie Pauschale **begünstigt** auch die Abgeordneten im Vergleich zu Arbeitnehmern. Es liegt eine **Ungleichbehandlung wesentlich gleicher Sachverhalte** vor.

604 II. Diese Ungleichbehandlung könnte **sachlich gerechtfertigt** sein.

1. Aus dem allgemeinen Gleichheitssatz ergeben sich je nach Regelungsgegenstand und Differenzierungsmerkmalen **unterschiedliche Grenzen** für den Gesetzgeber, die vom bloßen **Willkürverbot bis zu** einer strengen Bindung an **Verhältnismäßigkeitserfordernisse** reichen. Dabei kommt es wesentlich darauf an, in welchem Maß sich die Ungleichbehandlung von Personen oder Sachverhalten auf die Ausübung grundrechtlich geschützter Freiheiten auswirken kann. Genauere Maßstäbe und Kriterien dafür, unter welchen Voraussetzungen der Gesetzgeber den Gleichheitssatz verletzt, lassen sich nicht abstrakt und allgemein, sondern nur in Bezug auf die jeweils betroffenen unterschiedlichen Sach- und Regelungsbereiche bestimmen.[539]

2. Die Ungleichbehandlung ist aber jedenfalls dann gerechtfertigt, wenn ein **sachlicher Grund** für die ungleiche Behandlung besteht, der **verhältnismäßig** ist. Sachlicher Grund für die steuerfreie Abgeordnetenpauschale ist, dass die den Abgeordneten **durch die Ausübung des Mandats** entstehenden Aufwendungen abgedeckt werden. Dieser Grund müsste, gerade im Hinblick auf die unterschied-

---

538 BVerfGE 110, 412, 431; 133, 377; Jarass/Pieroth GG, Art. 3 Rn. 11.
539 BVerfG NVwZ 2010, 1429.

liche Behandlung von Arbeitnehmern, verhältnismäßig, insbesondere **angemessen** sein.

Anders als bei Arbeitnehmern, die tatsächlich entstandene Aufwendungen über den Pauschbetrag hinaus als Werbungskosten geltend machen können, können solche tatsächlich entstandenen höheren Aufwendungen von Abgeordneten nicht steuerlich abgesetzt werden, denn es gibt für sie keine „Werbungskosten".

Abgeordnete „schulden" im Unterschied zu Arbeitnehmern keine Dienste, sondern nehmen ein freies Mandat wahr. Der Abgeordnete entscheidet grundsätzlich frei und in ausschließlicher Verantwortlichkeit gegenüber dem Wähler über die Art und Weise der Wahrnehmung seines Mandats.[540] **Dies betrifft auch die Frage, welche Kosten er dabei auf sich nimmt**. Die pauschale Erstattung dieser Aufwendungen soll Abgrenzungsschwierigkeiten vermeiden, die beim Einzelnachweis mandatsbedingter Aufwendungen dadurch aufträten, dass die Aufgaben eines Abgeordneten aufgrund der Besonderheiten des Abgeordnetenstatus nicht in abschließender Form bestimmt werden könnten. Ihr Charakter entspricht daher **weniger einer Werbungskostenpauschale** bei Arbeitnehmern, sondern vielmehr einem pauschalierten **Auslagenersatz** für Kosten, deren tatsächlicher Anfall vermutet wird.

Klausurhinweis: Aus diesem Grunde wäre es in einer Klausur auch gerechtfertigt, bereits einen wesentlich gleichen Sachverhalt zu verneinen.

Da auch nicht offensichtlich ist, dass die Abgeordnetenentschädigung bereits im Kern einen nicht tatsächlich entstandenen Aufwand ausgleicht, ist eine abweichende steuerliche Berücksichtigung der Aufwandsentschädigung eines Abgeordneten gegenüber den Erwerbsaufwendungen bei nichtselbstständiger Arbeit dem Grunde nach sachlich gerechtfertigt.[541]

Damit ist die Ungleichbehandlung sachlich gerechtfertigt. S wird durch die den Abgeordneten gewährte steuerfreie Abgeordnetenpauschale nicht in Art. 3 Abs. 1 GG verletzt.

C. Die besonderen Gleichheitssätze

Anders als bei der Prüfung des allgemeinen Gleichheitssatzes besteht bei der Prüfung der besonderen Gleichheitsrechte nicht die Schwierigkeit, zunächst das „richtige" Vergleichspaar zu finden. Denn dieses wird bereits durch den Gleichheitssatz selbst vorgegeben. Wenn Art. 3 Abs. 2 S. 1 GG normiert, dass Männer und Frauen gleichberechtigt sind, dann kommt als Vergleichspaar nur eine Ungleichbehandlung von Mann und Frau in Betracht. Der Schwerpunkt der Prüfung eines besonderen Gleichheitssatzes liegt daher im Bereich der Rechtfertigung.

605

---

540 BVerfGE 118, 277, 336 f.
541 BVerfG NVwZ 2010, 1429.

I. Gleichberechtigung von Mann und Frau, Art. 3 Abs. 2 S. 1 GG

606 Nach Art. 3 Abs. 2 S. 1 GG sind Männer und Frauen gleichberechtigt. Insofern enthält Art. 3 Abs. 2 GG ein **absolutes Differenzierungsverbot** im Verhältnis von Frauen und Männern. Daneben ist in Art. 3 Abs. 2 S. 2 GG ein **Staatsziel** geregelt. Danach fördert der Staat die tatsächliche Durchsetzung der Gleichberechtigung von Männern und Frauen und wirkt auf die Beseitigung bestehender Nachteile hin.

607 1. Art. 3 Abs. 2 S. 1 GG in seiner Ausformung als absolutes Differenzierungsverbot bedeutet, dass (grundsätzlich) jegliche Differenzierung zwischen Männern und Frauen verboten ist, also eine Ungleichbehandlung wegen des Geschlechts (grundsätzlich) allein deshalb unzulässig ist, weil sie aufgrund des Geschlechts erfolgt.[542]

608 2. Erfasst wird nicht nur die gezielte Ungleichbehandlung wegen des Geschlechts (finale bzw. unmittelbare Diskriminierung), sondern auch die Ungleichbehandlung als nicht beabsichtigte, aber objektiv vorhersehbare Nebenfolge hoheitlichen Handelns (faktische oder mittelbare Diskriminierung). Eine solche mittelbare Diskriminierung durch ein Gesetz liegt vor, wenn eine Regelung zwar nicht ausdrücklich an das Geschlecht anknüpft, ihre Tatbestandsvoraussetzungen jedoch so gefasst sind, dass sie de facto nur auf Männer oder nur auf Frauen Anwendung findet.[543]

Beispiel: Das Gesetz über Teilzeitarbeit, das Teilzeitarbeitnehmer in einigen Belangen schlechter stellt als Vollzeit-Arbeitnehmer, betrifft in der Praxis überwiegend Frauen. Die geschlechtsspezifische Wirkung solcher Regelungen folgt aus der in der sozialen Wirklichkeit vorfindbaren Zusammensetzung der Berufsgruppe.[544]

609 3. Eine Differenzierung nach dem Geschlecht ist aber **ausnahmsweise** dann **zulässig**, wenn dies zur Lösung von Problemen, die ihrer Natur nach nur entweder bei Frauen oder bei Männern auftreten können, zwingend erforderlich ist.[545] Als „zwingende Gründe" werden einerseits „**biologische** oder **funktionale Unterschiede**" angesehen (z.B. gibt es natürlich nur ein Gesetz zum Schutze der erwerbstätigen Mutter).[546] Ansonsten lässt sich die Ungleichbehandlung allenfalls noch durch **kollidierendes Verfassungsrecht** (z.B. aus der Staatszielbestimmung des Art. 3 Abs. 2 S. 2 GG) rechtfertigen.[547]

610 Im Rahmen der Rechtfertigung ist dann insbesondere ein **verhältnismäßiger Ausgleich** der widerstreitenden Interessen und Rechte vorzunehmen. Dabei sind vorrangig einerseits das Staatsziel aus Art. 3 Abs. 2 S. 2 GG, andererseits und gegenläufig aber die Gleichberechtigung aus Art. 3 Abs. 2 S. 1 GG zu bewerten.

Beispiel: Quotenregelungen, die einen bestimmten Prozentsatz von Stellen im öffentlichen Dienst, in Parteien oder in der Wirtschaft für Frauen vorschreiben, benachteiligen einen ebenso qualifizierten Mann (Art. 3 Abs. 2 S. 1 GG). Dies könnte aufgrund der Staatszielbestimmung des Art. 3 Abs. 2 S. 2 GG gerechtfertigt sein. Bemerkenswert ist insoweit, dass eine Rechtfertigung der Quotenregelung (national) überwiegend abgelehnt wird. Dies wird u.a. damit begründet, Art. 3 Abs. 2 S. 2 GG verlange zwar

---

[542] BVerfGE 85, 191, 206; Jarass/Pieroth, GG, Art. 3 Rn. 85.
[543] BVerfGE 113, 1, 15; BVerwGE 117, 219, 227 f.; Kingreen/Poscher, Rn. 505.
[544] BVerfG, Beschl. v. 14.04.2010 – 1 BvL 8/08 (Rn. 68).
[545] BVerfG, Beschl. v. 25.10.2005 – 2 BvR 524/01; BVerfG, Beschl. v. 07.11.2008 – 2 BvR 1870/07, RÜ 2009, 117; BVerfG, Beschl. v. 10.07.2012 – 1 BvL 2/10 (Rn. 57).
[546] Schwarz JuS 2009, 417, 419.
[547] BVerfGE 92, 91; Sachs, GG, Art. 3 Rn. 254.

eine Gleich**berechtigung**, nicht aber eine Gleich**stellung** der Frau.[548] Allerdings hat der EuGH in der „Marschall-Entscheidung"[549] entschieden, dass Frauenquoten mit einer Härtefallregelung zugunsten der Männer europarechtskonform sind.

> **Fall 20: Meistergründungsprämien**
>
> Das Land L gewährte Handwerksmeisterinnen und -meistern, die sich selbstständig machten und Arbeitsplätze schafften, eine Meistergründungsprämie von 10.000 €. Nach den formell verfassungsgemäßen gesetzlichen Regelungen galten dabei Fristen für die Antragstellung, und zwar konnten Frauen innerhalb von fünf Jahren nach dem Ablegen der Meisterprüfung die Meistergründungsprämie beantragen, um eine Förderung zu erhalten, Männer dagegen nur innerhalb von zwei Jahren. Diese unterschiedliche Behandlung von Frauen und Männern wurde insbesondere damit begründet, dass Handwerksmeisterinnen stark unterrepräsentiert wären. So lag der Frauenanteil an der Gesamtbevölkerung im Bundesland L bei 51,4%, während die Quote der selbstständigen Handwerkerinnen lediglich 13,6% betrug. Verletzt die Meistergründungsprämie Art. 3 Abs. 2 und Abs. 3 GG?

611

Die Meistergründungsprämie könnte Art. 3 Abs. 2 S. 1 GG oder Art. 3 Abs. 3 S. 1 Fall 1 GG verletzen. Nach **Art. 3 Abs. 2 S. 1 GG** sind **Männer und Frauen gleichberechtigt**. Nach **Art. 3 Abs. 3 S. 1 Fall 1 GG** darf niemand wegen seines **Geschlechtes** ungleich behandelt werden. Eine Ungleichbehandlung wegen des Geschlechtes ist notwendigerweise eine Ungleichbehandlung von Frau und Mann, beide Gleichheitsrechte sind daher **inhaltsgleich**.[550] Dementsprechend wird die Verletzung des Art. 3 Abs. 2, 3 Abs. 3 S. 1 Fall 1 GG zusammen geprüft.

612

I. Zunächst müsste eine Ungleichbehandlung **wegen des Geschlechts** gegeben sein. Während Frauen nach dem ministeriellen Erlass fünf Jahre lang die Meistergründungsprämie beantragen können, können dies Männer nur zwei Jahre lang. Die unterschiedliche Gewährung der Meistergründungsprämie stellt eine Ungleichbehandlung von Frauen und Männern dar.

613

II. Diese Differenzierung wegen des Geschlechtes könnte **sachlich gerechtfertigt** sein. Art. 3 Abs. 2 S. 1, Abs. 3 S. 1 Fall 1 GG enthalten ein **absolutes Differenzierungsverbot**, d.h., dass eine Ungleichbehandlung wegen des Geschlechts (grundsätzlich) schon deshalb unzulässig ist, weil sie aufgrund des Geschlechts erfolgt. An das Geschlecht anknüpfende differenzierende Regelungen sind mit Art. 3 Abs. 2 S. 1, Abs. 3 S. 1 Fall 1 GG nur vereinbar, soweit sie zur Lösung von Problemen, die **ihrer Natur nach** nur entweder bei Männern oder Frauen auftreten können, **zwingend erforderlich** sind, oder eine **Abwägung mit kollidierendem Verfassungsrecht** sie ausnahmsweise legitimiert.

614

Klausurhinweis: Da bei einer Ungleichbehandlung wegen des Geschlechts eine personenbezogene Ungleichbehandlung gegeben ist, die durch ein absolutes Diskriminie-

---

548 OVG Nds DVBl. 1995, 1254 f.; OVG NRW NWVBl. 1998, 400; Hofmann NVwZ 1995, 662.
549 EuGH NJW 1997, 3429.
550 Kingreen/Poscher, Rn. 503.

rungsverbot geschützt wird, kann in einer Klausur ohne eine Erörterung der Frage, nach welcher Rechtfertigungsformel zu prüfen ist, die neue Formel geprüft werden.

615 1. Dann müsste mit der Meistergründungsprämie zunächst ein **zulässiges Differenzierungsziel** verfolgt werden. Durch die Meistergründungsprämie soll eine Verringerung der bestehenden Unterrepräsentanz der Frauen als selbstständige Handwerksmeisterinnen erreicht werden. Die unterschiedliche Behandlung männlicher und weiblicher Handwerker könnte daher aus der **Staatszielbestimmung des Art. 3 Abs. 2 S. 2 GG** als kollidierende Verfassungsnorm heraus gerechtfertigt sein. Danach hat der Staat die Pflicht zur tatsächlichen Durchsetzung der Gleichberechtigung der Frauen und Männer. Das verfolgte Ziel ist damit ein nach der Verfassung vorgesehenes und somit legitim.

616 2. Daneben muss auch ein **zulässiges Differenzierungskriterium** gewählt werden, also ein von der Verfassung her zulässiger Anknüpfungspunkt für eine Ungleichbehandlung. Grundsätzlich sind Differenzierungen wegen des Geschlechtes gemäß Art. 3 Abs. 2, Abs. 3 GG **ausnahmslos** untersagt. Eine Ausnahme ist jedoch anerkannt, wenn die Differenzierung **auf biologischen Gründen** beruht. Die Ungleichbehandlung bei der Gewährung der Meistergründungsprämie beruht aber nicht auf biologischen Gründen, sodass diese Ausnahme nicht vorliegt. Eine weitere Ausnahme wird zugelassen, wenn die **Ungleichbehandlung sozialstaatlich motiviert ist und zur Kompensation bestehender Nachteile** dient. Dies wird insbesondere mit dem Staatsziel des Art. 3 Abs. 2 S. 2 GG begründet, wonach der Staat die objektive Pflicht hat, auf die Beseitigung bestehender Nachteile hinzuwirken.

In der Realität sind **Handwerksmeisterinnen stark unterrepräsentiert**. Das selbstständige Handwerk wird zu einem weit überwiegenden Teil von männlichen Meistern ausgeführt. Insoweit dient die Unterscheidung der Geschlechter bei der Gewährung der Meistergründungsprämie der Abschaffung tatsächlich bestehender Ungleichheiten und ist demzufolge sozialstaatlich motiviert zur Kompensation bestehender Nachteile. Das Differenzierungskriterium ist **ausnahmsweise zulässig**.

617 3. Die Ungleichbehandlung ist nur gerechtfertigt, wenn die Differenzierung im Hinblick auf das zu erreichende Ziel **verhältnismäßig** ist.

a) Die unterschiedliche Behandlung bei der Gewährung der Meistergründungsprämie müsste **geeignet** sein. Eine Maßnahme ist geeignet, wenn sie die Zielerreichung zumindest fördert. Die Meistergründungsprämie fördert zumindest die Möglichkeit, sich selbstständig zu machen und ist daher geeignet.

b) Ein milderes, gleich wirksames Mittel ist nicht erkennbar, sodass die Meistergründungsprämie auch **erforderlich** ist.

c) Fraglich ist, ob die Unterscheidung bei der Gewährung auch **angemessen** ist. Eine Maßnahme ist angemessen, wenn der erstrebte Zweck nicht erkennbar außer Verhältnis steht zu dem eingesetzten Mittel, anders ausgedrückt, wenn kein Missverhältnis besteht zwischen dem Nutzen der Allgemeinheit und dem Schaden des Einzelnen.

Für die Angemessenheit der Differenzierung spricht, dass der Verfassungsauftrag des Art. 3 Abs. 2 S. 2 GG die gesamte Gruppe der Frauen betrifft, während sich das Abwehrrecht des Art. 3 Abs. 2, Abs. 3 GG nur auf den einzelnen Mann bezieht. Die Vorteile der Regelung kommen im Sinne eines **Gruppen-Grundrechtes** allen Frauen zu Gute. Zudem steht dem Gesetzgeber ein **weiter Gestaltungsspielraum** zur Erfüllung des Verfassungsauftrages zu. Daneben spricht für die Angemessenheit, dass durch die Meistergründungsprämie nicht die Rechte der Männer einschränkt werden, sie also nicht belastend wirkt, sondern dass sie **lediglich eine positive Fördermaßnahme** zugunsten der Frauen darstellt.[551] Insofern werden die Männer nur weniger begünstigt, es verbleibt aber auch für die Männer bei einer Begünstigung.

618

Gegen die Angemessenheit der Ungleichbehandlung spricht aber, dass Art. 3 Abs. 2 S. 2 GG zwar eine Gleich**berechtigung** von Frauen und Männern verlangt, nicht jedoch eine Gleich**stellung**. Würden für Männer und Frauen dieselben Fristen für die Antragstellung gelten, wären sie gleich berechtigt. Zudem ist zu berücksichtigen, dass durch die Regelung der eine männliche Antragsteller die in der Vergangenheit hervorgerufene tatsächliche Unterrepräsentanz der Frauen im Handwerk auszugleichen hat. Dabei ist zu bedenken, dass unterschiedlichste Gründe für die tatsächliche Unterrepräsentanz der Frauen im Handwerk ursächlich gewesen sein können. Letztlich spricht vor allem gegen die Angemessenheit der Regelung, dass die unterschiedliche Behandlung bei der Meistergründungsprämie dem Ausgleich beruflicher Nachteile in der Phase der Familiengründung dienen soll. Heute dürfte aber eine derartige Typisierung, die davon ausgeht, dass allein die Frau die besonderen familiären Belastungen trägt, nicht mehr den Realitäten entsprechen.[552] Denkbar wäre eine Regelung, die in geschlechtsneutraler Weise an die durch Phasen der Kindererziehung eintretenden zeitlichen Belastungen anknüpft. Nach alldem ist die Meistergründungsprämie nicht angemessen und somit unverhältnismäßig (a.A. vertretbar).

619

Die Differenzierung wegen des Geschlechtes ist daher sachlich nicht gerechtfertigt. Die Meistergründungsprämie verletzt Art. 3 Abs. 2, Abs. 3 GG und ist verfassungswidrig.

II. Differenzierungsverbote aus Art. 3 Abs. 3 S. 1 GG

Art. 3 Abs. 3 S. 1 GG verbietet dem Gesetzgeber, Gesichtspunkte wie Geschlecht, Abstammung, Rasse, Sprache, Heimat und Herkunft, Glauben, religiöse oder politische An-

620

---

551 BVerwG, Urt. v. 18.07.2002 – 3 C 53.01.
552 Maunz/Dürig, GG, Art. 3 Rn. 119.

schauung als Differenzierungskriterien zu verwenden. Diese Aufzählung wird in Art. 3 Abs. 3 S. 2 GG um die Ungleichbehandlung wegen einer Behinderung erweitert.

Ein Verstoß gegen Art. 3 Abs. 3 GG liegt allerdings nur vor, wenn die Benachteiligung oder Bevorzugung **gerade wegen oder nur wegen** der dort genannten Kriterien erfolgt.[553] Insofern setzen die Differenzierungverbote des Art. 3 Abs. 3 GG eine **Kausalität** zwischen der Verwendung des Merkmals und dem Nachteil voraus.

Beispiel: Nach § 30 Abs. 1 S. 1 Nr. 2 AufenthG ist dem Ehegatten eines Ausländers (nur dann) eine Aufenthaltserlaubnis zu erteilen, wenn der Ehegatte sich zumindest auf einfache Art in deutscher Sprache verständigen kann. Darin ist keine Benachteiligung **wegen der Sprache** zu sehen, da bei Nichterfüllung der Voraussetzungen des § 30 Abs. 1 Satz 1 Nr. 2 AufenthG die Versagung des Aufenthaltstitels nicht daran anknüpft, dass der Ausländer eine bestimmte Sprache spricht, sondern dass er nicht über einfache Kenntnisse der deutschen Sprache verfügt.

III. Art. 6 Abs. 1 und 5 GG

621 Nach Art. 6 Abs. 1 GG stehen Ehe und Familie unter dem besonderen Schutz der staatlichen Ordnung. Darin enthalten ist auch ein **Benachteiligungsverbot**, sodass dem Art. 6 Abs. 1 GG auch ein besonderer Gleichheitssatz zu entnehmen ist. Entsprechendes gilt schon nach dem Wortlaut für Art. 6 Abs. 5 GG, nach dem **uneheliche und eheliche Kinder** gleich zu behandeln sind.

Hinsichtlich der gleichheitsrechtlichen Dimension des Art. 6 GG s.o. Rn. 314.

IV. Art. 33 Abs. 1–3 GG

1. Art. 33 Abs. 1 GG

622 Nach Art. 33 Abs. 1 GG hat jeder Deutsche in jedem Land **die gleichen staatsbürgerlichen Rechte und Pflichten** (sog. gemeinsames Indigenat). Dadurch soll vermieden werden, dass für Deutsche unterschiedliche Rechte und Pflichten allein wegen des föderalistischen Aufbaus der Bundesrepublik Deutschland geschaffen werden. Art. 33 Abs. 1 GG verpflichtet jedoch die Länder nicht dazu, untereinander gleiche Regelungen zu schaffen. Vielmehr lässt das föderalistische Prinzip den Ländern im Rahmen ihrer Zuständigkeit die Möglichkeit, die Gesetzgebung im Landesbereich nach ihren eigenen Vorstellungen zu regeln. Art. 33 Abs. 1 GG verpflichtet also lediglich zur Gleichbehandlung aller Deutschen in einem Bundesland, nicht dagegen zur Gleichheit der Länder.[554]

Staatsbürgerliche Rechte und Pflichten umfassen das gesamte Rechtsverhältnis des Staatsbürgers zum Staat. Dazu zählen insbesondere Wahlrechte, der Zugang zu Ausbildungsstätten sowie Steuer- und Dienstleistungspflichten.

2. Art. 33 Abs. 2 GG

623 Nach Art. 33 Abs. 2 GG hat jeder Deutsche nach seiner Eignung, Befähigung und fachlichen Leistung den **gleichen Zugang zu jedem öffentlichen Amt**. Damit wird klarge-

---

553 BVerfGE 75, 40, 70; NJW 2004, 50; BVerwG, Urt. v. 03.03.1998 – 9 C 3.97 (Rn. 19); Jarass/Pieroth, GG, Art. 3 Rn. 131; Ipsen, Rn. 848 f.; Michael/Morlok, Rn. 814 ff.; Epping, Rn. 826.
554 Kingreen/Poscher, Rn. 530 ff.

stellt, dass es bei der Vergabe öffentlicher Ämter **nur** auf die in Art. 33 Abs. 2 GG genannten Gesichtspunkte, nicht aber auf andere Kriterien ankommen darf, insbesondere nicht auf die in Art. 3 Abs. 2 S. 1 und Abs. 3 GG genannten oder auf das Alter.

Beispiel: Eine Differenzierung bei einer Einstellung als Beamter danach, ob ein Bewerber seine Prüfung in einem anderen Bundesland abgelegt hat, stellt nicht auf ein zulässiges Differenzierungskriterium ab.

Über Art. 33 Abs. 2 GG wird für Einstellungen und Beförderungen im Beamtenrecht das Prinzip der **Bestenauslese** normiert. Art. 33 Abs. 2 GG enthält drei **unbestimmte Rechtsbegriffe**, wobei der Gesetzgeber einen weiten Gestaltungsspielraum hat und die der Verwaltung einen nicht voll gerichtlich überprüfbaren **Beurteilungsspielraum** einräumen.[555]

*Hinweis: Eine Besonderheit besteht insoweit bei der Berufung von Richtern an den obersten Gerichtshöfen des Bundes. Zwar gilt auch hier Art. 33 Abs. 2 GG. Das durch Art. 95 Abs. 2 GG vorgegebene **Wahl**verfahren führt jedoch dazu, dass der Wahlakt **keiner** gerichtlichen Kontrolle unterliegt, da ansonsten dem Richterwahlausschuss keine Wahlfreiheit verbliebe.[556]*

Die **Eignung** erfasst die ganze Person mit ihren geistigen, seelischen, körperlichen und charakterlichen Eigenschaften, soweit sie nicht Befähigung oder fachliche Leistung betreffen. **Befähigung** meint eine für die auszuübende Tätigkeit bestehende Begabung, das Allgemeinwissen und die Lebenserfahrung. Zur Befähigung zählt auch die „allgemeine" Ausbildung.[557] Die **fachliche Leistung** bezieht sich auf Fachwissen, Fachkönnen und fachliche Bewährung.

Beeinträchtigungen des Art. 33 Abs. 2 GG können allenfalls **durch kollidierendes** und im Einzelfall höherrangiges **Verfassungsrecht** gerechtfertigt werden.

3. Art. 33 Abs. 3 GG

Nach Art. 33 Abs. 3 GG sind der Genuss bürgerlicher und staatsbürgerlicher Rechte, die Zulassung zu öffentlichen Ämtern sowie die im öffentlichen Dienste erworbenen Rechte **unabhängig von dem religiösen Bekenntnis**. Außerdem darf niemandem aus seiner Zugehörigkeit oder Nichtzugehörigkeit zu einem Bekenntnis oder einer Weltanschauung ein Nachteil erwachsen. Dieser Regelungsgehalt ergibt sich an sich schon aus Art. 3 Abs. 1 und Abs. 3 S. 1 GG, Art. 4 GG, Art. 33 Abs. 2 GG sowie Art. 140 GG i.V.m. Art. 136 Abs. 2 WRV. Er wird hier jedoch noch einmal herausgestellt und verdrängt im Wege der Spezialität die gerade genannten Grundrechte.[558]

624

V. Allgemeinheit und Gleichheit der Wahl, Art. 38 Abs. 1 S. 1 GG

Die grundrechtsgleichen Rechte der Allgemeinheit und Gleichheit der Wahl betreffen als Wahlrechtsgrundsätze vorrangig staatsorganisationsrechtliche Fragen. Einzelheiten dazu werden daher im AS-Skript Staatsorganisationsrecht (2017), Rn. 226 ff., 231 ff. behandelt.

625

---

[555] BVerfG, Urt. v. 24.09.2003 – 2 BvR 1436/02 (Rn. 37, 38); BVerwG, Urt. v. 16.08.2001 – 2 A 3.00.
[556] BVerfG, Beschl. v. 20.09.2016 – 2 BvR 2453/15 = JuS 2017, 89.
[557] BVerfG, Beschl. v. 20.04.2004 – 1 BvR 838/01 (Rn. 60).
[558] BVerwGE 81, 22, 24; BVerwG, Urt. v. 04.07.2002 – 2 C 21.01 (kopftuchtragende Lehrerin).

D. Europarecht

626 Das Unionsrecht enthält verschiedene Gleichheitsrechte und Diskriminierungsverbote. Beispielhaft sind hier das Verbot der Diskriminierung wegen der Staatsangehörigkeit aus **Art. 18 AEUV** zu nennen oder der allgemeine Gleichheitssatz nach **Art. 20 GRCh**. Ein Diskriminierungsverbot enthält auch **Art. 14 EMRK**.[559]

23. Abschnitt: Die Justizgrundrechte

627 Die Justizgrundrechte (auch Verfahrensrechte) garantieren eine rechtsstaatliche Ausgestaltung des Rechtsschutzes und bestimmen Grenzen richterlicher Gewalt. Neben der, im Grundrechtekatalog geregelten, Rechtsweggarantie (Art. 19 Abs. 4 GG) finden sich Justizgrundrechte als grundrechtsgleiche Rechte in Art. 101, 103 und 104 GG.

628

A. Die Rechtsweggarantie, Art. 19 Abs. 4 GG

629 Die durch Art. 19 Abs. 4 GG gewährleistete Rechtsweggarantie gegen mögliche Rechtsverletzungen **der öffentlichen Gewalt** wird in ihrer Bedeutung teilweise mit der Gewährleistung der allgemeinen Handlungsfreiheit in Art. 2 Abs. 1 GG gleichgesetzt. Der Grund liegt darin, dass Art. 19 Abs. 4 GG die in den Grundrechten materiell gewährten Abwehrrechte gegen den Staat verfahrensrechtlich überhaupt erst durchsetzbar macht.[560] Im Verhältnis zu Art. 103 Abs. 1 GG eröffnet Art. 19 Abs. 4 GG **den Weg zu** den Gerichten, während Art. 103 Abs. 1 GG mit der Gewährleistung rechtlichen Gehörs erst **im** laufenden Gerichtsverfahren zum Tragen kommt.[561]

630 Rechtsschutzgarantien **im Privatrecht** vermittelt Art. 2 Abs. 1 GG in Verbindung mit dem Rechtsstaatsprinzip (Art. 20 Abs. 3 GG) als sog. **allgemeiner Justizgewährungsanspruch**.[562] Dieser Anspruch, und nicht die Rechtsweggarantie aus Art. 19 Abs. 4 GG, gilt auch bei einer Verletzung des rechtlichen Gehörs aus Art. 103 Abs. 1 GG durch ein (letztinstanzliches) Gericht.[563]

---

559 Einzelheiten bei Michael/Morlok, Rn. 838–856.
560 Maurer, Staatsrecht I, § 8 Rn. 23 ff.
561 BVerfGE 107, 395; BVerfG, Beschl. v. 15.01.2009 – 2 BvR 2044/07.
562 BVerfGE 107, 395; Jarass/Pieroth, GG, Art. 20 Rn. 128 ff.
563 BVerfGE 107, 395.

I. Anwendungsvoraussetzungen des Art. 19 Abs. 4 GG

Die Gewährleistung des Art. 19 Abs. 4 GG greift nur unter bestimmten Voraussetzungen ein. Diese dienen zum einen dazu, die Abwehrfunktion **nur gegen die öffentliche Gewalt** hervorzuheben, und zum anderen dazu, durch das **Erfordernis der subjektiven Rechtsverletzung** Popularklagen zu verhindern.

631

1. Grundrechtsfähigkeit

Das Recht aus Art. 19 Abs. 4 GG steht **jedermann** zu. Damit können sich auch Ausländer sowie in- und ausländische juristische Personen auf dieses Grundrecht berufen. Eingeschränkt gilt dies auch für juristische Personen des öffentlichen Rechts, soweit diese im konkreten Einzelfall zu einem anderen Träger von Hoheitsgewalt in dem in Art. 19 Abs. 4 GG vorausgesetzten Unterordnungsverhältnis steht (z.B. öffentlich-rechtliche Rundfunkanstalten).[564]

632

2. Akt öffentlicher Gewalt

Weiter muss ein **Akt der „öffentlichen Gewalt"** vorliegen. Dieser Begriff ist in Art. 19 Abs. 4 GG enger zu verstehen als im Rahmen der Zulässigkeitsprüfung einer Verfassungsbeschwerde (Art. 93 Abs. 1 Nr. 4 a GG, Rn. 671).[565]

633

- Der Begriff der öffentlichen Gewalt erfasst **alle Maßnahmen der vollziehenden Gewalt** (Regierung und Verwaltung).[566] Erfasst wird **jede** Wahrnehmung staatlicher Verwaltungsaufgaben, d.h. sowohl die Eingriffs- als auch die Leistungsverwaltung, soweit diese die Rechtssphäre des Einzelnen betrifft. Auch die Tätigkeit von Beliehenen ist darunter zu fassen.[567] Erfasst werden aber nur Maßnahmen der deutschen öffentlichen Gewalt.

  Die Rechtsweggarantie des Art. 19 Abs. 4 GG gilt jedoch nur, wenn die Verwaltung öffentlich-rechtlich, also hoheitlich tätig geworden ist. Dann bedarf der Bürger des besonderen Schutzes gegenüber der öffentlichen Gewalt. Nur im **Verwaltungsprivatrecht** fallen auch privatrechtliche Maßnahmen in den Schutzbereich des Art. 19 Abs. 4 GG, denn hier wird der Staat zwar privatrechtlich, jedoch zur unmittelbaren Erfüllung öffentlicher Aufgaben tätig.

- Akte der **gesetzgebenden Gewalt** fallen dagegen nach h.M. nicht unter den Begriff der öffentlichen Gewalt i.S.d. Art. 19 Abs. 4 GG. Der Rechtsweg gegen Gesetze ist nur sehr begrenzt, nämlich durch Art. 93 Abs. 1 Nr. 2, 4 a GG und Art. 100 Abs. 1 GG, eröffnet. Diese Regelungen müssen nach Ansicht des Bundesverfassungsgerichts als abschließend angesehen werden. Die Feststellung der Verfassungswidrigkeit von Gesetzen sei allein Aufgabe der Verfassungsgerichtsbarkeit, nicht die der Instanzgerichte.[568]

634

---

[564] BVerfG, Urt. v. 12.03.2003 – 1 BvR 330/96; Sachs, GG, Art. 19 Rn. 108.
[565] Manssen, Rn. 764.
[566] Jarass/Pieroth, GG, Art. 19 Rn. 42.
[567] vMünch/Kunig, GG, Art. 19 Rn. 61.
[568] BVerfGE 24, 33, 49; E 45, 297, 334; Michael/Morlok, Rn. 880.

Dagegen fallen untergesetzliche Rechtsvorschriften, die von der Exekutive erlassen werden **(Rechtsverordnungen oder Satzungen)**, in den Anwendungsbereich des Art. 19 Abs. 4 GG. Für die Einbeziehung spricht, dass insoweit auch die Instanzgerichte die Verwerfungskompetenz haben. Somit gilt das oben genannte Argument des Bundesverfassungsgerichts nicht.[569]

635 ■ Die **Rspr.** ist nach h.M. ebenfalls keine öffentliche Gewalt i.S.d. Art. 19 Abs. 4 GG, da die Norm nur den „Schutz **durch**, nicht aber gegen den Richter" gewährt.[570] Das bedeutet, dass die Rspr. zwar keine „öffentliche Gewalt" ist, die die Gewährleistungen bzw. Rechtsfolgen von Art. 19 Abs. 4 GG auslösen kann. Sie muss aber als Adressat der Gewährleistung des Art. 19 Abs. 4 GG effektiven und grundrechtsspezifischen Rechtsschutz im Einzelfall gewähren. Tut sie das nicht, verletzt das Urteil Art. 19 Abs. 4 GG und das jeweils einschlägige Grundrecht.[571]

3. Mögliche Verletzung von eigenen Rechten

636 Eine Verletzung des Art. 19 Abs. 4 GG kommt nur dann in Betracht, wenn der Betroffene in **seinen Rechten** verletzt sein kann.

637 ■ Obwohl Art. 19 Abs. 4 GG dem Wortlaut nach verlangt, dass eine Rechtsverletzung wirklich gegeben ist, genügt es, dass die Rechtsverletzung nach den Behauptungen des betroffenen Bürgers **möglich** erscheint.[572] Dies folgt daraus, dass die Zulässigkeit eines Rechtsbehelfs nicht vom Vorliegen einer Rechtsverletzung abhängig gemacht werden darf. Diese ist vielmehr erst im Rahmen der Begründetheitsprüfung zu untersuchen.[573]

638 ■ **Subjektive Rechte** i.S.d. Art. 19 Abs. 4 S. 1 GG sind solche Rechtspositionen, die der Gesetzgeber nicht nur im Interesse der Allgemeinheit gewährt, sondern (zumindest auch) **im Interesse eines Einzelnen**.[574] Dazu zählen nicht nur die Grundrechte, sondern auch subjektive Rechte aus einfach-gesetzlichen Normen[575] und der EMRK.[576] Dies folgt aus einer Gegenüberstellung des Wortlauts mit Art. 19 Abs. 1–3 GG, wo ausdrücklich von den „Grundrechten" gesprochen wird.

Indem Art. 19 Abs. 4 GG eine Verletzung des Grundrechtsträgers in „seinen" Rechten fordert, schließt die Norm (ähnlich wie § 42 Abs. 2 VwGO) Popularklagen aus. Klagen von Verbänden oder anderen Interessengruppen bedürfen deshalb einer besonderen gesetzlichen Zulassung, wie z.B. in § 2 Umwelt-Rechtsbehelfsgesetz (UmwRG). Außerhalb dieser gesetzlichen Regelungen ist eine allgemeine Verbandsklage daher nicht zulässig.

---

569 BVerfG, Beschl. v. 17.01.2006 – 1 BvR 541/02; BVerwGE 111, 276; Maunz/Dürig, GG, Art. 19 Rn. 70.
570 BVerfGE 107, 395, 403 f.; Michael/Morlok, Rn. 882.
571 BVerfG NJW 1997, 2103
572 Manssen, Rn. 771.
573 Michael/Morlok, Rn. 878; Maunz/Dürig, GG, Art. 19 Rn. 156 ff.; Dreier, GG, Art. 19 Rn. 75 f.
574 BVerfG, Beschl. v. 23.05.2006 – 1 BvR 2530/04; Sachs, GG, Art. 19 Rn. 129.
575 BVerfG NJW 2005, 2289, 2295.
576 BVerfG NJW 2002, 815.

II. Inhalt der Gewährleistung des Art. 19 Abs. 4 GG

1. Rechtsweg

Formal eröffnet Art. 19 Abs. 4 GG den **Zugang zu einem Gericht** zur Überprüfung von Maßnahmen der öffentlichen Gewalt, wobei Art. 19 Abs. 4 GG keinen bestimmten **Instanzenzug** gewährleistet.[577] Der Zugang zu einem Gericht darf jedoch in den Prozessordnungen von bestimmten Voraussetzungen abhängig gemacht („ausgestaltet") werden. Diese dienen der Rechtssicherheit und geordneten Tätigkeit der Rechtspflege, sie dienen damit auch der Verwirklichung des Rechtsschutzes.[578] Die Zugangsvoraussetzungen in den Prozessordnungen dürfen wegen Art. 19 Abs. 4 GG den Rechtsschutz jedoch nicht unzumutbar erschweren[579] und dürfen sachlich nicht ungerechtfertigt sein.[580]

639

Beispiele: Kann sich der Bürger einen Rechtsschutz nicht leisten, muss ihm der Zugang zum Gericht durch Prozesskostenhilfe ermöglicht werden;[581] eine Überprüfung darf nicht allein deshalb verweigert werden, weil sich die Sache erledigt hat, wenn ein besonderes Interesse an der Feststellung der Rechtswidrigkeit besteht (z.B. Wiederholungsgefahr).[582]

2. Anspruch auf gerichtliche Überprüfung

a) Grundsatz

Grundsätzlich gewährt Art. 19 Abs. 4 GG einen **Anspruch auf die vollständige, wirksame gerichtliche Überprüfung** des Aktes öffentlicher Gewalt.[583] Dies gilt auch bei Eilverfahren (z.B. gemäß § 80 Abs. 5 S. 1 VwGO) und grundsätzlich auch nach Erledigung, insbesondere bei „tiefgreifenden Grundrechtseingriffen".[584]

640

Soweit das Handeln der Exekutive auf der Inanspruchnahme einer originär gerichtlichen Eingriffsbefugnis beruht (Eingriffsbefugnis unter Richtervorbehalt, z.B. Durchsuchungen i.S.v. Art. 13 Abs. 2 GG), erstreckt sich das Gebot effektiven Rechtsschutzes auch auf die **Dokumentations- und Begründungspflichten** der anordnenden Stelle, die eine umfassende und eigenständige nachträgliche gerichtliche Überprüfung der Anordnungsvoraussetzungen ermöglichen soll. Kommt die anordnende Stelle diesen Pflichten nicht nach oder lässt das überprüfende Gericht den gerichtlichen Rechtsschutz „leerlaufen", in dem es dem Betroffenen eine eigene Sachprüfung versagt, kann dies eine Verletzung von Art. 19 Abs. 4 GG begründen.

---

577 BVerfGE 65, 76, 90; 83, 24, 31.
578 Kingreen/Poscher, Rn. 1122.
579 BVerfG NVwZ-RR 2011, 405.
580 BVerfG NVwZ 2007, 1178.
581 BVerfG, Beschl. v. 10.08.2001 – 2 BvR 569/01.
582 Kingreen/Poscher, Rn. 1135 f.
583 BVerfGE 65, 1, 70; BVerfG NJW 2010, 2864; Jarass/Pieroth, GG, Art. 19 Rn. 67.
584 Jarass/Pieroth, GG, Art. 19 Rn. 58 ff.

b) Ausnahmen

aa) Materielle Präklusion

641 Eine vollständige Überprüfung scheidet zunächst aus bei einer **materiellen Präklusion**, z.B. gemäß § 10 Abs. 3 S. 3 BImSchG. Der Begriff der Präklusion bedeutet, dass sich ein Kläger auf die Verletzung seiner Rechte nicht mehr berufen kann, wenn er entsprechende Einwendungen im vorgelagerten Verwaltungsverfahren (z.B. während der Auslegung eines Planentwurfs) trotz ordnungsgemäßen Hinweisen auf die Präklusion nicht rechtzeitig geltend gemacht hat.

Nach h.M. ist der Eingriff in Art. 19 Abs. 4 GG durch die verfassungsimmanenten Schranken dieses Grundrechts zu rechtfertigen. Bei Großanlagen (z.B. nach dem BImSchG) sei das Grundrecht des Anlagenbetreibers aus Art. 14 GG vorrangig, da dieser wegen der immens hohen Baukosten besonders schutzbedürftig sei. Eine, vielleicht sogar bewusste, Verzögerung des Verfahrens durch den Kläger sei in der Abwägung der widerstreitenden Interessen nicht hinnehmbar.[585]

bb) Bindende Vorentscheidungen von Behörden

642 Verfahrensstufungen in Form bindender Vorentscheidungen einer Behörde, die durch den Angriff gegen die Endentscheidung nicht mehr oder nur eingeschränkt einer gerichtlichen Überprüfung zugeführt werden können, sind nur unter folgenden Voraussetzungen mit Art. 19 Abs. 4 GG vereinbar:

- Die Bindung einer Behörde an vorangehende Feststellungen oder Entscheidungen einer anderen Behörde ergibt sich hinreichend klar aus dem Gesetz.

- Gegen die mit Bindungswirkung ausgestattete Teil- oder Vorentscheidung steht effektiver Rechtsschutz zur Verfügung.

- Die Aufspaltung des Rechtsschutzes mit einer etwaigen Anfechtungslast gegenüber der Vorentscheidung muss für den Bürger deutlich erkennbar sein und darf nicht mit unzumutbaren Risiken und Lasten verbunden sein.[586] Nimmt ein Gericht ein behördliches Letztentscheidungsrecht an, das mangels gesetzlicher Grundlage nicht besteht, und unterlässt es deshalb die vollständige Prüfung der Behördenentscheidung auf ihre Gesetzmäßigkeit, steht dies nicht nur im Widerspruch zur Gesetzesbindung der Gerichte (Art. 20 Abs. 3, 97 Abs. 1 GG), sondern verletzt vor allem auch das Versprechen wirksamen Rechtsschutzes aus Art. 19 Abs. 4 S. 1 GG.[587]

cc) Ermessens- und Beurteilungsspielraum

643 Eine vollständige gerichtliche Überprüfung scheidet auch dann aus, wenn der Gesetzgeber der Verwaltung **Beurteilungs- oder Ermessensspielraum** zubilligt.[588]

---

585 BVerfGE 61, 82.
586 BVerfG NVwZ 2011, 1062 mit Anm. Sachs JuS 2012, 189.
587 BVerfG NVwZ 2011, 1062.
588 Zu den Einzelheiten des Ermessens-/Beurteilungsspielraums vgl. AS-Skript Verwaltungsrecht AT 1 (2016), S. 160 ff.

- Beim **Ermessensspielraum** (auf Rechtsfolgenseite einer Norm) entscheidet das Gericht wegen § 114 S. 1 VwGO nur darüber, ob die Verwaltung das Ermessen rechtmäßig ausgeübt hat, und nicht, ob die Entscheidung auch zweckmäßig ist. Das Gericht ist also auf die **Prüfung von Ermessensfehlern** beschränkt.

- Beim Beurteilungsspielraum (auf Tatbestandsseite einer Norm) ist das Gericht grundsätzlich an die Entscheidung der Verwaltung (z.B. Prüfungsentscheidung) gebunden und darf nur bei bestimmten, grundlegenden **Beurteilungsfehlern** die Verwaltungsentscheidung korrigieren („reduzierte richterliche Kontrolldichte").[589]

Ein gerichtlich nur eingeschränkt nachprüfbarer Beurteilungsspielraum wird z.B. hinsichtlich der Frage angenommen, ob eine Sendung geeignet ist, die Entwicklung von Kindern oder Jugendlichen zu einer eigenverantwortlichen und gemeinschaftlichen Persönlichkeit zu beeinträchtigen (§ 5 Abs. 1 Jugendmedienschutz-Staatsvertrag, JMStV). Die entsprechende Einschätzung der Kommission für Jugendmedienschutz der Landesmedienanstalten (KJM) ist als sachverständige Aussage anzusehen, die im gerichtlichen Verfahren nur mit dem gleichen Aufwand infrage gestellt werden kann, der notwendig ist, um die Tragfähigkeit fachgutachtlicher Äußerungen zu erschüttern. Ist ihre Bewertung nicht infrage gestellt, so ist dem Gericht verwehrt, seine eigene Bewertung an die Stelle der Bewertung der KJM zu setzen.

3. Anspruch auf effektiven Rechtsschutz

Schließlich gewährleistet Art. 19 Abs. 4 GG nicht nur, dass überhaupt Rechtsschutz in Anspruch genommen werden kann, sondern gebietet auch einen effektiven Rechtsschutz. Wenn sich Gerichte mit einer Entscheidung beliebig viel Zeit lassen würden, dann liefe die Rechtsweggarantie für den Bürger ins Leere. Daher müssen Gerichte strittige Rechtsverhältnisse **in angemessener Zeit** klären.[590]

Beispiele:

- Im vorläufigen Rechtsschutz (z.B. nach § 123 Abs. 1 VwGO) kann es notwendig sein, schon im vorläufigen Rechtsschutz wegen Art. 19 Abs. 4 GG die Hauptsacheentscheidung vorwegzunehmen.[591]
- Zur Vermeidung irreparabler Schäden gebietet Art. 19 Abs. 4 GG die Schaffung eines effektiven vorbeugenden Rechtsschutzes, wie z.B. der vorbeugenden Unterlassungsklage eines Beamten gegen die drohende Ernennung eines Konkurrenten (sog. Bewerbungsverfahrensanspruch).[592]
- Die Zulassung eines Rechtsmittels darf nicht rechtswidrig abgelehnt werden.[593]

B. Der gesetzliche Richter, Art. 101 Abs. 1 S. 2 GG

Gemäß Art. 101 Abs. 1 S. 2 GG darf niemand seinem **gesetzlichen Richter** entzogen werden.

Das **Ziel** der Verfassungsgarantie ist es, der Gefahr einer möglichen Einflussnahme auf den Inhalt einer gerichtlichen Entscheidung vorzubeugen, die durch eine auf den Einzelfall bezogene Auswahl der zur Entscheidung berufenen Richter eröffnet sein könnte.

---

589 Sachs, GG, Art. 19 Rn. 132.
590 BVerfG, Beschl. v. 27.09.2011 – 1 BvR 232/11.
591 BVerfG NJW 2009, 2659.
592 BVerfG NJW 2006, 2395; BVerwG, Urt. v. 04.11.2010 – 2 C 16.09.
593 BVerfG JA 2009, 553, 554.

Damit soll die **Unabhängigkeit der Rspr.** gewahrt und das Vertrauen der Rechtssuchenden und der Öffentlichkeit in die Unparteilichkeit und Sachlichkeit der Gerichte gesichert werden.[594] Daher muss auch die Zuständigkeit eines Richters für eine Entscheidung in einem konkreten Fall im Voraus **abstrakt-generell** festgelegt sein. „Gesetzlich" i.S.d. Art. 101 Abs. 1 S. 2 GG bedeutet aber nicht, dass die Zuständigkeit eines jeden Richters in einem formellen Gesetz geregelt sein müsste. Es genügt vielmehr, dass die konkrete Zuständigkeit, z.B. durch Geschäftsverteilungspläne (Satzungen), generell-abstrakt geregelt wird, die selbst wiederum auf ein Gesetz (z.B. nach dem GVG) zurückzuführen sind.[595]

648 Wer **„Richter"** i.S.d. Art. 101 Abs. 1 S. 2 GG ist, wird von der Tätigkeit in richterlicher Funktion her bestimmt. Erfasst werden daher alle Richter, unabhängig von ihrer dienstrechtlichen Stellung, also auch ehren- und nebenamtliche Richter, Laienrichter oder Ersatzrichter.[596] Nicht erfasst werden Richter an privaten Gerichten wie z.B. Schiedsgerichte i.S.v. 1025 ZPO oder Parteischiedsgerichte i.S.d. § 14 PartG.[597]

649 Der gesetzliche Richter wird **entzogen**, wenn ein anderer als der an sich zuständige Richter die Sache zur Entscheidung an sich zieht oder wenn eine gerichtliche Entscheidung gegen grundlegende Verfahrensprinzipien verstößt bzw. willkürlich[598] ist oder wenn ein befangener Richter entschieden hat.[599]

650 Auch der **EuGH** als organisatorische Einheit ist „gesetzlicher Richter" i.S.d. Art. 101 Abs. 1 S. 2 GG. Bedeutsam ist dies insbesondere im Hinblick auf eine Vorlagepflicht der deutschen Gerichte zum EuGH gemäß Art. 267 AEUV.[600] Das Bundesverfassungsgericht sieht in Art. 101 Abs. 1 S. 2 GG einen besonderen Gleichheitssatz und legt, indem es für eine Verletzung eine willkürliche richterliche Maßnahme fordert, Art. 101 Abs. 1 S. 2 GG einschränkend aus. Das Vorliegen einer willkürlichen Maßnahme i.S.d. Art. 101 Abs. 1 S. 2 GG (z.B. eine Verletzung der Vorlagepflicht zum BVerfG oder EuGH gemäß Art. 267 Abs. 3 AEUV) ist nach objektiven Kriterien zu bestimmen, d.h., dass vorsätzliches Handeln nicht erforderlich ist, vielmehr genügen unsachliche Erwägungen oder offensichtlich unhaltbare Entscheidungen.[601] Die Vorlagepflicht wird insbesondere in den Fällen offensichtlich unhaltbar gehandhabt, in denen ein letztinstanzliches Hauptsachegericht eine Vorlage trotz der (seiner Auffassung nach bestehenden) Entscheidungserheblichkeit der unionsrechtlichen Frage überhaupt nicht in Erwägung zieht, obwohl es selbst Zweifel hinsichtlich der richtigen Beantwortung der Frage hegt (sog. grundsätzliche Verkennung der Vorlagepflicht), oder in denen das letztinstanzliche Hauptsachegericht in seiner Entscheidung bewusst von der Rspr. des EuGH zu entscheidungserheblichen Fragen abweicht und gleichwohl nicht oder nicht neuerlich vorlegt (sog. bewusstes Abweichen ohne Vorlagebereitschaft).[602]

---

594 BVerfG NVwZ 2005, 1304, 1307 f.
595 BVerfG NJW 2003, 345; Jarass/Pieroth, GG, Art. 101 Rn. 6.
596 Pechstein Jura 1998, 197.
597 Kingreen/Poscher, Rn. 1186.
598 BVerfG, Beschl. v. 16.12.2014 – 1 BvR 2142/11.
599 BVerfG NVwZ 2008, 550; Michael/Morlok, Rn. 896.
600 BVerfG, Beschl. v. 29.04.2014 – 2 BvR 1572/10; Calliess NJW 2013, 1905 ff.; Sachs, GG, Art. 93 Rn. 24.
601 BVerfG, Beschl. v. 29.04.2014 – 2 BvR 1572/10 (Rn. 17); BVerfG, Urt. v. 28.01.2014 – 2 BvR 1561/12, RÜ 2014, 182 (Rn. 179).
602 BVerfG, Beschl. v. 19.07.2011 – 1 BvR 1916/09, RÜ 2011, 723; BVerfG, Urt. v. 28.01.2014 – 2 BvR 1561/12, RÜ 2014, 182.

C. Die Prozessgrundrechte aus Art. 103 GG

I. Der Anspruch auf rechtliches Gehör, Art. 103 Abs. 1 GG

Das **grundrechtsgleiche Recht** aus Art. 103 Abs. 1 GG soll jedem die Möglichkeit geben, sich in einem Prozess mit rechtlichen und tatsächlichen Argumenten zu behaupten, also verhindern, dass mit dem Menschen „kurzer Prozess" gemacht wird. Damit ergibt sich aus Art. 103 Abs. 1 GG ein **Recht auf Information, Äußerung und Berücksichtigung**, umgekehrt eine entsprechende Pflicht der Gerichte.[603]

651

■ Der Gewährung rechtlichen Gehörs ist Genüge getan, wenn dem Beteiligten in einem gerichtlichen Verfahren **Gelegenheit** gegeben worden ist, sich zu allen einschlägigen Fragen des konkreten Verfahrens zu äußern und gehört zu werden. Dazu gehört auch die angemessene Berücksichtigung von Äußerungen zur Rechtslage und Beweisanträgen.[604] Das Gericht darf somit seiner Entscheidung nur Tatsachen und Beweisergebnisse zugrunde legen, zu denen sich die Beteiligten äußern konnten und darf **keine Überraschungsentscheidungen** fällen.[605] Das rechtliche Gehör kann nicht durch Erklärung gegenüber Dritten, z.B. der am Verfahren beteiligten Behörde, gewahrt werden. Erforderlich ist die Anhörung durch das Gericht selbst.[606]

652

■ Der Anspruch auf rechtliches Gehör aus Art. 103 Abs. 1 GG steht nicht unter Gesetzesvorbehalt und kann daher nur durch **verfassungsimmanente Schranken** beschränkt werden. Diese werden vom Gesetzgeber in den Verfahrensordnungen aufgrund vorrangiger öffentlicher Interessen konkretisiert.

653

Allerdings verstößt es gegen das Rechtsstaatsprinzip i.V.m. Art. 103 Abs. 1 GG, wenn eine Verfahrensordnung keine fachgerichtliche Abhilfemöglichkeit für den Fall vorsieht, dass ein Gericht in entscheidungserheblicher Weise den Anspruch auf rechtliches Gehör verletzt.[607] Dementsprechend hat der Gesetzgeber das Gesetz über die Rechtsbehelfe bei Verletzung des Anspruchs auf rechtliches Gehör (Anhörungsrügengesetz) erlassen.

II. Das Rückwirkungsverbot und Bestimmtheitsgebot für Strafgesetze, Art. 103 Abs. 2 GG

■ Art. 103 Abs. 2 GG verbietet es, die Strafbarkeit eines Verhaltens an ein Gesetz anzuknüpfen, welches zur Zeit der Begehung der Tat noch nicht bestimmt war. Die Norm bezieht sich auf jede staatliche Maßnahme, die „eine missbilligende hoheitliche Reaktion auf ein schuldhaftes Verhalten darstellt und wegen dieses Verhaltens ein Übel verhängt, das dem Schuldausgleich dient."[608] Sie erfasst also neben dem Kriminalstrafrecht auch das Ordnungswidrigkeitenrecht.[609]

654

---

603 BVerfG NJW 2006, 1048; BVerfG NJW 2003, 2524; Epping, Rn. 948 ff.; Michael/Morlok, Rn. 898 ff.; Kingreen/Poscher, Rn. 1204.
604 BVerfG NJW 2009, 1585.
605 BVerfG NJW 2003, 2524; Jarass/Pieroth, GG, Art. 103 Rn. 59.
606 BVerfG DÖV 1991, 288, 289.
607 BVerfGE 107, 395; BVerfG, Beschl. v. 16.03.2011 – 1 BvR 2398/10.
608 BVerfG NJW 2006, 3483 f.
609 BVerfG NVwZ 2007, 1172.

Dagegen fallen **Verfahrensrechte**, also z.B. die Vorschriften über die Verfolgungsverjährung, nicht unter das Rückwirkungsverbot aus Art. 103 Abs. 2 GG. Insoweit könnten jedoch die rechtsstaatlichen Grundsätze aus Art. 20 GG über die Rückwirkung zu einer Einschränkung führen.[610]

- **Eingriffe** in den Schutzbereich des Art. 103 Abs. 2 GG **führen stets zu seiner Verletzung**, da sein Schutz vorbehaltlos gewährleistet und „der Abwägung nicht zugänglich ist".[611]

III. Das Verbot der Mehrfachbestrafung, Art. 103 Abs. 3 GG

655 Der durch Art. 103 Abs. 3 GG abgesicherte Grundsatz „ne bis in idem" soll dem einzelnen Bürger zur Verwirklichung des Gebots der Rechtssicherheit Schutz vor einer mehrfachen Ausübung des staatlichen „Bestrafungsmonopols" gewähren. Der Begriff „Mehrfachbestrafung" ist bezüglich der Gewährleistung des Art. 103 Abs. 3 GG missverständlich. Der Schutz des Art. 103 Abs. 3 GG greift zum einen sachlich auch dann ein, wenn nach einem Freispruch das Verfahren wieder aufgenommen wird,[612] zum anderen setzt er zeitlich bereits mit der Aufnahme des erneuten Verfahrens ein. Die konkrete Verurteilung ist insoweit nicht erforderlich.[613]

---

610 BVerfGE 63, 343, 359; BVerfG, Beschl. v. 08.11.2006 – 2 BvR 578/02; Jarass/Pieroth, GG, Art. 103 Rn. 66.
611 BVerfG, Urt. v. 05.02.2004 – 2 BvR 2029/01; Ipsen, Rn. 930; Kingreen/Poscher, Rn. 1228; Manssen, Rn. 803.
612 BVerfGE 65, 377, 381.
613 BGHSt 20, 292, 293.

3. Teil: Rechtsschutz beim Bundesverfassungsgericht

- Das wichtigste Verfahren zur Geltendmachung von Grundrechtsverletzungen ist die **Verfassungsbeschwerde**, die von **jedermann** erhoben werden kann (Art. 93 Abs. 1 Nr. 4 a GG). Sie ist auch die häufigste Verfahrensart beim Bundesverfassungsgericht. So sind nach der Jahresstatistik des Bundesverfassungsgerichts im Jahre 2014 von den insgesamt 6811 Verfahren 6606 Verfassungsbeschwerden gewesen (97%, von denen allerdings nur 1,92% erfolgreich waren).

656

- Daneben können Grundrechtsverletzungen aber auch in diversen anderen Verfahren vor dem Bundesverfassungsgericht geltend gemacht werden. Zu nennen sind hier beispielhaft das Organstreitverfahren (Art. 93 Abs. 1 Nr. 1 GG) und die (abstrakte oder konkrete) **Normenkontrolle** (Art. 93 Abs. 1 Nr. 2 GG, Art. 100 Abs. 1 GG).

1. Abschnitt: Technik der Prüfung

Wenn in Klausuren danach gefragt wird, ob ein Antrag beim Bundesverfassungsgericht Erfolg hat, müssen Sie die Zulässigkeit und Begründetheit des Antrags prüfen. Schwierigkeiten bereitet dabei häufig, dass „so viele Aufbauschemata auswendig zu lernen sind." **Das ist aber gar nicht notwendig**, da (nahezu) alle Voraussetzungen im Gesetz selbst ablesbar sind. Schauen Sie sich bitte, wenn Sie das folgende Beispiel nachvollziehen, unbedingt die entsprechenden Normen an!

657

Beispiel: Der Bundestag beschließt ein Gesetz. Nach Gegenzeichnung durch die Bundeskanzlerin weigert sich der Bundespräsident, das Gesetz auszufertigen. Der Bundestag möchte diese Weigerung vom Bundesverfassungsgericht überprüfen lassen. Ist ein Antrag zulässig?

A. Zulässigkeit

I. Zuständigkeit des Bundesverfassungsgerichts

Die Prüfung der Zulässigkeit beginnt mit der Frage, ob das Bundesverfassungsgericht überhaupt für die Entscheidung zuständig ist. **Ausgangspunkt** für die Klärung der Frage ist **Art. 93 GG**. Zu klären sind an dieser Stelle eigentlich zwei Fragen, nämlich

658

- die **Statthaftigkeit**, also die Frage, welches Verfahren nach dem Begehren des Antragstellers einschlägig ist und

- ob es sich um eine **verfassungsrechtliche Streitigkeit** handelt.

Im obigen Beispiel möchte der Bundestag die Weigerung des Bundespräsidenten, das Gesetz auszufertigen, überprüfen lassen. Nach Art. 93 Abs. 1 Nr. 1 GG entscheidet das Bundesverfassungsgericht „über die ***Auslegung des GG*** *aus Anlass von Streitigkeiten über den* ***Umfang der Rechte*** *und Pflichten* ***eines obersten Bundesorgans.****" Der Bundespräsident ist ein oberstes Bundesorgan, der nach Art. 82 Abs. 1 GG „die Gesetze nach Gegenzeichnung ausfertigt." Das Organstreitverfahren aus Art. 93 Abs. 1 Nr. 1 GG ist daher das „richtige" Verfahren, um klären zu lassen, ob der Bundespräsident eine Pflicht zur Ausfertigung nach dem GG hat. Gleichzeitig handelt es sich um eine „verfassungsrechtlichen Streitigkeit", da am Ver-*

fassungsleben Beteiligte (Bundestag, Bundespräsident) um Verfassungsrecht (Art. 82 Abs. 1 GG) streiten.

659 Die Zuständigkeiten des Bundesverfassungsgerichts sind dann in **§ 13 BVerfGG** aufgegriffen und einfachgesetzlich geregelt. Suchen Sie sich aus § 13 BVerfGG die entsprechende Nummer für das einschlägige Verfahren heraus. Dies ist notwendig, da das BVerfGG so aufgebaut ist, dass nach einem allgemeinen Abschnitt die einzelnen Verfahrensarten in eigenen Abschnitten geregelt sind, die jeweils mit der Nummer aus § 13 BVerfGG überschrieben sind. **Dort sind die einzelnen Zulässigkeitsvoraussetzungen geregelt.**

*Im **obigen Beispiel** ist das Organstreitverfahren in **§ 13 Nr. 5 BVerfGG** aufgegriffen. Im 6. Abschnitt (§§ 63 ff. BVerfGG), der überschrieben ist mit „Verfahren in den Fällen des § 13 Nr. 5 BVerfGG", finden sich die Zulässigkeitsvoraussetzungen, die dann zu prüfen sind. **Prüfen Sie einfach Paragraf für Paragraf, Absatz für Absatz** die Vorschriften, und Sie werden automatisch die richtigen Zulässigkeitsvoraussetzungen finden.*

II. Beteiligtenfähigkeit

660 Die Beteiligtenfähigkeit ist in **§ 63 BVerfGG** geregelt. Danach können nur die dort genannten obersten Bundesorgane oder Teile davon beteiligtenfähig sein.

*Im **Beispiel** sind sowohl der Bundestag als Antragsteller, als auch der Bundespräsident als Antragsgegner beteiligtenfähig.*

III. Antragsgegenstand

661 Gemäß **§ 64 Abs. 1 BVerfGG** muss der Antragsteller geltend machen, durch eine **Maßnahme oder Unterlassung** des Antragsgegners in seinen Rechten verletzt zu sein. Gemeint ist hier jede **rechtserhebliche** Maßnahme bzw. Unterlassung. Das Merkmal der „Rechtserheblichkeit" ist nicht im Gesetz normiert, sodass Sie sich dies (beim Nachlernen) merken müssen.

*In dem **Beispiel** ist die Weigerung des Bundespräsidenten, das Gesetz auszufertigen, natürlich rechtserheblich.*

IV. Antragsbefugnis

662 Der Antragsteller muss geltend machen, durch die Maßnahme/Unterlassung in seinen ihm durch das GG übertragenen Rechten verletzt zu sein, **§ 64 Abs. 1 BVerfGG**. Das bedeutet, dass eine Rechtsverletzung zumindest möglich ist.

*Im **obigen Beispiel** wehrt sich der Bundestag gegen die Weigerung des Bundespräsidenten, das Gesetz auszufertigen. Der Bundestag ist gemäß Art. 77 Abs. 1 S. 1 GG der Gesetzgeber. Wenn sich der Bundespräsident weigert, ein verfassungkonformes Gesetz auszufertigen, kann das Gesetz nicht in Kraft treten (Art. 82 GG). Daher kann die Weigerung den Bundestag zumindest möglicherweise in seinem Recht auf Gesetzgebung aus **Art. 77 Abs. 1 S. 1 GG** verletzen.*

V. Form

Die Form eines Antrags beim Bundesverfassungsgericht ist allgemein bereits in § 23 Abs. 1 BVerfGG geregelt, und zwar für alle Verfahrensarten in gleicher Weise. Teilweise wird diese allgemeine Formvorschrift jedoch ergänzt. Im Organstreitverfahren gilt **§ 64 Abs. 2 BVerfGG**. Danach ist im Antrag die Bestimmung zu bezeichnen, gegen die verstoßen wird.

663

Hinweis: Auf die Form ist in einer Klausur nur einzugehen, wenn sie problematisch ist. Dann würde diese Voraussetzung auch eher erst am Ende dargestellt werden. Die hier gewählte Darstellung unter V. soll nur verdeutlichen, dass Sie in einer Klausur keinen Prüfungspunkt vergessen können, wenn Sie einfach Schritt für Schritt die §§ des einschlägigen Abschnitts prüfen.

VI. Frist

Nach **§ 64 Abs. 3 BVerfGG** ist der Antrag binnen sechs Monaten zu stellen, nachdem die beanstandete Maßnahme bzw. Unterlassung dem Antragsteller bekannt geworden ist.

664

Weitere Zulässigkeitsvoraussetzungen enthalten die §§ 63 ff. BVerfGG nicht. Wie Sie sehen, kann man sich die Zulässigkeitsvoraussetzungen „einfach" aus dem Gesetz herauslesen.

B. Begründetheit

Die Begründetheitsprüfung erfolgt je nach Rechtsbehelf unterschiedlich. Zu den Einzelheiten s.u. in den folgenden Abschnitten zu den einzelnen Verfahren.

2. Abschnitt: Die Verfassungsbeschwerde

Das Bundesverfassungsgericht entscheidet gemäß Art. 93 Abs. 1 Nr. 4 a GG über Verfassungsbeschwerden, die von jedermann mit der Behauptung erhoben werden können, durch die öffentliche Gewalt in einem seiner Grundrechte oder grundrechtsgleichen Rechte verletzt zu sein. Sie ist erfolgreich, wenn sie zulässig und begründet ist.

665

A. Die Zulässigkeit der Verfassungsbeschwerde

666

Aufbauschema zur Verfassungsbeschwerde
A. Zulässigkeit
I. Zuständigkeit des BVerfG, Art. 93 Abs. 1 Nr. 4 a GG, § 13 Nr. 8 a BVerfGG
II. Beschwerdefähigkeit, § 90 Abs. 1 BVerfGG („jedermann")
III. Prozessfähigkeit/Postulationsfähigkeit (nur bei Anlass)
IV. Tauglicher Beschwerdegegenstand, § 90 Abs. 1 BVerfGG („Akt der öffentlichen Gewalt")

V. Beschwerdebefugnis, § 90 Abs. 1 BVerfGG
   1. Möglichkeit einer Grundrechtsverletzung
   2. selbst, gegenwärtig, unmittelbar betroffen

VI. Frist, § 93 Abs. 1, Abs. 3 BVerfGG
VII. Rechtswegerschöpfung; Grundsatz der Subsidiarität
VIII. Form, §§ 23, 92 BVerfGG
IX. Allgemeines Rechtsschutzbedürfnis (nur bei Anlass)
B. Begründetheit
(+), wenn der Beschwerdeführer in einem seiner Grundrechte oder grundrechtsgleichen Rechte verletzt ist

I. Zuständigkeit des Bundesverfassungsgerichts

667 Für die Entscheidung über Verfassungsbeschwerden ist das Bundesverfassungsgericht gemäß **Art. 93 Abs. 1 Nr. 4 a GG** zuständig. Dies wird in **§ 13 Nr. 8 a BVerfGG** wieder aufgegriffen.

Aufbau: Teilweise wird auf die Prüfung der Zuständigkeit verzichtet. Jedenfalls sollten Sie sich vergegenwärtigen, dass die Verfassungsbeschwerde in § 13 Nr. 8 a BVerfGG normiert ist, da sich die weiteren Voraussetzungen einer Verfassungsbeschwerde aus den §§ 90 ff. BVerfGG ergeben (15. Abschnitt: Verfahren in den Fällen des § 13 Nr. 8 a BVerfGG).

II. Beschwerdefähigkeit (Beteiligtenfähigkeit), § 90 Abs. 1 BVerfGG

668 Gemäß § 90 Abs. 1 BVerfGG kann **jedermann** die Verfassungsbeschwerde erheben. Da mit der Verfassungsbeschwerde die Verletzung eines Grundrechtes bzw. eines grundrechtsgleichen Rechts gerügt wird, ist damit **jede grundrechtsfähige Person** gemeint (vgl. dazu auch oben 1. Teil, 2. Abschnitt, A. II.).[614]

---

[614] Jarass/Pieroth, GG, Art. 93 Rn. 80.

Klausurhinweis: *Juristische Personen können sich gemäß Art. 19 Abs. 3 GG nicht auf jedes Grundrecht berufen, sondern nur dann, wenn das Grundrecht dem Wesen nach auf die juristische Person anwendbar ist (s.o. Rn. 49 ff.). Auch Ausländer können sich nicht auf sog. „Deutschen-Grundrechte" berufen. In einem solchen Fall wird teilweise bereits die Beteiligtenfähigkeit verneint. Überwiegend wird dagegen die Beteiligtenfähigkeit bejaht, da juristische Personen und Ausländer (zumindest über Art. 2 Abs. 1 GG) prinzipiell grundrechtsfähig sind und erörtern das Problem erst in der Beschwerdebefugnis. In der Klausur sind beide Darstellungen möglich. Als reine Aufbaufrage dürfen Sie dies jedoch auf keinen Fall erörtern. Sie können in der Klausur beide Wege gehen.*

III. Prozessfähigkeit/Postulationsfähigkeit

Hinweis: *Die Prozess- und Postulationsfähigkeit sind in Klausuren nur zu prüfen, wenn sie problematisch sind. Hier handelt es sich um ein seltenes Klausurproblem.*

1. Prozessfähigkeit

Die Prozessfähigkeit meint die Fähigkeit des Beschwerdeführers, **selbst die Verfahrenshandlungen** vor dem Bundesverfassungsgericht vorzunehmen. Sie ist, anders als in den anderen Prozessordnungen, nicht im BVerfGG geregelt. Aus diesem Grunde stellt das Bundesverfassungsgericht zur Klärung der Frage der Prozessfähigkeit im Rahmen der Verfassungsbeschwerde auf die **Grundrechtsmündigkeit** des Beschwerdeführers ab. Ist der Beschwerdeführer grundrechtsmündig, so kann er selbst handeln und ggf. den Prozessvertreter bestimmen. Anderenfalls muss der gesetzliche Vertreter für ihn handeln. Das Bundesverfassungsgericht nimmt insofern eine Teilanalogie zum sonstigen Verfahrensrecht an.[615] Danach sind

669

- **voll geschäftsfähige** auch prozessfähig;

- **Minderjährige** dagegen nur in Abhängigkeit von dem betroffenen Grundrecht. Entscheidend ist hier, ob der Minderjährige **einsichtsfähig** hinsichtlich der Tragweite des Grundrechts ist.[616] In diesen Fällen muss daher der gesetzliche Vertreter nicht für den Minderjährigen handeln. Dabei stellt das Bundesverfassungsgericht auch auf einfach-gesetzliche Vorschriften ab.[617]

    Beispiel: Die „Religionsmündigkeit" wird dem Minderjährigen bereits mit 14 Jahren zugebilligt, sodass schon ein 14jähriger prozessfähig hinsichtlich des Art. 4 Abs. 1, 2 GG ist.[618] Dies liegt daran, dass nach § 5 des Gesetzes über die religiöse Kindererziehung einem Kind nach der Vollendung des vierzehnten Lebensjahrs die Entscheidung darüber zusteht, „zu welchem religiösen Bekenntnis es sich halten will".

    Sind die erziehungsberechtigten Eltern aufgrund eines Interessenkonflikts nicht in der Lage, selbst die Verfassungsbeschwerde für ihr minderjähriges Kind zu erheben, so ist ein **Ergänzungspfleger** zu bestellen.[619]

---

615 BVerfGE 72, 122, 132 f.; Sachs, Verfassungsprozessrecht, Rn. 483.
616 Jarass/Pieroth, GG, Art. 93 Rn. 81.
617 Sachs, GG, Art. 93 Rn. 84.
618 BVerfGE 1, 87, 89.
619 BVerfGE 72, 122, 135; BVerfG, Beschl. v. 22.07.2005 – 1 BvR 1465/05 (Rn. 12).

2. Postulationsfähigkeit

670 Postulationsfähigkeit ist die Fähigkeit, den Prozesshandlungen vor dem Gericht die rechtserhebliche Erscheinungsform zu geben. In vielen Prozessen besteht ein **„Anwaltszwang"**, so z.B. im Zivilprozess vor dem Landgericht oder vor Gerichten des höheren Rechtszuges (nicht aber vor dem Amtsgericht), d.h., dass hier nur ein bestellter Vertreter, ein Anwalt den Prozesshandlungen die rechtserhebliche Erscheinungsform geben kann.

Gemäß § 22 Abs. 1 S. 1 Hs. 2 BVerfGG muss zumindest **in der mündlichen Verhandlung** vor dem Bundesverfassungsgericht ein Prozessvertreter (ein Rechtsanwalt oder ein Lehrer des Rechts an einer Hochschule) bestellt werden.

IV. Tauglicher Beschwerdegegenstand

1. Akte der deutschen Staatsgewalt

671 Gemäß § 90 Abs. 1 BVerfGG ist Gegenstand einer Verfassungsbeschwerde ein **Akt der öffentlichen Gewalt**. Daher können grundsätzlich die Akte aller drei Staatsgewalten (Legislative, Exekutive, Judikative) Gegenstand der Verfassungsbeschwerde sein.

Nach dem Gegenstand des Verfahrens werden unterschieden:

- die **Rechtssatzverfassungsbeschwerde** (gegen Gesetze, auch im materiellen Sinne, also Rechtsverordnungen und Satzungen),

- die **Urteilsverfassungsbeschwerde** (gegen Urteile, wobei der Beschwerdeführer entscheiden kann, ob er nur gegen das letztinstanzliche Urteil oder gegen alle Entscheidungen der Instanzen vorgeht[620]) und

- die **Exekutivaktsverfassungsbeschwerde** (z.B. gegen einen Verwaltungsakt), die aber selten ist, da zunächst der Rechtsweg zu beschreiten ist und erschöpft werden muss, sodass zumindest auch ein Urteil vorhanden ist, gegen das sich der Beschwerdeführer wehren muss.

Klausurhinweis: Diese Unterscheidung sollte in einer Klausur vorgenommen werden, weil zwar die nachfolgenden Prüfungspunkte für alle Verfassungsbeschwerden gleichermaßen gelten, aber die Voraussetzungen teilweise eine andere Bedeutung haben (vgl. dazu im Folgenden bei den einzelnen Voraussetzungen).

2. Rechtsakte der EU

672 Einige Besonderheiten sind bei den Rechtsakten der EU zu berücksichtigen.

Klausurhinweis: Die Darstellung in der Klausur wird unterschiedlich gehandhabt. Teilweise wird das Problem im Beschwerdegegenstand, teilweise auch in der Beschwerdebefugnis dargestellt. In der Klausur sind beide Darstellungen möglich. Als reine Aufbaufrage dürfen Sie dies jedoch auf keinen Fall erörtern. Sie können in der Klausur beide Wege gehen.

---

620 Jarass/Pieroth, GG, Art. 93 Rn. 87.

a) Als Akte der öffentlichen Gewalt können zunächst **die Rechtsakte des deutschen Gesetzgebers** angegriffen werden, durch die Hoheitsgewalt auf die Organe der EU übertragen wird, also die **Zustimmungsgesetze** hinsichtlich des primären Unionsrechts.[621]

673

b) Auch die **Transformationsgesetze**, durch die sekundäres Unionsrecht (Verordnungen, Richtlinien) durch den deutschen Gesetzgeber umgesetzt wird, können als Akte der öffentlichen Gewalt überprüft werden, **wenn für den deutschen Gesetzgeber ein Gestaltungsspielraum** verbleibt (das Recht nicht vollständig „**determiniert**" ist).[622] Wenn aber in der Umsetzung des Unionsrechts dem deutschen Gesetzgeber **kein Spielraum** verbleibt, dann handelt es sich **nicht** um einen zulässigen Prüfungsgegenstand.[623]

674

c) Maßnahmen der EU im Bereich des Sekundärrechts (Verordnungen, Richtlinien, Beschlüsse gemäß Art. 288 AEUV) werden von den Organen der EU erlassen und sind danach keine Akte der deutschen öffentlichen Gewalt. Dies gilt zumindest dann, **wenn** auf der supranationalen Ebene (entsprechend Art. 23 Abs. 1 S. 1 GG) **ein im Wesentlichen dem grundgesetzlichen vergleichbarer Grundrechtsschutz gewährleistet ist**.[624]

675

Allerdings können Maßnahmen der EU selbst Akte der öffentlichen Gewalt und damit tauglicher Beschwerdegegenstand einer Verfassungsbeschwerde sein, wenn die europäische Rechtsentwicklung einschließlich der Rspr. des EuGH nach Ergehen der Solange II-Entscheidung unter den erforderlichen Grundrechtsstandard (i.S.v. Art. 23 Abs. 1 S. 3 GG, Art. 79 Abs. 3 GG) abgesunken ist oder ein sog. ausbrechender Rechtsakt gegeben ist, also in Fällen **evidenter Kompetenzüberschreitung** oder Verletzung höherrangigen Rechts durch supranationale Organe **(ultra-vires-Kontrolle)**.[625] Gleiches gilt für den Fall, dass Maßnahmen eines Organs oder einer sonstigen Stelle der Union Auswirkungen zeigen, welche die durch Art. 79 Abs. 3 GG i.V.m. den in Art. 1 und Art. 20 GG verfassungsänderungs- und integrationsfest (vgl. Art. 23 Abs. 1 S. 3 GG) ausgestalteten Grundsätzen der deutschen Verfassungsidentität berühren **(Identitätskontrolle)**.[626]

d) Kein tauglicher Beschwerdegegenstand ist dagegen ein Beschluss des Rates der EU, z.B. der Beschluss des Rates über die Einführung des „Euro-Rettungsschirms", da die Rechtswirkungen ausschließlich auf der Ebene der EU eintreten und nicht unmittelbar Rechtswirkungen auf die deutsche Rechtsordnung entfalten.[627]

676

V. Beschwerdebefugnis

Der Beschwerdeführer muss gemäß § 90 Abs. 1 BVerfGG **behaupten, in einem seiner Grundrechte** (oder grundrechtsgleichen Rechte) **verletzt zu sein**.

677

---

621 BVerfG, Urt. v. 12.10.1993 – 2 BvR 2134/92 (Maastricht-Entscheidung).
622 EuGH, Urt. v. 26.02.2013 – Rs. C-617/10 (Fransson); BVerfGE 133, 277, 313 ff. (Aniterrordatei); BVerfG, Beschl. v. 14.10.2008 – 1 BvF 4/05; Jarass/Pieroth, GG, Art. 93 Rn. 85 f.; Sachs, GG, Art. 93 Rn. 26 f.
623 BVerfG, Beschl. v. 04.10.2011 – 1 BvL 3/08; Sachs, Verfassungsprozessrecht, Rn. 498.
624 BVerfG, Beschl. v. 19.07.2011 – 1 BvR 1916/09, RÜ 2011, 723 (Rn. 90); BVerfGE 73, 339 (Solange II); BVerfG NJW 2001, 2705, 2706; NVwZ 2007, 937; Sachs, GG, Art. 93 Rn. 25 b.
625 BVerfGE 102, 147, 164 (Bananenmarkt); BVerfGE 123, 267, 353 f. (Lissabon); BVerfGE 126, 286, 302 f. (Mangold).
626 BVerfG, Beschl. v. 15.12.2015 – 2 BvR 2735/14, RÜ 2016, 242; vgl. auch AS-Skript Europarecht (2017), Rn. 394 ff.
627 BVerfG, Urt. v. 07.09.2011 – 2 BvR 987/10 (Rn. 116).

3. Teil: Rechtsschutz beim Bundesverfassungsgericht

1. Möglichkeit einer Grundrechtsverletzung

678 Für die Behauptung einer Grundrechtsverletzung genügt es, dass der Beschwerdeführer plausibel darlegt, dass die **Möglichkeit** einer solchen Verletzung vorliegt.[628] Ob das Grundrecht tatsächlich verletzt ist, ist eine Frage der Begründetheit der Verfassungsbeschwerde. Die Beschwerdebefugnis ist nur dann zu verneinen, wenn eine Verletzung von Grundrechten **von vornherein offensichtlich** ausscheidet.[629]

*Klausurhinweis: In einer Klausur sollten hier **alle in Betracht kommenden Grundrechte** genannt werden, also insbesondere alle Grundrechte, die Sie später in der Begründetheit auch prüfen. Ein bloßer Hinweis darauf, dass der Beschwerdeführer möglicherweise in seiner allgemeinen Handlungsfreiheit verletzt sein könnte, genügt nicht. Das hat seinen Grund darin, dass das Bundesverfassungsgericht bei einer einmal zulässigen Verfassungsbeschwerde die Begründetheit unter allen Aspekten prüft, insbesondere alle in Betracht zu ziehenden Grundrechte, auch wenn der Beschwerdeführer eine Verletzung nicht gerügt hat. Insofern stellen Sie hier bereits das „Prüfprogramm" für die Begründetheit auf.*

2. Eigene, gegenwärtige und unmittelbare Betroffenheit

679 Daneben verlangt das Bundesverfassungsgericht im Rahmen der Beschwerdebefugnis weitere Voraussetzungen. Aus dem Tatsachenvortrag des Beschwerdeführers muss sich ergeben, dass er durch den Akt öffentlicher Gewalt **selbst**, **gegenwärtig** und **unmittelbar** betroffen ist.[630]

a) Selbst betroffen

680 Der Beschwerdeführer muss eine **eigene Beschwer** (auch als „Selbstbetroffenheit" bezeichnet) geltend machen. Das bedeutet, dass der Beschwerdeführer die Verletzung eigener Grundrechte geltend machen muss (vgl. auch den Wortlaut des § 90 Abs. 1 BVerfGG: in einem „seiner" Grundrechte, einem „seiner" grundrechtsgleichen Rechte). Dies soll eine **Popularbeschwerde** verhindern.[631]

Auch eine **Prozessstandschaft** ist aus diesem Grunde grundsätzlich nicht möglich,[632] es sei denn, der Prozessstandschafter wäre eine sog. „Partei kraft Amtes" (z.B. der Testamentsvollstrecker oder der Insolvenzverwalter).[633]

681 Ist der Beschwerdeführer selbst der Adressat des Aktes der öffentlichen Gewalt, dann ist er auch selbst betroffen. **Problematisch** kann die eigene Beschwer aber insbesondere dann sein, wenn sich der Akt der öffentlichen Gewalt nicht final und unmittelbar an den Beschwerdeführer selbst richtet, sondern der Beschwerdeführer ein Dritter ist. In diesen Fällen liegt ein „Eingriff" in den Schutzbereich von Grundrechten des Beschwerdeführers und damit eine Selbstbetroffenheit nur dann vor, wenn die Beeinträchtigung des

---

628 Kingreen/Poscher, Rn. 1262; Sachs, Verfassungsprozessrecht, Rn. 517.
629 BVerfG, Urt. v. 01.12.2009 – 1 BvR 2857/07, RÜ 2010, 36 (Rn. 83 f.).
630 BVerfG, st.Rspr. seit BVerfGE 1, 97, 101 f.; Jarass/Pieroth, GG, Art. 93 Rn. 88 ff.
631 BVerfGE 79, 1, 14.
632 BVerfGE 72, 122, 131.
633 BVerfGE 21, 139; BVerfGE 65, 182, 190.

Beschwerdeführers dem Gesetzgeber noch zugerechnet werden kann, insbesondere in ihrer Intensität einer direkten Verhaltenssteuerung gleichkommt.[634]

Beispiel: Der Ausländer A wird aufgefordert, die Bundesrepublik Deutschland zu verlassen. Die Ehefrau F darf in Deutschland bleiben. In diesem Fall wäre nicht nur A als Adressat der Ausweisungsverfügung betroffen, sondern auch die Ehefrau F in ihrem Recht aus Art. 6 GG (Ehe, Familie). F könnte daher eine Verfassungsbeschwerde führen.[635]

b) Gegenwärtig betroffen

Der Beschwerdeführer muss auch gegenwärtig betroffen sein. Das meint, dass der Beschwerdeführer vom Akt der öffentlichen Gewalt **„schon und noch"** betroffen sein muss.[636]

682

- Eine **vergangene Beeinträchtigung** darf allerdings nicht vorschnell bejaht werden. Wenn die hoheitliche Maßnahme eigentlich der Vergangenheit angehört, so können dennoch Beeinträchtigungen von ihr ausgehen, sodass in diesem Fall der Beschwerdeführer „noch" betroffen ist. Das ist insbesondere der Fall, wenn von der „erledigten" Maßnahme gleichwohl **noch belastende Wirkungen** ausgehen, ein **Rehabilitationsinteresse** oder eine **Wiederholungsgefahr** besteht.[637]

683

Beispiel: Der Asylbewerber A wird für drei Monate in Abschiebungshaft genommen. Nach der Abschiebung möchte A trotzdem feststellen lassen, dass die Anordnung der Abschiebungshaft rechtswidrig gewesen sei, da er auch freiwillig ausgereist wäre.

Zwar hat sich die angeordnete Abschiebungshaft durch Abschiebung erledigt. Angesichts des mit der Freiheitsentziehung erlittenen Eingriffs in ein besonders bedeutsames Grundrecht besteht aber ein schutzwürdiges (Rehabilitations-)Interesse an der Feststellung der Rechtswidrigkeit der Maßnahme auch nach deren Erledigung fort. Ein Freiheitsverlust durch Inhaftierung indiziert ein Rehabilitierungsinteresse des Betroffenen, das ein von Art. 19 Abs. 4 GG umfasstes Rechtsschutzbedürfnis für die Feststellung der Rechtswidrigkeit auch dann begründet, wenn die Maßnahme erledigt ist.[638]

- Andererseits kann ein Beschwerdeführer „schon" betroffen sein, wenn zwar die Rechtsfolgen **noch nicht** eingetreten sind, er aber bereits jetzt Dispositionen treffen muss, die später nicht oder nur schwer wieder zu korrigieren sind.[639] In diesem Fall kann der Beschwerdeführer **„vorbeugend"** die Verfassungsbeschwerde erheben.

684

Beispiel: Ein Gesetz sieht für Notare eine Altersgrenze von 70 Jahren vor. Der 67-jährige Notar N möchte noch eine Villa kaufen und muss sich dafür erheblich verschulden. Aus diesem Grunde möchte er eine Verfassungsbeschwerde gegen die gesetzliche Altersgrenze erheben. N wäre schon gegenwärtig betroffen, da er in diesem Fall Dispositionen treffen muss, die nur schwer wieder rückgängig zu machen sind.

Hinweis: Das Bundesverfassungsgericht lässt eine Verfassungsbeschwerde bei Erledigung ausnahmsweise dann zu, wenn eine Wiederholungsgefahr besteht oder schwere Grundrechtsbetroffenheiten bestehen (Rehabilitation). Diese Interessen werden auch in anderen

---

634 Kingreen/Poscher, Rn. 1272 f.
635 BVerfGE 76, 1, 37.
636 BVerfG, Urt. v. 15.02.2006 – 1 BvR 357/05); Kingreen/Poscher, Rn. 1276.
637 BVerfG, Urt. v. 31.05.2006 – 2 BvR 1673/04; BVerfG DVBl. 2002, 1265; BVerfG NVwZ 2009, 1281.
638 BVerfG, Beschl. v. 05.12.2001 – 2 BvR 527/99.
639 Sachs, GG, Art. 93 Rn. 93.

Verfahrens- und Klagearten bei einer Erledigung verlangt (z.B. das Fortsetzungsfeststellungsinteresse bei der Fortsetzungsfeststellungsklage). „Vorbeugende" Verfassungsbeschwerden lässt das Bundesverfassungsgericht zu, wenn dem Beschwerdeführer ein Abwarten unzumutbar ist. Auch dies entspricht dem Erfordernis in anderen Verfahrens- bzw. Klagearten (z.B. das qualifizierte Rechtsschutzbedürfnis bei der vorbeugenden Unterlassungsklage).

c) Unmittelbar betroffen

685 Eine unmittelbare Beschwer liegt vor, wenn der angegriffene Hoheitsakt selbst und **nicht erst ein weiterer Vollzugsakt** in das Grundrecht des Beschwerdeführers eingreift.[640] Das ist bei der **Urteilsverfassungsbeschwerde** in der Regel ohne Weiteres erfüllt, da das Urteil seine Rechtsfolgen ohne Weiteres gegenüber dem Verurteilten auslöst.

Lediglich bei der **Rechtssatzverfassungsbeschwerde** müssen Sie das wirklich überprüfen. Gibt die jeweilige Norm nur die Befugnis oder Ermächtigung zum Eingriff, beschwert sie selbst unmittelbar noch nicht. Ob die Norm tatsächlich einmal mit belastender Wirkung auf den konkreten Bürger angewendet wird, ist völlig offen. Es wäre prozessökonomisch nicht sinnvoll, gleichwohl für den eventuellen Fall der Umsetzung jedem potenziell betroffen Bürger die Klage zu ermöglichen.

Beispiel: Die polizei- und ordnungsrechtlichen Befugnisgeneralklauseln lösen unmittelbar noch keine Grundrechtsbetroffenheit aus. Dies geschieht erst dann, wenn eine Behörde einen Verwaltungsakt, gestützt auf diese Norm, an den Bürger richtet.

686 Aus diesem Grunde ist die unmittelbare Betroffenheit bei einer Rechtssatzverfassungsbeschwerde grundsätzlich nur zu bejahen, wenn die Norm „sich selbst vollzieht" (sog. **„self-executing-Norm"**).[641]

Beispiel: Das Nichtraucherschutzgesetz verbietet das Rauchen in Gebäuden der Bundesbehörden. Dieses gesetzliche Verbot muss nicht noch vom Behördenleiter umgesetzt werden. Automatisch durch das Gesetz ist den Beamten und Besuchern in Gebäuden der Bundesbehörden das Rauchen untersagt.

687 Dabei stellen die Sanktionen des Straf- und Ordnungswidrigkeitenrechts aber keine Vollzugsakte in diesem Sinne dar, da dem Bürger ein Verstoß gegen eine strafbewehrte Norm und das Abwarten der Sanktion nicht zumutbar ist. Aus diesem Grunde betreffen **auch Straf- und OWi-Vorschriften des Betroffenen unmittelbar**.[642] Gleiches gilt, wenn ein Betroffener keine Kenntnis von dem Vollzugsakt erlangen kann, sodass er sich nicht gegen den Vollzugsakt wehren kann.

Beispiel: Gegen eine verdeckte Speicherung und Verwendung von Daten nach dem Antiterrordateigesetz (ATDG) kann sich ein Betroffener nicht zur Wehr setzen, sodass das ATDG einen Beschwerdeführer unmittelbar betrifft, obwohl das Gesetz noch durch die Behörden vollzogen werden muss.[643]

Klausurhinweis: Die „eigene, unmittelbare und gegenwärtige Betroffenheit" ist bei Urteilsverfassungsbeschwerden in der Regel unproblematisch und muss daher nicht näher erörtert werden. Sie sollten lediglich kurz feststellen, dass der Beschwerdeführer selbst, gegenwärtig

---

640 Sachs, Verfassungsprozessrecht, Rn. 521; Epping, Rn. 186.
641 BVerfG, Beschl. v. 15.02.2006 – 2 BvR 1476/03; BVerfG, Beschl. v. 22.03.2000 – 1 BvR 1500/93; BSGE 72, 15, 19 f.; Sachs, Verfassungsprozessrecht, Rn. 521.
642 BVerfG, Urt. v. 03.03.2004 – 1 BvR 2378/98; Jarass/Pieroth, GG, Art. 93 Rn. 99.
643 BVerfG, Urt. v. 24.04.2013 – 1 BvR 1215/07, RÜ 2013, 386.

und unmittelbar durch das Urteil betroffen ist. Bei Rechtssatzverfassungsbeschwerden sollte dagegen genau unter die Begriffe subsumiert werden.

3. Drittwirkung von Grundrechten

Im Rahmen der Beschwerdebefugnis kann sich die Frage stellen, ob die Grundrechte **auch zwischen Privaten** gelten. Die Grundrechte binden die Gesetzgebung, die vollziehende Gewalt und die Rspr. als unmittelbar geltendes Recht (Art. 1 Abs. 3 GG). Die drei Staatsgewalten sind die Grundrechtsverpflichteten, denen gegenüber sich der grundrechtsfähige Berechtigte auf die Grundrechte berufen kann. **688**

Fraglich ist, inwieweit die **Grundrechte auch auf die Rechtsbeziehungen der Bürger untereinander** Einfluss haben können. Würden die Grundrechte zwischen Privaten nicht, auch nicht mittelbar, gelten, wäre eine mögliche Verletzung der Grundrechte durch eine zivilgerichtliche Entscheidung von vornherein ausgeschlossen.

- Eine **unmittelbare Wirkung** zwischen Privaten ist für **Art. 9 Abs. 3 S. 2 GG** anerkannt.[644] Abreden, die das Grundrecht der **Koalitionsfreiheit** einschränken oder behindern, sind nichtig bzw. rechtswidrig. Diese Regelung gilt unabhängig davon, ob an den Abreden ein Träger öffentlicher Gewalt oder ein Privatrechtssubjekt beteiligt ist. Diese Regelung hat damit unmittelbare Drittwirkung im Privatrechtsverhältnis.[645] **689**

- Im Übrigen haben die Grundrechte nach ganz h.M. **nur mittelbare Wirkung** über die unbestimmten Rechtsbegriffe im Zivilrecht.[646] Begründet wird dies aus der Funktion der Grundrechte als **objektive Wertentscheidungen** bzw. Grundsatznormen des Verfassungsgebers sowie aus der objektiven Schutzpflicht, die das konkrete Grundrecht für das Zivilgericht begründet. Über einen Rechtsstreit zwischen zwei Privaten entscheidet das Zivilgericht (§ 13 GVG). Die Rspr. ist gemäß Art. 1 Abs. 3 GG an die Grundrechte gebunden. Bei der **Auslegung und Fortbildung zivilrechtlicher Vorschriften** müssen daher vom Zivilgericht die Grundrechte im Verhältnis der Bürger untereinander beachtet werden.[647] Man spricht insofern von den **Einbruchstellen**. Einbruchstellen für das Zivilrecht sind unbestimmte Rechtsbegriffe und Generalklauseln[648] wie z.B.: **690**

  - „Sittenwidrigkeit" in § 138 BGB,[649]

  - „Treu und Glauben" in § 242 BGB,[650]

  - „Widerrechtlichkeit" der Verletzung eines sonstigen Rechts in § 823 Abs. 1 BGB (hier ist die Rechtswidrigkeit nicht wie bei den benannten absoluten Rechten durch die Verletzungshandlung indiziert, sondern durch eine umfassende Abwägung mit dem jeweils kollidierenden Grundrecht, z.B. Art. 5 Abs. 1 S. 1 Fall 1 GG, festzustellen),

---

644 Hufen § 7 Rn. 8.
645 Jarass/Pieroth, GG, Art. 9 Rn. 31, 49 f.
646 Kingreen/Poscher, Rn. 196 ff.
647 Hufen § 7 Rn. 9.
648 BVerfGE 103, 89, 100.
649 BVerfG NJW 1994, 36; BVerfG NJW 2001, 957.
650 BVerfG JZ 2007, 576; BVerfGE 90, 27.

- „Berechtigtes Interesse" i.S.v. § 23 Abs. 2 KUG,[651]
- „Wichtiger Grund" i.S.v. § 626 Abs. 1 BGB.[652]

691 **Beispiel:** S betreibt die Internetplattform „spickmich.de", auf der Lehrer von Schülern bewertet und benotet werden können. Lehrer L klagt ohne Erfolg vor dem Zivilgericht gegen S auf Unterlassung der Veröffentlichung seines Namens, der Schule und der unterrichteten Fächer. Dagegen erhebt L Verfassungsbeschwerde mit der Begründung, er werde durch die Veröffentlichung seines Namens in seinem allgemeinen Persönlichkeitsrecht aus Art. 2 Abs. 1 i.V.m. Art. 1 Abs. 1 GG verletzt.

Nach § 29 Abs. 1 Nr. 1 BDSG ist das geschäftsmäßige Erheben, Speichern oder Nutzen personenbezogener Daten zulässig, wenn kein Grund zu der Annahme besteht, dass der Betroffene **ein schutzwürdiges Interesse** an dem Ausschluss der Erhebung oder Speicherung hat. Der wertausfüllungsbedürftige Begriff des „schutzwürdigen Interesses" verlangt eine **Abwägung** des Interesses des Betroffenen an dem Schutz seiner Daten mit den Interessen der Nutzer, für deren Zwecke die Speicherung erfolgt, unter Berücksichtigung der objektiven Wertordnung der Grundrechte.[653] Hier muss das Zivilgericht also das Recht auf informationelle Selbstbestimmung des L einerseits, und das gegenläufige Recht der Meinungsäußerung gegeneinander abwägen. Ob das Zivilgericht im Rahmen der Abwägung eine **praktische Konkordanz** hergestellt hat, kann das Bundesverfassungsgericht im Rahmen der Verfassungsbeschwerde prüfen. Daher ist eine Verletzung des L in seinem Recht auf informationelle Selbstbestimmung zumindest möglich.

VI. Frist

692 Die Einlegungsfrist bei der Verfassungsbeschwerde ist in § 93 BVerfGG geregelt. Grundsätzlich beträgt sie **einen Monat** nach Verkündung der letztinstanzlichen Entscheidung, **§ 93 Abs. 1 BVerfGG**. Dies ist der „Normalfall" der Verfassungsbeschwerde, da in der Regel der Rechtsweg zu erschöpfen ist.

Bei Verfassungsbeschwerden **gegen Gesetze** oder gegen Hoheitsakte, gegen die der Rechtsweg nicht offen steht, gilt dagegen die **Jahresfrist** des **§ 93 Abs. 3 BVerfGG**.

Für die **Fristberechnung** gelten die §§ 187 ff. BGB als Ausdruck eines allgemeinen Rechtsgedankens, obwohl das BVerfGG nicht auf die Vorschriften verweist. Bei der Rechtssatzverfassungsbeschwerde beginnt die Frist mit dem Inkrafttreten des Gesetzes, sodass es sich um eine Beginnfrist i.S.d. § 187 Abs. 2 BGB handelt. Diese endet nach § 188 Abs. 2 Alt. 2 BGB mit dem Ablauf desjenigen Tages des Folgejahres, welcher dem Tage vorhergeht, der durch seine Zahl dem Anfangstag der Frist entspricht. Bei der Urteilsverfassungsbeschwerde beginnt die Frist hingegen mit einem Ereignis (Zustellung oder Verkündung des Urteils), sodass für den Fristbeginn § 187 Abs. 1 BGB gilt. Die Frist endet nach § 188 Abs. 2 Alt. 1 BGB deshalb mit Ablauf des Tages des Folgemonats, der seiner Zahl nach dem Tag des Fristbeginns entspricht.

Beispiele: Inkrafttreten des Gesetzes am 01.10.2016, Fristende mit Ablauf des 30.09.2017; Verkündung des Urteils am 02.05.2017, Fristende mit Ablauf des 02.06.2017

VII. Rechtswegerschöpfung; Grundsatz der Subsidiarität

1. Erschöpfung des Rechtsweges

693 Die Verfassungsbeschwerde ist gemäß **§ 90 Abs. 2 BVerfGG** nur zulässig, wenn der Beschwerdeführer den Rechtsweg erschöpft hat. Dies bedeutet, dass der Beschwerdeführer grundsätzlich **alle (prozessualen) Möglichkeiten ausschöpfen** muss, bevor er die

---

651 Fehling JuS 1996, 431, 435.
652 BVerfG NJW 2001, 3474.
653 BGH, Urt. v. 23.06.2009 – VI ZR 196/08.

Verfassungsbeschwerde erheben kann (also insbesondere Klagen, Rechtsmittel, Verfahren im einstweiligen Rechtsschutz).[654] Der Grund besteht darin, dass das Bundesverfassungsgericht entlastet werden soll und die Fachgerichte sich im Instanzenzug selbst kontrollieren sollen. Zudem soll das Bundesverfassungsgericht auf einen Fall treffen, der bereits **von den Fachgerichten in tatsächlicher Hinsicht** (Beweiserhebung), als auch in **rechtlicher Hinsicht** umfassend aufbereitet worden ist.

Voraussetzung für das Erfordernis der Rechtswegerschöpfung ist natürlich, dass **überhaupt ein Rechtsweg gegeben** ist. Dies ist z.B. bei **Rechtssatzverfassungsbeschwerden** gegen Parlamentsgesetze nicht der Fall. Auch andere untergesetzliche Rechtsvorschriften können nur in einem Rechtsweg angegriffen werden, wenn die Möglichkeit einer abstrakten Normenkontrolle gemäß § 47 VwGO besteht. Auch bei **Urteilsverfassungsbeschwerden** kann ein (weiterer) Rechtsweg fehlen.

Beispiel: S wird vom Amtsgericht zur Zahlung von 200 € an den Kläger K verurteilt. Das Amtsgericht lässt die Berufung nicht zu. Das Urteil des Amtsgerichts ist unanfechtbar, da weder die Berufungssumme erreicht ist (600 €, § 511 Abs. 2 Nr. 1 ZPO), noch eine Zulassung der Berufung erfolgt ist (§ 511 Abs. 2 Nr. 2 ZPO).

Ausnahmen von diesem Grundsatz lässt **§ 90 Abs. 2 S. 2 BVerfGG** zu, wenn dem Beschwerdeführer ein **schwerer und unabwendbarer Nachteil** entstünde, wenn er zunächst den Rechtsweg beschreitet oder die Sache **allgemeine Bedeutung** hat. Die Sache hat allgemeine Bedeutung, wenn die Entscheidung über die Verfassungsbeschwerde die Klärung grundsätzlicher verfassungsrechtlicher Fragen erwarten lässt **und** über den Fall des Beschwerdeführers hinaus sachlich gleichgelagerte Fälle mitentschieden werden.[655]

694

Beispiel: Eine Klage des A vor dem Verwaltungsgericht bleibt erfolglos. Zwar wäre ein Rechtsmittel (Berufung) dagegen zulässig. Es gibt aber eine entgegenstehende und gefestigte höchstrichterliche Rspr., sodass ein Rechtsmittel offensichtlich völlig aussichtslos wäre. In diesem Fall wäre es sinnlos und dem A nicht zuzumuten, dass er erst den Instanzenzug beschreitet.[656]

2. Grundsatz der Subsidiarität

Über das Erfordernis der Rechtswegerschöpfung hinaus wendet das Bundesverfassungsgericht noch den Grundsatz der Subsidiarität an. Die Verfassungsbeschwerde ist subsidiär, d.h. sie dient nur als Rückhalt, als Aushilfe, „wenn alle Stricke reißen". Die Verfassungsbeschwerde ist nur zulässig, wenn der Grundrechtsschutz auf keinen Fall durch die Fachgerichte hätte gewährleistet werden können.[657]

695

Bedeutung gewinnt der Grundsatz **vor allem bei der Rechtssatzverfassungsbeschwerde**. Die Rechtswegerschöpfung ist hier in der Regel von Anfang an gegeben, denn gegen Gesetze kann der Bürger keine Klage vor dem Verwaltungsgericht erheben. Nur ausnahmsweise ist gegen Normen der Rechtsweg nach § 47 Abs. 1 VwGO eröffnet. Im Übrigen stünde aber unmittelbar der Weg zum Bundesverfassungsgericht offen. Um das zu verhindern und damit zu einer Entlastung des Bundesverfassungsgerichts beizu-

696

---

654 Kingreen/Poscher, Rn. 1285 ff.
655 BVerfG NVwZ 1996, 469; BVerfG DVBl. 2001, 1429 f.; Jarass/Pieroth, GG, Art. 93 Rn. 109 ff.
656 Vgl. BVerfG, Urt. v. 12.03.2003 – 1 BvR 330/96 (Rn. 31 f.).
657 BVerfG, Beschl. v. 16.07.2013 – 1 BvR 3057/11.

tragen, verlangt das Bundesverfassungsgericht, dass ein Beschwerdeführer jede Möglichkeit zu einem **(gerichtlichen und außergerichtlichen) Rechtsschutz** ausschöpfen muss.[658] Es verweist damit bei Normen darauf, dass auch der Vollzugsakt angreifbar ist und zu dessen Überprüfung die Verwaltungsgerichtsbarkeit offen steht. **Die Norm würde in diesem Verfahren dann als Rechtsgrundlage inzident geprüft.**

697 Daher ist eine Verfassungsbeschwerde, auch wenn es keinen Rechtsweg gegen das Gesetz gibt, unzulässig, wenn es dem Beschwerdeführer **zumutbar und möglich** ist, eine Norm zunächst von einem Fachgericht inzident überprüfen zu lassen.[659] Der Grundsatz der Subsidiarität der Verfassungsbeschwerde gilt auch im Eilrechtsschutz nach § 32 BVerfGG.[660]

Beispiele:

- Erheben einer Feststellungsklage gemäß § 43 Abs. 1 VwGO mit dem Antrag, festzustellen, dass sich aus dem streitigen Gesetz für den Kläger (= Beschwerdeführer) keine Rechtsfolgen ergeben mit der Begründung, das Gesetz verstoße gegen Grundrechte und sei damit nichtig.[661]
- Abwarten auf den Vollzug eines Gesetzes, um dann dagegen vor dem Fachgericht vorzugehen. Das Fachgericht prüft dann inzident die Gültigkeit der Rechtsgrundlage.[662]
- Es ist grundsätzlich **unzumutbar**, zur Eröffnung fachgerichtlichen Rechtsschutzes gegen eine **bußgeldbewehrte** Regelung zu verstoßen. Es kann aber auch bei bußgeldbewehrten Regelungen zumutbar sein, zunächst im Rahmen einer Feststellungsklage von den Fachgerichten prüfen zu lassen, ob man zu den gesetzlichen Handlungen verpflichtet ist.[663]

698 **Ausnahmen** vom Grundsatz der Subsidiarität der Verfassungsbeschwerde werden (in analoger Anwendung bzw. nach dem Rechtsgedanken des **§ 90 Abs. 2 S. 2 BVerfGG**) angenommen, wenn dem Beschwerdeführer ein **schwerer und unabwendbarer Nachteil** entstünde, wenn er zunächst den Rechtsweg beschreitet oder die Sache **allgemeine Bedeutung** hat.[664] Insofern gilt das oben zur Rechtswegerschöpfung Ausgeführte.

VIII. Form

699 *Klausurhinweis: Auf die Form braucht in einer Klausur nur dann eingegangen zu werden, wenn sie problematisch ist.*

Für die Form gilt zunächst die allgemeine Vorschrift des **§ 23 Abs. 1 BVerfGG**, wonach Anträge schriftlich mit einer Begründung und unter Angabe der Beweismittel zu erheben sind. Diese Formvorschrift wird für eine Verfassungsbeschwerde durch **§ 92 BVerfGG** erweitert. Danach sind in der Begründung das verletzte Recht sowie die Handlung/Unterlassung, die angegriffen werden soll, zu bezeichnen.

---

[658] BVerfGE 112, 50, 60; BVerfG, Urt. v. 27.09.2005 – 2 BvR 1387/02 (Rn. 78 f.); BVerfG, Beschl. v. 14.04.2015 – 1 BvR 1907/13; Kingreen/Poscher, Rn. 1288.
[659] BVerfG, Urt. v. 27.09.2005 – 2 BvR 1387/02 (Rn. 78 ff.); Sachs, Verfassungsprozessrecht, Rn. 534 ff.
[660] BVerfG, Beschl. v. 12.01.2015 – 2 BvQ 53/14.
[661] BVerfG NVwZ 2006, 922; BVerfG NVwZ 2004, 977; BVerfG NJW 2003, 418.
[662] BVerfG, Urt. v. 02.12.1986 – 1 BvR 1509/83; BVerfG, Beschl. v. 17.01.2006 – 1 BvR 541/02.
[663] BVerfG, Beschl. v. 25.06.2015 – 1 BvR 555/15 (Rn. 10 ff.).
[664] BVerfG NJW 1992, 2749, 2750; BVerfG NJW 2011, 1578, 1579; Jarass/Pieroth, GG, Art. 93, Rn. 109 ff.

IX. Allgemeines Rechtsschutzbedürfnis

Das allgemeine Rechtsschutzbedürfnis ist bei der Verfassungsbeschwerde lediglich eine Auffangvoraussetzung, da insbesondere die Beschwerdebefugnis und die Rechtswegerschöpfung/Subsidiarität bereits Ausdruck des allgemeinen Rechtsschutzbedürfnisses sind.

700

Das Rechtsschutzbedürfnis entfällt nicht, wenn in derselben Angelegenheit bereits ein Urteil des EuGH oder des EGMR ergangen ist.[665] Das Rechtsschutzbedürfnis entfällt dagegen, wenn schon eine Entscheidung des Bundesverfassungsgerichts ergangen ist **(Prozesshindernis entgegenstehender Rechtskraft)**,[666] es sei denn, dass sich die maßgeblichen Umstände geändert haben.[667]

Fall 21: Edathy

701

Gegen E, der Abgeordneter des Deutschen Bundestages war, wird ein strafrechtliches Ermittlungsverfahren wegen des Verdachts des Besitzes kinderpornografischer Schriften geführt. Anlass der Ermittlungen sind Erkenntnisse aus einem Verfahren gegen eine in Kanada ansässige Internetplattform, über die weltweit Bild- und Videomaterial mit unbekleideten Jungen vertrieben wurde. Auch E wurden Bestellungen von 31 Produkten zugeordnet, die das BKA aber als strafrechtlich nicht relevant einstufte.

Am 06.02.2014 erklärte E gegenüber einem Notar den Verzicht auf sein Bundestagsmandat. Die hierüber ausgefertigte Urkunde legte er am 07.02.2014 dem Präsidenten des Deutschen Bundestages vor und machte dies auf seiner Homepage bekannt. Durch Schreiben vom 10.02.2014 bestätigte der Bundestagspräsident dem E dessen Verzicht auf seine Mitgliedschaft im Deutschen Bundestag und teilte ihm schriftlich mit, dass er mit Ablauf des 06.02.2014 aus dem Deutschen Bundestag ausgeschieden sei.

Mit Beschluss vom 10.02.2014 ordnete das zuständige Amtsgericht u.a. die Durchsuchung der Wohnung des E und die Beschlagnahme seiner Bundestags-E-Mail-Postfächer an. Aufgrund der dem E zugeordneten kostenpflichtigen Film- und Fotosets mit Nacktaufnahmen von Minderjährigen sei auch bei Einordnung des Materials als strafrechtlich irrelevant ein Anfangsverdacht dafür gegeben, dass E sich wegen des Besitzes kinderpornografischer Schriften strafbar gemacht habe. Im Rahmen einer Beschwerde zum Landgericht führte E aus, der erforderliche Anfangsverdacht einer Straftat habe nicht bestanden. Von einem straflosen Vorverhalten könne nicht auf ein strafbares Handeln geschlossen werden. Ohne dem E die Möglichkeit zur Stellungnahme zur Beschwerdeerwiderung der Staatsanwaltschaft zu geben, verwarf das Landgericht die Beschwerde des E am 01.04.2014. Die von E erhobene Anhö-

---

665 BVerfG NJW 1995, 1733; BVerfG, Urt. v. 04.05.2011 – 2 BvR 2365/09, RÜ 2011, 383 (Rn. 82).
666 BVerfGE 69, 92, 102 f.; 109, 64, 84.
667 BVerfGE 82, 198, 207 f.; 87, 341, 346; 109, 64, 84.

> rungsrüge wies das Landgericht ebenfalls zurück. § 33a StPO erfasse nicht jede, sondern nur eine entscheidungserhebliche Verletzung rechtlichen Gehörs. Eine solche liege nur vor, wenn sich die unterbliebene Anhörung auf das Ergebnis der Entscheidung ausgewirkt habe. Daran fehle es hier.
>
> E hat Verfassungsbeschwerde zum Bundesverfassungsgericht erhoben und rügt eine Verletzung der Art. 10, 13 und 103 Abs. 1 GG. Zudem verletze der Beschluss vom 10.02.2014 seine Immunität als Abgeordneter. Ist die Verfassungsbeschwerde zulässig?

702 I. Das Bundesverfassungsgericht ist gemäß Art. 93 Abs. 1 Nr. 4 a GG, § 13 Nr. 8 a BVerfGG **zuständig** für die Entscheidung über Individualverfassungsbeschwerden.

II. E müsste auch **beteiligtenfähig** sein. Beteiligtenfähig ist gemäß § 90 Abs. 1 BVerfGG jedermann, d.h., jeder, der fähig ist, Träger von Grundrechten zu sein.

1. E ist **als natürliche Person** Träger von Grundrechten und damit beteiligtenfähig, soweit er die Verletzung der Grundrechte bzw. des grundrechtsgleichen Rechts aus Art. 10, 13 und 103 Abs. 1 GG geltend macht.

703 2. E beruft sich auch auf die Verletzung seines Rechts auf Immunität aus Art. 46 Abs. 2 GG. Das **Recht auf Immunität** eines Bundestagsabgeordneten aus Art. 46 Abs. 2 GG (i.V.m. Art. 38 Abs. 1 S. 2 GG) stellt aber **weder ein Grundrecht noch ein grundrechtsgleiches Recht** dar. Vielmehr dient die Immunität eines Abgeordneten in erster Linie der Funktionsfähigkeit des Parlaments. Insofern handelt es sich **nicht um ein subjektives Abwehrrecht** gegen den Staat, sondern um ein organschaftliches Recht des Abgeordneten, das mit dem Organstreitverfahren nach Art. 93 Abs. 1 Nr. 1 GG geltend zu machen wäre.

704 Ein Abgeordneter kann allerdings aus Art. 46 Abs. 2 i.V.m. Art. 38 Abs. 1 S. 2 GG gegenüber dem Parlament beanspruchen, dass dieses willkürfrei über eine beantragte Aufhebung der Immunität entscheidet. Art. 46 Abs. 2 GG enthält zudem ein **Verfahrenshindernis**, das die öffentliche Gewalt bei allen Maßnahmen, die sie gegen Abgeordnete des Deutschen Bundestages richtet, zu beachten hat. Auf dieses Verfahrenshindernis kann sich auch der einzelne Abgeordnete berufen.[668] Macht der Beschwerdeführer **nicht seine organschaftliche Stellung gegenüber dem Parlament als einem im Organstreitverfahren** parteifähigen Verfassungsorgan geltend, sondern die Verletzung seiner **Immunität als ein subjektives öffentliches Recht gegenüber allen anderen Trägern öffentlicher Gewalt**, ist die Klärung, ob dieses Recht verletzt wurde, im Rahmen einer Verfassungsbeschwerde statthaft.

Klausurhinweis: Ein Abgeordneter des Bundestages kann aus seinen organschaftlichen Rechten, insbesondere dem **freien Mandat** aus Art. 38 Abs. 1 S. 2 GG, ein Organstreitverfahren gemäß Art. 93 Abs. 1 Nr. 1 GG führen. Gleichzeitig ist der Abgeordnete des Bundestages aber auch **natürliche Person**. In seiner Eigenschaft als natürliche

---

[668] BVerfG, Beschl. v. 15.08.2014 – 2 BvR 969/14, RÜ 2014, 724 (Rn. 26).

Person kann der Abgeordnete eine Verletzung seiner Grundrechte im Rahmen einer Verfassungsbeschwerde geltend machen. **In einer Klausur** *ist daher sehr genau zu differenzieren, in welcher Eigenschaft und Funktion der Abgeordnete Rechte geltend macht.*

Hinweis: *Die Frage, ob sich ein Abgeordneter im Rahmen einer Verfassungsbeschwerde auf Art. 46 Abs. 2 GG berufen kann, hätte auch in der „Zuständigkeit des Bundesverfassungsgerichts" erörtert werden können. So hat das Bundesverfassungsgericht die Frage, ob sich ein Abgeordneter auf das Zeugnisverweigerungsrecht aus Art. 47 GG im Rahmen einer Verfassungsbeschwerde berufen kann, bereits dort erörtert.[669] Da hier jedenfalls die Grundrechte aus Art. 10, 13, 103 GG im Rahmen einer Verfassungsbeschwerde geltend zu machen sind, ist als Prüfungsstandort erst die Beteiligtenfähigkeit gewählt worden.*

Damit ist E gemäß § 90 Abs. 1 BVerfGG beteiligtenfähig hinsichtlich aller gerügten Verfassungsverletzungen.

III. Zulässiger **Beschwerdegegenstand** einer Verfassungsbeschwerde ist gemäß § 90 Abs. 1 BVerfGG jeder Akt der öffentlichen Gewalt. E wendet sich gegen den Beschluss des Amtsgerichts sowie den Beschluss des Landgerichts als Akte der öffentlichen Gewalt. Es handelt sich um eine **Urteilsverfassungsbeschwerde**.

IV. Der Beschwerdeführer muss geltend machen, durch die Entscheidungen möglicherweise in seinen Grundrechten verletzt zu sein (§ 90 Abs. 1 BVerfGG, **Beschwerdebefugnis**).

1. Soweit E geltend macht, in seinen Grundrechten aus Art. 10, 13 GG und seinem grundrechtsgleichen Recht aus Art. 103 Abs. 1 GG verletzt zu sein, ist nicht von vornherein und offensichtlich ausgeschlossen, dass er in diesen Rechten durch die Beschlüsse zur Durchsuchung und Beschlagnahme seiner E-Mail-Postfächer verletzt sein kann. Er ist durch die Beschlüsse auch selbst, gegenwärtig und unmittelbar betroffen. Damit ist E insoweit beschwerdebefugt.

2. E müsste auch hinsichtlich der Immunität als Abgeordneter beschwerdebefugt sein. Dann müsste Art. 46 Abs. 2 GG möglicherweise verletzt sein. Eine Verletzung der Immunität des E kommt hinsichtlich des Beschlusses des Amtsgericht vom 10.02.2014 aber nur dann in Betracht, wenn E zu diesem Zeitpunkt noch Abgeordneter des Bundestages gewesen ist.

   a) Art. 46 Abs. 2 GG schützt die Abgeordneten des Bundestages gegen jede Form einer strafgerichtlichen oder behördlichen Untersuchung mit dem Ziel der Strafverfolgung. Dazu gehören auch Durchsuchungen und Beschlagnahmen. Ein Abgeordneter darf Strafverfolgungsmaßnahmen daher nur ausgesetzt werden, **wenn die Immunität des Abgeordneten vorab aufgehoben wurde**. Eine solche Aufhebung der Immunität des E ist aber nicht beantragt worden, sodass einer Strafverfolgung des E das Verfahrenshindernis der parlamentarischen Immunität so lange entgegen stand, wie E noch Abgeordneter des Bundestages war.

---

[669] BVerfG NJW 2003, 3401.

708 b) E könnte seine Stellung als Mitglied des Bundestages aber gemäß § 1 AbgG i.V.m. § 46 Abs. 1 S. 1 Nr. 4 BWahlG **durch Verzicht** verloren haben. Einen solchen Verzicht hatte E gegenüber einem Notar am 06.02.2014 erklärt und die Urkunde dem Bundestagspräsidenten am 07.02.2014 vorgelegt. Nach § 47 Abs. 1 Nr. 4 BWahlG wird über den Verlust der Mitgliedschaftsrechte durch den Bundestagspräsidenten **in der Form der Erteilung einer Bestätigung** der Verzichtserklärung entschieden. Dies geschah durch Schreiben vom 10.02.2014, in dem der Bundestagspräsident dem E schriftlich mitteilte, dass er mit Ablauf des 06.02.2014 aus dem Deutschen Bundestag ausgeschieden sei.

Damit ist der E nach dem Wortlaut des Gesetzes erst mit dem Wirksamwerden der Entscheidung vom 10.02.2014 aus dem Deutschen Bundestag ausgeschieden. Der Umstand, dass E selbst ein früheres Datum genannt hat, und der Bundestagspräsident in seiner Erklärung vom 10.02.2014 als Zeitpunkt für die Mandatsbeendigung den Ablauf des 06.02.2014 festgestellt hat, ändert daran nichts. Für die parlamentarische Arbeit ist es von ausschlaggebender Bedeutung, dass Klarheit darüber herrscht, wer dem Parlament angehört und wer nicht. **Am 10.02.2014 genoss E daher noch die Immunität des Abgeordneten** aus Art. 46 Abs. 2 GG, sodass der Beschluss des Amtsgerichts vom 10.02.2014 den E zumindest möglicherweise in diesem Recht verletzt.

Auch insoweit ist E durch die Entscheidung selbst, gegenwärtig und unmittelbar betroffen. E ist beschwerdebefugt.

V. Es ist auch der **Rechtsweg erschöpft**, § 90 Abs. 2 S. 1 BVerfGG.

709 VI. Der Zulässigkeit der Verfassungsbeschwerde könnte hinsichtlich des Rechts auf Immunität aus Art. 46 Abs. 2 GG jedoch der **Grundsatz der (materiellen) Subsidiarität** entgegen stehen. Danach muss ein Beschwerdeführer alles ihm Mögliche und Zumutbare tun, damit eine Grundrechtsverletzung im fachgerichtlichen Instanzenzug unterbleibt oder beseitigt wird. Er muss insbesondere alle Möglichkeiten nutzen, um die geltend gemachte Grundrechtsverletzung in dem unmittelbar mit ihr zusammenhängenden sachnächsten Verfahren zu verhindern oder zu beseitigen.

E hat sich im fachgerichtlichen Verfahren vor dem Amts- und Landgericht auf seine Immunität als Abgeordneter aber nicht berufen. E (bzw. sein Verteidiger) hätte die Immunität als Abgeordneter im fachgerichtlichen Verfahren rügen können. Dann hätte dieser Umstand bereits im fachgerichtlichen Verfahren berücksichtigt werden können.[670]

710 Daher hat E nicht alle ihm möglichen und zumutbaren Maßnahmen ergriffen, um die Rechtsverletzung bereits im fachgerichtlichen Verfahren zu verhindern. **Hinsichtlich des Rechts auf Immunität aus Art. 46 Abs. 2 GG steht der Zulässigkeit der Verfassungsbeschwerde damit der Grundsatz der Subsidiarität entgegen.**

Hinweis: Der Grundsatz der Subsidiarität der Verfassungsbeschwerde hat seine Hauptbedeutung zwar in der Rechtssatzverfassungsbeschwerde. Dies schließt seine Anwendbarkeit für eine Urteilsverfassungsbeschwerde aber nicht aus.

---

[670] BVerfG, Beschl. v. 15.08.2014 – 2 BvR 969/14, RÜ 2014, 724 (Rn. 35).

Danach ist die Verfassungsbeschwerde unzulässig, soweit E eine Verletzung des Art. 46 Abs. 2 GG rügt.

VII. Die **Form- und Fristregeln** nach §§ 23, 92, 93 Abs. 1 BVerfGG (schriftlich mit Begründung innerhalb eines Monats) sind gewahrt.

Die Verfassungsbeschwerde des E ist daher nur **teilweise zulässig**.

Fall 22: Das Nichtraucherschutzgesetz

Das Bundesland L hat ein neues Nichtraucherschutzgesetz (NiRSchG) erlassen, welches u.a. folgende Regelungen enthält:

§ 2 Rauchverbote

Das Rauchen ist nach Maßgabe dieses Gesetzes verboten in:

…

Nr. 7: Schank- und Speisewirtschaften; das Rauchen ist jedoch zulässig in vollständig abgetrennten Nebenräumen, wenn die Belange des Nichtraucherschutzes dadurch nicht beeinträchtigt werden können, die abgetrennten Nebenräume erkennbar als Raucherräume gekennzeichnet sind und Personen unter 18 Jahren keinen Zutritt haben.

§ 3 Ordnungswidrigkeiten

Ein Verstoß gegen § 2 Nr. 7 stellt eine Ordnungswidrigkeit dar. Die Ordnungswidrigkeit kann mit einer Geldbuße bis 200 € für den Raucher und bis 5.000 € für den Betreiber der Schank- und Speisewirtschaft geahndet werden.

G ist Gastwirt und betreibt im Bundesland L eine kleine Gastwirtschaft. Diese besteht lediglich aus einem einzigen kleinen Schankraum (35 m²). Er hält die Regelungen des NiRSchG für verfassungswidrig. Insbesondere fühlt er sich in seiner Berufsfreiheit aus Art. 12 GG verletzt, da er erhebliche Umsatzeinbußen hinnehmen muss. Ein großer Teil seiner Stammkundschaft, bei denen es sich überwiegend um Raucher handele, komme nicht mehr oder nur noch sehr selten „auf ein Bier" vorbei. Er habe auch keine Möglichkeit, einen getrennten Nebenraum für Raucher einzurichten. Dafür sei seine Kneipe zu klein. G erhebt daher unmittelbar eine Verfassungsbeschwerde zum Bundesverfassungsgericht gegen das NiRSchG des Landes L. Ist diese zulässig?

I. Das Bundesverfassungsgericht ist gemäß Art. 93 Abs. 1 Nr. 4 a GG, § 13 Nr. 8 a BVerfGG **zuständig** für die Entscheidung über Individualverfassungsbeschwerden.

II. G müsste **beteiligtenfähig** sein. Beteiligtenfähig ist gemäß § 90 Abs. 1 BVerfGG jedermann, d.h., jeder, der fähig ist, Träger von Grundrechten zu sein. G ist **als natürliche Person** Träger von Grundrechten und damit beteiligtenfähig.

III. Zulässiger **Beschwerdegegenstand** einer Verfassungsbeschwerde ist gemäß § 90 Abs. 1 BVerfGG jeder **Akt der öffentlichen Gewalt**. G wendet sich gegen das

NiRSchG des Landes L, das als Legislativakt ein Akt der öffentlichen Gewalt ist. Es handelt sich um eine **Rechtssatzverfassungsbeschwerde**.

713 IV. Der Beschwerdeführer muss geltend machen, durch den Akt der öffentlichen Gewalt möglicherweise in seinen Grundrechten verletzt zu sein (§ 90 Abs. 1 BVerfGG, **Beschwerdebefugnis**).

1. Dann müsste die Verletzung von Grundrechten des G durch das NiRSchG **möglich** sein. Durch das Rauchverbot in § 3 Nr. 7 NiRSchG darf G das Rauchen in seiner Gaststätte nicht mehr zulassen. Es ist ihm also nicht mehr möglich, seine Kneipe so zu führen, wie er es möchte. Zudem kommt es zu erheblichen Umsatzeinbußen. Dadurch könnte möglicherweise die Berufsfreiheit aus Art. 12 GG, das Eigentumsrecht aus Art. 14 GG oder die allgemeine Handlungsfreiheit aus Art. 2 Abs. 1 GG verletzt sein.

714 2. G müsste auch **selbst**, **gegenwärtig** und **unmittelbar betroffen** sein.

a) Das NiRSchG verbietet das Rauchen in Schank- und Speisewirtschaften. Damit wendet es sich nicht nur an den Raucher, sondern auch an den Betreiber einer Gastwirtschaft. Daher ist G selbst durch die Regelungen des NiRSchG betroffen. Mangels gegenteiliger Hinweise ist auch davon auszugehen, dass das NiRSchG bereits in Kraft getreten ist, sodass G auch gegenwärtig betroffen ist.

b) G müsste durch das NiRSchG auch **unmittelbar** betroffen sein. Ein Beschwerdeführer ist unmittelbar betroffen, wenn der angegriffene Akt der öffentlichen Gewalt selbst, und nicht erst ein weiterer Vollzugsakt in das Grundrecht des Betroffenen eingreift.

Durch § 2 Nr. 7 NiRSchG wird das Rauchen in Schank- und Speisewirtschaften verboten. Insofern bedarf es für das Verbot keines weiteren Vollzugsaktes. Allerdings führt ein Verstoß gegen das Rauchverbot zu einer Ahndung durch eine Geldbuße, § 3 NiRSchG. Darin könnte ein Vollzugsakt gesehen werden. Gegen einen entsprechenden Bußgeldbescheid könnte sich G mit einem Einspruch zur Wehr setzen. Dem Betroffenen ist es aber **nicht zumutbar**, zunächst gegen eine bußgeldbewehrte Regelung zu verstoßen und erst dann in einem Verfahren gegen den Bußgeldbescheid die Norm inzident überprüfen zu lassen.[671]

Aus diesem Grunde ist G schon unmittelbar durch das NiRSchG betroffen.

G ist damit beschwerdebefugt.

V. Es müsste auch der **Rechtsweg erschöpft** sein, § 90 Abs. 2 S. 1 BVerfGG. Gegen Parlamentsgesetze steht dem Bürger kein Rechtsweg zur Verfügung, sodass § 90 Abs. 2 S. 1 BVerfGG der Zulässigkeit der Verfassungsbeschwerde nicht entgegen steht.

715 VI. Der Zulässigkeit der Verfassungsbeschwerde könnte aber der **Grundsatz der Subsidiarität** entgegen stehen. Danach ist eine Rechtssatz-Verfassungsbeschwerde trotz

---

[671] BVerfGE 81, 70, 82 f.

des nicht vorhandenen Rechtsweges unzulässig, wenn es dem Beschwerdeführer zumutbar und möglich ist, zunächst vor den Fachgerichten die Norm inzident überprüfen zu lassen. Theoretisch wäre es denkbar, dass G zunächst gegen das Verbot verstößt und sich dann gegen die Sanktion zur Wehr setzt. Dabei würde inzident die Verfassungsmäßigkeit des OWi-Tatbestandes überprüft. Diese Möglichkeit ist aber, wie oben bereits dargelegt, nicht zumutbar, wenn das Verbot bußgeldbewehrt ist.

Daher steht der Grundsatz der Subsidiarität der Zulässigkeit der Verfassungsbeschwerde nicht entgegen.

VII. Die **Form- und Fristregeln** nach §§ 23, 92, 93 Abs. 3 BVerfGG (schriftlich mit Begründung innerhalb eines Jahres) sind gewahrt.

Damit ist die Verfassungsbeschwerde des G gegen das NiRSchG des Landes L zulässig.

B. Begründetheit

Nach § 95 BVerfGG stellt das Bundesverfassungsgericht fest, „welche Vorschriften des GG verletzt" sind. Nach dieser Formulierung würde das Bundesverfassungsgericht eigentlich alle Vorschriften des GG prüfen. Da der Beschwerdeführer mit einer Verfassungsbeschwerde aber nur die Verletzung der Grundrechte oder grundrechtsgleichen Rechte rügen kann (Art. 93 Abs. 1 Nr. 4 a GG), hat sich folgender Obersatz für die Begründetheitsprüfung herausgebildet:

„Die Verfassungsbeschwerde ist begründet, wenn der Beschwerdeführer durch den Akt der öffentlichen Gewalt (in verfassungsspezifischer Weise) in seinen Grundrechten oder grundrechtsgleichen Rechten verletzt ist."

716

Die Prüfung der Begründetheit einer Verfassungsbeschwerde unterscheidet sich im Detail danach, ob eine **Rechtssatzverfassungsbeschwerde** oder eine **Urteilsverfassungsbeschwerde** erhoben wurde. Dies hängt mit der **unterschiedlichen Prüfungsintensität** (Stichwort „Superrevisionsinstanz", dazu unten mehr) zusammen.

717

I. Begründetheit einer Rechtssatzverfassungsbeschwerde

Im Rahmen der Begründetheitsprüfung einer Rechtssatzverfassungsbeschwerde prüfen Sie, wie im Obersatz vorgegeben, ob die Norm/das Gesetz Grundrechte des Beschwerdeführers verletzt. **Dabei prüft das Bundesverfassungsgericht umfassend**, also alle denkbaren, und nicht nur die gerügten Grundrechte (oder grundrechtsgleichen Rechte).[672] Dem gesetzlichen Obersatz aus § 95 Abs. 1 BVerfGG entsprechend, stellt das Bundesverfassungsgericht dabei nicht nur Verletzungen des Grundrechts fest, sondern prüft daneben auch die Vereinbarkeit mit sonstigem (objektivem) Verfassungsrecht.[673]

718

---

[672] Görisch/Hartmann NVwZ 2007, 1007.
[673] BVerfG, Urt. v. 04.05.2011 – 2 BvR 2365/09, RÜ 2011, 383; BVerfGE 42, 312, 325.

3. Teil — Rechtsschutz beim Bundesverfassungsgericht

719 *Hinweis:* Das erscheint zunächst unlogisch, da mit einer Verfassungsbeschwerde nur die Verletzung der Grundrechte bzw. grundrechtsgleichen Rechte gerügt wird. Führt man sich aber die Prüfung eines Grundrechts vor Augen, ist diese Prüfung dagegen notwendig. Greift ein Gesetz in den Schutzbereich eines Grundrechts ein, dann kann dieser Eingriff verfassungsrechtlich gerechtfertigt sein, wenn eine Einschränkungsmöglichkeit besteht und das Gesetz diese Schranke **„in verfassungsgemäßer Weise konkretisiert"**. Ein Gesetz, welches z.B. das Demokratieprinzip aus Art. 20 Abs. 2 GG verletzt, kann aber natürlich nicht eine verfassungsgemäße Konkretisierung der Einschränkungsmöglichkeit sein. Daher ist dann automatisch auch das Grundrecht verletzt. Das Bundesverfassungsgericht zitiert dann: „Das Gesetz verletzt Art. 2 Abs. 1 GG i.V.m. Art. 20 Abs. 2 GG."

720 Es wird grundsätzlich in der Reihenfolge **Freiheitsrechte vor Gleichheitsrechten** geprüft, und innerhalb dieser Bereiche das **speziellere vor dem allgemeinen**. Der Aufbau der Prüfung folgt dabei der normalen Grundrechtsprüfung. Sie prüfen z.B. bei einem Freiheitsgrundrecht: Schutzbereich – Eingriff – verfassungsrechtliche Rechtfertigung.

721

Fall 23: Das Therapieunterbringungsgesetz

H hatte seit seinem 20. Lebensjahr, insbesondere unter Alkoholeinfluss, mehrfach Gewalt- und Sexualdelikte begangen. Im Jahre 1970 wurde er unter anderem wegen Vergewaltigung und Mordes zu einer Jugendstrafe von zehn Jahren verurteilt. Nach weiteren Gewaltdelikten und Verurteilungen zu Freiheitsstrafen ordnete das Landgericht im Jahr 1989 gemäß § 63 StGB die Unterbringung des H in einem psychiatrischen Krankenhaus an, weil seine Schuldunfähigkeit nicht auszuschließen war. Nach Entweichung aus dem Landeskrankenhaus im Jahre 1990 – nur etwa vier Monate nach dem Beginn der Unterbringung – griff er in alkoholisiertem Zustand eine Prostituierte von hinten an, hielt ihr den Mund zu und würgte sie. Wegen wiederum nicht auszuschließender Schuldunfähigkeit ordnete das Landgericht wegen dieser Tat erneut seine Unterbringung gemäß § 63 StGB an. 2005 erklärte das Landgericht die Unterbringung für erledigt (§ 67d Abs. 6 StGB), da H zwar noch gefährlich, aber nicht mehr erheblich in seiner Schuldfähigkeit beeinträchtigt sei. Vor der vollständigen Verbüßung der Reststrafe ordnete das Landgericht die nachträgliche Sicherungsverwahrung gemäß § 66 b Abs. 3 StGB an. Diese Entscheidung hob der BGH vor dem Hintergrund der Rspr. des EGMR zur nachträglichen Sicherungsverwahrung auf, obwohl das Landgericht die Voraussetzungen nach § 66 b Abs. 3 StGB rechtsfehlerfrei bejaht hatte. Daraufhin erfolgte die Freilassung des H.

Als Reaktion auf die Rspr. des EGMR, hat der Bund ein neues Therapieunterbringungsgesetz (ThUG) erlassen, welches u.a. folgende Regelungen enthält:

§ 1 ThUG:

(1) Steht auf Grund einer rechtskräftigen Entscheidung fest, dass eine wegen einer Straftat der in § 66 Absatz 3 Satz 1 des Strafgesetzbuches genannten Art verurteilte Person deshalb nicht länger in der Sicherungsverwahrung untergebracht werden kann, weil ein Verbot rückwirkender Verschärfungen im Recht der Sicherungsverwahrung zu berücksichtigen ist, kann das zuständige Gericht die Unterbringung dieser Person in einer geeigneten geschlossenen Einrichtung anordnen, wenn

1. sie an einer psychischen Störung leidet und (...) die Unterbringung zum Schutz der Allgemeinheit erforderlich ist.

Die Verfassungsbeschwerde — 2. Abschnitt

> **§ 2 ThUG:**
> (1) Für die Therapieunterbringung nach § 1 sind nur solche geschlossenen Einrichtungen geeignet, die (...) räumlich und organisatorisch von Einrichtungen des Strafvollzuges getrennt sind.
>
> H befürchtet, dass auch er nach dem ThUG untergebracht werden wird. Daher erhebt er form- und fristgerecht eine Verfassungsbeschwerde. Er rügt insbesondere die fehlende Gesetzgebungskompetenz des Bundes. Das ThUG stelle eine unzulässige echte Rückwirkung dar und sei zu unbestimmt. Zudem handele es sich wegen des geringen Anwendungsbereichs (das ThUG betrifft nur Personen, die aufgrund des Urteils des EGMR vom 17.12.2009 (Application no. 19359/04) aus der Sicherungsverwahrung entlassen werden mussten) um ein verfassungsrechtlich unzulässiges Einzelfallgesetz. Hat die Verfassungsbeschwerde Erfolg?

Die Verfassungsbeschwerde hat Erfolg, soweit sie zulässig und begründet ist.

A. Zulässigkeit 722

I. Das Bundesverfassungsgericht ist gemäß Art. 93 Abs. 1 Nr. 4 a GG, § 13 Nr. 8 a BVerfGG **zuständig** für die Entscheidung über Individualverfassungsbeschwerden.

II. **Beteiligtenfähig** ist gemäß § 90 Abs. 1 BVerfGG jedermann, d.h., jeder, der fähig ist, Grundrechtsträger zu sein. H ist als natürliche Person Träger von Grundrechten und damit beteiligtenfähig.

III. Zulässiger **Beschwerdegegenstand** einer Verfassungsbeschwerde ist gemäß § 90 Abs. 1 BVerfGG jeder Akt der öffentlichen Gewalt. H wendet sich gegen das ThUG im Rahmen einer **Rechtssatzverfassungsbeschwerde**.

IV. Ein Beschwerdeführer muss geltend machen, durch den Akt der öffentlichen Gewalt möglicherweise in seinen Grundrechten verletzt zu sein (§ 90 Abs. 1 BVerfGG, **Beschwerdebefugnis**).

1. Das ThUG ermöglicht eine Unterbringung in einer geschlossenen Einrichtung. Eine entsprechende Unterbringung würde die körperliche Bewegungsfreiheit der untergebrachten Person beeinträchtigen, sodass möglicherweise das Grundrecht der **Freiheit der Person aus Art. 2 Abs. 2 S. 2 GG** verletzt sein kann.

2. H müsste durch das ThUG auch **selbst**, **gegenwärtig** und **unmittelbar** betroffen sein. Dem Grunde nach sind die Voraussetzungen des § 1 ThUG bei H gegeben. Daher könnte auch dem H gegenüber eine entsprechende Unterbringung nach dem ThUG erfolgen, sodass H selbst durch das Gesetz betroffen wird. Das Gesetz ist auch in Kraft getreten, sodass eine gegenwärtige Betroffenheit ebenfalls zu bejahen ist.

Fraglich ist aber, ob H auch **unmittelbar** durch das Gesetz betroffen wird. Ein Beschwerdeführer ist unmittelbar betroffen, wenn der angegriffene Akt der öffentlichen Gewalt selbst, und nicht erst ein weiterer Vollzugsakt in das Grundrecht des Betroffenen eingreift. Die Unterbringung in einer geschlossenen Ein- 723 richtung wird **durch das Gericht** angeordnet. Insofern bedarf es noch eines weiteren Vollzugsaktes. Bei den Regelungen des ThUG handelt es sich daher nicht um eine sich selbst vollziehende (sog. self-executing) Norm.

Eine unmittelbare Betroffenheit ist aber dann zu bejahen, wenn dem Beschwerdeführer ein **Abwarten des Vollzugsaktes** und ein fachgerichtliches Vorgehen dagegen **unzumutbar** ist.[674] Wenn H zunächst abwartet, dass er durch die Anordnung des Gerichts in einer geschlossenen Einrichtung nach dem ThUG untergebracht wird, führt dies zu einer Beschränkung des hochrangigen Grundrechts der Freiheit der Person aus Art. 2 Abs. 2 S. 2 GG. Eine solche Freiheitsentziehung und damit eine mögliche Grundrechtsverletzung könnte nicht wieder rückgängig gemacht werden. Das Abwarten des Vollzugsaktes ist H damit nicht zumutbar. H ist durch das ThUG auch schon unmittelbar betroffen.

Die Beschwerdebefugnis ist gegeben.

V. Ein **Rechtsweg** steht dem H gegen das Parlamentsgesetz nicht zur Verfügung, sodass ein solcher auch nicht erschöpft werden kann (§ 90 Abs. 2 S. 1 BVerfGG).

724 VI. Der Zulässigkeit der Verfassungsbeschwerde könnte aber der **Grundsatz der Subsidiarität** entgegen stehen. Danach ist eine Rechtssatzverfassungsbeschwerde trotz des nicht vorhandenen Rechtsweges unzulässig, wenn es dem Beschwerdeführer zumutbar und möglich ist, zunächst vor den Fachgerichten die Norm inzident überprüfen zu lassen. Wie oben zur unmittelbaren Betroffenheit bereits dargelegt, ist es dem H nicht zumutbar, zunächst eine Anordnung nach dem ThUG abzuwarten und sich dann im Rahmen eines Inzident-Rechtsschutzes vor den Fachgerichten zur Wehr zu setzen.

Daher steht der Grundsatz der Subsidiarität der Zulässigkeit der Verfassungsbeschwerde nicht entgegen.

VII. Die Form- und Fristregeln (§§ 23 Abs. 1, 92, 93 Abs. 3 BVerfGG) sind eingehalten.

Damit ist die Verfassungsbeschwerde zulässig.

725 B. **Begründetheit**

Die Verfassungsbeschwerde ist begründet, wenn H durch das ThUG in seinen Grundrechten verletzt wird. Es könnte das Grundrecht **der Freiheit der Person** des H aus **Art. 2 Abs. 2 S. 2 GG** verletzt sein.

726 I. Das ThUG ermöglicht es, unter bestimmten Voraussetzungen eine Person gegen ihren Willen in einer geschlossenen Einrichtung unterzubringen. Durch eine entsprechende **Freiheitsentziehung** wird in den **Schutzbereich des Art. 2 Abs. 2 S. 2 GG eingegriffen.**

727 II. Dieser Eingriff könnte **verfassungsrechtlich gerechtfertigt** sein.

---

674 BVerfG, Beschl. v. 17.02.2009 – 1 BvR 2492/08; Sachs, Verfassungsprozessrecht, Rn. 521.

1. Dann müsste zunächst eine **Einschränkungsmöglichkeit** bestehen. Das Grundrecht der Freiheit der Person ist gemäß Art. 2 Abs. 2 S. 3 GG i.V.m. Art. 104 Abs. 1 S. 1 GG **nur aufgrund eines (Parlaments-)Gesetzes** einschränkbar. Das ThUG des Bundes ist ein entsprechendes Gesetz im formellen Sinne.

2. Fraglich ist, ob der Eingriff durch das ThUG eine **verfassungsgemäße Konkretisierung** der Einschränkungsmöglichkeit darstellt. Dann müsste das ThUG **verfassungsgemäß** sein. 728

    a) Hinsichtlich der **formellen Verfassungsmäßigkeit** könnte die **Gesetzgebungskompetenz** des Bundes problematisch sein. Nach Art. 70 Abs. 1 GG haben die Länder das Recht der Gesetzgebung, soweit das GG nicht dem Bund Gesetzgebungsbefugnisse zuweist. 729

        aa) Das ThUG könnte unter die Sachmaterie des „**Strafrechts**" als **Gegenstand der konkurrierenden Gesetzgebung des Bundes** fallen, Art. 74 Abs. 1 Nr. 1, Art. 72 Abs. 2 GG. Zum Strafrecht in diesem Sinne gehört die Regelung aller, auch nachträglicher, repressiver oder präventiver staatlicher Reaktionen auf Straftaten, die an die Straftat anknüpfen, ausschließlich für Straftäter gelten und ihre sachliche Rechtfertigung auch aus der Anlasstat beziehen.[675]

        Historisch betrachtet sollte durch die Bestrafung nicht nur ein Fehlverhalten sanktioniert werden. Vielmehr diente die Strafe auch spezialpräventiven Zwecken, um eine Wiederholung durch einen Straftäter zu vermeiden. Aus diesem Grunde ist auch die (nachträgliche) Sicherungsverwahrung kompetenziell dem Strafrecht zuzuordnen. Wie die Sicherungsverwahrung verfolgt auch die Therapieunterbringung den Zweck, weiterhin gefährliche Straftäter zum Schutze der Allgemeinheit auch nach Verbüßung der Strafhaft sicher unterzubringen. Auch § 1 Abs. 1 ThUG knüpft an eine bestimmte strafrechtlich sanktionierte Anlasstat an. Daher fällt in die konkurrierende Gesetzgebungszuständigkeit des Bundes für das „Strafrecht" auch der Erlass des ThUG.[676]

        bb) Für die konkurrierende Gesetzgebungskompetenz des Bundes nach Art. 74 Abs. 1 Nr. 1 GG ist eine „Erforderlichkeitsprüfung" i.S.d. Art. 72 Abs. 2 GG nicht vorgesehen. Es handelt es sich um eine sog. **Kernkompetenz**.

        Der Bund ist für die Regelungen des ThUG zuständig. Das Gesetz ist formell verfassungsgemäß.

    b) Das ThUG müsste auch **materiell verfassungsgemäß** sein. Es dürften insbesondere **keine Verstöße gegen die Staatsprinzipien** gegeben sein. 730

---

675 BVerfG, Beschl. v. 11.07.2013 – 2 BvR 2302/11, RÜ 2013, 649 (Rn. 55); BVerfG NJW 2004, 750; Jarass/Pieroth, GG, Art. 74 Rn. 5.
676 BVerfG, Beschl. v. 11.07.2013 – 2 BvR 2302/11, RÜ 2013, 649 (Rn. 60 ff.).

731 aa) Die Unterbringung nach dem ThUG könnte gegen das **Vertrauensschutzgebot** aus **Art. 2 Abs. 2 S. 2 GG i.V.m. Art. 20 Abs. 3 GG** verstoßen.

(1) Unzulässig wäre unter Berücksichtigung des Vertrauensschutzes eine **echte Rückwirkung** (Rückbewirkung von Rechtsfolgen). Eine solche Rückbewirkung von Rechtsfolgen ist gegeben, wenn ein Gesetz seine Rechtsfolgen zu einem Zeitpunkt auslöst, der vor Verkündung des Gesetzes liegt. § 1 Abs. 1 ThUG setzt voraus, dass ein Straftäter deshalb nicht länger in der Sicherungsverwahrung untergebracht werden kann, weil „ein Verbot rückwirkender Verschärfungen" im Recht der Sicherungsverwahrung zu berücksichtigen ist. Das Gesetz knüpft daher zwar im Tatbestand an bereits in der Vergangenheit liegende Umstände an. **Die Rechtsfolge des § 1 ThUG, die Unterbringung in der geschlossenen Einrichtung, greift aber erst nach der Verkündung des Gesetzes ein.** Es handelt sich somit um eine **unechte Rückwirkung** (tatbestandliche Rückanknüpfung).

732 (2) Eine unechte Rückwirkung ist **grundsätzlich zulässig**, es sei denn, eine **umfassende Güter- und Interessenabwägung** ergibt, dass dem Betroffenen ein Vertrauensschutz zu gewähren ist. Da das ThUG zur Anordnung einer potenziell unbefristeten Freiheitsentziehung ermächtigt, begründet die Unterbringung nach § 1 Abs. 1 ThUG einen der schwersten Eingriffe in das Grundrecht auf Freiheit der Person (Art. 2 Abs. 2 S. 2 GG). Vor diesem Hintergrund und unter Berücksichtigung der Wertungen der Konvention zum Schutz der Menschenrechte und Grundfreiheiten, die mit Art. 5 und Art. 7 Abs. 1 EMRK der nachträglichen Anordnung oder Verlängerung einer präventiven freiheitsentziehenden Maßnahme Grenzen setzt, ist der mit der Therapieunterbringung verbundene und durch Vertrauensschutzbelange verstärkte Eingriff in das Freiheitsgrundrecht nur dann verhältnismäßig, wenn der gebotene **Abstand zur Strafe** gewahrt wird, eine **hochgradige Gefahr schwerster Gewalt- oder Sexualstraftaten aus konkreten Umständen** in der Person oder dem Verhalten des Untergebrachten abzuleiten ist und die Voraussetzungen des Art. 5 Abs. 1 S. 2 Buchstabe e EMRK erfüllt sind, also eine **zuverlässig nachgewiesene psychische Störung** vorliegt.[677]

733 Der erforderliche „Abstand zur Strafe" wird durch § 2 ThUG sichergestellt, wonach ausdrücklich eine räumliche und organisatorische Trennung zum Strafvollzug vorgeschrieben wird. Für die Verhältnismäßigkeit ist daneben erforderlich, dass eine „hochgradige Gefahr schwerster Gewalt- oder Sexualstraftaten aus konkreten Umständen in der Person oder dem Verhalten des Untergebrachten abzuleiten ist." Dies ist nach dem Wortlaut des § 1 Abs. 1 ThUG für eine Unterbringung zwar nicht erforderlich. Im Rahmen einer verfassungskonformen, restriktiven Ausle-

---

[677] BVerfG, Beschl. v. 11.07.2013 – 2 BvR 2302/11, RÜ 2013, 649 (Rn. 68 f.).

gung des § 1 Abs. 1 Nr. 1 ThUG ist aber davon auszugehen, „dass hinsichtlich der Gefährlichkeitsprognose eine Unterbringung nur dann erfolgt, wenn eine hochgradige Gefahr für die Begehung schwerster Gewalt- oder Sexualstraftaten aus konkreten Umständen in der Person oder dem Verhalten des Untergebrachten abzuleiten ist."[678]

Demzufolge ist das ThUG, bei verfassungskonformer Auslegung, mit dem rechtsstaatlichen Vertrauensschutzgebot aus Art. 2 Abs. 2 S. 2 GG i.V.m. Art. 20 Abs. 3 GG vereinbar, wenn eine Unterbringung nur dann angeordnet werden darf, wenn von dem Täter eine hochgradige Gefahr schwerster Gewalt- oder Sexualstraftaten ausgeht.

bb) Das ThUG dürfte auch nicht gegen das **Bestimmtheitsgebot** verstoßen. Nach Art. 104 Abs. 1 S. 1 GG ist der Gesetzgeber verpflichtet, die Fälle, in denen eine Freiheitsentziehung zulässig sein soll, hinreichend klar zu bestimmen. Insoweit konkretisiert Art. 104 Abs. 1 S. 1 GG die sich aus dem Rechtsstaatsprinzip ergebenden Bestimmtheitsanforderungen. § 1 Abs. 1 Nr. 1 ThUG setzt voraus, dass die Person an einer psychischen Störung leidet. Die **Verwendung unbestimmter Rechtsbegriffe** steht einer Bestimmtheit aber nicht entgegen, solange durch die üblichen Auslegungsmethoden dem Begriff eine hinreichend klare Bedeutung beigemessen werden kann. Die Gesetzesbegründung knüpft an die Auslegung des EGMR zu Art. 5 Abs. 1 S. 2 e EMRK und an die Begriffswahl der heute in der Psychiatrie genutzten Diagnoseklassifikationssysteme an. Dies ermöglicht eine den Bestimmtheitsanforderungen genügende Auslegung.[679]

734

cc) Das ThUG betrifft nur Personen, die aufgrund des Urteils des EGMR vom 17.12.2009 aus der Sicherungsverwahrung entlassen werden mussten. Wegen des geringen Anwendungsbereiches könnte es sich um ein verfassungswidriges **Einzelfallgesetz** i.S.d. Art. 19 Abs. 1 S. 1 GG handeln. Zwar betrifft die Regelung nur wenige Personen. Dies reicht für sich genommen jedoch nicht für die Annahme eines Einzelfallgesetzes aus. Ein Gesetz ist dann ein allgemeines Gesetz, wenn sich wegen der abstrakten Fassung des gesetzlichen Tatbestandes nicht absehen lässt, auf wie viele und welche Fälle das Gesetz Anwendung findet. Das schließt die Regelung eines Einzelfalls nicht aus, wenn der Sachverhalt so beschaffen ist, dass es nur einen Fall dieser Art gibt und die Regelung dieses singulären Sachverhalts von sachlichen Gründen getragen wird.[680]

735

Für den Gesetzgeber war im Gesetzgebungsverfahren nicht erkennbar, welches Individuum von der Regelung des § 1 ThUG betroffen sein wird. Insbesondere wird nach dem ThUG nicht jeder ehemals Sicherungsverwahrte automatisch in einer Einrichtung untergebracht, so-

---

678 BVerfG, Beschl. v. 11.07.2013 – 2 BvR 2302/11, RÜ 2013, 649 (Rn. 78)
679 BVerfG, Beschl. v. 11.07.2013 – 2 BvR 2302/11, RÜ 2013, 649.
680 BVerfG, Beschl. v. 11.07.2013 – 2 BvR 2302/11, RÜ 2013, 649 (Rn. 127 f.).

dass für den Gesetzgeber auch aus diesem Grunde eine Individualisierung nicht möglich war. Das ThUG ist damit abstrakt gefasst und kein Einzelfallgesetz.

Damit ist das ThUG auch materiell und daher insgesamt verfassungsgemäß. Der Eingriff in Art. 2 Abs. 2 S. 2 GG ist verfassungsrechtlich gerechtfertigt. Art. 2 Abs. 2 S. 2 GG ist nicht verletzt.

Die Verfassungsbeschwerde des H gegen das ThUG ist unbegründet und erfolglos.

Klausurhinweis: *In dem vorliegenden Fall wird deutlich, dass im Rahmen einer Verfassungsbeschwerde nicht ausschließlich Problemkreise aus dem Bereich der Grundrechte zu erörtern sind. Da ein verfassungswidriges Gesetz nicht in verfassungskonformer Weise in ein Grundrecht eingreifen kann, ist eine komplette Verfassungsmäßigkeitsprüfung vorzunehmen. Dabei können auch staatsorganisationsrechtliche Fragen (Gesetzgebungskompetenz, Rückwirkung etc.) eine gewichtige Rolle in der Klausur spielen.*

II. Begründetheit der Urteilsverfassungsbeschwerde

736 Im Obersatz der Begründetheit einer Urteilsverfassungsbeschwerde wird häufig formuliert, dass die Verfassungsbeschwerde begründet ist, wenn der Beschwerdeführer durch das Urteil **in verfassungsspezifischer Weise** in seinen Grundrechten oder grundrechtsgleichen Rechten verletzt ist. Diese Formulierung bringt zum Ausdruck:

737 **Das Bundesverfassungsgericht ist keine Superrevisionsinstanz.**

Aus Art. 20 Abs. 3 GG folgt, dass **rechtswidrige Exekutiv- und Judikativakte** den Grundsatz des Vorrangs des Gesetzes verletzen, was wiederum zu einer Grundrechtsverletzung (zumindest von Art. 2 Abs. 1 GG) führt. Denn ein Verwaltungsakt/ein Urteil, welches gegen das Rechtsstaatsprinzip verstößt, kann nicht in verfassungsrechtlich gerechtfertigter Weise in ein Grundrecht eingreifen.

Dies birgt die Gefahr, dass das Bundesverfassungsgericht **jede Anwendung des einfachen Rechts** (z.B. von StGB, BGB oder des einfachen Verwaltungsrechts) überprüfen muss, obwohl es gemäß Art. 93 Abs. 1 Nr. 4 a GG auf die Prüfung von Grundrechtsverstößen beschränkt ist. Zudem würde das Bundesverfassungsgericht für die an sich letztinstanzlichen Entscheidungen der obersten Bundesgerichte zur Superrevisionsinstanz. Das Bundesverfassungsgericht prüft Exekutiv- und Judikativakte daher nicht anhand des einfachen Rechts, sondern verlangt das Vorliegen einer **spezifischen Verfassungsverletzung**.[681]

Eine solche spezifische Verfassungsverletzung ist gegeben, wenn

738 ■ ein **Anwendungsdefizit** besteht. Dies ist der Fall, wenn das Gericht ein in Betracht kommendes Grundrecht überhaupt nicht geprüft hat, es also völlig übersehen hat,[682]

---

[681] BVerfGE 18, 85, 93; BVerfG NJW 2003, 1924; NJW 2007, 1865 f.; Jarass/Pieroth, GG, Art. 93 Rn. 130; Kenntner NJW 2005, 785; Roth AöR 1996, 544; Jestaedt DVBl. 2001, 1309.
[682] BVerfGE 71, 162; E 77, 346; NJW 2007, 2391 f.

- eine **Fehlbewertung** der Grundrechte vorliegt. Das ist der Fall, wenn die Auslegung und Anwendung des Rechts auf einer **grundsätzlich falschen Anschauung von der Bedeutung und Tragweite eines Grundrechts** beruhen,[683] wobei der Auslegungsfehler in seiner materiellen Bedeutung für den konkreten Fall von einigem Gewicht sein muss (sog. **„Hecksche Formel"**, benannt nach dem damaligen Berichterstatter im Verfahren).[684] Eine grundlegende Verkennung der Grundrechte ist gegeben, wenn der **Umfang des Schutzbereichs**, die Voraussetzungen für das Vorliegen eines **Eingriffs** oder die **Verhältnismäßigkeit** grundsätzlich falsch bewertet wurden,[685] 739

- eine **willkürliche und objektiv unhaltbare Entscheidung** getroffen wird, insbesondere die Grenzen richterlicher Rechtsfortbildung unzulässig überschritten wurden[686] oder 740

- **Justizgrundrechte** verletzt sind, insbesondere Art. 19 Abs. 4 GG, Art. 101 GG oder Art. 103 GG. 741

Beispiel: A zeichnet eine Karikatur. Darin wird ein Schwein mit den Gesichtszügen des B dargestellt. B stellt einen Strafantrag wegen Beleidigung (§ 185 StGB) und klagt vor dem Amtsgericht auf Unterlassen (§ 1004 BGB analog).

Sowohl das Strafgericht als auch das Zivilgericht müssen die Grundrechte von A und B beachten. Im Rahmen der Beleidigung spricht nämlich die Kunstfreiheit des A (Art. 5 Abs. 3 S. 1 GG) gegen die Annahme einer Beleidigung, das allgemeine Persönlichkeitsrecht des B (Art. 2 Abs. 1 i.V.m. Art. 1 Abs. 1 GG) dafür. Im Rahmen der Unterlassungsklage muss das Zivilgericht gemäß § 1004 Abs. 2 BGB prüfen, ob B zur Duldung verpflichtet ist. Dafür spricht die Kunstfreiheit des A, dagegen das allgemeine Persönlichkeitsrecht des B.

Das Bundesverfassungsgericht würde die gerichtlichen Verurteilungen nur daraufhin überprüfen, ob die Kunstfreiheit und APR überhaupt berücksichtigt wurden, oder ob eine wesentliche Fehlbewertung vorliegt. Wenn also z.B. das Strafgericht ausgeführt hat, dass die Schweinchenbilder Kunst sind, aber das APR des B angegriffen wird, dass aber das APR immer und ohne Ausnahme höher zu bewerten ist als die Kunstfreiheit, liegt eine Fehlbewertung vor. Dann wären Karikaturen, die eine Person immer überspitzt darstellen, stets eine Beleidigung.

Fall 24: Beleidigter Rechtsanwalt

M wurde durch ein Schreiben des Rechtsanwalts A aufgefordert, an einen Mandanten 2.500 € Schmerzensgeld zu zahlen, weil er „sich in Rambo-Manier im Straßenverkehr bewegt habe, den Anspruchsteller mit Schimpfwörtern grundlos beleidigt, bedroht und tätlich angegriffen" habe. M habe „nach diesseitigem Dafürhalten den Straftatbestand des § 315 c StGB verwirklicht".

M wandte sich daraufhin an den Rechtsanwalt R. R meldete sich für M und widersprach der Sachverhaltsschilderung. Er schrieb dem gegnerischen Rechtsanwalt A, der Anspruchsteller habe „sich durch die Geltendmachung einer fingierten Forderung über 2.500 € wegen eines Verbrechens der Erpressung strafbar gemacht." Er werde daher noch von der Staatsanwaltschaft hören.

---

683 Schlaich/Korioth, Das Bundesverfassungsgericht, Rn. 281.
684 BVerfGE 18, 85, 92 f.; 43, 130, 137; 89, 276, 286; BVerfG NJW 2000, 2660; Maurer § 20 Rn. 137; Zuck NJW 1993, 2641, 2645.
685 Kingreen/Poscher, Rn. 1315 f.
686 BVerfG NJW 2007, 1865 f.; NJW 2000, 2494; NJW 2001, 1125; Jarass/Pieroth, GG, Art. 93 Rn. 131.

> Die für Rechtsanwalt R zuständige Rechtsanwaltskammer erteilte dem R eine Rüge mit der Begründung, die Tatsachenbehauptung, der Anspruchsteller habe sich wegen eines Verbrechens der Erpressung strafbar gemacht, verstoße gegen das Sachlichkeitsgebot des § 43 a Abs. 3 BRAO. Beleidigungsstraftaten seien immer auch eine berufsrechtliche Pflichtwidrigkeit. Der Einspruch des R gegen den Bescheid der Rechtsanwaltskammer blieb erfolglos. Das Anwaltsgericht wies den Antrag des R auf gerichtliche Entscheidung mit der Begründung zurück, die Rüge der Rechtsanwaltskammer sei rechtmäßig erfolgt.
>
> R erhebt form- und fristgerecht eine Verfassungsbeschwerde gegen die Rüge der Rechtsanwaltskammer und den Beschluss des Anwaltsgerichts und rügt die Verletzung seiner Berufsfreiheit aus Art. 12 Abs. 1 GG. Hat die Verfassungsbeschwerde Erfolg?
>
> **§ 43 a Abs. 3 BRAO lautet:**
> Der Rechtsanwalt darf sich bei seiner Berufsausübung nicht unsachlich verhalten. Unsachlich ist insbesondere ein Verhalten, bei dem es sich um die bewusste Verbreitung von Unwahrheiten oder solche herabsetzenden Äußerungen handelt, zu denen andere Beteiligte oder der Verfahrensverlauf keinen Anlass gegeben haben.

Die Verfassungsbeschwerde hat Erfolg, soweit sie zulässig und begründet ist.

742 A. **Zulässigkeit**

I. Das Bundesverfassungsgericht ist gemäß Art. 93 Abs. 1 Nr. 4 a GG, § 13 Nr. 8 a BVerfGG **zuständig** für die Entscheidung über Individualverfassungsbeschwerden.

II. **Beteiligtenfähig** ist nach § 90 Abs. 1 BVerfGG jedermann, d.h., jeder, der fähig ist, Grundrechtsträger zu sein. R ist als natürliche Person grundrechtsfähig und damit beteiligtenfähig.

III. Zulässiger **Beschwerdegegenstand** einer Verfassungsbeschwerde ist ein Akt der öffentlichen Gewalt. R wendet sich gegen die Entscheidungen der Rechtsanwaltskammer (einer Personalkörperschaft des öffentlichen Rechts, § 62 BRAO) und den diese Bescheide bestätigenden Beschluss des Anwaltsgerichts. Dabei handelt es sich um Akte der öffentlichen Gewalt, die R im Rahmen einer **Urteilsverfassungsbeschwerde** angreift.

IV. Der Beschwerdeführer muss geltend machen, durch die Entscheidungen möglicherweise in seinen Grundrechten verletzt zu sein (§ 90 Abs. 1 BVerfGG, **Beschwerdebefugnis**). Die angegriffenen Entscheidungen rügen ein unsachliches Verhalten des R bei seiner Berufsausübung als Rechtsanwalt, sodass eine Verletzung der Berufsfreiheit aus Art. 12 Abs. 1 GG **möglich** erscheint. Durch die angegriffenen Entscheidungen wird R auch **selbst**, **gegenwärtig** und **unmittelbar** betroffen. Somit ist er beschwerdebefugt.

V. R hat sich gegen die Entscheidung der Rechtsanwaltskammer mit dem Einspruch zur Wehr gesetzt. Der Antrag auf gerichtliche Entscheidung wurde vom Anwaltsgericht zurückgewiesen. Damit ist die gemäß § 90 Abs. 2 S. 1 BVerfGG erforderliche **Rechtswegerschöpfung** gegeben.

VI. Die **Form- und Fristregeln** nach §§ 23, 92, 93 Abs. 1 BVerfGG (schriftlich mit Begründung innerhalb eines Monats) sind gewahrt.

Die Verfassungsbeschwerde ist zulässig.

B. Begründetheit 743

Die Verfassungsbeschwerde ist begründet, soweit die Entscheidungen der Rechtsanwaltskammer und des Anwaltsgerichts den Beschwerdeführer **in verfassungsspezifischer Weise** in einem seiner Grundrechte verletzen. Die Entscheidungen könnten gegen Art. 12 Abs. 1 GG verstoßen.

I. Dann müsste zunächst der **Schutzbereich betroffen** sein. Nach Art. 12 Abs. 1 GG 744 haben alle Deutschen das Recht, Beruf, Arbeitsplatz und Ausbildungsstätte frei zu wählen. Die Freiheit der Berufsausübung kann durch Gesetz oder aufgrund eines Gesetzes geregelt werden, Art. 12 Abs. 1 S. 2 GG.

Entgegen dem Wortlaut gewährt Art. 12 Abs. 1 GG ein **einheitliches Grundrecht der Berufsfreiheit**.[687] Beruf ist jede auf Dauer angelegte Tätigkeit zur Schaffung und Erhaltung der Lebensgrundlage. R ist Rechtsanwalt und wurde für eine Äußerung, die er als Rechtsanwalt getätigt hat, gerügt. Der Schutzbereich des Art. 12 Abs. 1 GG ist demnach betroffen.

II. Ein **Eingriff in den Schutzbereich** des Art. 12 Abs. 1 GG liegt immer dann vor, 745 wenn die grundrechtlich geschützte Tätigkeit aufgrund einer staatlichen Maßnahme nicht in der gewünschten Weise ausgeübt werden kann. Durch die Entscheidungen der Rechtsanwaltskammer und des Anwaltsgerichts wird R ein unsachliches Verhalten und damit ein berufsrechtliche Pflichtwidrigkeit angelastet. Damit kann R seine berufliche Tätigkeit nicht wie von ihm gewünscht ausüben. Es liegt ein Eingriff in den Schutzbereich des Art. 12 Abs. 1 GG vor.

III. Der Eingriff in die Berufsfreiheit des R ist **verfassungsrechtlich gerechtfertigt**, 746 wenn eine Einschränkungsmöglichkeit besteht und diese in verfassungskonformer Weise durch die Rüge der Rechtsanwaltskammer und den diese bestätigenden Beschluss des Anwaltsgerichts umgesetzt wurden.

1. Dann müsste zunächst eine **Einschränkungsmöglichkeit** gegeben sein. Nach Art. 12 Abs. 1 S. 2 GG kann die Berufsausübung **durch Gesetz oder aufgrund eines Gesetzes** geregelt werden. Dieser Gesetzesvorbehalt bezieht sich wegen der Einheitlichkeit des Schutzbereiches auch auf die Berufswahl. Eine Einschränkungsmöglichkeit ist damit gegeben.

2. Fraglich ist aber, ob die Rüge der Rechtsanwaltskammer und der Beschluss des 747 Anwaltsgerichts, die auf § 43 a Abs. 3 BRAO beruhen, eine **verfassungsgemäße Konkretisierung** des Regelungsvorbehaltes des Art. 12 Abs. 1 S. 2 GG darstellen.

Klausurhinweis: Ein Einzelakt (Verwaltungsakt, Urteil), der eine belastende Wirkung entfaltet, darf nur aufgrund einer gesetzlichen Rechtsgrundlage erlassen

---

[687] BVerfGE 7, 377, 401 (Apothekenurteil).

werden. Daher ist Grundvoraussetzung für die Verfassungsmäßigkeit des Einzelaktes die Verfassungsmäßigkeit der zugrunde liegenden Norm. **In einer Klausur können Sie die Verfassungsmäßigkeit des zugrunde liegenden Gesetzes kurz darstellen, wenn diese Frage nicht problematisiert bzw. problematisch ist.**

a) Dann müsste zunächst § 43 a Abs. 3 BRAO verfassungsgemäß sein.

748 aa) Hinsichtlich der **formellen Verfassungsmäßigkeit** des § 43 a Abs. 3 BRAO stellt sich lediglich die Frage der Gesetzgebungskompetenz. Gemäß Art. 74 Abs. 1 Nr. 1 GG hat der Bund die konkurrierende Gesetzgebungskompetenz für die Rechtsanwaltschaft. Dazu gehören Vorschriften über die Zulassung zum Beruf und die Berufsausübung.[688] Damit ist die Gesetzgebungskompetenz des Bundes gegeben. § 43 a Abs. 3 BRAO ist somit formell verfassungsgemäß.

749 bb) Die Regelung des § 43 a Abs. 3 BRAO über das Sachlichkeitsgebot müsste auch **materiell verfassungsgemäß** sein. § 43 a Abs. 3 BRAO könnte **unverhältnismäßig** sein.

Der Grundsatz der Verhältnismäßigkeit wird im Bereich des Art. 12 GG durch die sog. **„Drei-Stufen-Theorie"** näher systematisiert. Das Sachlichkeitsgebot aus § 43 a Abs. 3 BRAO befasst sich nicht mit der Wahl, sondern mit der Ausübung des Berufes.

Als Regelung der **Berufsausübung** (1. Stufe) ist die Vorschrift verfassungsgemäß, wenn sie von **vernünftigen Erwägungen des Gemeinwohls** getragen ist. Nach § 43 a Abs. 3 BRAO ist es dem Rechtsanwalt untersagt, sich bei seiner Berufsausübung unsachlich zu verhalten. Unsachlich ist nach S. 2 dieser Norm insbesondere die bewusste Verbreitung von Unwahrheiten oder solcher herabsetzender Äußerungen, zu denen andere Beteiligte oder der Verfahrensablauf keinen Anlass gegeben haben. Diese Regelung soll zur **Aufrechterhaltung einer funktionsfähigen Rechtspflege** beitragen und schützt danach einen vernünftigen Gemeinwohlbelang.[689]

§ 43 a Abs. 3 BRAO ist demnach verfassungsgemäß.

750 b) Daneben müsste auch die **Rüge selbst** und der die Rüge bestätigende **Beschluss des Anwaltsgerichts verfassungsgemäß** sein. Dabei ist zu beachten, dass das **Bundesverfassungsgericht keine Superrevisionsinstanz** ist. Das Bundesverfassungsgericht überprüft grundsätzlich nicht die Vereinbarkeit mit dem einfachen Recht. Allerdings ist die **wertsetzende Bedeutung der Grundrechte** auch auf der Rechtsanwendungsebene zu gewährleisten. Auslegung und Anwendung des einfachen Rechts sind zwar in erster Linie Aufgabe der Fachgerichte. Sie werden jedoch vom Bundesverfassungsgericht darauf überprüft, ob sie Fehler enthalten, die auf einer grundsätzlich unrichtigen Anschauung von der Bedeutung der betroffenen

---

[688] Jarass/Pieroth, GG, Art. 74 Rn. 12.
[689] BVerfG, Beschl. v. 15.04.2008 – 1 BvR 1793/07 (Rn. 10).

Grundrechte beruhen. Das ist der Fall, wenn die von den Fachgerichten vorgenommene Auslegung der Norm die Tragweite der Grundrechte nicht hinreichend berücksichtigt oder im Ergebnis zu einer unverhältnismäßigen Beschränkung der grundrechtlichen Freiheit führt. Ein Grundrechtsverstoß, den das Bundesverfassungsgericht zu korrigieren hat, liegt insbesondere dann vor, wenn das Fachgericht den grundrechtlichen Einfluss überhaupt nicht berücksichtigt **(Anwendungsdefizit)** oder unzutreffend eingeschätzt hat **(Fehlbewertung)** und die Entscheidung auf der Verkennung des Grundrechtseinflusses beruht.[690]

aa) Die Rechtsanwaltskammer hält die Äußerung des R für unsachlich i.S.d. § 43 a Abs. 3 BRAO. Dies wird damit begründet, dass R eine nicht erweislich wahre Tatsache behauptet, die den Anspruchsteller verächtlich macht. Zweifelhaft ist bereits, ob die Behauptung, der Anspruchsteller habe sich einer Erpressung schuldig gemacht, eine Tatsachenbehauptung darstellt. 751

bb) Jedenfalls wird die Entscheidung der Rechtsanwaltskammer der Bedeutung und Tragweite des Art. 12 GG deshalb nicht gerecht, weil die Kammer nicht zugunsten des R überprüft hat, ob die Äußerung in Wahrnehmung berechtigter Interessen, § 193 StGB, erfolgt ist. Ein Verhalten, das einen Beleidigungstatbestand erfüllt, kann nur dann als Verletzung beruflicher Pflichten beanstandet werden, wenn es nicht in Wahrnehmung berechtigter Interessen erfolgt ist. Im Rahmen der Prüfung der Wahrnehmung berechtigter Interessen ist **eine fallbezogene Abwägung zwischen den Grundrechten der Berufsfreiheit und den Rechtsgütern, deren Schutz die einschränkende Norm bezweckt**, verfassungsrechtlich geboten.[691] 752

In den Bescheiden hat sich die Rechtsanwaltskammer nicht damit auseinandergesetzt, inwieweit die Äußerung des R als Wahrnehmung berechtigter Interessen gerechtfertigt war, oder ob die Äußerung als Formalbeleidigung oder Schmähkritik nicht mehr gerechtfertigt war. Die in den Bescheiden der Kammer **unterbliebene Abwägung** zwischen der Berufsfreiheit einerseits und der Aufrechterhaltung einer funktionsfähigen Rechtspflege durch das Sachlichkeitsgebot des § 43 a Abs. 3 BRAO andererseits widerspricht den verfassungsrechtlichen Anforderungen. Es ist eine **Fehlbewertung der Grundrechte** gegeben. Damit ist der Eingriff in Art. 12 Abs. 1 GG durch die Bescheide verfassungsrechtlich nicht gerechtfertigt. Die Rüge verletzt den R **in verfassungsspezifischer Weise** in seiner Berufsfreiheit aus Art. 12 Abs. 1 GG. 753

cc) Das Anwaltsgericht hat den Antrag des R zurückgewiesen mit der Begründung, die Rüge der Rechtsanwaltskammer sei rechtmäßig. Insofern greift der Beschluss die Begründung der Kammer auf und enthält 754

---

690 BVerfG, Beschl. v. 15.04.2008 – 1 BvR 1793/07 (Rn. 11).
691 BVerfG, Beschl. v. 15.04.2008 – 1 BvR 1793/07 (Rn. 15).

ebenfalls keine fallbezogene Abwägung der widerstreitenden (Grund-) Rechte im Rahmen der Prüfung der Wahrnehmung berechtigter Interessen. Damit verletzt auch der Beschluss des Anwaltsgerichts den R **in verfassungsspezifischer Weise** in seiner Berufsfreiheit aus Art. 12 Abs. 1 GG.

Demzufolge ist der Eingriff in Art. 12 Abs. 1 GG verfassungsrechtlich nicht gerechtfertigt. Art. 12 GG ist verletzt.

Die Verfassungsbeschwerde ist begründet und hat Erfolg.

---

3. Abschnitt: Die abstrakte Normenkontrolle

755

Aufbauschema abstrakte Normenkontrolle
A. Zulässigkeit
I. **Beteiligtenfähigkeit** als Antragsteller, § 76 Abs. 1 BVerfGG
II. **Antragsgegenstand**, vgl. Art. 93 Abs. 1 Nr. 2 GG, § 13 Nr. 6 BVerfGG Vereinbarkeit einer Rechtsnorm mit höherrangigem Recht
III. **Antragsbefugnis**, § 76 Abs. 1 Nr. 1 BVerfGG
IV. **Form**, § 23 Abs. 1 BVerfGG
V. **Frist:** keine!
B. Begründetheit
Der Antrag ist begründet, wenn die Norm mit höherrangigem Recht unvereinbar ist (vgl. 78 S. 1 BVerfGG).

756 In einer Klausur können Grundrechtsverletzungen auch im Rahmen der abstrakten Normenkontrolle eine Rolle spielen. Da die abstrakte Normenkontrolle vorrangig staatsorganisationsrechtlich geprägt ist, erfahren Sie Einzelheiten dazu im AS-Skript Staatsorganisationsrecht (2017), Rn. 522 ff.

Zur Verdeutlichung des Einbaus der Grundrechte soll hier folgender Fall dienen:

757 **Fall 25: Das Gentechnikgesetz**

Die gezielte Neukombination des genetischen Materials von Lebewesen mit technischen Methoden (Gentechnik) eröffnet die Möglichkeit, planmäßig Veränderungen des Erbgutes vorzunehmen, um Organismen mit erwünschten Eigenschaften zu erzeugen, die mit Methoden der herkömmlichen Züchtung nicht herstellbar wären. Die Gentechnik wurde im Gesetz zur Regelung der Gentechnik (Gentechnikgesetz – GenTG) durch den Bund geregelt.

> Die Landesregierung des Landes S hält das GenTG für verfassungswidrig. Dem Bund fehle bereits die Gesetzgebungskompetenz für die angegriffenen Vorschriften. Zudem hätte der Bundesrat dem Gesetz zustimmen müssen, was nicht erfolgt sei. Insbesondere verfassungswidrig sei die Regelung über die Begriffsbestimmungen „gentechnisch veränderter Organismus" (§ 3 Nr. 3 GenTG) und „Inverkehrbringen" (§ 3 Nr. 6 GenTG) wegen der Verletzung der Art. 12 GG, Art. 14 GG und der Wissenschaftsfreiheit aus Art. 5 Abs. 3 S. 1 GG.
>
> Mit den Begriffsbestimmungen wollte der Gesetzgeber klarstellen, dass insbesondere auch Produkte von Auskreuzungen gentechnisch veränderte Organismen im Sinne des § 3 Nr. 3 GenTG darstellen und, selbst wenn sie auf eine genehmigte Freisetzung zurückgehen, unter den Begriff des Inverkehrbringens im Sinne des § 3 Nr. 6 GenTG und damit in den Anwendungsbereich des Gentechnikgesetzes (§ 2 Abs. 1 Nr. 4 GenTG) und seiner Vorschriften über das Inverkehrbringen fallen.
>
> Die Landesregierung von S beantragt beim Bundesverfassungsgericht, die Verfassungswidrigkeit der Vorschrift festzustellen. Hat der Antrag Erfolg?

Der Antrag der Landesregierung hat Erfolg, soweit er zulässig und begründet ist.

A. **Zulässigkeit**   758

  I. Dann müsste das Bundesverfassungsgericht **zuständig** sein. Das Bundesverfassungsgericht entscheidet gemäß **Art. 93 Abs. 1 Nr. 2 GG, § 13 Nr. 6 BVerfGG** im **abstrakten Normenkontrollverfahren** bei Meinungsverschiedenheiten oder Zweifeln über die förmliche und sachliche Vereinbarkeit von Bundesrecht mit dem GG. Die Landesregierung des Landes S meint, das GenTG sei wegen fehlender Gesetzgebungskompetenz des Bundes und einer fehlenden Zustimmung des Bundesrates formell verfassungswidrig, im Übrigen aber auch wegen der Verletzung der Art. 12, 14 und 5 Abs. 3 GG materiell verfassungswidrig. Das Bundesverfassungsgericht ist daher für die Entscheidung zuständig gemäß Art. 93 Abs. 1 Nr. 2 GG, § 13 Nr. 6 BVerfGG.

  II. Den Antrag im abstrakten Normenkontrollverfahren kann gemäß § 76 Abs. 1 S. 1 BVerfGG auch eine Landesregierung stellen. Die Landesregierung des Landes S ist damit **beteiligtenfähig**.

  III. Zulässiger **Antragsgegenstand** kann nach § 76 Abs. 1 S. 1 BVerfGG nur Bundes-   759
  oder Landes**recht** sein. Recht ist dabei weit auszulegen und erfasst neben den nachkonstitutionellen Parlamentsgesetzen auch vorkonstitutionelles Recht und untergesetzliche Vorschriften, soweit sie eine Außenwirkung haben. Allerdings muss eine Norm bereits **mit Geltungsanspruch auftreten**, also verkündet sein.[692] Die angegriffenen Normen des GenTG sind als bereits in Kraft getretene, außenwirkende Normen eines Bundesparlamentsgesetzes daher ein zulässiger Antragsgegenstand.

---

[692] Jarass/Pieroth, GG, Art. 93 Rn. 37; Sachs, Verfassungsprozessrecht, Rn. 128 ff. (134).

760 IV. Der Antragsteller muss auch **antragsberechtigt** sein. Er muss gemäß § 76 Abs. 1 Nr. 1 BVerfGG das Recht **für nichtig halten**. Die Landesregierung hält die angegriffenen Regelungen für formell und materiell verfassungswidrig, sodass die Antragsberechtigung gegeben ist.

Damit ist die abstrakte Normenkontrolle zulässig.

761 B. **Begründetheit**

Der Antrag ist begründet, wenn die angegriffene Norm **verfassungswidrig** ist, § 78 S. 1 BVerfGG.

762 I. § 3 GenTG könnte **formell verfassungswidrig** sein.

1. Die Landesregierung moniert die fehlende **Gesetzgebungskompetenz** des Bundes.

   a) Die Gesetzgebungskompetenz des Bundes könnte sich aus **Art. 74 Abs. 1 Nr. 26 Alt. 2 GG** ergeben. Danach erstreckt sich die **konkurrierende Gesetzgebung** des Bundes auf die „Untersuchung und die künstliche Veränderung von Erbinformationen." Fraglich ist, ob davon **nur die Humangentechnik** oder auch die Gentechnik in Bezug auf Tiere und Pflanzen zu verstehen ist. Art. 74 Abs. 1 Nr. 26 Alt. 2 GG wurde 1994 in das Grundgesetz eingefügt, um den Bund mit einer klaren Zuständigkeitsgrundlage für den Bereich der Gentechnologie bezogen auf Menschen, Tiere und Pflanzen mit Ausnahme der künstlichen Befruchtung auszustatten. Schon dies spricht für ein weites Verständnis der Regelung, die sich nicht nur auf die Humangentechnik bezieht. Zudem würde ein anderes Verständnis zu einer Zersplitterung des Gentechnikrechts in Kernkompetenzen des Bundes nach Art. 72 Abs. 1 GG sowie Erforderlichkeitskompetenzen und Abweichungskompetenzen nach Art. 72 Abs. 2 und Abs. 3 GG führen. Damit fallen die Vorschriften des GenTG insgesamt in die konkurrierende Gesetzgebung aus Art. 74 Abs. 1 Nr. 26 GG.[693]

763   b) Auf dem Gebiet des Art. 74 Abs. 1 Nr. 26 GG hat der Bund das Recht der Gesetzgebung gemäß Art. 72 Abs. 2 GG **nur**, wenn und soweit die Herstellung gleichwertiger Lebensverhältnisse im Bundesgebiet oder die Wahrung der Rechts- oder Wirtschaftseinheit im gesamtstaatlichen Interesse eine bundesgesetzliche Regelung **erforderlich** macht. Eine bundesgesetzliche Regelung ist zur Wahrung der Rechtseinheit erforderlich, wenn eine Gesetzesvielfalt auf Länderebene eine Rechtszersplitterung mit problematischen Folgen darstellt.[694] Gentechnisch veränderte Organismen können, auch zufällig, freigesetzt werden und damit über die Landesgrenzen hinweg zu gentechnischen Kreuzungen und Verunreinigungen führen. Unter Beachtung der dem Gesetzgeber zukommenden Einschätzungsprärogative ist

---

[693] BVerfG, Urt. v. 24.11.2010 – 1 BvF 2/05, RÜ 2011, 41 (Rn. 127).
[694] BVerfG NJW 2003, 41, 52 f.; BVerfG DVBl. 2010, 509.

daher eine bundeseinheitliche Regelung im gesamtstaatlichen Interesse zur Wahrung der Rechtseinheit erforderlich.[695]

Dem Bund steht die Gesetzgebungskompetenz für das GenTG zu.

2. Hinsichtlich des **Gesetzgebungsverfahrens** könnte eine **Zustimmung des Bundesrates** nach Art. 77 Abs. 2 a GG fehlen. Grundsätzlich sind Bundesgesetze lediglich **Einspruchsgesetze**. Die Fälle der Zustimmungsbedürftigkeit sind im GG aufgezählt. Gemäß Art. 74 Abs. 2 GG bedürfen aus dem Katalog des Art. 74 GG nur Gesetze nach Abs. 1 Nr. 25 und Nr. 27 der Zustimmung des Bundesrates. Gesetze nach Art. 74 Abs. 1 Nr. 26 GG hingegen nicht. Andere, die Zustimmungsbedürftigkeit auslösende Umstände, sind nicht ersichtlich. Es handelt sich daher um ein Einspruchsgesetz, dem der Bundesrat nicht zustimmen musste. 764

Das GenTG ist demzufolge formell verfassungsgemäß.

II. § 3 GenTG könnte aber wegen Verstoßes gegen die Grundrechte **materiell verfassungswidrig** sein. 765

1. Durch § 3 GenTG könnte die Berufsfreiheit aus **Art. 12 Abs. 1 GG** verletzt werden.

   a) Fraglich ist zunächst, ob die **Definitionsnorm** des § 3 GenTG einen **Eingriff in den Schutzbereich** des Art. 12 GG darstellen kann. Art. 12 GG schützt das einheitliche Grundrecht der Berufsfreiheit. Beruf ist jede auf Dauer angelegte Tätigkeit, die der Schaffung und Erhaltung der Lebensgrundlage dient und die nicht schlechthin gemeinschädlich ist. Nach dem neuen, weiten Eingriffsbegriff liegt ein Eingriff bei jeder Verkürzung des Schutzbereichs eines Grundrechts durch den Staat vor. Mittelbare Grundrechtseingriffe in die Berufsfreiheit erfordern eine **objektiv berufsregelnde Tendenz**. In der Klarstellung, dass insbesondere die Produkte von Auskreuzungen gentechnisch veränderte Organismen darstellen und die aus einer Freisetzung stammenden gentechnisch veränderten Organismen, wie zum Beispiel ausgekreuzte Pflanzen, nicht vom „Inverkehrbringen" i.S.v. § 3 Nr. 6 GenTG ausgenommen sind, hat der Gesetzgeber sichergestellt, dass das GenTG auch in diesen Fällen als rechtlicher Rahmen für die Berufsausübung unter Einsatz von Gentechnik dient und sich damit auf das Gentechnikgesetz gestützte Eingriffe in Art. 12 Abs. 1 GG auch auf diese erstrecken.[696] 766

   Es liegt daher ein mittelbarer Eingriff in die Berufsfreiheit des Art. 12 GG vor.

   b) Dieser Eingriff könnte **verfassungsrechtlich gerechtfertigt** sein. 767

      aa) Die Berufsfreiheit kann gemäß Art. 12 Abs. 1 S. 2 GG **durch oder aufgrund eines Gesetzes** geregelt werden. Diese Einschränkungsmöglichkeit ist vom Gesetzgeber durch § 3 GenTG umgesetzt worden.

---

695 BVerfG, Urt. v. 24.11.2010 – 1 BvF 2/05, RÜ 2011, 41 (Rn. 128).
696 BVerfG, Urt. v. 24.11.2010 – 1 BvF 2/05, RÜ 2011, 41 (Rn. 139).

bb) § 3 Nr. 3 und 6 GenTG müssten die Schranke auch in **verfassungsgemäßer Weise konkretisieren**, also insbesondere **verhältnismäßig** sein.

768 Dann müssten die angegriffenen Normen einem **legitimen Zweck** dienen. Zweck der Definitionen ist es, durch eine weite Fassung der Begriffe „gentechnisch veränderter Organismus" und „Inverkehrbringen" das GenTG mit dessen Kontrollmöglichkeiten **umfassend** auf gentechnisch veränderte Organismen anzuwenden. Dadurch soll sich das GenTG insbesondere auch auf Zufallsnachkommen von legal freigesetzten gentechnisch veränderten Organismen erstrecken. Es dient dem Zweck, die Menschen, die Umwelt, Tiere und Pflanzen vor schädlichen Auswirkungen gentechnischer Verfahren und Produkte zu schützen. Schutzzweck sind also wichtige Werte von Verfassungsrang wie das Leben und die Gesundheit von Menschen, die Umwelt, aber auch die Berufs- und Eigentumsfreiheit möglicher Betroffener (Art. 2 Abs. 2 S. 1, Art. 12 Abs. 1, Art. 14 Abs. 1 und Art. 20 a GG). Damit verfolgt § 3 GenTG ein legitimes Ziel.

769 Die Regelungen sind **geeignet** und **erforderlich**. Der Gesetzgeber durfte im Rahmen seiner **Einschätzungsprärogative** davon ausgehen, dass auch die Nachkommen von gentechnisch veränderten Organismen und die durch zufällige Auskreuzung entstandenen gentechnisch veränderten Organismen mit einem Risiko schädlicher Auswirkungen auf Mensch, Umwelt, Tiere und Pflanzen behaftet sind.[697] Die Regelungen müssten auch **angemessen** sein. Unter Berücksichtigung der Staatszielbestimmung des Art. 20 a GG, dem Schutz der natürlichen Lebensgrundlagen, liefe der Gesetzgeber Gefahr, dieser Verantwortung nicht gerecht zu werden, wenn er durch Zufall entstandene Nachkommen gentechnisch veränderter Organismen nicht unter die Kontrolle des Gentechnikrechts stellen würde. Insofern sind die Vorschriften auch angemessen.

Demzufolge ist der Eingriff in Art. 12 GG verfassungsrechtlich gerechtfertigt. Art. 12 GG ist durch § 3 Nr. 3 und 6 GenTG nicht verletzt.

770 2. Eine Verletzung des **Art. 14 GG** scheidet aus den gleichen Gründen aus. § 3 Nr. 3 und Nr. 6 GenTG sind verfassungsgemäße Konkretisierungen von Inhalt und Schranken des Eigentums, Art. 14 Abs. 1 S. 2 GG.

771 3. Durch die Definitionsregelungen des § 3 Nr. 3 und Nr. 6 GenTG könnte die Wissenschaftsfreiheit aus **Art. 5 Abs. 3 S. 1 GG** verletzt werden.

a) Dann müsste zunächst ein **Eingriff in den Schutzbereich** des Art. 5 Abs. 3 GG vorliegen. Das Grundrecht der Wissenschaftsfreiheit schützt als Abwehrrecht die **freie wissenschaftliche Betätigung** gegen staatliche Eingriffe. Darunter fallen vor allem die auf wissenschaftlicher Eigengesetzlichkeit beruhenden Prozesse beim Auffinden von Erkenntnissen sowie die Deutung und Weitergabe der Erkenntnisse. Dazu gehören auch Forschun-

---

[697] BVerfG, Urt. v. 24.11.2010 – 1 BvF 2/05, RÜ 2011, 41 (Rn. 142).

gen außerhalb eines geschlossenen Systems, also Freisetzungsversuche in der Umwelt oder ein Erprobungsanbau.

Durch die weite Fassung der Definitionen in § 3 Nr. 3 und 6 GenTG fallen auch wissenschaftliche Freilandversuche und ihre unbeabsichtigten Folgen unter die staatlichen Kontroll- und Eingriffsbefugnisse des GenTG, sodass zumindest ein mittelbarer Eingriff in die Wissenschaftsfreiheit gegeben ist.

b) Der Eingriff könnte **verfassungsrechtlich gerechtfertigt** sein. 772

aa) Die Wissenschaftsfreiheit ist nach dem Wortlaut des Art. 5 Abs. 3 GG nicht einschränkbar. Daher ist sie **nur durch die verfassungsimmanenten Schranken** beschränkbar, also durch Grundrechte anderer und Werte von Verfassungsrang. Wie oben bereits festgestellt, dient das GenTG dem Schutz des Lebens und der Gesundheit von Menschen, der Umwelt, aber auch der Berufs- und Eigentumsfreiheit möglicher Betroffener (Art. 2 Abs. 2 S. 1, Art. 12 Abs. 1, Art. 14 Abs. 1 und Art. 20a GG). Das GenTG setzt damit die verfassungsimmanenten Schranken um.

bb) Das GenTG müsste diese Einschränkungsmöglichkeit auch in **verfassungsgemäßer Weise konkretisieren**. Auch zum Schutze kollidierenden Verfassungsrechts bedarf ein Grundrechtseingriff grundsätzlich einer gesetzlichen Grundlage. Eine solche ist mit dem GenTG vorhanden. Die widerstreitenden Verfassungsgüter sind durch Abwägung im Wege der Herstellung einer **praktischen Konkordanz** in einen interessengerechten Ausgleich zu bringen. Der Schutz des Lebens und der Gesundheit von Menschen, die Berufs- und Eigentumsfreiheit möglicher Betroffener und die natürlichen Lebensgrundlagen (Art. 2 Abs. 2 S. 1, Art. 12 Abs. 1, Art. 14 Abs. 1, Art. 20 a GG) sind wichtige Werte von Verfassungsrang, die nicht nur eine Beschränkung der Berufsfreiheit und des Eigentums, sondern auch der Wissenschaftsfreiheit rechtfertigen.[698] 773

Damit ist auch Art. 5 Abs. 3 GG nicht verletzt. § 3 Nr. 3 und 6 GenTG ist materiell verfassungsgemäß.

Der Antrag der Landesregierung ist demzufolge unbegründet und erfolglos.

---

698 BVerfG, Urt. v. 24.11.2010 – 1 BvF 2/05, RÜ 2011, 41 (Rn. 150).

4. Abschnitt: Die konkrete Normenkontrolle

774

Aufbauschema konkrete Normenkontrolle

A. Zulässigkeit

I. Vorlagegegenstand: „Gesetz"
- Formelles, nachkonstitutionelles Bundes- oder Landes„gesetz"
- Formelles, nachkonstitutionelles Landes„gesetz"

II. Vorlageberechtigung, Art. 100 Abs. 1 GG, § 80 Abs. 1 BVerfGG: jedes Gericht

III. Vorlagevoraussetzungen
- Überzeugung von der Verfassungswidrigkeit des Gesetzes
- Entscheidungserheblichkeit

IV. Form, §§ 23 Abs. 1, 80 Abs. 2 BVerfGG

V. Frist: keine!

B. Begründetheit

Die Vorlage ist begründet (§ 82 Abs. 1 i.V.m. § 78 S. 1 BVerfGG), wenn
- das Bundes- oder Landesgesetz mit dem Grundgesetz unvereinbar ist bzw.
- das Landesgesetz mit sonstigem Bundesrecht unvereinbar ist.

775 In einer Klausur können Grundrechtsverletzungen auch im Rahmen konkreter Normenkontrollen eine Rolle spielen. Da auch die konkrete Normenkontrolle vorrangig staatsorganisationsrechtlich geprägt ist, erfahren Sie Einzelheiten dazu im AS-Skript Staatsorganisationsrecht (2017), Rn. 532 ff.

Zur Verdeutlichung des Einbaus der Grundrechte soll hier folgender Fall dienen:

776

Fall 26: Familienzuschlag für eingetragene Lebenspartner

Beamte erhalten neben ihrem Grundgehalt einen „Familienzuschlag". Dabei richtet sich die Höhe des Familienzuschlags nach der Besoldungsgruppe des Beamten und der Stufe, die den Familienverhältnissen entspricht. Der dafür maßgebliche § 40 Abs. 1 BBesG lautet: Zur Stufe 1 gehören

1. verheiratete Beamte, Richter und Soldaten,

2. verwitwete Beamte, Richter und Soldaten,

3. geschiedene Beamte, Richter und Soldaten sowie Beamte, Richter und Soldaten, deren Ehe aufgehoben oder für nichtig erklärt ist, wenn sie aus der Ehe zum Unterhalt verpflichtet sind,

4. andere Beamte, Richter und Soldaten, die eine andere Person nicht nur vorübergehend in ihre Wohnung aufgenommen haben und ihr Unterhalt gewähren, weil sie gesetzlich oder sittlich dazu verpflichtet sind oder aus beruflichen oder gesundheitlichen Gründen ihrer Hilfe bedürfen. ….

Zwar waren im Lebenspartnerschaftsgesetz (LPartG) vom 01.08.2001 die meisten Regelungen der Ehe nachgebildet worden, eine Erstreckung des Familienzuschlags auf in Lebenspartnerschaft lebende Beamte fand aber nicht statt.

> B ist Bundesbeamter der Besoldungsstufe A 8. Er lebt in einer eingetragenen Lebenspartnerschaft und beantragt erfolglos die Zahlung eines Familienzuschlags der Stufe 1. B klagt vor dem zuständigen Verwaltungsgericht darauf, dass auch ihm der Familienzuschlag der Stufe 1 zuerkannt werde. Der Richter, der über die Klage des B entscheidet, hält § 40 Abs. 1 BBesG für verfassungswidrig. Der Ausschluss der eingetragenen Lebenspartner vom Familienzuschlag der Stufe 1 verstoße gegen Art. 3 Abs. 1 GG, da ein nicht gerechtfertigter Begünstigungsausschluss im Vergleich zu Ehepartnern erfolge. Der Richter setzt daher das Verfahren aus und legt, formal ordnungsgemäß, die Frage der Verfassungsmäßigkeit des § 40 Abs. 1 BBesG dem Bundesverfassungsgericht zur Entscheidung vor. Hat der Antrag Erfolg?
>
> **Bearbeiterhinweis:** § 40 Abs. 1 BBesG ist formell verfassungsgemäß. Sollte der Antrag unzulässig sein, so ist in einem umfassenden Hilfsgutachten auf alle aufgeworfenen Fragen einzugehen.

Der Antrag hat Erfolg, soweit er zulässig und begründet ist.

A. Zulässigkeit 777

I. Dann müsste das Bundesverfassungsgericht **zuständig** für die Entscheidung sein. Das Bundesverfassungsgericht entscheidet gemäß **Art. 100 Abs. 1 GG, § 13 Nr. 11 BVerfGG** im **konkreten Normenkontrollverfahren** über die Gültigkeit einer Norm auf Vorlage eines Gerichts. Das Bundesverfassungsgericht ist daher zuständig.

II. **Vorlageberechtigt** ist gemäß Art. 100 Abs. 1 GG, § 80 Abs. 1 BVerfGG ein **Gericht**. Gemeint ist damit der mit der Entscheidung befasste **Spruchkörper**,[699] also auch der Einzelrichter, soweit sie die Entscheidung allein zu treffen haben.[700] Der Richter ist damit vorlageberechtigt.

III. **Vorlagegegenstand** ist ein **Gesetz**, Art. 100 Abs. 1 GG. Dies sind nur nachkonstitutionelle Parlamentsgesetze,[701] also auch § 40 Abs. 1 BBesG.

IV. Es müsste auch die **Vorlagebefugnis** gemäß Art. 100 Abs. 1 GG gegeben sein.

1. Der Richter muss das Gesetz gemäß Art. 100 Abs. 1 GG **für verfassungswidrig halten**. Er muss also von der Verfassungswidrigkeit überzeugt sein. Zweifel reichen nicht aus.[702] Der Richter, der über die Klage des B entscheidet, hält § 40 Abs. 1 BBesG wegen Verstoßes gegen Art. 3 Abs. 1 GG für verfassungswidrig.

2. Das Gesetz muss auch für den konkret zu entscheidenden Rechtsstreit **entscheidungserheblich** sein. Bei der Anwendung des Gesetzes im konkreten Fall muss sich daher ein **anderes Ergebnis** ergeben als bei der Nichtanwendung.[703]

778

---

699 Sachs, Verfassungsprozessrecht, Rn. 198.
700 Jarass/Pieroth, GG, Art. 100 Rn. 6.
701 Barczak JuS 2012, 156, 157.
702 Jarass/Pieroth, GG, Art. 100 Rn. 15.
703 BVerfG NJW 1998, 57; BVerfG NVwZ 1995, 158; Sachs, Verfassungsprozessrecht, Rn. 220.

Der Richter meint, dass § 40 Abs. 1 BBesG wegen eines verfassungswidrigen **Begünstigungsausschlusses** gegen Art. 3 Abs. 1 GG verstößt. Problematisch ist insofern, dass auch dann, wenn das Bundesverfassungsgericht § 40 Abs. 1 BBesG für verfassungswidrig und nichtig erklärt, dem B nicht ein Familienzuschlag der Stufe 1 zustünde. Vielmehr würden dann auch Ehepartner und die anderen in § 40 Abs. 1 BBesG keinen Anspruch auf einen Familienzuschlag mehr haben.

Wird die Verfassungswidrigkeit einer Vorschrift mit einem Verstoß gegen Art. 3 Abs. 1 GG begründet, liegt eine Entscheidungserheblichkeit nur vor, wenn gerade der Kläger des Ausgangsverfahrens von der gerügten Diskriminierung betroffen wird.[704] Ein vorlegendes Gericht ist nicht befugt, dem Bundesverfassungsgericht Normen eines Gesetzes zur verfassungsgerichtlichen Kontrolle zu unterbreiten, die Dritte womöglich gleichheitswidrig begünstigen, nicht aber die Beteiligten des Ausgangsverfahrens betreffen.[705] Ist das vorlegende Gericht aber der Überzeugung, dass die zur Prüfung gestellte Norm das in Art. 3 Abs. 1 GG verbürgte Grundrecht verletzt, dann reicht es für die Feststellung der Entscheidungserheblichkeit aus, dass die Verfassungswidrigerklärung der Norm dem Kläger des Ausgangsverfahrens **die Chance offen hält**, eine für ihn günstige Regelung durch den Gesetzgeber zu erreichen.[706] Die Entscheidungserheblichkeit ist damit in der Regel schon dann zu bejahen, wenn der Gesetzgeber den Gleichheitsverstoß auf verschiedenen Wegen heilen kann und eine der dem Gesetzgeber möglichen Entscheidungsvarianten den (bis dahin weiter ausgesetzten) Prozess in Richtung einer für den betroffenen Grundrechtsträger günstigen Entscheidung beeinflusst.[707]

779 Es ist nicht auszuschließen, dass der Gesetzgeber für den Fall, dass das Bundesverfassungsgericht § 40 Abs. 1 BBesG für unvereinbar mit der Verfassung erklärt, den Familienzuschlag der Stufe 1 auch für gleichgeschlechtliche, eingetragene Lebenspartnerschaften anerkennt. Daher ist die Verfassungsmäßigkeit des § 40 Abs. 1 BBesG entscheidungserheblich.

V. Die **Form** der §§ 23 Abs. 1, 80 Abs. 2 BVerfGG ist gewahrt.

Der konkrete Normenkontrollantrag ist zulässig.

780 B. **Begründetheit**

Der Antrag im konkreten Normenkontrollverfahren ist begründet, wenn die vorgelegte Norm verfassungswidrig ist.

I. § 40 Abs. 1 BBesG ist **formell verfassungsgemäß**.

781 II. Die Norm könnte aber wegen Verletzung des Gleichheitssatzes aus **Art. 3 Abs. 1 GG materiell verfassungswidrig** sein.

---

[704] BVerfGE 66, 100, 105 ff.; BVerfG, Urt. v. 09.02.2010 – 1 BvL 1/09, RÜ 2010, 250 (Rn. 92).
[705] BVerfG, Urt. v. 17.12.2014 – 1 BvL 21/12 (Rn. 97).
[706] BVerfGE 22, 349, 363; BVerfGE 71, 224, 228; BVerfGE 93, 386, 395; Jarass/Pieroth, GG, Art. 100 Rn. 17.
[707] BVerfG, Beschl. v. 17.04.2008 – 2 BvL 4/05 (Rn. 30).

1. Nach Art. 3 Abs. 1 GG sind alle Menschen vor dem Gesetz gleich. Danach ist **wesentlich Gleiches gleich** und wesentlich Ungleiches ungleich zu behandeln. Verboten ist daher **auch ein gleichheitswidriger Begünstigungsausschluss**, bei dem eine Begünstigung einem Personenkreis gewährt, einem anderen Personenkreis aber vorenthalten wird.[708]

   Durch § 40 Abs. 1 Nr. 1 BBesG wird einem in eingetragener Lebenspartnerschaft lebenden Beamten eine Begünstigung vorenthalten, die einem verheirateten Beamten gewährt wird. Darin ist eine Ungleichbehandlung von wesentlich Gleichem zu sehen.

2. Die Ungleichbehandlung könnte aber **sachlich gerechtfertigt** sein. 782

   a) Fraglich ist zunächst, welche Anforderungen an die sachliche Rechtfertigung zu stellen sind. Aus Art. 3 Abs. 1 GG ergeben sich je nach Regelungsgegenstand und Differenzierungsmerkmalen unterschiedliche Grenzen, die **vom bloßen Willkürverbot bis zu einer strengeren Bindung an Verhältnismäßigkeitserfordernisse reichen**. Genauere Maßstäbe und Kriterien dafür, unter welchen Voraussetzungen im Einzelfall das Willkürverbot oder das Gebot verhältnismäßiger Gleichbehandlung durch den Gesetzgeber verletzt ist, lassen sich nicht abstrakt und allgemein, sondern nur bezogen auf die jeweils betroffenen unterschiedlichen Sach- und Regelungsbereiche bestimmen.[709]

   Danach ist grundsätzlich ein strenger Maßstab anzulegen, wenn eine Differenzierung anhand von persönlichen Merkmalen erfolgt. Je weniger die Merkmale, an die eine gesetzliche Differenzierung anknüpft, für den Einzelnen verfügbar sind, desto strenger sind die Anforderungen. Zudem sind an die Rechtfertigung einer Ungleichbehandlung höhere Anforderungen zu stellen, wenn die Differenzierung in die Nähe der in Art. 3 Abs. 3 GG geregelten Diskriminierungsverbote rückt. Die Ungleichbehandlung von verheirateten und in einer eingetragenen Lebenspartnerschaft lebenden Beamten durch die Regelung des § 40 Abs. 1 Nr. 1 BBesG stellt eine Ungleichbehandlung **wegen der sexuellen Orientierung** dar. Zwar richtet sich die Gewährung beziehungsweise Nichtgewährung des Familienzuschlags nach § 40 Abs. 1 Nr. 1 BBesG nicht ausdrücklich nach der sexuellen Orientierung, sondern nach dem Familienstand des jeweiligen Beamten. **Mittelbar** wird damit jedoch an die sexuelle Orientierung angeknüpft. Denn auch wenn der das Differenzierungskriterium für die Gewährung des Familienzuschlags bildende Familienstand den betroffenen Beamten unabhängig von ihrer sexuellen Orientierung zugänglich ist, ist doch die Entscheidung des Einzelnen für eine Ehe oder eine eingetragene Lebenspartnerschaft kaum trennbar mit seiner sexuellen Orientierung verbunden.[710] 783

---

708 BVerfG, Beschl. v. 19.06.2012 – 2 BvR 1397/09, RÜ 2014, 654 (Rn. 53).
709 BVerfG, Beschl. v. 19.06.2012 – 2 BvR 1397/09, RÜ 2014, 654 (Rn. 54).
710 BVerfG, Beschl. v. 19.06.2012 – 2 BvR 1397/09, RÜ 2014, 654 (Rn. 62 f.).

Danach gilt für die sachliche Rechtfertigung der Ungleichbehandlung durch § 40 Abs. 1 BBesG eine strenge Bindung des Gesetzgebers an den Grundsatz der Verhältnismäßigkeit. Nur besonders gewichtige, zwingende sachliche Gründe sind in der Lage, die Ungleichbehandlung zu rechtfertigen.

784 b) Eine solche, strengen Maßstäben genügende sachliche Rechtfertigung könnte sich aus dem in **Art. 6 Abs. 1 GG** geregelten Gebot des besonderen **Schutzes der Ehe** ergeben. Um diesem Schutzauftrag Genüge zu tun, ist es insbesondere Aufgabe des Staates, alles zu unterlassen, was die Ehe beschädigt oder sonst beeinträchtigt, und sie durch geeignete Maßnahmen zu fördern.

785 aa) Der Gesetzgeber ist aufgrund des Förderauftrages des Art. 6 Abs. 1 GG auch befugt, **die Ehe gegenüber anderen Lebensformen zu begünstigen**. Dies kann insbesondere mit den besonderen gegenseitigen Einstandspflichten der Ehepartner (z.B. bei Mittellosigkeit oder im Krankheits-/Pflegefall) im Unterschied zu den „weniger verbindlichen Paarbeziehungen" begründet werden. Daher enthält Art. 6 Abs. 1 GG auch einen sachlichen Differenzierungsgrund.

786 bb) Geht die Privilegierung der Ehe allerdings mit einer Benachteiligung anderer, **in vergleichbarer Weise rechtlich verbindlich verfasster Lebensformen** einher, obgleich diese nach dem geregelten Lebenssachverhalt und den mit der Normierung verfolgten Zwecken vergleichbar sind, rechtfertigt der bloße Verweis auf das Schutzgebot der Ehe eine solche Differenzierung aber nicht. Dann bedarf es eines zusätzlichen gewichtigen Sachgrundes, der gemessen am jeweiligen Regelungsgegenstand und -ziel die Benachteiligung dieser anderen Lebensformen rechtfertigt.[711]

Die eingetragene Lebenspartnerschaft unterscheidet sich von der Ehe durch die Gleichgeschlechtlichkeit. Hinsichtlich der gegenseitigen Einstandspflichten und der rechtlichen Bindung aneinander unterscheiden sich Ehe und eingetragene Lebenspartnerschaft seit dem Inkrafttreten des LPartG aber kaum voneinander. Mittlerweile wird auf die eherechtlichen Regelungen über das Güterrecht, Unterhaltsrecht, Scheidungsrecht, Stiefkindadoption, Versorgungsausgleich und Hinterbliebenenversorgung Bezug genommen. Insoweit sind keine Unterschiede zwischen der Lebenssituation von Ehepartnern und Lebenspartnern zu erkennen. Zum einen gibt es nicht in jeder Ehe Kinder. Auch ist nicht jede Ehe auf Kinder ausgerichtet. Zum anderen werden zunehmend auch in Lebenspartnerschaften Kinder großgezogen.

---

711 BVerfG, Beschl. v. 19.06.2012 – 2 BvR 1397/09, RÜ 2014, 654 (Rn. 67).

Die Ungleichbehandlung von verheirateten und in eingetragenen Lebenspartnerschaften lebenden Beamten beim Anspruch auf Gewährung des Familienzuschlags der Stufe 1 ist damit nicht gerechtfertigt. Art. 3 Abs. 1 GG ist verletzt. Die konkrete Normenkontrolle ist begründet und erfolgreich.

---

5. Abschnitt: Andere Verfahren

Neben diesen Verfahrensarten kommen auch noch andere Verfahren beim Bundesverfassungsgericht in Betracht, mit denen Grundrechtsverletzungen überprüft werden können. Diese sind im Regelfall allerdings stark durch das Staatsorganisationsrecht geprägt, sodass die Darstellung dem AS-Skript Staatsorganisationsrecht (2017) vorbehalten bleibt.

787

Beispiel: Der Bundespräsident weigert sich, ein Bundesparlamentsgesetz auszufertigen. Der Bundestag wehrt sich dagegen im **Organstreitverfahren** gemäß Art. 93 Abs. 1 Nr. 1 GG, § 13 Nr. 5, §§ 63 ff. BVerfGG vor dem Bundesverfassungsgericht.

Das Verfahren ist begründet, wenn sich der Bundespräsident zu Unrecht geweigert hat, das Gesetz auszufertigen. Da der Bundespräsident, zumindest bei evidenten Verfassungsverletzungen, auch ein materielles Prüfungsrecht hat, würde das Bundesverfassungsgericht insofern auch die materielle Verfassungsmäßigkeit des Gesetzes und damit die **Grundrechte** prüfen.

4. Teil: Grundrechte im Verwaltungsrecht

788 Die Grundrechte spielen außerhalb verfassungsrechtlicher Fragestellungen und Fallgestaltungen auch im „einfachen" Verwaltungsrecht eine erhebliche Rolle. Da die sich stellenden Fragen sehr vielschichtig sind, soll hier nur kurz und beispielhaft deutlich gemacht werden, dass Grundrechte auch in verwaltungsrechtlichen Klausuren eine erhebliche Rolle spielen können.

> **Beispiel 1:**
>
> Die L-Partei möchte an einem Samstag ab 10.00 Uhr auf dem Platz vor dem Rathaus in der Fußgängerzone Flugblätter verteilen. Darin sollen Informationen über den Waffenexport der deutschen Rüstungsindustrie in andere Länder enthalten sein. Die L-Partei will dadurch und zusätzlich durch das Ansprechen interessierter Mitbürger die Bevölkerung nachdrücklich auf das „Geschäft mit dem Völkermord in der Dritten Welt" hinweisen. Die L-Partei ist der Meinung, dass sie dafür keine Genehmigung brauche. Der Oberbürgermeister meint aber, es handele sich um eine Sondernutzung, für die eine gebührenpflichtige Erlaubnis erforderlich sei. Wer hat Recht?
>
> **Hinweis:** Die Lösung erfolgt nach den Vorschriften des BFStrG. In den jeweils einschlägigen LandesstraßenG sind vergleichbare Regelungen enthalten.

789 **I.** Nach § 7 Abs. 1 BFStrG ist der **erlaubnisfreie Gemeingebrauch** die Benutzung der Straße **im Rahmen der Widmung** und der **verkehrsbehördlichen Vorschriften**. Der Gebrauch der Straße besteht in der Nutzung zum Verkehr, wobei es für den Umfang der Widmung auf den **Widmungszweck** ankommt. Hier ist die Straße als „Fußgängerzone" gewidmet. Der Gemeingebrauch besteht also in der **Fortbewegung als Fußgänger**.

Die L-Partei möchte sich aber nicht fortbewegen, sondern über längere Zeit an derselben Stelle Flugblätter verteilen und mit Passanten sprechen.

790 **II. Kein Gemeingebrauch** liegt gemäß § 7 Abs. 1 S. 3 BFStrG vor, wenn jemand die Straße **nicht vorwiegend zum Verkehr**, sondern zu anderen Zwecken nutzt. Das Verteilen der Flugblätter dient, auch nicht mittelbar, der Fortbewegung, sodass danach eigentlich kein Gemeingebrauch gegeben wäre.

Die L-Partei äußert mit den Flugblätter jedoch eine **Meinung** i.S.v. Art. 5 Abs. 1 S. 1 GG. Sie kann sich insofern auf ihr **Grundrecht aus Art. 5 Abs. 1 S. 1 GG i.V.m. Art. 19 Abs. 3 GG** berufen. Zwar kann die Meinungsäußerungsfreiheit gemäß Art. 5 Abs. 2 GG durch die **allgemeinen Gesetze** eingeschränkt werden und das BFStrG stellt ein solches allgemeines Gesetz dar. Wegen der grundlegenden Bedeutung der Meinungsäußerungsfreiheit für den freiheitlich-demokratischen Staat wäre es aber nicht folgerichtig, die sachliche Reichweite dieses Grundrechts **jeder Relativierung durch einfaches Gesetz** zu überlassen. Das grundrechtsbeschränkende Gesetz muss deshalb seinerseits **im Lichte des beschränkten Grundrechts** ausgelegt werden **(Wechselwirkung)**. Die Einschränkung des Grundrechts, Meinungen frei zu äußern und zu verbreiten, muss geeignet sein, den mit dem Erlaubnisvorbehalt erstrebten Schutz zu bewirken, und der Erfolg, der damit erreicht wird, muss im angemessenen Verhältnis zu den Einbußen stehen, welche die Beschränkung der Meinungsfreiheit mit sich bringt. Danach ist die Meinungsfreiheit mit dem Rechtsgut „Sicherheit und Leichtigkeit des Verkehrs" unter Berücksichtigung der konkreten Umstände abzuwägen. Zum Schutze der Sicherheit und Leichtigkeit des Verkehrs kann es als nahezu ausgeschlossen gelten, dass die Sicherheit des Verkehrs in Fußgängerzonen das Verteilen von Flugblättern überhaupt beeinträchtigt oder gar gefährdet werden könnte.[712] Deshalb ist ein **kommunikativer Aspekt** des Gemeingebrauchs anzuerkennen.[713]

Das Verteilen von Flugblättern **mit meinungsäußerndem Inhalt** in der Fußgängerzone ist danach **im Lichte des Art. 5 Abs. 1 S. 1 GG** als **Gemeingebrauch** anzusehen. Damit hat die L-Partei Recht.

> **Beispiel 2:**
>
> Die N, eine rechtsgerichtete Partei, möchte mit ca. 200 Teilnehmern eine Versammlung unter dem Motto „Deutschland braucht keine Flüchtlinge" vor dem Rathaus durchführen. Es ist mit vielen Gegendemonstranten zu rechnen. Auch gewalttätige Auseinandersetzungen zwischen Teilnehmern der Versammlung und Gegendemonstranten sind nicht auszuschließen. Die zuständige Behörde überlegt, ob sie die Versammlung gemäß § 15 Abs. 1 VersG verbieten kann. Schließlich verbreite die N nationalsozialistische Propaganda und wäre damit als Störer anzusehen. Ist die N-Partei Verhaltensstörerin?

I. Verursacht eine Person eine Gefahr, so können die Maßnahmen der Polizei- und Ordnungsbehörden gegen diese Person gerichtet werden (Verhaltensstörer). Nach der herrschenden **Theorie der unmittelbaren Verursachung** wird ursächlich grundsätzlich nur derjenige, der „unmittelbar die Gefahrengrenze überschreitet", also grundsätzlich nur der, der die **letzte Bedingung** setzt.[714] Dies wären die Gegendemonstranten, nicht aber die Teilnehmer der Versammlung der N-Partei. 791

II. Die N könnte aber als sog. **Zweckveranlasserin** eine Vorbedingung setzen, die (subjektiv oder objektiv) die Gefahr bezweckt und damit auch als Verhaltensstörerin in Anspruch zu nehmen sein. 792

Wird für die Figur des Zweckveranlassers allein auf objektive Kriterien abgestellt, dann ist entscheidend nur der objektive Wirkungs- und Verantwortungszusammenhang. Es kommt allein darauf an, ob aus der Sicht eines unbeteiligten Dritten die erwartete Störung „nach Sätzen der Erfahrung eine naheliegende Folge (und nicht lediglich atypische Konsequenz) der an das Publikum gerichteten Handlung" ist. Eine solche objektive Verknüpfung kann z.B. allein aufgrund einer speziellen historischen Belastetheit des gewählten Versammlungsortes angenommen werden.[715]

Es ist aber regelmäßig objektiv vorhersehbar, dass sich eine Gegendemonstration mit der Gefahr gewalttätiger Ausschreitungen bildet, wenn sich rechtsgerichtete Gruppierungen versammeln. Die Annahme, dass die „rechte" Versammlung Zweckveranlasser 793

---

712 BVerfG, Beschl. v. 18.10.1991 – 1 BvR 1377/91.
713 OVG Hamburg, Urt. v. 19.01.2012 – 4 Bf 269/10.
714 Pieroth/Schlink/Kniesel, Polizei- und Ordnungsrecht, § 9 Rn. 9 ff. (11).
715 OVG Niedersachsen-Schleswig-Holstein, Urt. v. 24.09.1987 – 12 A 269/86 (Bad Harzburg – Harzburger Front).

wäre, würde damit das **Grundrecht der Versammlungsfreiheit aus Art. 8 GG** aushöhlen. Drohen Gewalttaten als Gegenreaktion auf Versammlungen, so müssen sich behördliche Maßnahmen daher primär gegen die Störer richten.[716] **Mit Art. 8 GG wäre nicht zu vereinbaren**, dass bereits mit der Anmeldung einer Gegendemonstration erreicht werden kann, dass dem Veranstalter der zuerst angemeldeten Versammlung die Möglichkeit genommen wird, sein Demonstrationsanliegen zu verwirklichen. Es ist Aufgabe der zum Schutz der rechtsstaatlichen Ordnung berufenen Polizei, in unparteiischer Weise auf die Verwirklichung des Versammlungsrechts hinzuwirken. Gegen die Versammlung als ganze darf in einer solchen Situation grundsätzlich nur unter den besonderen Voraussetzungen des polizeilichen Notstandes (Nichtstörer) eingeschritten werden.[717]

Die N ist damit wegen ihres Grundrechts aus Art. 8 GG nicht als Zweckveranlasserin und damit nicht als Störerin in Anspruch zu nehmen.

> **Beispiel 3:**
>
> Der volljährige Schüler A besucht die gymnasiale Oberstufe am Gymnasium G. Er möchte an einem Schultag an einer Demonstration gegen Waffenlieferungen der Bundesrepublik Deutschland an Saudi Arabien teilnehmen, die in der Zeit von 10 Uhr bis 11 Uhr in der Innenstadt durchgeführt wird. Er beantragt die Beurlaubung vom Schulunterricht beim zuständigen Schulleiter für die Zeit von 09.30 Uhr bis 11.30 Uhr, um an der Demonstration teilnehmen zu können. Der Schulleiter lehnt den Antrag mit der Begründung ab, eine Beurlaubung käme nach § 43 SchulG nur aus wichtigen Gründen in Betracht. Hat A einen Anspruch auf Beurlaubung, wenn die formellen Voraussetzungen gegeben sind?

A hat einen Anspruch auf Beurlaubung, wenn die Teilnahme an der Demonstration einen wichtigen Grund i.S.d. § 43 SchulG darstellt.

794 Für die Annahme eines wichtigen Grundes könnte das Recht des A auf Versammlungsfreiheit aus **Art. 8 Abs. 1 GG** sprechen. Die Versammlungsfreiheit aus Art. 8 GG genießt einen hohen Rang. Es gehört zu den unentbehrlichen Funktionselementen eines demokratischen Gemeinwesens, dass der Bürger am politischen Meinungs- und Willensbildungsprozess teilnimmt **(demokratie-konstituierend)**. Andererseits besteht ein **Bildungsauftrag des Staates**, der durch die **Schulaufsicht in Art. 7 Abs. 1 GG** gewährleistet ist. Aus diesem Bildungsauftrag ergibt sich eine Pflicht zum Schulbesuch (konkretisiert in den entsprechenden Bestimmungen der Landes-SchulG). Die Verpflichtung zur Teilnahme am Schulunterricht gilt aufgrund des zwischen dem Schüler und der Schule bestehenden Schulverhältnisses auch für die volljährigen Schüler, die die Schule freiwillig besuchen.[718]

795 Ob daher ein wichtiger Grund für eine Beurlaubung vorliegt, ist durch eine umfassende Rechtsgüterabwägung i.S.e. **praktischen Konkordanz** zwischen den beiden kollidierenden Rechtspositionen aus Art. 8 GG und Art. 7 GG zu entscheiden. Diese Rechtsgü-

---

716 BVerfGE 69, 315, 360 f. (Brokdorf).
717 BVerfG, Beschl. v. 01.09.2000 – 1 BvQ 24/00.
718 VG Hannover, Beschl. v. 24.01.1991 – 6 B 823/91.

terabwägung ist für den Einzelfall vorzunehmen, wobei einerseits der Zweck der Demonstration und die Dauer der Fehlzeit zu berücksichtigen ist, und andererseits die Unterrichtsfächer und Unterrichtsstunden, an denen der Schüler wegen der Teilnahme an der Demonstration nicht teilnehmen kann. Insbesondere ist bei einem Schüler der gymnasialen Oberstufe auch zu berücksichtigen, dass der Bildungsauftrag der Schule nicht ausschließlich in der Vermittlung von Kenntnissen besteht, sondern die Schule (nach dem jeweiligen SchulG) auch eine Bildung im Geiste der Demokratie gewährleisten soll. Schüler sollen auch dazu befähigt werden, verantwortlich und selbstständig am sozialen, gesellschaftlichen und politischen Leben teilzunehmen. Daher widerspricht die Teilnahme an einer „politischen" Demonstration dem Bildungsauftrag der Schule nicht, sondern fördert diesen.[719]

Da A lediglich für zwei Stunden vom Unterricht beurlaubt werden will, überwiegt hier das Recht der Versammlungsfreiheit die Schulpflicht, sodass ein wichtiger Grund für die Beurlaubung vorhanden ist. A hat einen Anspruch auf Beurlaubung.

---

[719] VG Hannover, Beschl. v. 24.01.1991 – 6 B 823/91.

Stichwortverzeichnis

Die Zahlen verweisen auf die Randnummern.

Absolutes Differenzierungs-
verbot 614
Abstandsgebot 207
Abwägungslehre 241
Abwehrrecht
  subjektives 2, 267, 305
Administrativenteignung 546, 560
Allgemeines Persönlichkeits-
  recht (APR) 133
Analogieverbot 201
Antragsbefugnis 662
Antragsgegenstand 661
Anwendungsdefizit 738, 750
Anwendungskonkurrenz 26
Asylrecht 573
Aufenthalt 430
Auffanggrundrecht 118
Ausbürgerung 567
Ausgestaltung 396, 465
Ausgestaltungsprärogative 275
Ausländer 47
Auslieferung 567
Ausschließlichkeitsrecht 529
Auszehrungswettbewerb 64, 121, 467

Beamte 454
Befähigung 623
Begründetheit 716
Bekenntnisfreiheit 213
Beliehener 29
Berichterstattung 279
Beruf 452
Berufsbildlehre 489
Berufsfreiheit 451
Berufswahl
  freie 451
Beschleunigungsgebot 206
Beschwerdebefugnis 677
Beschwerdefähigkeit 668
Beschwerdegegenstand 671
Besitzrecht 531
Bestimmtheit 79, 201, 628, 654, 734
Beteiligtenfähigkeit 660, 668
Betriebsräume .... 493, 517 f.
Beurteilungsfehler 645
Beurteilungsspielraum 643
Bewegungsfreiheit 429
Briefgeheimnis 400
Bundesverfassungsgericht 656
Bürgerrechte 47

Caroline von Hannover 154

Datenschutz 136
Deutschenrechte 47
Dienstaufsichtsbeschwerde 582
Differenzierungskriterium 616
Differenzierungsverbot
  absolutes 606
Differenzierungsziel 615
Diskriminierung
  faktische 608
  finale 608
  mittelbare 601, 608
  unmittelbare 608
Diskriminierungsverbot 48
Drei-Stufen-Theorie 471, 475
Drittstaatenregelung 577
Drittwirkung
  mittelbare 153, 689, 690
  unmittelbare 689
Durchsuchung 500, 504, 518

Ehe 311
Eigentum 528, 543
Eignung 623
Eingriff 35, 37, 61
  verfassungsrechtlich gerechtfertigt 66, 87
Eingriffsbegriff
  eingeschränkter 121
  finaler 62
  imperativer 62
  klassischer (enger) 62
  neuer (weiter) 63
  unmittelbarer 62
Einigungsvertrag 12
Einrichtungsgarantie 104, 264
Einschätzungsprärogative 275, 769
Einzelfallgesetz 79, 735
Einzelfallspezialität 27
EMRK 18
Enteignung 537, 546, 552, 560
Ermessen 643
  Ermessensfehler 644
  Ermessensspielraum 643
Erschöpfung des Rechtsweges 693
Esra 291
EU-Bürger 48
Europäische Grundrechtecharta (GRCh) 15
Exekutivaktsverfassungsbeschwerde 671
Existenzminimum 106

Fachaufsichtsbeschwerde 582
Familie 311, 317
Fehlbewertung 739, 750, 753

249

Stichworte

Fernmeldegeheimnis 403
Filme 278
Filmfreiheit 232, 276
Finalität
   im engeren Sinne 64
   im weiteren Sinne 64
Flashmob 331, 394
Flughafenregelung 579
Form 663, 699
Forschung 301
Fortbewegungsfreiheit 194, 429
forum externum 217
forum internum 217
Freiheit der Person 193
Freiheitsbeschränkung 199
Freiheits(grund)rechte 21, 720
Freiheitsentziehung 198
Freizügigkeit 430
Frist 664, 692
Fristenlösungsurteil 181

Gegenvorstellung 582
Gehör
   rechtliches 628, 651
Gemischtwirtschaftliche Unternehmen 33
Geschäftsräume ....493, 517 f.
Gesetz
   allgemeines 240
   Verfassungsmäßigkeit 77
Gesetzesvorbehalt
   einfacher 71, 468
   qualifizierter 72, 203, 437, 504, 516
Gesetzgebungskompetenz 272, 438, 512
Gestaltungsspielraum 109
Gewährleistungsgehalt
   objektiver 104, 178, 306
Gewerbebetrieb
   ausgeübter 533
   eingerichteter 533
Gewissensentscheidung 216
Gewissensfreiheit 216
Glaubensfreiheit 212
Glaubensverwirklichungsfreiheit 213
Gleichheits(grund)rechte 21, 583, 720
Gleichheitssatz
   allgemeiner 584, 595
   besonderer 584, 605
Grundrechtsbegriff
   formeller 2
   materieller 2
Grundrechtsbindung 28
Grundrechtsfähigkeit 44, 668
   juristische Person 49
   juristische Personen aus der EU 58
   juristische Personen des
      öffentlichen Rechts 59

Grundrechtsmündigkeit 669
grundrechtstypische Gefährdungslage 55
Grundsatznormen 104
Güterbeschaffung .... 538 f.

Handlungsfreiheit
   allgemeine 116
Hartz IV-Gesetz 106
Hecksche Formel 739
Herrenchiemseer Konvent 10
Hinbewegungsfreiheit 195

Idealkonkurrenz 26
Immunität 703
Individualsphäre 151
Informationsfreiheit 232, 256
Inhalts- und Schranken-
   bestimmung (ISB) 537, 545, 547, 549
Institutionelle Garantie 104
Institutsgarantie 104
Intimsphäre 151

Jedermannrechte 47
Josefine Mutzenbacher-
   Entscheidung 282
Junktimklausel 561
Juristische Personen 50
Justizgewährungsanspruch 630
Justizgrundrechte 21, 627, 741

Kernbereich privater Lebens-
   gestaltung 514
Kirche 31
Koalitionsfreiheit 368, 393, 689
Kommunikation 232
Kommunikations-Grundrechte 231
Konfusionsargument 22, 59
Konkretisierung
   verfassungsgemäße 75, 89
Konkurrenzen 24
Körperliche Unversehrtheit 168
Kunst 282
Kunstbegriff
   formaler 283, 292
   materieller 287, 292
   offener 285, 292
Kunstfreiheit 282

Landesverfassung 14
Lauschangriff 501, 505, 510, 518
Lebensgemeinschaft
   nichteheliche 316
Legalenteignung 546, 560
Legislativpetition 581
Lehre 301
Leitbegriff 39

Stichworte

Mehrfachbestrafung 655
Meinung 233
Meinungsäußerungsfreiheit 233
Meistergründungsprämie 611
Menschenrechte 18
Menschenwürde 99, 513
Mephisto-Beschluss 144
Misshandlungsverbot 204
Mittelbarkeit 690

Nachschau 517, 520
Nasciturus 46
ne bis in idem 655
Neue Formel 584, 591
Neutralitätsgebot 324
Neutralitätspflicht 267
Normenkontrolle
    abstrakte 656, 755
    konkrete 656, 774
NS-Zeit 8

Objektformel 100
Ordnung
    verfassungsmäßige 122, 388
Organstreitverfahren 656

Parabolantenne 256
Parlamentarischer Rat 10
Parlamentarisches Kontroll-
    gremium 410
Parlamentsvorbehalt 149, 172, 201, 437, 546
Paulskirchenverfassung 5
personales Substrat 54
Persönlichkeitsrecht
    Grundrechtsfähigkeit juristischer
        Personen 146
    postmortales 144
    Sphärentheorie 150
Petitionsrecht 580
Pflichtexemplar 550
Polizeifestigkeit 342
Postgeheimnis 402
Postulationsfähigkeit 670
Präklusion
    materielle 641
Praktische
    Konkordanz 222, 291, 299, 324, 398, 773
Presse 261
Pressefreiheit 232, 260
Privatsphäre 151, 514
Prozessfähigkeit 669
Prozessgrundrechte 651
Prozessstandschaft 680

Rahmenrecht 135
Recht am eigenen Bild 140

Recht auf informationelle
    Selbstbestimmung 136
Recht auf Leben 167
Recht der persönlichen Ehre 139
Rechte
    grundrechtsgleiche 2, 22, 627, 651
    subjektive 638
Rechtfertigung
    verfassungsrechtliche 35, 66
Rechtsanwendungsgleichheit 597
Rechtssatzverfassungs-
    beschwerde 671, 685, 696, 712
    Begründetheit 716
Rechtsschutz 656
    effektiver 646
Rechtsschutzbedürfnis
    allgemeines 700
Rechtssetzungsgleichheit 597
Rechtsstaatsprinzip 653
Rechtswegerschöpfung 693
Rechtsweggarantie 629
Regelungsvorbehalt 468
Reichsverfassung 6
Religionsausübung 215
Religionsfreiheit 210
Religionsgesellschaften des
    öffentlichen Rechts 60
Rettungsschuss
    finaler 176
Richter
    gesetzlicher 628, 647
Richtervorbehalt 203, 506
Rückwirkung
    echte 731
    unechte 731
Rückwirkungsverbot 628, 654
Rundfunk 277
Rundfunkanstalten 60
Rundfunkfreiheit 232, 277

Sachliche Schutzbereichsbegrenzung 42
Schranken 67, 83, 88
    verfassungsimmanente 73
    verfassungsunmittelbare 69
Schranken-Schranken 75
Schrankentrias 122
Schulwesen 322
Schutzbereich .... 35, 37 f., 85
    persönlicher 44
    sachlicher 39
Schutzpflicht
    objektive 104, 180, 405
Schwellentheorie 542
Schweretheorie 542
Selbstbetroffenheit 680
self-executing-Norm 686

Stichworte

Sicherungsverwahrung 207
Sittengesetz 122
Sitztheorie 57
Sonderopfertheorie 542
Sonderrecht 240
Sonderrechtslehre 241
Sonderrechtsverhältnis 32
Sonn- und Feiertagsschutz 227
Sozialpflichtigkeit 547, 556
Sozialsphäre 151
Spezialität
   allgemeine 25
Sphärentheorie 150, 152
Staatsangehörigkeit 567
Staatsprinzipien 730
Staatsschutzklausel 410
Staatsziel 606
Staatszielbestimmung 615, 769
Subsidiarität 695
Superrevisionsinstanz 737

Tatbestandliche Rückanknüpfung 731
Tatsachenbehauptungen 235
Teilhaberecht 602
Tendenz
   berufsregelnde 461
Todesstrafe 174
Transformationsgesetz 674
Trennungstheorie 542

ultra-vires-Kontrolle 675
Universitäten 60
Unmittelbarkeit 685, 689
Unschuldsvermutung 206
Untermaßverbot 180
Untersuchungshaft 206
Unverletzlichkeit der Wohnung 491
Urteilsverfassungs-
   beschwerde 671, 685, 693, 704
      Begründetheit 736

Verdrängungswettbewerb 64, 121, 467
Vereinheitlichende Gesamtformel 584
Vereinigung 369
Vereinigungsfreiheit 369
Verfahrensrechte 21, 627
Verfassungsbeschwerde 656, 665
Verfassungsimmanente Schranke 227
Verfassungsrechtliche Rechtfertigung 37
Verfassungsverletzung
   spezifische 737
Verhältnismäßigkeit 79, 90
Versammlungsbegriff 341
   enger 332
   erweiterter 332
   weiter 331
Versammlungsfreiheit 327
Verstorbene 46
Verwaltungshelfer 29
Verwaltungspetition 582
Verwaltungsrecht 788
Vorbehalt des Gesetzes 74, 187
Vorlagebefugnis 777
Vorlageberechtigung 777
Vorlagegegenstand 777

Wahlrechtsgrundsatz 625
Wechselwirkung 241
Wechselwirkungslehre 243
Weimarer Reichsverfassung 7
Weltanschauliches Bekenntnis 224
Weltanschauung 224
Werkbereich 287, 292
Wertordnung 104
Werturteil 233
Wesensgehaltsgarantie 79
Wesensmäßige Anwendbarkeit 53
Wesentlichkeitstheorie 74
Wettbewerbsfreiheit 457, 464
Wiedervereinigung 12
Willkür-Formel 584, 590
Wirkbereich 287, 292
Wissenschaft 302
Wissenschaftsfreiheit 301
Wohnraumüberwachung 501, 505, 514
Wohnsitz 430
Wohnung 492, 509, 518
Wohnungsgrundrecht 509

Zensurverbot 244
Zitiergebot 79
Zulässigkeit 658, 666
Zuständigkeit 658, 667
Zustimmungsgesetz 673
Zwangsmitgliedschaft 372